W0094479

WAS ICH ALS MIETER WISSEN MUSS

Immer aktuell

Wir informieren Sie über wichtige Aktualisierungen zu diesem
Ratgeber. Wenn sich zum Beispiel die Rechtslage ändert, neue
Gesetze oder Verordnungen in Kraft treten, erfahren Sie das unter
www.vz-ratgeber.de/aktualisierungsservice

Recht haben und Recht bekommen ist auch im Verhältnis zwischen Mieter
und Vermieter zweierlei. Wer die eigenen Rechte kennt, kann oft schon
im Vorfeld von Konflikten tragfähige Lösungen bei Problemen mit der
Wohnung finden. Der Ratgeber führt in die zentralen Fragen im laufenden
Mietverhältnis ein und zeigt, welche Rechte und Pflichten Mieter bei der
Beendigung des Mietverhältnisses haben. Anhand von Musterschreiben
und mit Formulierungshilfen leitet er dazu an, die eigenen Rechte als
Mieter effektiv durchzusetzen und kostspielige Auseinandersetzungen
zu vermeiden.

Der Autor **Dr. Dilip D. Maitra** ist Rechtsanwalt in Berlin.

Dilip D. Maitra

WAS ICH ALS MIETER WISSEN MUSS

Rechtslage

 Rechtsprechung, Urteil

 Beispiel

 Vorsicht, Risiko!

 Tipp, Ratschlag

 Musterbrief, Vorlage

 Checkliste

Bibliografische Information der Deutschen Bibliothek
Die Deutsche Bibliothek verzeichnet diese Publikation in der Deutschen Nationalbibliografie; detaillierte bibliografische Daten sind im Internet über http://dnb.ddb.de abrufbar.

1. Auflage 2016
Dieser Ratgeber ist bisher in der Reihe »Ratgeber Recht« in Zusammenarbeit mit dem Südwestrundfunk (SWR) erschienen, zuletzt in der 4. Auflage 2013. Er wurde für diese neue Ausgabe grundlegend überarbeitet, erweitert und aktualisiert.

VORWORT

Versteht man sich gut, bedenkt man selten die Rechtslage. Aus Meinungsverschiedenheiten können jedoch Streitigkeiten werden, die dann letztlich nach rechtlichen Kriterien entschieden werden. Fälle, in denen Gerichte berechtigte Mieteranliegen abweisen, weil nicht beizeiten die rechtliche Ebene mitbedacht wurde, sind Legion. Dieser Ratgeber möchte Sie mit Ihren Rechten im Mietverhältnis vertraut machen und Ihnen helfen, diese so durchzusetzen, dass Sie notfalls auch gerichtliche Auseinandersetzungen gut und mit Erfolg durchstehen. Rechte muss man wahrnehmen, um sie nicht zu verlieren. Beantwortet und erläutert werden hier die Fragen, die Mietern erfahrungsgemäß am häufigsten zum Problem werden.

Wie Sie Beweise sichern, wer als Zeuge geeignet ist, wer im Streitfall vor Gericht was beweisen muss, wie Sie sicherstellen, dass der Erhalt von Schreiben nicht durch eine simple Lüge bestritten werden kann, dies alles sind Fragen, die unabhängig vom jeweiligen Sachthema und vor allem für etwaige spätere gerichtliche Verfahren von Bedeutung sind. Sie sind daher gesondert im Kapitel zur Beweissicherung abgehandelt.

Wichtig zu wissen: Miethöhe und Betriebskosten im preisgebundenen Wohnungsbau, zu dem Sozialwohnungen meist zählen, können hier nicht abgehandelt werden, da diese Sondermaterie in den Bundesländern teilweise unterschiedlich geregelt ist.

Die Rechtsprechungsnachweise fokussieren sich auf Entscheidungen des Bundesgerichtshofs, weil andere Gerichte diesen meist folgen. Dessen seit 1.1.2000 ergangene Entscheidungen können via Internet (www.bundesgerichtshof.de) abgerufen werden: Sie werden daher mit dem Geschäftszeichen zitiert. Bei allen anderen Entscheidungen ist zunächst das Gericht genannt, dann der Fundort, meist eine mietrechtliche Zeitschrift (Abkürzungen siehe S. 13) mit Jahrgang und Seitenzahl.

Vor Gericht müssen Sie Ihre Rechte nicht nur kennen, sondern auch durchsetzen können. Daran orientieren sich auch die Musterschreiben. Das soll Sie nicht davon abhalten, gegenüber fairen Vermietern freundlich zu agieren und Ihre Schreiben verbindlicher zu formulieren. Aber führen Sie Streitigkeiten, wenn diese notwendig werden, zügig und mit Konsequenz. Wartet man zu lange zu oder verhält sich widersprüchlich, führt dies rechtlich oft zu erheblichen Nachteilen.

Die vorliegende Auflage berücksichtigt die bis Mitte September 2016 veröffentlichte höchstrichterliche Rechtsprechung. Anregung und Kritik nehme ich gern entgegen (Kontakt unter www.maitra.info).

Berlin, im September 2016
Rechtsanwalt Dr. Dilip D. Maitra

INHALT

13   DIE MIETSICHERHEIT

14   DIE RÜCKGABE DER WOHNUNG

15   DEN MIETPROZESS VORBEREITEN: BEWEISE RECHTZEITIG SICHERN

16   ANHANG

ABKÜRZUNGEN

II. BV	II. Berechnungsverordnung
AG	Amtsgericht
AGG	Allgemeines Gleichbehandlungsgesetz
a.F.	alter Fassung. Insbesondere durch die am 1.9.2001 in Kraft getretene Mietrechtsreform haben sich diverse gesetzliche Regelungen geändert. Soweit die früheren Vorschriften für alte Mietverträge noch gelten, werden sie teilweise zitiert.
BetrkVO	Betriebskostenverordnung
BGB	Bürgerliches Gesetzbuch
BGH	Bundesgerichtshof
BGHZ	Amtliche Entscheidungssammlung des BGH (zitiert nach Band, Seite), findet sich in juristischen Fachbibliotheken.
DWW	Deutsche Wohnungswirtschaft (Zeitschrift, zitiert nach Jahr, Seite)
EGBGB	Einführungsgesetz zum Bürgerlichen Gesetzbuch
GE	Grundeigentum (Zeitschrift, zitiert nach Jahr, Seite)
HeizkVO	Heizkostenverordnung
KG	Kammergericht. Das Kammergericht ist das Berliner Oberlandesgericht.
LG	Landgericht
MDR	Monatsschrift für Deutsches Recht
MietRB	Der MietRechtsBerater
NMV	Neubaumietenverordnung
NZM	Neue Zeitschrift für Miet- und Wohnungsrecht (Zeitschrift, zitiert nach Jahr, Seite)
OLG	Oberlandesgericht
RE	Rechtsentscheid. Vor der Zivilprozessreform im Jahre 2002 entschieden der Bundesgerichtshof und die Oberlandesgerichte in Wohnraummietprozessen besonders wichtige Rechtsfragen durch Rechtsentscheid.
WuM	Wohnungswirtschaft und Mietrecht (Zeitschrift, zitiert nach Jahr, Seite)
ZGB	Zivilgesetzbuch der DDR
ZMR	Zeitschrift für Miet- und Raumrecht (zitiert nach Jahr, Seite)
ZPO	Zivilprozessordnung

DER MIETVERTRAG UND DIE MIETPARTEIEN – WAS SIE DABEI BEACHTEN MÜSSEN

Der Mietvertrag ist die Grundlage für jedes Mietverhältnis. Mit ihm kommt das Mietverhältnis überhaupt erst zustande. In diesem Kapitel erfahren Sie unter anderem, auf was Sie beim Vertragsabschluss unbedingt achten müssen, welche Bedeutung das Kleingedruckte hat und wie es Bestandteil des Mietvertrags wird.

KURZ & BÜNDIG

- **Rechtliche Grundlagen des Mietverhältnisses:** Für das Mietverhältnis gelten die einschlägigen gesetzlichen Vorschriften und die Regelungen des Mietvertrags.

- **Zwingende mietrechtliche Vorschriften:** Von vielen gesetzlichen Vorschriften über die Wohnraummiete darf nicht zum Nachteil des Mieters abgewichen werden.

- **Verbot von Diskriminierungen:** Beim Vertragsabschluss, bei der Kündigung und bei Vermietermaßnahmen im laufenden Mietverhältnis sind Diskriminierungen verboten.

- **Zustandekommen des Mietvertrags:** Ein Mietverhältnis kann mündlich, schriftlich oder stillschweigend begründet werden.

- **Allgemeine Geschäftsbedingungen in Formularmietverträgen:** In Formularmietverträgen enthaltene Klauseln dürfen den Mieter nicht unangemessen benachteiligen. Andernfalls ist die entsprechende Klausel unwirksam.

- **Mieter der Wohnung:** Mieter sind grundsätzlich nur die Personen, die als solche im Mietvertrag aufgeführt sind und die den Vertrag selbst oder durch einen Vertreter unterschrieben haben.

Was rechtlich für Ihr Mietverhältnis gilt, richtet sich nach den gesetzlichen Vorschriften und Ihrem Mietvertrag.

REGELN, DIE FÜR ALLE GELTEN: DAS MIETRECHT

Das Mietrecht ist vor allem in den §§ 535 ff. BGB geregelt. Wurden die Mieträume zu Wohnzwecken vermietet, gelten zusätzlich die §§ 549 bis 577 a BGB. Wegen des darin enthaltenen Mieterschutzes ist Mietern in der Regel daran gelegen, dass für ihr gesamtes Mietverhältnis Wohnraummietrecht gilt.

Tipp

Achten Sie darauf, dass Absprachen, die belegen, dass der Wohnzweck überwiegt, schriftlich fixiert werden, am besten unter genauer Angabe, welche Räume privaten und welche geschäftlichen Zwecken dienen sollen.

Bei sogenannten Mischmietverhältnissen, in denen die Räume nicht nur bewohnt, sondern teilweise auch gewerblich oder freiberuflich, etwa als Arztpraxis, Büro, Werkstatt oder Lager genutzt werden, kommt es darauf an, was die Vertragspartner vereinbart haben. Wohnraummietrecht wird angewandt, wenn der Wohnzweck mindestens gleichwertig zur gewerblichen bzw. freiberuflichen Nutzung ist oder nicht festgestellt werden kann, welcher Nutzungszweck überwiegen soll (BGH, VIII ZR 376/13). Fehlt eine ausdrückliche Vereinbarung, wird auf Indizien abgestellt, etwa das Verhältnis der unterschiedlich genutzten Flächen, bauliche Gegebenheiten (Zuschnitt, Einrichtung etc.), die Umstände des Vertragsschlusses und das nachträgliche Verhalten der Partner.

Viele wohnraummietrechtlichen Gesetzesvorschriften gelten nicht, wenn Vermieter und Mieter etwas anderes vereinbart haben. So können sie in gewissen Grenzen mietvertraglich regeln, dass Mieter Betriebskosten (siehe S. 180 ff.) und Kosten für Kleinreparaturen (siehe S. 103) tragen oder Schönheitsreparaturen (siehe S. 122 ff.) ausführen, obwohl für all dies nach der gesetzlichen Regelung (§ 535 Abs. 1 Satz 3 BGB) eigentlich der Vermieter zuständig wäre.

Manche Gesetzesvorschriften zur Wohnraummiete, etwa jene zu Mieterhöhungen, sehen vor, dass von ihnen nicht zum Nachteil der Mieter abgewichen werden darf. Wird gegen solche Vorschriften verstoßen, so wird zwar in der Regel nicht der ganze Mietvertrag unwirksam, aber doch die betreffende, gegen das Gesetz verstoßende Vertragsklausel bzw. Vermietererklärung. Es gilt dann nur, was sich aus dem im übrigen wirksamen Vertrag und dem Gesetz ergibt. Zum Vorteil der Mieter sind Abweichungen von diesen Vorschriften zulässig.

Zwingender Mieterschutz

01

Es gibt aber auch Wohnraummietverhältnisse, in denen viele Mieterschutzvorschriften nicht oder nur eingeschränkt gelten. Diese Mietverhältnisse sind in § 549 Abs. 2 und 3 BGB aufgeführt. Im Wesentlichen handelt es sich um vom Vermieter mitbewohnte Wohnungen und um Wohnraum, den Mieter typischerweise nur vorübergehend, für einen überschaubaren Zeitraum bewohnen, etwa Studentenwohnheime, Hotelzimmer, Ferienwohnungen und andere Fälle des Kurzaufenthalts (Messe, Bed & Breakfast etc.). Entscheidend ist, dass der Mieter die Räume nach dem Vertragszweck nicht zum ständigen Mittelpunkt seiner Lebensführung macht. Das gilt bei einem Studentenwohnheim nur, wenn der Vermieter die Räume im Wohnheim konsequent und vom Einzelfall unabhängig zeitlich begrenzt vermietet und so einen ständigen Bewohnerwechsel sicherstellt (BGH, VIII ZR 92/11).

Eingeschränkter Mieterschutz

Bei Vertragsschlüssen, Kündigungen und Vermietermaßnahmen im laufenden Mietverhältnis sind nach dem Allgemeinen Gleichbehandlungsgesetz (AGG) Diskriminierungen verboten. Das Gesetz gilt nur bei Wohnraum, der der Öffentlichkeit zur Verfügung steht (§ 2 Abs. 1 Nr. 8 AGG), also öffentlich angeboten wird bzw. wurde, etwa durch Aushänge am Gebäude oder schwarzen Brett, Anzeigen in Zeitungen oder im Internet, einen Makler oder adressatenlose Werbepost. Bei solchen Wohnräumen ist eine Benachteiligung wegen der Rasse oder ethnischer Herkunft verboten (§ 19 Abs. 2 AGG). Bezeichnet etwa der den Besichtigungstermin durchführende Hausmeister

Gesetzliche Diskriminierungsverbote

Mietinteressenten als »Neger«, so können diese die Fahrtkosten ersetzt und für die Persönlichkeitsverletzung Geldentschädigung verlangen (OLG Köln GE 2010, 484: 2 x 2.500 Euro). Erhöht der Vermieter einer Wohnanlage ausschließlich Mieten von Mietern orientalischer Herkunft, so ist dies unzulässig (AG Tempelhof-Kreuzberg WuM 2015, 73). Andere Diskriminierungen, etwa wegen Geschlecht, Religion, Behinderung, Alter oder sexueller Orientierung sind in aller Regel nur verboten, wenn der Vermieter mehr als 50 Wohnungen vermietet (§ 19 Abs. 1 Nr. 1, Abs. 5 Satz 3 AGG), was im Zweifel die Benachteiligten beweisen müssen.

Schadensersatz möglich

Verstößt der Vermieter gegen eines der ihn treffenden Diskriminierungsverbote, dann muss er die Beeinträchtigung beseitigen (§ 21 Abs. 1 Satz 1 AGG). Bei Mietvertragsschlüssen kann dies darauf hinauslaufen, dass er eine gleichwertige Alternativwohnung seines Wohnungsbestandes zur Verfügung stellen muss. Anstehende Diskriminierungen hat er zu unterlassen (§ 21 Abs. 1 Satz 2 AGG). Erfolgt die Diskriminierung durch Mietvertragsklauseln, sind diese nichtig (§§ 134, 307 BGB i.V.m. AGG). Handelte der Vermieter fahrlässig oder vorsätzlich, so ist er außerdem zum Schadensersatz verpflichtet, muss also z. B. Bewerbungs- und Anreisekosten, Verdienstausfall, vor allem aber eine Entschädigung zahlen, die die in der Diskriminierung liegende Kränkung ausgleicht (§ 21 Abs. 2 AGG).

Diese Ansprüche muss der Diskriminierte innerhalb von zwei Monaten gegenüber dem Vermieter geltend machen (§ 21 Abs. 5 AGG). Aus Beweisgründen sollte dies möglichst schriftlich geschehen (siehe S. 362 ff.). Versäumt er die Ausschlussfrist, so muss der Benachteiligte nachweisen, dass ihn daran keine Schuld trifft. Sonst verliert er seine Ansprüche. Im Streitfall wird den Benachteiligten die Beweisführung (siehe S. 367 ff.) erleichtert: Wenn sie Indizien nachweisen können, die eine Diskriminierung anhand der unzulässigen Merkmale vermuten lassen, dann muss der Vermieter beweisen, dass keine Diskriminierung vorlag (§ 22 AGG).

Vor allzu viel Euphorie sei gewarnt. Denn für eine ganze Reihe von Ausnahmen gelten keine Diskriminierungsverbote: Ungleichbehandlungen, die sozial stabile Bewohnerstrukturen und ausgeglichene soziale und kulturelle wirtschaftliche Verhältnisse bezwecken, also insbesondere Gettobildungen entgegenwirken, sind zulässig (§ 19 Abs. 3 AGG). Begründet der Mietvertrag ein besonderes Nähe- oder Vertrauensverhältnis, dann gelten ebenfalls keine Diskriminierungsverbote (§ 19 Abs. 5 Satz 1 AGG). Davon ist in der Regel immer dann auszugehen, wenn der Vermieter oder seine Angehörigen (Ehegatten, Eltern, Geschwister, Kinder, Enkel, Lebenspartner etc.) das Grundstück bewohnen, auf dem die betreffende Mietwohnung liegt (§ 19 Abs. 5 Satz 2 AGG). Positivdiskriminierungen zugunsten benachteiligter Gruppen, zum Beispiel die Vergabe bestimmter Wohnungen nur an Behinderte, sind unter Umständen zulässig (§§ 5, 20 Abs. 1 Nr. 3 AGG). Ungleichbehandlungen lassen sich auch durch andere »sachliche Gründe« rechtfertigen (20 Abs. 1 AGG), etwa dadurch, dass die unterschiedliche Behandlung der Vermeidung von Gefahren, der Verhütung von Schäden oder anderen Zwecken vergleichbarer Art dient, dem Bedürfnis nach Schutz der Intimsphäre oder der persönlichen Sicherheit Rechnung trägt oder positiv an die Religionsausübung anknüpft (Beispiel: die Wohnung im Diakonissenwohnheim darf bevorzugt an Konfessionsangehörige vermietet werden). Vermieter, die sich auf solche Rechtfertigungsgründe berufen, müssen im Streitfall vor Gericht beweisen, dass diese auch wirklich vorliegen (§ 22 AGG).

Ausnahmen vom Diskriminierungsverbot

01

Unabhängig vom AGG gilt für Mieter von Genossenschaftswohnungen das genossenschaftliche Gleichbehandlungsgebot: Genossinnen und Genossen dürfen bei vergleichbaren Sachverhalten nicht ohne sachlichen Grund ungleich behandelt werden. Daher sind bei nach Wohnlage, Größe, Ausstattung und Zeit des Vertragsschlusses vergleichbaren Mietverträgen uneinheitliche Neumieten oder Mieterhöhungen unzulässig (LG Offenburg WuM 1998, 289; LG Berlin GE 1999, 575). Sachliche Gründe können Ungleichbehandlungen rechtfertigen: Genossen, die bereits eine Genossenschaftswohnung bewohnen, können bei der

Genossenschaftliche Gleichbehandlung

Wohnungsvergabe leer ausgehen (AG Spandau ZMR 2001, 115), Leerstand darf bei Neuvermietung mit günstigeren Mieten (LG Berlin ZMR 2001, 710) oder Konditionen (LG Hamburg GWW 1980, 547) begegnet werden, und bei Mietern, die die Miete während der Modernisierung nicht gemindert haben, darf die anschließende Mieterhöhung niedriger ausfallen (BGH, VIII ZR 159/08).

IHR MIETVERTRAG – DIE VERFASSUNG IHRES MIETVERHÄLTNISSES

Mit dem Mietvertrag stellen Sie die wichtigsten Weichen für Ihr Mietverhältnis oder haben dies bereits getan. Er ist die Grundlage jedes Mietverhältnisses. Über fünf Faktoren, wer genau Vermieter und wer Mieter ist, die Mietwohnung, die Miete und die Mietzeit, müssen sich die Beteiligten verbindlich geeinigt haben. Sonst haben sie keinen wirksamen, beide Seiten verpflichtenden Mietvertrag geschlossen. Als Miete muss nicht unbedingt eine regelmäßige Geldzahlung vereinbart werden. Auch andere Gegenleistungen sind möglich. Für die Mietzeit reicht es, wenn man sich über den Mietbeginn geeinigt hat. Haben sich Mieter und Vermieter nicht ausdrücklich über den Mietbeginn verständigt, wird man meist den Umständen entnehmen können, dass dieser sofort oder am nächsten Monatsersten sein soll. Ohne ausdrückliche Vereinbarung wird man in aller Regel davon ausgehen, dass der Vertrag auf unbestimmte Zeit, also solange läuft, bis er von einer der Parteien gekündigt wird.

VORVERTRÄGE

Für Mieter gefährlich

Haben sich die Beteiligten nur über einige der genannten Mindestinhalte geeinigt, besteht allenfalls ein sogenannter Vorvertrag, der beide Seiten fest verpflichtet, zu einem späteren Zeitpunkt einen Mietvertrag abzuschließen. Ein Vorvertrag muss ausreichende Anhaltspunkte enthalten, aus denen ein Gericht notfalls den späteren Inhalt des eigentlichen Mietvertrags ableiten kann. Mindestens die Mietparteien und das Mietobjekt und der ungefähre Mietbeginn müssen ihm also zu entnehmen sein. An einem solchen Vorvertrag haben Mieter bei genauerem Hinsehen nur selten wirklich Interesse, weil die offen gelassenen Faktoren für sie zu wichtig sind. Oft versuchen kommerzielle Vermieter auf diese Weise, Mieter frühzeitig zu binden, obwohl die betreffende Wohnung noch nicht freigeworden oder fertiggestellt ist. Springen die Mieter dann ab, weil sich die Sache verzögert oder ihnen die präsentierten Vertragsbedingungen nicht zusagen, machen die Unternehmen Schadensersatz geltend. Das kann teuer werden. Manchmal wird eine feste Vertragsstrafe vereinbart, was bei Wohnraum allerdings gemäß § 555 BGB unwirksam ist.

Tipp

Verzichten Sie auf Vorverträge. Ist noch etwas offen, dann ist es für Mieter meist günstiger, den fertig ausgehandelten Mietvertrag abzuschließen und genaue zeitliche Abläufe und Rücktrittsrechte festzulegen.

01

Ist die Wohnung noch nicht fertiggestellt oder bestehen erhebliche Mängel, sollten Sie, um keine Mieterrechte zu verlieren (z. B. das Minderungsrecht), dies in den Vorvertrag oder, besser noch, den Mietvertrag aufnehmen. Sinnvoll wäre folgende Formulierung:

Der Vermieter führt in der Mietwohnung vor Mietbeginn noch folgende baulichen Maßnahmen durch: ... [die Maßnahmen detailliert auflisten]. Wurde die in dieser Weise baulich komplett fertiggestellte Mietwohnung nicht bis zum ... [Datum einfügen] in gebrauchstauglichem Zustand übergeben, können die Mieter innerhalb eines Monats vom Mietvertrag zurücktreten, ohne dass es einer Mängelbeseitigungsaufforderung oder Fristsetzung gegenüber dem Vermieter bedarf. Den Mietern bleiben sämtliche Mängelgewährleistungsrechte vorbehalten. § 536 b BGB findet keine Anwendung.

MÜNDLICHE UND SCHRIFTLICHE MIETVERTRÄGE

Mietverträge können auch mündlich geschlossen werden, obwohl für Abschluss und Änderung von Wohnraummietverträgen, die für längere Zeit als ein Jahr geschlossen werden, gesetzlich die Schriftform vorgeschrieben ist (§ 550 BGB). Das bedeutet, dass alle Vertragsparteien, also alle Vermieter und alle

Mieter, die Vertragsurkunde handschriftlich unterzeichnen müssen (§ 126 BGB). Unterschriften müssen nicht unbedingt lesbar, aber als charakteristische Namenswiedergabe erkennbar sein. Lässt man sich dabei vertreten, muss in der Urkunde zum Ausdruck kommen, wen der Unterzeichnende vertritt (BGH, XII ZR 69/06). Bei zwei Vertragsexemplaren reicht es, dass jede Partei das der jeweils anderen überlassene Exemplar unterzeichnet. Ein reiner Briefwechsel durch aufeinander Bezug nehmende Schreiben reicht nicht aus.

Einheitliche Urkunde

Oft wird gegen die Schriftform verstoßen, indem die Seiten, auf denen unterschrieben wurde, nicht mit den anderen Vertragsteilen zuverlässig verbunden wurden. Eine körperliche Verbindung (z. B. Heftung oder Klammerung) ist nicht erforderlich. Es reicht, jede Seite des Vertrages am Seitenende zu unterzeichnen oder durch fortlaufende Nummerierung, einheitliche Gestaltung, den Textzusammenhang oder Vergleichbares deutlich zu machen, dass es sich um eine einheitliche Urkunde handelt (BGH, XII ZR 234/95). Nachträgliche Ergänzungen können die Schriftform beseitigen. Diese ist nur gewahrt, wenn der Nachtrag auf alle Schriftstücke Bezug nimmt, die die wesentlichen vertraglichen Vereinbarungen beinhalten (BGH, XII ZR 89/06).

> Wird beim Wohnraummietvertrag die Schriftform nicht gewahrt, so wird dieser nicht etwa unwirksam, sondern läuft auf unbestimmte Zeit und kann frühestens ein Jahr nach Übergabe der Wohnung gekündigt werden (§ 550 BGB).

Vorteile schriftlicher Mietverträge

Mietverträge können demnach selbst in Fällen, in denen die Schriftform gesetzlich vorgeschrieben ist, mündlich wirksam geschlossen werden. Für einen schriftlichen Vertrag spricht jedoch vor allem die bessere Beweisbarkeit. Vor Gericht beweist ein schriftlich abgeschlossener Mietvertrag, dass den darin enthaltenen Regelungen von allen Vertragspartnern zugestimmt wurde, es sei denn, man bestreitet die Echtheit der Unterschriften. Zudem wird vermutet, dass die in der Urkunde enthaltenen Regelungen den Vertragsinhalt vollständig wiedergeben. Man kann zwar versuchen, das Gegenteil zu beweisen. Doch hat die Partei, die behauptet, dass vertraglich noch etwas anderes vereinbart worden ist, die Beweislast dafür.

Dennoch sind nur mündlich geschlossene Mietverträge für Mieter oft vorteilhaft. Schriftliche Wohnraummietverträge werden fast immer von den Vermietern vorgegeben und enthalten naturgemäß viele für Mieter nachteilige Regelungen. Das gilt insbesondere für Schönheitsreparaturen, Kleinreparaturklauseln, Betriebskosten und vertragliche Mindestlaufzeiten. Mündliche Mietverträge beschränken sich meist auf die oben genannten notwendigen Mindestbestandteile, sodass dann die gesetzlichen, für die Mieter meist günstigeren Vorgaben gelten. Der Vermieter mag dann Gegenteiliges behaupten. Er wird jedoch selten nachweisen können, dass zu seinen Gunsten vom Gesetz abweichende Regelungen vereinbart wurden.

Tipp
Einen schriftlichen Vertrag sollten Sie sich vom Vermieter ein oder zwei Tage vor Vertragsschluss aushändigen lassen. Mit Vermietern, die dies verweigern, sollte man keine Verträge abschließen. Lesen Sie den Vertrag sorgfältig, bevor Sie unterschreiben, besser noch, lassen sie diesen beim örtlichen Mieterverein überprüfen.

STILLSCHWEIGENDE VERTRAGSSCHLÜSSE

Nicht selten kommt es vor, dass weder mündlich noch schriftlich ein Mietvertrag geschlossen wurde, aber alle Beteiligten davon ausgehen, dass ein Mietverhältnis besteht. Klassisches Beispiel ist der Untermieter, der nach Kündigung des Mietvertrages durch den Hauptmieter die Wohnung nicht räumt und die bisherige Miete an den Vermieter längere Zeit weiter zahlt. Unter Umständen wird damit der Vertrag nur mit den bisherigen Vertragsparteien fortgesetzt. Es kann aber auch ein Mietvertrag stillschweigend durch schlüssiges Verhalten geschlossen worden sein. Dies ist grundsätzlich möglich. Die Mietparteien müssen aber eindeutig und in Kenntnis aller Umstände handeln. Aus diesen muss erkennbar sein, dass beide, Vermieter und Mieter, übereinstimmend einen konkreten Mietvertrag rechtlich verbindlich vereinbaren wollten. Ihr Verhalten muss erkennen lassen, dass sie sich also zumindest über die oben dargelegten Mindestinhalte (Mietparteien, Mietwohnung, Miete und Mietzeit) geeinigt haben. In unserem Fall müsste der Vermieter also vor allem wissen, dass der Untermieter für sich selbst Miete zahlt, nicht etwa wegen seines verspäteten Auszugs nur Nutzungsentgelt für den bisherigen Mieter. Diese Kenntnis muss im Streitfall derjenige beweisen, der sich darauf beruft, dass mit dem bisherigen Untermieter ein Mietvertrag geschlossen wurde. Daher sollten Sie in einem solchen Fall als Mietinteressent dem Vermieter in nachweisbarer Form mitteilen, dass Sie die Wohnung selbst mieten wollen und deshalb in eigenem Namen die Miete zahlen.

Halten sich Mietinteressenten mit Einverständnis des Vermieters in der Wohnung auf, zahlen sie die Miete und nimmt der Vermieter diese in Kenntnis des Einzugs über längere Zeit, in der Regel mindestens drei Monate, entgegen, ohne sie zur Räumung aufzufordern, kann man von einem stillschweigenden Vertragsschluss ausgehen. Wurde allerdings vereinbart, dass ein schriftlicher Vertrag geschlossen werden sollte, entsteht ein Mietverhältnis erst dann, wenn dieser unterzeichnet wurde (§ 154 Abs. 2 BGB), es sei denn, den Umständen ist zu entnehmen, dass beide Seiten darauf verzichten wollten. Übergibt der Vermieter die Mieträume an die Mieter, nachdem diese die erste Miete und die Kaution gezahlt haben, kann man daraus folgern, dass alle die Schriftform nicht für entscheidend hielten und den Mietvertrag durch schlüssiges Verhalten geschlossen haben (OLG Frankfurt, OLGR Frankfurt 2004, 65). Oft wird es jedoch schwierig sein nachzuweisen, dass die andere Seite in Kenntnis aller Umstände handelte. Sie sollten also nicht vorschnell unterstellen, dass stillschweigend ein Vertrag geschlossen wurde.

Riskant: Miete zahlen ohne ausdrückliche Vereinbarung

Auch ungewollt kann man durch stillschweigende Vereinbarung (Mit-)Mieter werden und damit für sämtliche Mietschulden, etwa Miete oder Schönheitsreparaturen haften. Wenn Sie solche Konsequenzen vermeiden wollen, weil Sie nur Mitbewohner oder Untermieter sind, so sollten Sie insbesondere nach Auszug des Hauptmieters Erklärungen an den Vermieter stets ausdrücklich im Namen des Hauptmieters, nicht in eigenem Namen abgeben und dies auch vorher möglichst vermeiden. Hat Sie der Hauptmieter entsprechend bevollmächtigt, können Sie für ihn problemlos handeln, also z. B. Mieterhöhungen zustimmen, Mängelbeseitigungsaufforderungen an den Vermieter richten oder Betriebskostenabrechnungen monieren. Doch sollten Sie stets am Beginn des Schreibens eine Formulierung einfügen, die erkennen lässt, für wen Sie handeln, etwa durch Redewendungen wie ... »teile ich Ihnen im Namen von Herrn/ Frau ... (Name Hauptmieter) mit, dass ....« oder »fordere ich Sie im Namen von Herrn/Frau ... (Name Hauptmieter) auf, ...«. Im Briefkopf sollte möglichst der Hauptmieter genannt sein und Ihrer Unterschrift sollte das Kürzel »i.V.« (= in Vertretung) vorangestellt sein. Dem ersten dieser Schreiben sollten Sie die Originalvollmacht beifügen. Achten Sie dabei auf einen sicheren Zugang (siehe S. 362 ff.). Ein weiteres Exemplar sollten Sie für alle Fälle bei ihren Unterlagen aufbewahren.

01

Eine Vollmacht kann folgendermaßen lauten:

Hiermit bevollmächtige ich ... [Name Hauptmieter], meine Untermieterin ... [Name Untermieterin], mich in allen Angelegenheiten zu vertreten, die das mit ... [Name Vermieter] bestehende Mietverhältnis über die Wohnung ... [genaue Bezeichnung, z. B. »Glücksweg 7, 0000 Wolkenkuckucksheim, 3. OG links]« betreffen, insbesondere Willenserklärungen für mich abzugeben und entgegenzunehmen. Die Vollmacht umfasst/umfasst nicht die Berechtigung zur Prozessführung und zur Kündigung oder anderweitigen Aufhebung des Mietverhältnisses.

Den letzten Satz sollten Sie als Hauptmieter normalerweise mit der verneinenden Alternative verwenden. Ansonsten riskieren Sie nicht mehr revidierbare nachteilige Konsequenzen, wenn Ihr Untermieter Ihr Vertrauen missbraucht. Solch eine Vollmacht können Sie als Vollmachtgeber jederzeit durch einfache Erklärung gegenüber dem Vermieter oder der bevollmächtigten Person widerrufen und sollten dies möglichst gegenüber beiden in nachweisbarer Form tun.

MÖGLICHKEITEN, SICH VOR MIETBEGINN VOM MIETVERTRAG ZU LÖSEN

Überlegen Sie gut, bevor Sie einen Mietvertrag abschließen. Denn vom Vertrag kann man nur zurücktreten, wenn dies ausdrücklich vereinbart wurde (Formulierungsbeispiel auf S. 21). Andernfalls erfordert eine Vertragsauflösung in der Regel die Zustimmung des Vermieters. Ohne diese bleibt meist nur die ordentliche Kündigung mit dreimonatiger Kündigungsfrist (siehe S. 275), während der Sie ab Vertragsbeginn die volle Miete entrichten müssen, es sei denn, der Vermieter überlässt anderen die Wohnung (§ 537 BGB). Man kann bereits vor Übergabe der Wohnung kündigen (BGHZ 73, 350). Allerdings kann das Recht zur ordentlichen Kündigung vertraglich ausgeschlossen werden (siehe S. 279). Nur in seltenen, ganz gravierenden Fällen kann man den Vertrag anfechten, mit der Folge, dass dieser von Anfang an unwirksam ist.

Anfechtung selten möglich

Nur wenige Irrtümer berechtigen zur Anfechtung. Diese muss vor Übergabe der Mieträume erfolgen. Allenfalls wenn man arglistig getäuscht oder bedroht wurde (§ 123 BGB), kann man noch nach Übergabe der Räume den Mietvertrag anfechten. In Betracht kommen Täuschungen des Vermieters über Mängel sowie Täuschungen der Mieter über ihr Einkommen. Fragen zu aktuell bestehenden Mietschulden sind zulässig (LG Itzehoe WuM 2008, 281), auch solche nach dem Beschäftigungsverhältnis und dem monatlichen Einkommen (LG München I GE 2009, 1317).

Dagegen sind Fragen nach Krankheit, Schwangerschaft, ethnischer Zugehörigkeit oder sexueller Orientierung unzulässig, sodass falsche Antworten darauf nicht arglistig sind. Bei unzulässigen Fragen gibt es quasi ein »Recht zur Lüge«. Unter Umständen kommen Schadensersatzansprüche in Betracht, wenn der Vertragspartner während der Vertragsverhandlungen Aufklärungspflichten verletzt oder andere schwere Verfehlungen begangen hat. Dies bejaht die Rechtsprechung nur unter sehr engen Voraussetzungen. So ist etwa der Vermietertrick, die Miete durch einen zu niedrigen Ansatz der Betriebskostenvorauszahlungen (siehe S. 180) kleinzurechnen, sodass die Mieter nach der Jahresabrechnung beträchtlich nachzahlen müssen, meist keine Pflichtverletzung, weil Vermieter normalerweise nicht verpflichtet sind, kostendeckende Vorauszahlungen zu erheben (BGH, VIII ZR 195/03).

Soll der Mietvertrag schriftlich geschlossen werden, so ist er in der Regel erst dann zustande gekommen, wenn die Vertragsurkunde von beiden Parteien unterzeichnet wurde (§ 154 Abs. 2 BGB). Dies eröffnet rücktrittswilligen Mietern eine weitere Möglichkeit: Häufig unterzeichnen sie die Urkunden in den Räumen des Vermieters bzw. seiner Hausverwaltung, erhalten jedoch ihr Exemplar nicht ausgehändigt, sondern die Auskunft, dieses werde ihnen in den nächsten Tagen vom Vermieter unterzeichnet zugesandt. Oft verzögert sich die Zusendung erheblich. Wurde jedoch nichts anderes vereinbart, muss das gegengezeichnete Vertragsexemplar den Mietern spätestens nach zwei bis drei Wochen zugehen (OLG Dresden NZM 2004, 827; KG NZM 2007, 731; LG Stendal NZM 2005, 15); ältere Entscheidungen gehen sogar von höchstens fünf Werktagen aus (LG Berlin WuM 1987, 378; KG WuM 1999, 323 und GE 2001, 418). Wird diese Frist überschritten, ist der Vertrag nicht zustande gekommen (§ 146 BGB), es sei denn, die Mieter stimmen ihrerseits erneut zu, was auch stillschweigend geschehen kann, etwa durch Zahlung der Miete oder Einzug in die Mietwohnung. Da die Rechtsprechung zur Annahmefrist nicht einheitlich ist, sollten Sie diesen Ausweg nur in Notfällen nutzen und bei einer entsprechenden Mitteilung an den Vermieter hilfsweise eine ordentliche Kündigung aussprechen.

(Name und Anschrift
aller im Mietvertrag als Mieter
aufgeführten Personen)

Per Einschreiben/Rückschein!

An
(Vermieter bzw. Hausverwaltung
Name und Anschrift) (Ort, Datum)

Mietvertrag über die Wohnung ... (Straße), ... (Ort), ... (Geschossangabe, rechts/links)

Sehr geehrte(r) Herr/Frau .../Damen und Herren,

da Sie uns unser Exemplar des Mietvertrages über die oben bezeichnete Wohnung nicht, wie dies erforderlich gewesen wäre (KG WuM 1999, 323 und GE 2001, 418), innerhalb von fünf Werktagen zugesandt haben, ist kein Mietvertrag zustande gekommen. Nur rein vorsorglich und hilfsweise sprechen wir hiermit zugleich eine ordentliche Kündigung des Mietvertrages zum nächstmöglichen Zeitpunkt aus. Da Ihnen keinerlei Ansprüche aus dem Mietverhältnis gegen uns zustehen, fordern wir Sie auf, die von uns bereits bei unserer Unterschriftsleistung gezahlte Mietkaution von ... Euro bis zum ... an uns zurückzuzahlen, und zwar durch Überweisung auf das Konto IBAN ... von Frau/Herrn ... bei der ...-Bank (BIC ...).

Mit freundlichen Grüßen
(Unterschriften aller Mieter)

Widerrufsvoraussetzungen

Haben die Mieter die angemietete Wohnung nicht oder nicht vollständig besichtigt, können sie ihren Vertragsschluss widerrufen, allerdings nur unter folgenden Voraussetzungen: Sie müssen bei Vertragsschluss Verbraucher gewesen sein, der Vermieter muss als Unternehmer gehandelt haben (siehe S. 30). Außerdem muss der Mietvertrag persönlich außerhalb seiner Geschäftsräume geschlossen worden sein (§ 312 g Abs. 1). Eine zweite, zum Widerruf berechtigende Variante ist der ohne persönliche Kontakte zustande gekommene Mietvertrag mit einem auf Fernabsatz eingerichteten Vermieter, der – etwa über eine Onlineplattform – die Vermietung inklusive Vertragsunterzeichnung abwickelt und sich auf Telefon, E-Mail, SMS, Post und andere Fernkommunikationsmittel beschränkt (§§ 312 c, 312 g Abs. 1). Ihr Widerrufsrecht müssen die Mieter innerhalb von zwei Wochen nach Vertragsschluss durch entsprechende Erklärung ausüben [»Wir widerrufen unsere Zustimmung vom ... zum Mietvertrag über die Wohnung ... (Angabe von Adresse und Lage der Wohnung)«], und zwar gegenüber dem Vermieter, falls dieser beim Vertragsschluss von seiner Hausverwaltung vertreten wurde, gegenüber dieser (§§ 312 g Abs. 1, 355 BGB). Telefonat, Fax oder E-Mail reichen, aber sinnvoller sind sicherere Zugangsformen (siehe S. 362). Solange die Mieter durch den Vermieter bzw. dessen Vertreter nicht schriftlich korrekt über ihr

Widerrufsrecht belehrt wurden, läuft diese Frist nicht, kann also entsprechend länger widerrufen werden, längstens jedoch ein Jahr und 14 Tage nach Vertragsschluss (§§ 312 d Abs. 1, § 356 Abs. 3 BGB). Haben die Mieter bereits Miete oder Kaution gezahlt, ist diese zurückzuzahlen (§§ 355 Abs. 3, 357 Abs. 8 BGB). Für Ferienwohnungen und bei notariell beurkundeten Mietverträgen gelten all diese Regelungen nicht (§ 312 g Abs. 2 Nr. 9 und 13 BGB).

»NICHT DAS KLEINGEDRUCKTE LESEN! IST SCHLECHT FÜR DIE AUGEN!« – VERTRAGS-FORMULARE UND ALLGEMEINE GESCHÄFTS-BEDINGUNGEN

In schriftlichen Verträgen ist in aller Regel wesentlich mehr geregelt als der oben beschriebene Mindestinhalt. Oft legen Ihnen Vermieter oder Hausverwaltung beim Vertragsschluss einen Formularvertrag oder anderweitig vorformulierte Klauseln und Vertragsteile zur Unterschrift vor, ohne dass darüber verhandelt wurde. Für solche allgemeinen Geschäftsbedingungen gelten besondere Vorschriften (§§ 305 bis 310 BGB), denn in aller Regel sind Vermieter und Hausverwaltungen ökonomisch und als Profis oft in der stärkeren Position. Deshalb prüfen Gerichte bei allgemeinen Geschäftsbedingungen, ob einzelne Klauseln für sich oder im Zusammenhang mit anderen Vertragsteilen überraschend, widersprüchlich oder besonders unfair sind oder grundlegenden gesetzlichen Vorschriften widersprechen. So benachteiligt eine formularvertragliche Regelung, wonach mehr als vier Jahre, gerechnet vom Vertragsabschluss bis zum Vertragsende, keiner das Mietverhältnis ordentlich kündigen darf, die Mieter unangemessen und ist unwirksam (BGH, VIII ZR 27/04). Wurde dies hingegen offen von beiden Seiten ausgehandelt, ist auch ein beidseitiger zehnjähriger Kündigungsausschluss wirksam (BGH, VIII ZR 98/10). Besonders häufig sind allgemeine Geschäftsbedingungen zu Schönheitsreparaturen (siehe S. 122 ff.) und Kleinreparaturen (siehe S. 103) unwirksam.

Nicht zulässig: überraschende, widersprüchliche und unfaire Klauseln

Ist eine allgemeine Geschäftsbedingung unwirksam, so gilt nicht etwa das, was nach dem Grundgedanken der Klausel eben noch zulässig wäre, sondern die gesetzlich vorgegebene Rechtslage. Darauf kann sich allerdings derjenige, der die Klausel oder das Vertragsformular gestellt hat, der sogenannte Verwender, nicht zu seinen Gunsten berufen (vgl. BGH, VIII ZR 152/05). Er muss sich behandeln lassen, als gelte die betreffende Klausel zu seinen Lasten (Beispiel zum Kündigungsausschluss auf S. 280). Hat der Vermieter vorsätzlich oder fahrlässig unwirksame allgemeine Geschäftsbedingungen verwendet, muss er den Mietern daraus entstandene Schäden ersetzen (BGH, VIII ZR 302/07).

Liegt eine allgemeine Geschäftsbedingung vor?

Ob eine allgemeine Geschäftsbedingung vorliegt, ist für juristische Laien jedoch oft nicht sicher zu klären. Ohne Probleme kann man davon allenfalls dann ausgehen, wenn die betreffende Klausel in einem gedruckten Vertragstext enthalten ist. Eine allgemeine Geschäftsbedingung ist eine Klausel aber auch dann, wenn sie handschriftlich, mit dem PC oder der Schreibmaschine erstellt wurde, sofern sie in einer Vielzahl von Verträgen (mindestens drei bis fünf; BGH WuM 1981, 944/946) verwendet wurde oder verwendet werden sollte.

Ist der Vermieter Unternehmer (§ 14 BGB) und sind die Mieter Verbraucher (§ 13 BGB), reicht es schon aus, dass die vom Vermieter vorformulierte und deshalb ohne Einfluss der Mieter zustande gekommene Klausel nur einmal benutzt werden sollte (§ 310 Abs. 3 BGB). Mieter, die ihre Privatwohnung anmieten, sind regelmäßig Verbraucher. Als Unternehmer gilt, wer Wohnungen geschäftsmäßig vermietet, was jedenfalls bei einem Kleinvermieter mit nur einer Wohnung nicht, bei jemandem, der mehr als zehn Wohnungen vermietet, in der Regel der Fall ist, jedenfalls, wenn er dazu ein Büro unterhält oder eine professionelle Hausverwaltung beschäftigt. Streitig ist, welche Wohnungszahl die Grenze bildet, mehrheitlich wird sie zwischen sechs und zehn Wohnungen gesetzt.

Nur wenn über die betreffende Klausel verhandelt wurde, es den Mietern also wirklich möglich war, deren Inhalt zu beeinflussen, liegt keine allgemeine Geschäftsbedingung vor; dass der Vermieter ihnen anbietet, Anmerkungen oder Änderungswünsche mitzuteilen, reicht nicht (BGH, VIII 26/15).

An erster Stelle sollte bei Klauseln, die Sie für riskant oder besonders ungünstig halten, die rechtliche Prüfung stehen. Vertrauen Sie nicht darauf, dass das vom Vermieter präsentierte Exemplar »ein Standardvertrag« ist, bei dem »alles in Ordnung ist« oder dass dessen von ihnen als unfair oder überraschend eingeschätzten Klauseln vom Gericht vom Tisch gefegt werden. Gerichte sind hier sehr zurückhaltend, weil unser Recht auf der Prämisse beruht, dass Verträge von mündigen Bürgerinnen und Bürgern geschlossen werden. Selbst wenn die betreffende Klausel letztlich nicht gilt, ist es selten sinnvoll, einen Vertrag zu schließen, bei dem Auseinandersetzungen vorprogrammiert sind. Wenn Sie in diesem Ratgeber keine hinreichend sichere Information finden, wird meist nur eine juristische Beratung klären können, ob eine allgemeine Geschäftsbedingung vorliegt und ob sie wirksam ist. Die Rechtsprechung befindet sich ständig in Bewegung. Zudem liegen für viele Klauseln keine Urteile vor. Lässt sich die Rechtslage nicht rechtzeitig und zuverlässig klären, sollten Sie erwägen, vom Vertrag Abstand zu nehmen oder mit dem Vermieter verhandeln. Dabei können Sie testen, wie dieser oder seine Verwaltung »ticken«, ob sie stur sind, mit sich reden oder gar die Muskeln spielen lassen.

01

Vorsicht bei unklarer Rechtslage

DIE VERTRAGSPARTEIEN: MIETER UND VERMIETER

Vertragsparteien eines Mietvertrages sind alle, die den Mietvertrag unterschrieben haben und im Vertragstext als Vermieter oder Mieter aufgeführt sind. Das klingt banaler als es ist. Nur wer Mieter ist, kann vom Vermieter die Überlassung der Mieträume, bei Mängeln deren Beseitigung fordern oder sonstige Mieterrechte geltend machen. Nur von ihm kann der Vermieter die Miete fordern und die Erfüllung anderer Mieterpflichten verlangen. Auf der Vermieterseite muss sorgfältig zwischen dem Vermieter selbst (nur er ist Vertragspartei), seiner Hausverwaltung und dem Eigentümer der Wohnung unterschieden werden. Alle drei Eigenschaften können unter Umständen in einer Person, denselben Personen oder einer Gesellschaft zusammentreffen, sie müssen es aber nicht. Auf der Mieterseite müssen Sie die Mieter und deren Mitbewohner unterscheiden. Erstere sind Vertragspartei, Letztere nicht.

Auf den Vertragspartner achten

Achten Sie also darauf, dass Vermieter ihren vollen Namen und ihre Adresse angeben! Sie benötigen diese z. B. für Mängelanzeigen, für etwaige Klagen, spätestens jedoch für die Kündigung. Zwischen den Vertragsparteien und anderen direkt oder indirekt Beteiligten genau zu unterscheiden, ist aus zwei Gründen wichtig: Zum einen ist bei einem Mietrechtsstreit in aller Regel die gegnerische Vertragspartei, also der Vermieter, nicht seine Hausverwaltung zu verklagen. Nur er darf die Mieter verklagen. Zum anderen müssen alle Erklärungen, die rechtsverbindlich wirken sollen, also z. B. Vertragsänderungen, Mieterhöhungen oder Kündigungen, zwischen den Parteien erfolgen. Es kann also gravierende Konsequenzen haben, wenn eine solche Erklärung von Nichtberechtigten ausgesprochen, dem falschen Adressaten gegenüber erfolgt ist oder nicht an alle Mitglieder der anderen Vertragspartei gesandt wurde. In aller Regel wird sie unwirksam sein.

Schlüsselgewalt

Auch die sogenannte Schlüsselgewalt ändert daran nichts. Schlüsselgewalt bedeutet, dass ein Ehepartner, der ein Rechtsgeschäft abschließt, das den üblichen Lebensbedarf der Familie decken soll, damit beide Ehegatten berechtigt und verpflichtet (§ 1357 Abs. 1 BGB), auch wenn der andere davon gar nichts weiß. Diese gesetzliche Vertretungsmacht gilt aber jedenfalls nicht für wesentliche, im Rahmen von Mietverhältnissen abgegebene Erklärungen wie Kündigungen und Zustimmungen zu Mieterhöhungen (LG Berlin GE 2003, 1210).

Achten Sie im Mietvertrag auf Vollmachtsklauseln. Durch diese wird vereinbart, dass sich die Mieter gegenseitig zur Entgegennahme von Erklärungen des Vermieters bevollmächtigen. Sie haben zur Folge, dass sich der Vermieter darauf beschränken kann, rechtliche Erklärungen, die das Mietverhältnis betreffen, insbesondere Mieterhöhungen, Kündigungen und Betriebskostenabrechnungen nur einem der Mieter zu senden. Solche Klauseln sind in der Regel wirksam, auch wenn sie formularvertraglich vereinbart wurden. Man kann sie jedoch durch einfache Erklärung widerrufen. Besonders gefährlich sind sie, wenn einer der Mieter nicht (mehr) in der Wohnung wohnt, vom Empfänger aber nicht benachrichtigt wird. Wurde der Mietvertrag mit ihm nicht zuvor beendet, dann haftet er für alle Mietverbindlichkeiten. Davor können Sie sich schützen, indem Sie den Vermieter bei Auszug über Ihre neue Adresse informieren und Ihre durch die Klausel erteilte Vollmacht widerrufen.

Vollmachtsklauseln

Tipp
Übrigens interpretieren Vermieter Vollmachtsklauseln häufig falsch, indem Sie sich nicht darauf beschränken, ihre Schreiben nur einem von mehreren Mietern zu senden, sondern auch nur diesen als Adressaten zu nennen. Das reicht jedoch nicht. Es muss, etwa durch entsprechende Namensnennung bei der Adressierung und in der Anrede, ganz deutlich sein, dass sich die Erklärungen an alle, auch den abwesenden (aufgrund der Vollmachtsklausel vertretenen) Mieter richtet. Mieterhöhungen, Modernisierungsankündigungen und Kündigungen, die sich nur an einen von mehreren Mietern richten, sind unwirksam.

Folgerichtig sind Klauseln, wonach sich Erklärungen des Vermieters nur an einen von mehreren Mietern als Adressaten richten müssen (sog. Vertretungsklauseln) unwirksam, sofern es sich dabei um allgemeine Geschäftsbedingungen (siehe S. 30 f.) handelt (§ 307 Abs. 2 BGB).

DIE MIETER

Für den Regelfall gilt, dass nur die Personen, die im Mietvertrag als Mieter aufgeführt sind und diesen entweder selbst oder durch einen Vertreter unterschrieben haben, Mieter sind. Das gilt vom Grundsatz auch für Ehepartner, allerdings mit zwei Einschränkungen: Sind beide Ehegatten im Kopf des Mietvertrags als Mieter aufgeführt, unterschreibt jedoch nur einer, dann sind bei Wohnraummietverhältnissen nach herrschender Meinung beide Mieter geworden (OLG Düsseldorf WuM 1989, 362; OLG Oldenburg MDR 1991, 369; LG Berlin GE 1995, 567; a.A. LG Berlin GE 1990, 369), selbst wenn kein Zusatz zur Unterschrift (etwa »i.V.«) erkennen ließ, dass für beide gehandelt wurde.

Die zweite Ausnahme betrifft die neuen Bundesländer, sofern der Vertrag vor der Wiedervereinigung, also vor dem 3.10.1990 geschlossen wurde. Nach dem insoweit fortgeltenden Recht der DDR waren immer beide Ehegatten Mieter, auch wenn nur ein Partner den Mietvertrag abgeschlossen hatte (§ 100 Abs. 3 ZGB), und zwar auch dann, wenn der andere Partner erst nachträglich einzog oder später geheiratet wurde. Für Werkswohnungen gilt dies nur, wenn der Hauptmieter noch zu DDR-Zeiten das Arbeitsverhältnis mit dem Vermieter beendet hatte, das Mietverhältnis aber fortgesetzt wurde.

EIGENTÜMER UND VERMIETER

Regelfall: Eigentümer und Vermieter sind identisch

Ihr Vermieter ist zwar meist auch der Eigentümer Ihrer Wohnung. Zwingend ist dies jedoch nicht. Denn man kann auch Dinge vermieten, die einem nicht gehören. Als Mieter sollten Sie darauf achten, dass Ihr Vermieter auch Eigentümer, möglichst alleiniger Eigentümer der Mietsache ist. Bestehen daran Zweifel, dann empfiehlt sich die Einsicht ins Grundbuch.

Eigentümer und Vermieter nicht identisch

Ansonsten kann es passieren, dass Sie auch nach längerer Mietzeit Ihre Wohnung verlieren. Denn ein Eigentümer, der der Vermietung nicht zugestimmt hat, kann von Ihnen verlangen, dass Sie die Mietsache an ihn herausgeben (§ 985 BGB). Dies gilt auch für den Miteigentümer (§§ 1011, 985 BGB), der allerdings nur die Herausgabe an alle Eigentümer verlangen kann. Nicht erst, wenn der Eigentümer die Rückgabe fordert, sondern schon dann, wenn er nicht bereit ist, die Mietsache zu den mit dem Vermieter vereinbarten Konditionen nutzen zu lassen, kann der Mieter die Miete mindern bzw. den Vertrag fristlos kündigen und Schadensersatz fordern (BGH, IX ZR 128/07). Oft werden Ersatzforderungen in solchen Fällen jedoch ins Leere laufen, weil der Vermieter insolvent ist. Die Zustimmung des Eigentümers bzw. Miteigentümers zur Vermietung muss nicht ausdrücklich erfolgen, sondern kann – wie der Mietvertragsschluss selbst (siehe S. 23 ff.) – auch stillschweigend durch schlüssiges Verhalten erfolgen.

01

Dieses Problem hat noch einen weiteren Aspekt: Der beim Verkauf der Mietsache geltende Grundsatz »Kauf bricht nicht Miete« setzt voraus, dass der veräußernde Eigentümer auch mit dem Vermieter identisch ist. Nur dann wird der Erwerber automatisch Vermieter (§ 566 BGB, siehe S. 244 ff.). Wurde der Mietvertrag nicht mit allen Miteigentümern geschlossen, dann wird der Erwerber bei einer Veräußerung der Mietsache nur dann automatisch Vermieter, wenn die Miteigentümer der Vermietung zugestimmt hatten (OLG Karlsruhe GE 1981, 1013). Andernfalls ändert sich der Vermieter nicht und der Neueigentümer kann von Ihnen verlangen, dass Sie ihm die Mietsache herausgeben. Meist wird der erforderliche Vermieterwechsel schnell durch Vertrag zwischen Mieter, Vermieter und Neueigentümer vorgenommen. Aber darauf kann man sich nicht verlassen. Achten Sie also bei Vertragsschluss darauf, dass alle Eigentümer, auch wenn sie nicht als Vermieter im Mietvertrag stehen, nachweisbar mit dem Abschluss des Mietvertrages einverstanden sind.

»Kauf bricht nicht Miete«

Oft kommt es vor, dass im Mietvertrag eine Erbengemeinschaft oder eine Gesellschaft bürgerlichen Rechts (GbR) als Vermieterin benannt ist, deren Mitgliedern die Wohnung gemeinsam gehört. Wenn Sie in diesem Fall wirklich sicher gehen wollen, mit wem Sie es genau zu tun haben, müssen Sie im Grundbuchamt prüfen, wer hinter der betreffenden Erbengemeinschaft oder GbR steht. Im Streitfall kann dies von erheblicher Bedeutung sein.

Erbengemeinschaft

Bei der Erbengemeinschaft werden alle Mitglieder Vermieter, und zwar unabhängig davon, ob sie im Mietvertrag alle namentlich erwähnt sind, sofern nur die für sie unterzeichnende Person von ihnen bevollmächtigt war. Hier ist es sinnvoll, sich bei Vertragsschluss eine entsprechende Vollmacht vorlegen zu lassen. Dass alle Beteiligten im Mietvertrag namentlich und mit Adresse aufgeführt sind, ist aber allemal die bessere Lösung. Denn im Streitfall ersparen Sie sich aufwendige Recherchen, wer zu verklagen ist. Ist eine GbR mit einem unterscheidungsfähigen Namen – oft lautet dieser auf das betreffende Grundstück (z. B. »GbR Murksmüllerstr. 7«) – im Mietvertrag als Vermieterin benannt, dann wird sie als solche Vermieterin, kann also auch nach dem Vertragsschluss selbstständig handeln, etwa Mieterhöhungen vornehmen oder Kündigungen aussprechen. Allerdings haften ihre Gesellschafter für die Verpflichtungen der GbR mit ihrem eigenen Vermögen (BGH, II ZR 331/00). Diese sollten also insbesondere bei Schadensersatzforderungen mitverklagt werden.

DIE HAUSVERWALTUNG

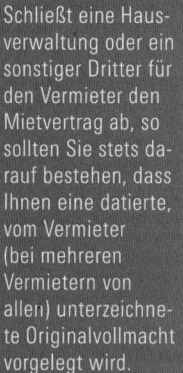

Tipp

Schließt eine Hausverwaltung oder ein sonstiger Dritter für den Vermieter den Mietvertrag ab, so sollten Sie stets darauf bestehen, dass Ihnen eine datierte, vom Vermieter (bei mehreren Vermietern von allen) unterzeichnete Originalvollmacht vorgelegt wird.

Oft ist im Mietvertrag eine Hausverwaltung genannt und unterschreibt diesen sogar. Natürlich können auch Hausverwaltungen Vermieter sein. Meist sind sie jedoch nur Vertreter des Vermieters. Entscheidend ist, wer im Vertrag als Vermieter angegeben ist. Typischerweise ist die Hausverwaltung nach dem Vermieter mit den Eingangsworten »vertreten durch« aufgeführt, sie ist also dessen Vertreter. Berechtigt, den Vermieter zu vertreten, ist eine Hausverwaltung nur, wenn der Vermieter eine entsprechende Vollmacht erteilt hat. Diese kann sich nicht nur aus dem Mietvertrag, sondern auch aus einer Ihnen vom Vermieter oder der Hausverwaltung vorgelegten Vollmachtsurkunde oder aus den Umständen, etwa langjährigem Handeln für den Vermieter ergeben, sofern dieser darum weiß. Übrigens umfasst eine allgemeine Vollmacht zur Hausverwaltung nicht in jedem Fall die Vollmacht, zu kündigen oder den Mietvertrag durch einen Aufhebungsvertrag zu beenden. Liegt eine wirksame Vollmacht vor, dann kann nicht nur die Hausverwaltung für den Vermieter wirksam handeln, sondern auch Sie können Ihre Schreiben und sonstigen Erklärungen, die das Mietverhältnis betreffen, an die Hausverwaltung richten. Sind Sie Mieter einer Eigentumswohnung, sollten Sie besonders sorgfältig auf diese Fragen achten.

Denn der Verwalter der Eigentümergemeinschaft ist im Rahmen des zwischen Ihnen und dem Wohnungseigentümer bestehenden Mietverhältnisses oft nicht vertretungsberechtigt.

Das gilt auch, wenn eine neue Hausverwaltung für den Vermieter auftritt oder wenn der Vermieter wechselt. Man kann nicht ohne Weiteres unterstellen, dass der neue Vermieter die bisherige Hausverwaltung bevollmächtigt hat. Wenn Sie hier blind vertrauen, besteht das Risiko, dass Sie Geld verlieren, weil Sie eine zweifelhafte Mieterhöhung akzeptiert oder an jemand Unbefugten gezahlt haben. Letzteres kann im Extremfall die fristlose Kündigung wegen Zahlungsverzugs zur Folge haben. Allein der Umstand, dass eine Hausverwaltung, die über keine wirksame Vollmacht verfügt, als unberechtigter Vertreter haftet (§ 179 BGB), kompensiert nicht alle möglichen rechtlichen Risiken.

01

Tipp

Lag der Mitteilung der neuen Hausverwaltung, etwa Mieterhöhungen oder Weisungen, die Miete auf ein anderes Konto zu überweisen, keine Vollmacht bei, dann weisen Sie diese möglichst schriftlich zurück. Geschieht dies unverzüglich, das heißt innerhalb von fünf bis maximal 14 Tagen, dann wird die Erklärung unwirksam. Sie kann zwar unter Beifügung der erforderlichen Vollmacht wiederholt oder vom Vertretenen nachträglich bestätigt werden. Aber zum einen haben Sie dann Gewissheit. Und zum anderen wird die Erklärung damit erst später wirksam, sodass sich die mit der Erklärung bezweckte Rechtsfolge, etwa eine Kündigung oder eine Mieterhöhung, verzögert.

Ein entsprechendes Schreiben könnte etwa lauten:

Sehr geehrte Damen und Herren,

Ihre Mieterhöhung/Kündigung/Aufforderung, die Miete auf ein anderes Konto zu überweisen, vom [Datum] müssen wir leider nach § 174 BGB zurückweisen, da dieser keine auf Sie lautende Originalvollmacht der Vermieter beilag. Wir bitten um Ihr Verständnis, dass wir auch weitere Erklärungen von Ihnen erst akzeptieren können, wenn Sie uns durch Vorlage einer aktuellen Originalvollmacht der Vermieter nachgewiesen haben, dass Sie entsprechend bevollmächtigt sind.

Mit freundlichen Grüßen
(Unterschrift aller Mieter)

DOPPELVERMIETUNG – WER ZUERST KOMMT, MAHLT ZUERST?

Der Vermieter
entscheidet!

Schließen Vermieter zur gleichen Zeit oder kurz nacheinander mit unterschiedlichen Personen verschiedene Mietverträge über dieselbe Wohnung, sind beide Verträge rechtswirksam. Beide Mietparteien können vom Vermieter verlangen, dass er ihnen allein die Mieträume aushändigt. Aber der Grundsatz »Wer zuerst kommt, mahlt zuerst «, gilt nicht. Keine der beiden Mietparteien kann mit einem gerichtlichen Eilverfahren durchsetzen, dass ihr die Wohnung überlassen wird (KG WuM 2007, 207; OLG Koblenz MDR 2008, 18). Allein der Vermieter entscheidet, wem er die Wohnung überlässt und wem er Schadensersatz in Form der den weichenden Mietern entstehenden Mehrkosten schuldet.

VOR ABSCHLUSS DES VERTRAGES – CHECKLISTE DER WICHTIGSTEN PUNKTE

Bevor Sie Ihren Mietvertrag abschließen, sollten Sie diesen unbedingt genau lesen. Jedenfalls, wenn etwas nicht stimmt oder zweifelhaft ist, sollten Sie sich unbedingt durch Ihren örtlichen Mieterverein oder einen Anwalt beraten lassen. Es ist durchaus üblich, dass der Vertrag vor Unterzeichnung für ein bis zwei Tage zur Lektüre und Prüfung ausgehändigt wird. Verweigert Ihnen der Vermieter oder die Hausverwaltung diesen Wunsch, so sollten Sie darin eine deutliche Warnung sehen und vom Vertragsschluss möglichst Abstand nehmen. Denn die Gegenseite ist dann offenkundig nicht bereit, auf Ihre berechtigten Interessen Rücksicht zu nehmen und hat möglicherweise etwas zu verbergen. Führen Sie sich bitte Folgendes vor Augen: Ein schriftlicher Mietvertrag wird für den Fall geschlossen, dass später Streit entsteht. Verweisen Sie typische Vermieterbeteuerungen, man sehe alles »nicht so eng«, die problematischen Klauseln seien eine »reine Formalität «, man müsse Ihre Wünsche nicht schriftlich festhalten, weil man den Mietern immer gern entgegenkomme, getrost in den Bereich der Fabel. Der Vertrag dient der Sicherheit beider Parteien, auch der Ihren. Wenn Sie nicht danach handeln wollen, dann machen Sie sich zumindest klar, dass Sie damit unter Umständen immense Risiken eingehen.

Beachten Sie unbedingt folgende Punkte:

- **Mietparteien:** Sind alle Mietparteien im Mietvertrag korrekt und vollständig bezeichnet? Lassen Sie eine etwaige fehlende Anschrift des Vermieters unbedingt nachtragen. Die Hausverwaltung ist normalerweise nicht Ihr Vertragspartner. Ist Ihnen bekannt, dass Ihre Wohnung mehrere Eigentümer hat, so sollten Sie möglichst darauf bestehen, dass alle auch Vermieter werden. Wollen Sie andere Erwachsene in der Wohnung mit aufnehmen, ohne dass diese Mieter werden, lassen Sie sich die Erlaubnis im Mietvertrag zusichern.
- **Miete und Mietkaution:** Was für eine Miete ist vorgesehen? Können Sie diese mühelos aufbringen? Entspricht sie dem örtlichen Mietniveau? Sind die Steigerungen einer etwaigen Staffelmietvereinbarung angemessen? Wann und wie ist die Miete zu zahlen? Achten Sie darauf, dass die Mietkaution, die der Vermieter von Ihnen verlangt, in der Regel nicht mehr als drei Grundmieten (ohne Betriebskosten) betragen darf (§ 551 Abs. 1 BGB).
- **Betriebskosten:** Wie setzt sich die Miete zusammen? Sind etwaig vereinbarte Vorschüsse auf die Betriebskosten (kalte Betriebskosten sowie Heiz- und Warmwasserkosten) realistisch oder müssen Sie mit gravierenden Nachzahlungen rechnen? Oft rechnen Vermieter die Miete an dieser Stelle künstlich niedrig. Im Zweifel sollten Sie sich vom Vermieter die letzten Abrechnungen zeigen oder Vormieter oder künftige Nachbarn danach fragen. Welche Positionen werden verbrauchsabhängig abgerechnet? Welche Abrechnungsmaßstäbe sind vorgesehen (Wohnfläche/Personenzahl des Haushalts/Miteigentumsanteile)? Befinden sich Läden, Dienstleistungsbetriebe oder andere gewerblich genutzte Räume im Gebäude, bei denen mit überdurchschnittlich hohen Betriebskosten zu rechnen ist (siehe S. 193)? Welche Quotelung gilt bei Heiz- und Warmwasserkosten im Verhält-

01

nis? Verbrauchsabhängige zu verbrauchsunabhängigen Kosten: 50:50 oder 70:30? Ist die Heizungsanlage möglicherweise alt und deshalb unwirtschaftlich? Enthält der Vertrag Vereinbarungen zur Heizpflicht des Vermieters (Temperaturangaben, Festlegung der Heizperiode)?

- **Nutzungsmöglichkeiten:** Was ist zu den Nutzungsmöglichkeiten vereinbart? Achten Sie darauf, dass auch die Ihnen wichtigen Punkte im Vertrag enthalten sind, etwa dass ein Kellerraum, ein Stellplatz oder eine Garage mitvermietet sein soll. Wenn eine Kündigung dieser Nebenräume oder -flächen unabhängig von den Haupträumen zulässig sein soll, sollte dies gesondert vermerkt sein.

- **Mängel:** Haben Sie bei der Wohnungsbegehung wesentliche Mängel festgestellt oder soll die Wohnung vor Übergabe gar saniert werden, so sollte im Vertrag schriftlich festgelegt werden, bis wann der Vermieter die Mängel beseitigt haben und die Wohnung übergeben worden sein muss. Außerdem sollten Sie sich möglichst im Vertrag ausdrücklich vorbehalten, dass Ihnen trotz Kenntnis der Mängel sämtliche Mängelgewährleistungsrechte einschließlich Aufwendungs-, Schadensersatz und Minderung vorbehalten bleiben. Das gilt auch, wenn Sanierungen oder Modernisierungen geplant oder im Vertrag angekündigt werden. Dann sollten Sie Begrenzungen etwaiger Mieterhöhungen aushandeln. Werden Haftungspflichten des Vermieters vertraglich ausgeschlossen oder reduziert (»Der Vermieter haftet nicht/nur bei Vorsatz und grober Fahrlässigkeit für ...«)?

- **Vertragsdauer:** Welche Vertragsdauer ist vereinbart? Wird der Vertrag auf unbestimmte Zeit geschlossen oder handelt es sich um einen Zeitmietvertrag, der vor Ablauf nicht gekündigt werden kann? Ist vereinbart, dass das Recht, mit ordentlicher Kündigungsfrist zu kündigen (§ 573c BGB), nicht oder für die Dauer einer Mindestlaufzeit nicht gelten soll? Solch ein Kündigungsausschluss ist nicht in jedem Fall wirksam (siehe S. 29 und S. 279 f.). Sofern er mehr als ein Jahr gelten soll, muss er die Schriftform (siehe S. 21) wahren (BGH, VIII ZR 223/06). Mündliche Absprachen reichen nicht.

- **Kündigungsschutz:** Beachten Sie, dass unter Umständen jeder Kündigungsschutz entfällt, wenn als Grund einer Befristung im Vertrag oder in einem Ihnen vor Vertragsschluss zugegangenen Schreiben angegeben ist, dass der Vermieter die Mieträume bei Vertragsende selbst nutzen, abreißen oder umbauen will. Auch wenn Ihre Wohnung eine Einliegerwohnung ist, also in einem Zweifamilienhaus liegt, in dem der Vermieter selbst eine Wohnung bewohnt, kann der Vermieter ohne Kündigungsgrund kündigen, sofern nicht im Vertrag vereinbart wird, dass die allgemeinen gesetzlichen Kündigungsschutzregeln angewandt werden sollen.

- **Schönheits- und Kleinreparaturen:** Was ist zu Schönheitsreparaturen und Kleinreparaturen vorgesehen? Wenn die Klauseln wirksam sind, müssen Sie davon ausgehen, dass dies die Wohnung effektiv verteuert und bei Auszug erheblicher Ärger droht. Achten Sie darauf, dass die Wohnung im Vertrag nicht als renoviert bezeichnet wird, falls dies nicht stimmt.

- **Tierhaltung:** Ist Ihnen die Tierhaltung erlaubt? Sind Einschränkungen aufgeführt?

- **Hausordnung:** Wie sieht die Hausordnung aus? Sind die Ruhezeiten für Sie akzeptabel? Lässt die Hausordnung auf bestimmte Problempunkte schließen? Besonders ausufernde und detailfreudige Regelungen können ein Indiz dafür sein, wo im Hause oder mit dem Vermieter Probleme bestehen können. Detaillierte Vorgaben zum Heiz- und Lüftungsverhalten lassen den Schluss auf Probleme mit Fogging, Schimmel oder Feuchtigkeit zu.

- **Nebenräume:** Stellen Sie sicher, dass Nebenräume oder -flächen, auf deren Nutzung Sie Wert legen, im Mietvertrag ausdrücklich als Bestandteil der Mietsache erwähnt sind.

- **Information:** Gespräche mit Vormietern oder zukünftigen Nachbarn können sich als Informationsquellen unschätzbaren Wertes erweisen (der Vermieter ist ein »Schuft«, die Hausverwaltung kompetent oder auch nicht, der Obermieter liebt laute dröhnende Lautsprecherboxen zur Nachtzeit etc.). Im Zweifel gilt: Keine Unterschrift ohne vorherige Rechtsberatung!

01

02

WIE, MIT WELCHER AUS-STATTUNG UND WELCHEM STANDARD SIE IHRE MIET-WOHNUNG NUTZEN DÜRFEN

In welchem Umfang Mieter ihre Wohnung, die Außenräume und -anlagen nutzen dürfen, wer in die Mietwohnung mit einziehen darf und welche Ausstattung sie verlangen können, erfahren Sie in diesem Kapitel. Es informiert Sie auch über Ihr Hausrecht sowie darüber, für welche baulichen Maßnahmen und Änderungen Sie die Zustimmung Ihres Vermieters benötigen.

KURZ & BÜNDIG

- **Besitzrecht und Schlüsselgewalt:** Der Vermieter muss dem Mieter zu Beginn des Mietverhältnisses die Wohnung übergeben und sämtliche Wohnungsschlüssel aushändigen.

- **Hausrecht:** Mit der Übergabe der Wohnung wird der Mieter Inhaber des Hausrechts und darf entscheiden, wer sich in der Wohnung aufhalten darf und wer nicht.

- **Berufliche Nutzung der Mietwohnung:** Ohne Erlaubnis des Vermieters sind berufliche Tätigkeiten in der Wohnung nur zulässig, wenn sie nicht nach außen in Erscheinung treten.

- **Lärmbelästigung:** Der Mieter muss sich beim Gebrauch der Wohnung so verhalten, dass Nachbarn nicht mehr als nach den Umständen vermeidbar gestört oder belästigt werden.

- **Bauliche Maßnahmen in der Mietwohnung:** Ohne Zustimmung des Vermieters dürfen bauliche Maßnahmen und andere Veränderungen an der Mietwohnung nur in Grenzen vorgenommen werden.

- **Tierhaltung in der Mietwohnung:** Nicht jede Klausel im Mietvertrag, durch die die Tierhaltung ausgeschlossen oder von einer Genehmigung des Vermieters abhängig gemacht wird, ist wirksam.

»Der Vermieter hat die Mietsache dem Mieter in einem zum vertragsgemäßen Gebrauch geeigneten Zustand zu überlassen und sie während der Mietzeit in diesem Zustand zu erhalten.« Dieser Satz steht in § 535 Abs. 1 BGB, am Anfang des Mietrechts.

»VERTRAGSGEMÄSSER GEBRAUCH« DER MIETSACHE

Mit »vertragsgemäßem Gebrauch« umschreiben Juristen, wie die Mieter ihre Wohnung, etwaige Neben- und Außenräume sowie andere Gebäudeteile und -flächen nutzen dürfen, aber auch, welche Ausstattung und welchen Standard der Vermieter schuldet. Diesen Zustand muss der Vermieter während der Mietzeit erhalten und die entsprechende Nutzung durch die Mieter nicht nur dulden, sondern sogar gewährleisten. Was gilt, wenn er diesen Pflichten nicht nachkommt, ist Thema des nächsten Kapitels. Hier geht es darum, was zum »Gebrauch der Mietsache« gehört. Oft bestehen unterschiedliche Meinungen, was dazugehört und was nicht. Für eine Vielzahl von Einzelfällen gibt es eine unüberschaubare Fülle gerichtlicher Entscheidungen. Allerdings helfen diese oft nicht weiter, weil sich die Umstände der konkreten Einzelfälle sehr von Ihrem aktuellen Problem unterscheiden können. Immerhin gibt es eine Reihe von Grundsätzen, an denen man sich orientieren kann.

Vorrangig: Ihr Mietvertrag

In erster Linie gilt, was Vermieter und Mietern vertraglich vereinbart haben, es sei denn, es bestehen gesetzliche Regelungen, von denen auch vertraglich nicht abgewichen werden darf. Wenn im Mietvertrag steht, dass Ihnen ein Kellerraum oder ein Mietergarten zusteht, dann gilt dies. Die oft in Mietverträgen und Übergabeprotokollen enthaltene Formulierung, dass die Räume wie gesehen vermietet bzw. übergeben wurden, ist zu vage. Vertragliche Wohnflächenangaben binden den Vermieter meist. Ohne ausdrückliche Vereinbarung muss er den Mietern weder einen Garagenstellplatz (BGH, VIII ZR 268/09) noch einen

Telefonanschluss stellen, wohl aber gestatten, dass die Mieter Letzteren installieren lassen (AG Neukölln MM 3/2012, 30).

Vertraglich vereinbart ist in der Regel auch die Hausordnung. Sie ist Mietverträgen häufig beigefügt, meist mit dem Vermerk, sie sei Vertragsbestandteil. Hausordnungen präzisieren die ohnehin bestehende Mieterpflicht zur Rücksichtnahme auf andere Hausbewohner und regeln die Nutzung gemeinschaftlich genutzter Räume und Anlagen. Mieter wie Vermieter können sich auf ihre Einhaltung berufen und die Einhaltung der darin festgelegten Verhaltensregeln gegenüber anderen Hausbewohnern notfalls sogar einklagen, sofern diese, was meist der Fall sein dürfte, vertraglich ebenfalls an die Hausordnung gebunden sind. Mieter können auch vom Vermieter verlangen, dass er die Einhaltung der Hausordnung gegenüber den Störern erzwingt. Dauerhafte und schwerwiegende Verstöße gegen die Hausordnung berechtigen den Vermieter nach vorheriger Abmahnung zur fristlosen Kündigung (siehe S. 292 ff.).

Hausordnung

02

Die Abmahnung ist keine freundliche Bitte, sondern eine nachdrückliche Warnung, dass man das bisherige Verhalten nicht weiter hinnimmt und bei Fortsetzung oder Wiederholung rechtlich dagegen vorgehen wird. So kann etwa der Vermieter Mieter wegen vertragswidriger Tierhaltung oder ungenehmigter Untervermietung abmahnen. Ihn können Mieter beispielsweise wegen Verstößen gegen die Hausordnung oder Übergriffen seines Hausmeisters abmahnen. Die Abmahnung muss die beanstandete Pflichtverletzung konkret, möglichst mit Ort und Zeit benennen. Sie kann mündlich, sollte jedoch aus Beweisgründen schriftlich erfolgen. Wer abmahnt, trägt in einem späteren Prozess die Beweislast für ihren Zugang (siehe S. 362 ff.) und das vertragswidrige Verhalten. Daher kann man gegen die Abmahnung als solche nicht selbstständig klagen (BGH, VIII ZR 139/07).

Abmahnung

Zu vielen Fragen der Wohnraumausstattung oder -nutzung wird bei Vertragsschluss nichts ausdrücklich vereinbart. In der Regel gilt der Zustand beim letzten Besichtigungstermin vor Vertrags-

Zustand bei Vertragsschluss

schluss als stillschweigend vereinbart (LG Berlin GE 2005, 739). Man kann dies gut an einigen BGH-Entscheidungen verdeutlichen, in denen Mieter Altbauwohnungen gemietet hatten: Das Parkett knarrte, die Stromversorgung war mangelhaft und vom neu ausgebauten Dachboden über der Wohnung hörte man jeden Tritt. Obwohl den Verträgen nichts zum Standard zu entnehmen war, hatten die Mieter natürlich gewusst, dass sie Altbauwohnungen mieteten. In solchen Fällen müssen Mieter hinnehmen, dass altes Parkett im üblichen Umfang knarrt (BGH; VIII ZR 281/03). Auch eine Stromversorgung nach modernstem Standard ist nicht geschuldet, wohl aber eine Ausstattung, die dem seit Jahrzehnten üblichen Lebensstandard entspricht. Gewöhnliche Haushaltsgeräte müssen also in normalem Umfang betrieben werden können (BGH, VIII ZR 281/03; konkret: gleichzeitiger Betrieb mehrerer Geräte, mindestens eine Steckdose im Bad). Die vom Vermieter gestellte Heizung muss ausreichen, Feuchtigkeits- und Schimmelbildung zu verhindern (LG Berlin GE 2010, 1687).

Trittschalldämmung

Auch was die Trittschalldämmung angeht, ist der Vermieter nicht verpflichtet, diese an die seit der Erbauung der Wohnung gestiegenen Wohnbedürfnisse anzupassen, es sei denn, etwas anderes wurde vereinbart. Die Mieter können nur verlangen, dass die Schallschutznormen eingehalten werden, die bei Errichtung des Gebäudes galten. Dies gilt sogar für Änderungen vorhandener Wohnräume, selbst wenn sie den Schallschutz verschlechtern, etwa weil Laminat eingebaut wurde (BGH, VIII ZR 131/08; hier: maximal 63 dB für Trittschallschutz nach DIN 4109 – 1962 –). Im Altbau, also in vor 1920 errichteten Gebäuden, ist ein baulicher Trittschallschutz in aller Regel nicht geschuldet. Wird allerdings erstmals das Dach ausgebaut, muss die Trittschalldämmung dort den dann geltenden Anforderungen entsprechen (BGH, VIII ZR 355/03; hier: maximal 53 dB für normalen Trittschallschutz nach DIN 4109 – 1989 –). Ungeachtet dessen müssen Mieter, auch wenn der erforderliche Trittschallschutz eingehalten wird, aufeinander Rücksicht nehmen und bei hellhörigen Altbauten übermäßige Lärmbelastungen möglichst vermeiden, etwa lärmintensive Bodenbeläge nicht mit Hackenschuhen begehen (LG Hamburg WuM 2010, 147).

Entscheidend ist also zunächst, was vertraglich vereinbart wurde. Wurde nichts vereinbart, kommt es darauf an, was bei Vertragsschluss nach allgemeinen Anschauungen üblich war und somit als Wille der Parteien unterstellt werden kann. Juristen sprechen oft von »Verkehrssitte« oder dem, was »verkehrsüblich« ist. Ein Standard über oder unter dem allgemein üblichen muss eindeutig vereinbart werden.

Der verkehrsübliche Standard

02

Eine Formularklausel, wonach die Mieter Haushaltsgeräte nur nutzen dürfen, soweit die vorhandenen Installationen dies zulassen, reicht dazu nicht aus (BGH, VIII ZR 343/08).

Tipp

Legen Sie auf bestimmte Eigenschaften, einen Mindeststandard oder besondere Nutzungsmöglichkeiten Ihrer neuen Wohnung Wert, lassen Sie sich diese vom Vermieter im Mietvertrag zusichern. Man kann eine solche Vereinbarung mit den Worten einleiten: »Der Vermieter sichert den Mietern folgende Ausstattung der Mietsache zu: ...« oder »Die Mieter sind berechtigt ...«.

Besonders bei typischerweise veränderlichen Belastungen von außen, etwa Verkehrslärm, kann nicht unterstellt werden, dass die bei Anmietung bestehende Wohnwertqualität vereinbart wurde. Wer darauf Wert legt, muss sich dies zusichern lassen, sonst rechtfertigen nachteilige Veränderungen keine Minderung (BGH, VIII ZR 152/12). Dies gilt auch für andere äußere Belastungen, etwa einen Bolzplatz auf dem Nachbargrundstück, sofern der Vermieter selbst diese ohne eigene Abwehr- oder Entschädigungsmöglichkeit als unwesentlich oder ortsüblich hinnehmen muss (BGH, VIII ZR 197/14).

Um den verkehrsüblichen Standard zu konkretisieren, wird auch danach gesehen, ob technische oder anderweitig normierte Standards gelten. Hinsichtlich der baulichen Ausstattung wird im Normalfall auf die bei Errichtung des Gebäudes geltenden Maßstäbe abgestellt (BGH, VIII ZR 355/03). Anders verhält es sich, wenn gesetzliche Regelungen aus Gesundheitsgründen Grenzwerte vorschreiben. Im Trinkwasser dürfen maximal 0,010 mg/l Blei enthalten sein (§ 6, Anlage 2 Teil 2 TrinkwV). Hält die Mobilfunksendeanlage auf dem Dach die aktuellen gesetzlichen Grenzwerte ein, besteht in der Regel kein Mietmangel (BGH VIII ZR 74/05), sodass der Betrieb nicht eingestellt werden muss und sich auch die Miete nicht mindert. Gleiches gilt für neue Lärmbeeinträchtigungen, etwa durch eine Lüftungsanlage (BGH, VIII ZR 300/08).

BESITZRECHT UND SCHLÜSSELGEWALT AN DER WOHNUNG

Der Vermieter muss Ihnen die vermieteten Wohnräume überlassen (§ 535 BGB). Das bedeutet, dass er Ihnen zu Vertragsbeginn die Mietwohnung geräumt übergeben und sämtliche Schlüssel für die Wohnung aushändigen muss. Mit Übergabe der Wohnung haben Sie an dieser die unmittelbare Sachherrschaft, sind also – im Rechtssinne – deren unmittelbarer Besitzer.

Vollständige Schlüsselübergabe

Nicht selten behalten Vermieter Wohnungsschlüssel zurück. Gegen den Willen der Mieter ist dies unzulässig (LG Berlin GE 1985, 1259; AG Ellwangen WuM 1991, 340). Erfahren Sie davon, können Sie deren Herausgabe fordern und notfalls gerichtlich erzwingen. Mieter haben Anspruch auf die vollständige Schlüsselgewalt zu ihrer Wohnung. Allerdings tun Sie gut daran, bei längerer Abwesenheit einen Wohnungsschlüssel Freunden oder Bekannten auszuhändigen und dem Vermieter dies für etwaige Notfälle mitzuteilen. Dieser muss Ihnen bei Mietbeginn eine ausreichende Anzahl von Schlüsseln (in der Regel drei, mindestens aber zwei Exemplare) aushändigen, um die Haustür öffnen und schließen zu können, sowie Schlüssel für den zugehörigen Briefkasten und etwaig mitvermietete Nebenräume, z. B. den Keller.

IHR HAUSRECHT

Mit Übergabe der Wohnung dürfen Mieter als Inhaber des Hausrechts entscheiden, wer sich darin aufhalten darf und wer nicht.

Dies gilt auch für allein gemietete Nebenräume und umgrenzte Nebenflächen, etwa Mietergärten. Wer unberechtigt ohne oder gegen den Willen des Hausrechtsinhabers Räumlichkeiten betritt oder sich nach dessen Aufforderung nicht entfernt, begeht Hausfriedensbruch und macht sich strafbar (§ 123 Strafgesetzbuch).

Eine Kündigung beseitigt ihr Hausrecht erst bei Rückgabe der Wohnung. Deshalb können Vermieter nach einer Kündigung die Wohnung nicht einfach räumen lassen, sondern müssen die Mieter, wenn diese nicht freiwillig weichen, auf Räumung verklagen. Verweigern die Mieter dem Vermieter das Betreten der Wohnung, obwohl er im konkreten Fall dazu berechtigt ist, so muss er auch dieses Recht einklagen oder in Eilfällen per einstweiliger Verfügung erzwingen. Nur bei Gefahr in Verzug, etwa einem Rohrbruch in der Wohnung, darf der Vermieter diese ohne Willen und Wissen der Mieter betreten. Drängen der Vermieter, seine Hausverwaltung oder andere Hilfspersonen einfach nach Belieben in die Wohnung oder veranlassen Handwerker dazu, rechtfertigt dies eine fristlose Kündigung (LG Berlin, GE 1999, 572) und sogar Notwehr durch Hinausdrängen des unrechtmäßigen Besuchs (BGH, VIII ZR 289/13). Letzteres ist allerdings nur im Notfall und in Gegenwart neutraler Zeugen sinnvoll. Befürchten Sie Eskalationen, sollten Sie also stets Zeugen hinzubitten.

Tipp

Betritt Ihr Vermieter unberechtigt Ihre Wohnung, weisen Sie ihn darauf hin, dass er damit einen Hausfriedensbruch begeht. Hilft das nicht, rufen Sie ohne falsche Scheu die Polizei. Erstatten Sie gegebenenfalls Anzeige und stellen Sie schriftlich einen Strafantrag. Dieser ist Voraussetzung, dass der Hausfriedensbruch als Straftat verfolgt wird, und kann nur ein Vierteljahr lang gestellt werden. Will man den Konflikt später beenden, kann man den Strafantrag problemlos zurücknehmen.

EINSCHRÄNKUNGEN IHRES HAUSRECHTS: BESICHTIGUNGSRECHTE DES VERMIETERS

Geringfügig eingeschränkt ist das Hausrecht der Mieter durch Besichtigungsrechte des Vermieters. Dieser darf die Wohnung jedoch nur besichtigen, wenn dafür ein konkreter Grund besteht. Ein Recht, periodisch ohne besonderen Anlass den Wohnungszustand zu kontrollieren, steht ihm nicht zu; eine entsprechende Formularklausel wäre unwirksam (BGH, VIII ZR 289/13). Will der Vermieter die Wohnung verkaufen oder nach Mietvertragskündigung wieder neu vermieten, so darf er sie mit etwaigen Kauf- bzw. Mietinteressenten betreten. Häufiger Streitpunkt ist, wie oft ihm dies zu gestatten ist. Die Rechtsprechung schwankt zwischen drei und vier Terminen à 30 bis 60 Minuten pro Monat, beschränkt auf einen Termin pro Woche, wobei die Besichtigungen an Werktagen zu üblichen Zeiten, also zwischen 9 und 19 Uhr unter Ausschluss der von 13 bis 15 Uhr währenden Ruhezeit zu erfolgen haben. Die Mieter können verlangen, dass sich die angekündigten Personen ausweisen und andernfalls den Zutritt zur Wohnung verweigern (AG München WuM 1994, 425). Weitere akzeptable Gründe sind Mängel, bevorstehende Modernisierungen oder Mieterhöhungen, falls der Vermieter den aktuellen Wohnungszustand nicht kennt. Beim Besichtigen kann sich der Vermieter vertreten lassen und, falls sachliche Gründe bestehen, fachkundige Personen, etwa Handwerker, mitbringen. Sind mehrere Termine erforderlich, so muss er die Gründe nennen (AG Hamburg WuM 1999, 456).

Bei Gefahr in Verzug keine Ankündigungspflicht

Nur in Eil- und Notfällen darf der Vermieter ohne Vorankündigung und in Ihrer Abwesenheit die Wohnung betreten. Ansonsten muss er die vorstehend genannten Zeiten einhalten, seinen Besuch rechtzeitig, möglichst eine Woche, spätestens aber 24 Stunden vorher ankündigen und begründen. Andernfalls kann der Zutritt verweigert werden (AG Neuss WuM 1989, 364; AG Aachen WuM 1986, 87).

Bei der Terminwahl muss der Vermieter Ihre berechtigten Interessen, wie sie sich etwa aus Krankheit, Feiertagen, Urlaub oder Berufstätigkeit ergeben können, berücksichtigen. Auch bei seinem Besuch muss er sich rücksichtsvoll verhalten. Verhält er sich ungebührlich, etwa durch Beleidigungen oder Öffnen von Schränken und Schubfächern, können Sie ihn der Wohnung verweisen. Fotos darf er ohne Ihre Erlaubnis nicht machen (AG Schöneberg GE 2004, 822), es sei denn, Ihre Einrichtung ist nicht darauf zu sehen. In vielen Fällen werden Sie um eine Besichtigung mittelfristig nicht herumkommen.

Eine berechtigte Besichtigung kann der Vermieter gerichtlich erzwingen, in Eilfällen sogar recht schnell durch einstweilige Verfügung. Verweigern sollten Sie berechtigte Besichtigungen also nicht ohne Rechtfertigungsgrund. Sie verletzen damit eine vertragliche Nebenpflicht, die nach vorheriger Abmahnung eine fristlose Kündigung rechtfertigen kann (BGH, VIII ZR 221/09).

Tipp

Versuchen Sie möglichst, sich mit dem Vermieter zu einigen. Passt Ihnen der vorgeschlagene Termin nicht, so begründen Sie das. Bei Krankheit besorgen Sie sich ein ärztliches Attest. Bieten Sie Alternativtermine an, die auch dem Vermieter zumutbar sind. Sorgen Sie dafür, dass Sie den Zugang Ihres Schreibens beweisen können (siehe S. 362 ff.) oder lassen Sie sich bei Ihrem Anruf vertreten, damit Ihr Angebot notfalls bezeugt werden kann.

WIE SIE IHRE MIETWOHNUNG NUTZEN DÜRFEN

Nicht selten wenden sich Vermieter in bevormundender Weise gegen einzelne Nutzungen. Aber wer eine Wohnung vermietet, muss berücksichtigen, dass diese Mittelpunkt der privaten Existenz ist und der Befriedigung elementarer Lebensbedürfnisse sowie der Freiheitssicherung und der Entfaltung der Persönlichkeit dient (BVerfG NJW 1993, 2035; BGH, VIII ZR 289/13). Wie Mieter ihre Wohnung bewohnen, ist also vorrangig ihre Sache und findet seine Grenzen einzig im Wohnzweck selbst, den vertraglichen Absprachen, sowie dort, wo die Substanz der Mieträume gefährdet oder berechtigte Interessen der übrigen Hausbewohner gefährdet werden. Ihrer Sammelleidenschaft dürfen Mieter daher nach Belieben frönen, auch wenn man sie für einen Messie hält. Nur wenn Ungezieferbefall droht, die Statik des Hauses gefährdet wird oder strenge Gerüche die Mitbewohner des Hauses beeinträchtigen, kann – nach vorheri-

Berechtigte Mieterinteressen

ger Abmahnung – gekündigt werden (AG Hamburg-Harburg ZMR 2011, 644; AG Schöneberg GE 2009, 1501; AG Münster WuM 2012, 372).

Berufliche Nutzung

Wohnungen werden zum Wohnen vermietet. Ohne Vermietererlaubnis sind berufliche Tätigkeiten dort daher nur zulässig, soweit sie vom Wohnzweck umfasst sind, also nicht nach außen in Erscheinung treten (BGH, VIII ZR 165/08). Das gilt typischerweise für auf das Arbeitszimmer beschränkte Aktivitäten ohne Publikumsverkehr, wie sie etwa für Lehrer, Telearbeiter, Architekten und andere Freiberufler üblich sind, aber auch für den gelegentlichen Empfang und die Bewirtung von Geschäftsfreunden, nicht jedoch für die Tätigkeit als Musiklehrer (BGH, VIII ZR 213/12). Der Vermieter kann verpflichtet sein, freiberufliche Tätigkeiten zu erlauben, wenn sie ohne Mitarbeiter und ohne nennenswerten Kundenverkehr erfolgen (BGH, VIII ZR 165/08), also die Mieträume oder andere Hausbewohner nicht belasten, was die Mieter im Streitfall beweisen müssen (BGH, VIII ZR 213/12). Geschäftliche Aktivitäten, die nach außen, etwa durch ein Firmenschild, Publikumsverkehr oder die Angabe als Geschäftsadresse in Erscheinung treten, muss der Vermieter grundsätzlich nicht dulden und kann kündigen, wenn die Mieter dies trotz Abmahnung nicht unterlassen (BGH, VIII ZR 149/13).

Namensschilder

Folgerichtig dürfen Mieter an Klingelschild und Briefkasten nur ihre Namen und die berechtigterweise in der Wohnung lebender Personen, nicht jedoch andere Namens- oder gar Firmenschilder anbringen (AG Schöneberg MM 2000, 335). Etwas anderes gilt nur, wenn eine teilgewerbliche Nutzung vereinbart wurde (AG Charlottenburg GE 1991, 577).

»Bitte keine Werbung«

Briefkästen dürfen nicht nur mit dem Namen, sondern auch mit Hinweisen gegen unerwünschte Werbung beschriftet sein. Der Vermieter selbst darf den Einwurf von Werbung allerdings nur pauschal untersagen, wenn alle Mieter des jeweiligen Aufgangs zustimmen (BGH, V ZR 46/06). Auch der Empfang von Werbung gehört zum vertragsgemäßen Gebrauch.

Zur Nutzung gemieteter Räume sind Mieter nicht verpflichtet, wohl aber haben sie Sicherungs- und Obhutspflichten. Sie müssen sicherstellen, dass Schäden, insbesondere solche, die durch fehlende Belüftung oder Beheizung entstehen, ausgeschlossen sind; und zwar auch bei Abwesenheit. Gleiches gilt für die Verstopfung und Vereisung des Balkonabflusses (LG Berlin GE 1981, 437; AG Neukölln, GE 2011, 1557; a.A. LG Berlin 2016, 531). Andernfalls haften Mieter auf Schadensersatz (§ 280 Abs. 1 BGB). Allerdings bestehen diese Pflichten, solange nicht Zusätzliches wirksam vertraglich vereinbart wurde, nur im Rahmen normalen alltäglichen Wohnverhaltens. Sinnvollerweise sollte während der Heizperiode gut geheizt und möglichst drei- bis viermal am Tag ca. zehn Minuten quer durch mehrere Zimmer, jedenfalls aber auf Stoß (Fenster weit auf Durchzug geöffnet) gelüftet werden sowie erforderlichenfalls nach dem Baden, Duschen oder Kochen. Zumutbar ist in der Regel die turnusmäßige Lüftung drei- bis viermal täglich; während der Arbeitszeit muss nicht gelüftet werden (LG Frankfurt WuM 2012, 266 und WuM 2015, 665). Wegen Schimmelgefahr deutlich mehr, täglich und nachts zu lüften, kann ohne besondere Vereinbarung nicht verlangt werden (LG Berlin, GE 2016, 913), es sei denn, die Mieter schaffen zusätzliche Feuchtelasten, etwa durch Aquarien oder Trocknen der Wäsche in der Wohnung (LG Bonn ZMR 2013, 534). Baut der Vermieter neue, dicht schließende Fenster ein, kann er nicht vom Mieter verlangen, darüber hinausgehende Vorkehrungen gegen Feuchtigkeit zu treffen (LG Gießen WuM 2014, 331).

Obhutspflichten der Mieter

02

LEBEN UND LEBEN LASSEN – WER DARF WEN WIE SEHR STÖREN?

Als Mieter sind Sie den Lebensäußerungen der Nachbarn und Hausbewohner ausgesetzt. Gleiches können diese umgekehrt mit Blick auf Sie beklagen. Was Sie als Mieter bei Immissionen (Schadstoffe, Strahlung, Lärm), die von der Nachbarschaft ausgehen, hinnehmen müssen, richtet sich zum einen nach den Grenzwerten der zum Bundesimmissionsschutzgesetz erlassenen Verordnungen. Bei Lärm wird neben der Hausordnung auf die örtlichen Lärmschutzverordnungen und die darin festgelegten Ruhezeiten abgestellt. Kein Mieter darf sich beim Gebrauch der Mietwohnung so verhalten, dass andere Nachbarn mehr als den Umständen nach vermeidlich gestört oder belästigt werden. Dabei kommt es auf die Art der Lärmbelästigung an, und insbesondere darauf, ob diese vermeidbar oder unvermeidbar von Verhaltensweisen ausgeht, die für die Nutzung einer Wohnung üblich sind.

Kinderlärm

Weinen Kleinkinder, so ist dies von Mitbewohnern hinzunehmen, und zwar zu jeder Tages- und Nachtzeit. Das Spielen und Lärmen in der Wohnung ist unvermeidlich und auch bei größeren Kindern von Vermietern und anderen Mitbewohnern hinzunehmen, allerdings nicht uneingeschränkt, insbesondere nicht während der Ruhezeiten. Selbst bei Kleinkindern kann verlangt werden, dass die Eltern mäßigend auf sie einwirken. Keinesfalls kann wegen Kinderlärms gekündigt werden, wenn dieser nicht über den üblicherweise von Kindern in diesem Alter erzeugten Spiellärm hinausgeht (LG Wuppertal WuM 2008, 563). Das Spielen von Kindern im Hof zählt zur üblichen Mitnutzung, wenn keine anderen Vereinbarungen getroffen wurden (BGH, V ZR 46/06). Achten Sie daher auf die Hausordnung.

Hundegebell

Nur gelegentliches Hundegebell ist innerhalb eines Mietshauses zu dulden. In ländlicher Umgebung ist Hundegebell unter Umständen ortsüblich und daher in etwas größerem Umfang zu akzeptieren, solange es nicht direkt von einzelnen Wohnungen ausgeht.

Musik

Radios und Fernsehgeräte müssen auf Zimmerlautstärke eingestellt werden. Zimmerlautstärke bedeutet, dass die Geräusche bei geschlossenen Fenstern und Außentüren nicht mehr oder kaum außerhalb der Wohnung zu hören sein dürfen (LG Berlin DWW 1988, 83). Instrumente dürfen gespielt werden, aber nur solche, die üblicherweise in einer Wohnung gespielt werden, etwa Gitarre, Violine, Flöte und Klavier, wohl aber nicht Schlagzeug, Trompete und andere Instrumente, die durchdringende

Geräusche erzeugen. Beim Musizieren müssen die allgemeinen Ruhezeiten zwischen 13 und 15 Uhr und 22 und 6 Uhr eingehalten werden. Hier können lokale Besonderheiten und abweichende Regelungen der regionalen Lärmschutzverordnungen gelten. In der Hausordnung können die Ruhezeiten noch stärker eingeschränkt werden. Ein allgemeines Musizierverbot darf darin aber nicht verhängt werden (BGH WuM 1998, 738), auch nicht an Sonn- und Feiertagen (Bayerisches Oberstes Landesgericht NJWE-MietR 1996, 12). Wie lange maximal musiziert werden darf, ist umstritten. Die Rechtsprechung ist extrem uneinheitlich. Richtig dürften eher restriktive, etwa zwei Stunden anpeilende Regelungen sein (AG Frankfurt WuM 1997, 430: 90 Min.; AG Düsseldorf DWW 1988, 357 und LG Berlin GE 2002, 397: 2 Std.; LG Frankfurt WuM 1990, 287: 3 Std.), weil der Mietgebrauch von Wohnraum nicht professionelles Musizieren umfasst.

02

Gelegentliches Feiern oder gelegentliche Partys, bei denen die Zimmerlautstärke überschritten wird, gelten als üblicher Mietgebrauch, sind also von anderen Hausbewohnern und vom Vermieter zu dulden, sofern die allgemeinen Ruhezeiten eingehalten werden (LG Frankfurt WuM 1989, 575). Die verbreitete Vorstellung, man dürfe ein- oder mehrmals im Jahr feiernd die Nachtruhe stören, ist falsch (OLG Düsseldorf WuM 1990, 116). Die Nutzung der Waschmaschine sowie Teppichsaugen und -klopfen sind Tätigkeiten, die zulässig und daher hinzunehmen sind. Auch hier sind jedoch die Ruhezeiten einzuhalten und je nach Region ist eine Beschränkung auf Werktage zu akzeptieren. Baden und Duschen sind in Grenzen auch während der Ruhezeiten hinzunehmen.

Feiern

Auch Rauchen in der Mietwohnung gehört zum vertragsgemäßen Gebrauch (BGH, VIII ZR 124/05). Nur wenn die verursachten Spuren nicht durch normales Streichen beseitigt werden können, schulden die Mieter bei Auszug Schadensersatz für die erforderlichen Beseitigungsarbeiten (BGH, VIII ZR 37/07). Im Treppenhaus zu rauchen, ist dagegen nicht erlaubt (AG Hannover NZM 2001, 520). Auch müssen rauchende Mieter dafür sorgen,

Rauchen in der Wohnung

dass sie andere Hausbewohner möglichst wenig belasten und es nicht zu erheblichen Geruchsbelästigungen im Treppenhaus kommt (BGH, VIII ZR 186/14). Das Gebot gegenseitiger Rücksichtnahme führt dazu, dass Mieter zwar Zigarettenrauch vom Nachbarbalkon hinnehmen müssen, aber nur in Grenzen: Ihnen sind Zeiträume freizuhalten, in denen sie ihren Balkon unbeeinträchtigt von Rauchbelästigungen nutzen können (BGH, V ZR 110/14). Werden sie gravierend beeinträchtigt, kann eine Mietminderung gerechtfertigt sein (LG Hamburg WuM 2012, 496; a.A.: AG Wennigsen WuM 2001, 487).

MITVERMIETET: DIE AUSSTATTUNG DER WOHNUNG

Neben der Wohnung selbst ist deren Ausstattung mitvermietet, und zwar unabhängig davon, ob das Zubehör im Mietvertrag aufgelistet ist oder nicht. Heizung, Therme, Boiler, Spüle und Herd, die vorhandene Einbauküche, Spülmaschine, Einbauschränke, aber auch Parkett, Teppichböden, Rollläden, die Badezimmerausstattung bis hin zur Klobrille und der vorhandene Kabelanschluss gehören also, wenn sie sich bei Vertragsschluss in der Wohnung befanden, zur Mietsache. Deshalb ist der Vermieter verpflichtet, Ihnen den Gebrauch daran zu gewähren. Das ist vor allem wichtig, weil er damit auch die Reparatur defekten und den Ersatz entfernten Zubehörs schuldet (siehe S. 80).

Briefkasten

Wurde nichts anderes vereinbart, ist der Vermieter verpflichtet, eine verschließbare Vorrichtung bereitzustellen und instandzuhalten, durch die Post zugestellt werden kann (AG Osnabrück WuM 2002, 329). Dafür reicht ein Einwurfschlitz in der Wohnungstür (LG Frankfurt/Oder GE 2011, 1309). Jedenfalls Sendungen im DIN-A4-Format müssen aufgenommen werden können (LG Berlin MM 1990, 261; AG Berlin-Charlottenburg NZM 2002, 163; AG Osnabrück WuM 2000, 329). Bei Bauten, die erst seit Mai 2003 bestehen, lässt sich die DIN EN 13724 heranziehen (Mindestvolumen 40 mm x 229 mm x 324 mm, Einwurfschlitz mindestens 30 bis 35 mm hoch). Kannten die Mieter jedoch den schlechteren Ausstattungszustand bei Vertragsschluss, wird davon ausgegangen, dass sich die Parteien auf diesen stillschweigend verständigt haben. Ist kein Postempfang möglich, dürfen die Mieter einen Briefkasten anbringen. Der Vermieter muss dies genehmigen, darf jedoch im Hauseingang oder an anderen dafür vorgesehenen Stellen den Platz zuweisen. Briefkästen muss er nicht nach außen verlegen, nur damit private Zusteller Zugang haben, unter Umständen aber diesen – wie der Post – einen Hausschlüssel überlassen (LG Frankfurt/Oder GE 2011, 1309).

Heizungen müssen zwar nicht modernstem Standard entsprechen, aber technisch funktionsfähig sein, wozu gehört, dass sie weitgehend lärmfrei arbeiten, also nicht etwa laut rauschen oder knacken. Selbst wenn eine Heizung aufgrund von Überalterung oder Überdimensionierung extrem unwirtschaftlich arbeitet, muss sie der Vermieter nicht modernisieren (BGH, VIII ZR 261/06), solange ihn nicht öffentlich-rechtliche Vorschriften zur Stilllegung oder Erneuerung der Anlage verpflichten.

Funktionsfähige Heizung

Vor allem hat der Vermieter eine Heizpflicht, und zwar selbst dann, wenn die Mieter die Miete oder die Heizkosten nicht entrichten (OLG Hamm NJW 1983, 1505). Während der vom 1.10. bis zum 30.4. des Folgejahres währenden Heizperiode gilt dies uneingeschränkt und darüber hinaus auch dann, wenn die Witterung an drei aufeinanderfolgenden Tagen besonders kalt ist. Meist wird dies angenommen, wenn die Außentemperatur unter 12° C liegt. Der relativ uneinheitlichen Rechtsprechung sind nur grobe Richtwerte zu entnehmen: Sofern vertraglich nicht weitergehende Verpflichtungen vorgesehen sind, muss gewährleistet sein, dass Temperaturen von 20° bis 22° C erreicht werden (LG Berlin MM 1993, 135; OVG Berlin WuM 1981, 68). Erreicht werden müssen die Mindesttemperaturen zwischen 6 bzw. 7 und 23 bzw. 24 Uhr, wobei jedenfalls im Winter auch in der Nacht eine Raumtemperatur von wenigstens 17° bis 18° C gewährleistet sein muss (für 18° C: LG Berlin GE 1998, 905; LG Berlin NZM 1999, 1039). Gemessen wird die Zimmertemperatur in der Raummitte einen Meter über dem Boden. Umgekehrt muss auch wäh-

Heizpflicht des Vermieters

rend der Heizperiode gewährleistet sein, dass mindestens im Schlafzimmer bei entsprechender Regulierung der Heizung 18° C nicht überschritten werden (LG Berlin GE 2016, 731).

Warmwasser

Bei einer vom Vermieter gestellten Warmwasserversorgung muss die Wassertemperatur mindestens 40° C erreichen, bei zentraler Versorgung spätestens 10 bis 15 Sekunden nach Aufdrehen des vollen Wasserstrahls (LG Berlin GE 2001, 1607). Überraschende und massive Temperaturschwankungen beim Duschen oder Baden stellen einen Mangel dar und mindern die Miete (AG Charlottenburg MM 2003, 244; ca. 47/48° C auf 60/61° C).

Kabelfernsehen

War ein Anschluss für Kabelfernsehen vorhanden, so muss der Vermieter einen technisch gebrauchstauglichen Anschluss gewährleisten. Davon ist allerdings die Frage, wer die Kosten der Programmversorgung zu tragen hat, zu unterscheiden. Wird das Programm bereits aufgrund eines mit dem Vermieter bestehenden Versorgungsvertrages eingespeist, so kann er die Kosten nur auf die Mieter umlegen, wenn der Mietvertrag eine entsprechende Betriebskostenvereinbarung enthält. Besteht kein Programmversorgungsvertrag, so muss der Vermieter auch keinen abschließen, sondern schuldet nur die technische Instandhaltung der Kabelanlage.

Einbauten der Vormieter

Ob der Vermieter das Zubehör angeschafft hat, spielt keine Rolle. Von Bedeutung ist dies insbesondere bei Einbauten der Vormieter. Vermieter berufen sich gerne darauf, deren Instandhaltung sei nicht von ihnen geschuldet oder fordern vom Mieter bei Auszug, die Einbauten oder andere Ausstattungsgegenstände wieder zu entfernen und, was oft kostspieliger ist, den vor Einbau bestehenden Ausgangszustand wiederherzustellen. Dies ist aber nur im Ausnahmefall richtig, nämlich dann, wenn die Mieter von den Vormietern die Einbauten durch Vertrag gekauft oder unentgeltlich erworben haben (vgl. OLG Hamburg WuM 1990, 390), was im Streitfall vom Vermieter zu beweisen ist. Ansonsten sind die Einbauten uneingeschränkt Bestandteil der Mietsache.

Gegenläufige Regelungen im Mietvertrag (etwa: »Die vom Vormieter in der Wohnung zurückgelassenen Gegenstände sind nicht Bestandteil der Mietsache.«) sind oft schon deshalb unwirksam, weil sie nicht hinreichend konkret formuliert sind. Woher soll der Mieter im Beispiel wissen, welche Gegenstände zurückgelassen wurden? Zudem sind Klauseln, mit denen Vermieter im Mietvertrag ihre Instandhaltungspflicht ausschließen, häufig unwirksam, weil sie überraschend sind oder gegen wesentliche gesetzliche Wertungen verstoßen (siehe S. 30 ff.).

Tipp

Insbesondere bei losen oder nicht fest mit dem Gebäude verbundenen Gegenständen sollten Sie als Mieter Sorge tragen, dass Sie beweisen können, dass diese sich bereits bei Übergabe der Wohnung in dieser befanden, sei es durch Zeugen oder durch einen Eintrag im Übergabeprotokoll. Hilfreich kann es auch sein, sich Namen und Adresse der Vormieter zu besorgen. Da diese schon ein halbes Jahr nach Auszug wegen der dann eingetretenen Verjährung (§ 548 BGB) Vermieteransprüche auf Rückbau in aller Regel nicht mehr zu befürchten haben, kann man auf sie meist problemlos als Zeugen zurückgreifen.

BAULICHE MASSNAHMEN UND ANDERE VERÄNDERUNGEN DER MIETWOHNUNG

Ohne Zustimmung des Vermieters dürfen Sie die Mietsache nur in Grenzen verändern. Auch hier gelten die oben beschriebenen Kriterien. Erlaubt ist, was Mieter nach allgemeinen Anschauungen typischerweise in der Wohnung an gestaltenden Maßnahmen vornehmen. Unproblematisch sind all die kleinen Änderungen, die vor Auszug problemlos wieder rückgängig gemacht werden können. Während der Mietzeit dürfen Sie beliebige Tapeten anbringen und die Wände ganz nach Ihrem Geschmack streichen. Sie dürfen den Wohnungseingang mit zusätzlichen Sicherheitsvorrichtungen ausstatten (ausgenommen nach außen gerichtete Videoinstallationen und Maßnahmen, die die Türen beschädigen), Innentüren und, sofern ohne Beschädigung möglich, zugehörige Türzargen entfernen, Bilder aufhängen, Einbauschränke und Hochbetten montieren, Teppichböden verkleben und die für Spiegel, Konsole, Handtuch- und Toilettenpapierhalter erforderlichen Löcher bohren, Nägel einschlagen sowie Dübel anbringen. All dies gehört zum vertragsgemäßen Gebrauch, solange die Grenzen des allgemein Üblichen beachtet

Veränderungen ohne Zustimmung des Vermieters?

werden und die Substanz der Mieträume nicht beschädigt wird (BGH WuM 1993, 109). 100 Dübel im Bad sind unzulässig und beim Verkleben des Teppichbodens sollte der vorhandene Boden nicht beschädigt werden. Ob im Einzelfall auch das Anbohren von Badkacheln erlaubt ist, ist umstritten. Löcher sind möglichst in die Fugen zu setzen (LG Berlin GE 2002, 261). Decken- und Holzverkleidungen dürfen Sie montieren, solange Sie keine Putzschäden oder Gefahren (z. B. Brandgefahr) verursachen, tun aber gut daran, den Vermieter um Genehmigung zu bitten. Entfernte Vermieterausstattungen (Innentüren, Herd, Spüle oder Einbauküche) sind fachgerecht zu lagern und bei Auszug wieder zu installieren.

Fernsehempfang

Zur festen Installation einer Antenne sind Mieter ohne Zustimmung des Vermieters nicht berechtigt. Nur ausnahmsweise muss dieser zustimmen. Zwar verpflichtet ihn das Grundrecht auf Informationsfreiheit (Art. 5 Abs. 1 Grundgesetz), den Mietern die Grundversorgung für Hörfunk- und Fernsehempfang zu ermöglichen. Entsprechende Einrichtungen muss er nicht unbedingt stellen, aber deren Installation dulden. Nur wenn in der Wohnung kein ausreichender Empfang, etwa per Zimmerantenne möglich ist, dürfen Mieter auf eigene Kosten auf dem Hausdach eine Antenne (Bay. Oberstes Landesgericht NJW 1981, 1275) oder eine Kabelversorgung (LG Berlin DWW 1990, 206) installieren. Ausländischen Mitbürgern muss der Vermieter genehmigen, eine Parabolantenne zu montieren, wenn ihnen der Empfang von Programmen ihrer Muttersprache anders nicht möglich ist (OLG Frankfurt a.M. RE WuM 1993, 525). Existiert allerdings eine Satelliten- oder Kabelanlage, die den Empfang solcher Programme ermöglicht, kann der Vermieter sie auf diese verweisen, selbst wenn sie dafür einen Decoder montieren oder zusätzliche Programme mitbeziehen müssen (BGH, VIII ZR 118/04 und VIII ZR 63/04). Auch das Grundrecht auf Glaubensfreiheit zwingt nicht in jedem Fall zu einer solchen Erlaubnis (BGH VIII ZR 260/06). Der Wunsch, HD-Qualität zu empfangen, berechtigt nicht zur Montage einer Parabolantenne (BGH WuM, VIII ZR 275/09). Selbst im Falle einer Genehmigungspflicht darf die Antenne nicht einfach montiert werden. Der Vermieter darf den Standort bestimmen und kann die Montage durch einen Fachmann, den Abschluss einer Haftpflichtversicherung sowie eine getrennt vom Vermietervermögen anzulegende Kaution für die Rückbaukosten bei Auszug verlangen. Man sollte ihn also unter Fristsetzung auffordern, die Genehmigung zu erteilen, und zugleich anbieten, diesen Mieterpflichten zu entsprechen. Notfalls muss die Genehmigung eingeklagt werden. Sie können sich aber auch damit behelfen, auf dem Balkon eine mobile Parabolantenne aufzustellen. Sofern die Antenne optisch niemanden erheblich beeinträchtigt und nicht die Gebäudesubstanz verletzt, wird dies zunehmend als üblicher Gebrauch akzeptiert (LG Berlin GE 2003, 1330; BGH, V ZB 51/03, in einer Entscheidung zum Wohnungseigentum). Das gilt auch für eine mobile, mittels Teleskopstange am Wohnungsfenster eingespannte Parabolantenne (LG Berlin GE 2005, 1126).

Ähnlich sind die Voraussetzungen bei Maßnahmen, die der Barrierefreiheit dienen: Vermieter müssen, wenn Mieter oder eine zu deren Haushalt dauerhaft gehörende Person behindert sind, gestatten, die Mietwohnung, notfalls auch das Gebäude, auf eigene Kosten so zu verändern, dass die Wohnung behindertengerecht genutzt und erreicht werden kann. Auf die Genehmigung haben Mieter nach § 554 a BGB einen Anspruch, es sei denn, schwerwiegende Interessen des Vermieters oder anderer Mieter stehen dem entgegen. Auch hier kann der Vermieter seine Zustimmung davon abhängig machen, dass ihm eine zusätzliche Kaution in Höhe der für die Wiederherstellung des ursprünglichen Zustands notwendigen Kosten gestellt wird. Verweigert er seine Zustimmung, obwohl er von den Mietern dazu aufgefordert wurde, diese ihm die konkrete Maßnahme und deren Notwendigkeit dargelegt und die geforderte Sicherheit gestellt haben, so dürfen die Mieter diese nicht etwa durchführen, sondern müssen auf Zustimmung zur Maßnahme klagen.

Barrierefreiheit

Für all ihre Einbauten und Installationen haften die Mieter. Beschädigen sie die Wohnräume oder das Gebäude, so sind sie zum Schadensersatz verpflichtet. Vermieter müssen Einbauten und Installationen der Mieter nicht instandhalten, weil diese aus mietrechtlicher Sicht nicht zur Mietsache zählen.

Rückbau bei Auszug

Bei Auszug müssen Sie den zuvor vorhandenen Ausstattungszustand wieder herstellen, es sei denn, vermieterseits wurde darauf verzichtet. Zwar dürfen Sie die Wohnung während der Mietzeit mit ungewöhnlichen Anstrichen oder Tapeten versehen; durch formularvertragliche Vereinbarung kann Ihnen dies nicht untersagt werden. Aber eine in neutraler Dekoration übernommene Wohnung müssen Mieter bei Auszug jedenfalls (wieder) in einen Zustand versetzen, der keine Weitervermietung erschwert; andernfalls sind sie zum Schadensersatz verpflichtet (BGH VIII ZR 416/12). Wer Kosten sparen will, meidet also Schockfarben und beschränkt sich auf Weiß oder helle, gedeckte Farben.

Keine grundlegenden Änderungen ohne Vermieterzustimmung

Ohne Zustimmung des Vermieters sind die Mieter nicht berechtigt, grundlegende Veränderungen der Mietsache vorzunehmen oder ihren baulichen Zustand zu verändern. Mauerdurchbrüche, der Einzug von Zwischendecken oder Wänden, die Entfernung oder der Austausch von Böden, Kohleöfen, Gastherme, Einbauküche oder Heizkörpern und anderen Ausstattungsgegenständen, die Installation eines Durchlauferhitzers oder der Einbau einer neuen Heizung müssen vom Vermieter vorher genehmigt worden sein. Ohne Zustimmung dürfen Mieter Fliesen weder verlegen noch vorhandene Fliesen austauschen. Ob die Maßnahmen den Wert der Wohnung erhöhen oder nicht, ist dabei ohne Belang. Gegen solche Veränderungen der Mietsache kann der Vermieter auf Unterlassung und Wiederherstellung des alten Zustands klagen, wenn er ihnen nicht zugestimmt hatte. Bei gravierenden baulichen Veränderungen kann er den Mietvertrag auch kündigen und Schadensersatz fordern. Nur in seltenen Ausnahmefällen haben Mieter einen Anspruch darauf, dass der Vermieter solchen Veränderungen zustimmt (siehe S. 222 ff.). Selbst wenn Sie die Genehmigung erhalten haben, müssen Sie nach mehrheitlicher Auffassung alle baulichen Veränderungen bei Auszug beseitigen und den ursprünglichen Zustand wiederherstellen, sofern der Vermieter darauf nicht ausdrücklich verzichtet oder verzichtet hat. Nur in seltenen Fällen sind Rückbauforderungen ausgeschlossen, nämlich wenn die Einbauten wertsteigernd sind, allgemein üblicher Ausstattung entsprechen, fachgerecht erfolgten und kein nachvollziehbares Interesse des Vermieters an der Entfernung ersichtlich ist (so etwa das LG Berlin GE 1999, 316, zu fachgerecht verlegten Fliesen). Bei der Frage, was nachvollziehbar ist, sind Gerichte meist zugunsten des Vermieters großzügig. Rückbauarbeiten kann der Vermieter auch dann nicht fordern, wenn diese durch anschließende eigene oder von ihm genehmigte Sanierungs- oder Baumaßnahmen des Nachmieters zunichtegemacht würden (KG GE 1998, 354).

Mieter, die in den neuen Bundesländern ihre Installationsmaßnahmen, Um- oder Ausbauten an der gemieteten Wohnung oder dem gemieteten Einfamilienhaus vor dem 3.10.1990 vollständig beendet haben, stehen etwas günstiger: Ihre Rechte und Pflichten richten sich dem alten Recht der DDR, insbesondere den §§ 112, 113 Zivilgesetzbuch (BGH, XII ZR 101/97). Hatte der Vermieter ihrer Maßnahme zugestimmt, so besteht keine Rückbaupflicht, wenn die bauliche Veränderung zu einer im gesellschaftlichen Interesse liegenden Verbesserung führte (bejaht bei der fachgerechten Verfliesung des Bades, AG Zwickau WuM 1999, 217, und der fachgerechten Verlegung eines Linoleumbodens, LG Berlin MM 1999, 394) oder wenn die Entfernung der Einbauten und die Herstellung des ursprünglichen Zustandes wirtschaftlich nicht vertretbar wären.

Tipp

Lassen Sie sich erlaubnispflichtige Arbeiten nicht nur schriftlich genehmigen, sondern sich auch schriftlich zusichern, dass Sie bei Vertragsende keinen Rückbau schulden. Vereinbaren Sie auch möglichst eine Entschädigung, falls Sie vorzeitig ausziehen sollten.

02

DIE NUTZUNG VON RÄUMEN UND FLÄCHEN AUSSERHALB DER WOHNUNG

Zum vertragsgemäßen Gebrauch der Mietsache zählt stets auch das Recht, bestimmte Räume und Flächen außerhalb der Wohnung zu nutzen, soweit dies zur Nutzung der Wohnung erforderlich ist. So dürfen Gemeinschaftsräume und -flächen sowie Zugänge, Flure und Treppenhäuser in aller Regel von der gesamten Hausgemeinschaft und teilweise auch Besuchern benutzt werden. Das Hausrecht an diesen Bereichen hat in der Regel der Eigentümer. Soweit die Mieter und ihre (berechtigten) Mitbewohner mietvertraglich berechtigt sind, diese zu betreten, kann er ihnen dies nicht kraft seines Hausrechtes untersagen. Gleiches gilt für ihre Besucher, es sei denn, diese haben dazu erheblichen Anlass gegeben, etwa indem sie randaliert oder andere Personen bedroht haben.

RÄUME UND FLÄCHEN, DEREN NUTZUNG EINZELNEN MIETPARTEIEN ZUSTEHT

Wandflächen außerhalb der Wohnung

Sowohl neben der Wohnungstür als auch im Hauseingangsbereich dürfen die Mieter jeweils ein Namensschild anbringen, das ihre und die Namen ihrer rechtmäßigen Mitbewohner (siehe S. 70) nennt. Jedenfalls im Hauseingangsbereich müssen sie sich darauf beschränken, diese an den dafür vorgesehenen Stellen in der dort vorgegebenen Größe anzubringen und vorhandene Vorrichtungen zu nutzen. Ort und Größe darf der Vermieter vertraglich vorschreiben, sofern er sich im Rahmen des allgemein Üblichen hält. Wenn Sie unübliche Formen und Größen wünschen, sollten Sie dies vertraglich vereinbaren oder eine möglichst schriftliche Zustimmung des Vermieters einholen, denn vom Grundsatz her gehören die Wandflächen außerhalb der Mietwohnung nicht zum vermieteten Bereich. Daher dürfen Mieter ohne Zustimmung des Vermieters auch keine Schilder, Transparente oder Plakate im Hausflur und an der Fassade anbringen oder aus dem Fenster oder vom Balkon herunterhängen lassen. Ausnahmen lassen die Gerichte in Grenzen bei politischen oder religiösen Meinungsäußerungen zu, weil es sich dabei um grundrechtlich geschützte Freiheiten handelt, die in jedem Einzelfall gegen die Vermieterinteressen abzuwägen sind. Die Rechtsprechung ist hier sehr uneinheitlich, sodass Vorsicht geboten ist. Eine Kündigung des Vermieters ist in solchen Fällen in der Regel nur nach vorheriger Abmahnung zulässig. Nach Erhalt einer solchen sollten Sie, bevor Sie weiter nach außen für Ihre Meinung werben, eine gerichtliche Klärung herbeiführen.

02

Ein Recht zur alleinigen Nutzung haben einzelne Mietparteien teilweise an Mietergärten. Oft ergibt sich dieses Recht schon aus der Art des Mietobjekts, dem räumlichen Zusammenhang und allgemeinen Anschauungen. Bei Außenflächen, die allein von der vermieteten Wohnung aus betreten werden können, typischerweise zu Wohnzwecken genutzt werden und deshalb nur für eine alleinige Benutzung durch die Mieter in Betracht kommen, ist, sofern nichts anderes vereinbart wurde, in der Regel anzunehmen, dass sie mitvermietet wurden (BGH VIII ZR 300/08). Dies ist etwa bei einem zu einem Einfamilienhaus gehörigen Garten der Fall (OLG Köln WuM 1994, 272). Für Mehrfamilienhäuser gilt dies jedoch nicht. Oft fehlen äußere Anhaltspunkte, die darauf schließen lassen, dass ein bestimmtes Objekt außerhalb der Wohnung mitvermietet wurde. Gärten, Keller, Hobbyräume, Garagen und Stellplätze können in der Regel nicht einer bestimmten Wohnung zugeordnet werden. Keine Rolle spielt dabei, ob einer vermieteten Eigentumswohnung bestimmte Nebenräume oder -flächen zugeordnet sind, weil man nicht umstandslos davon ausgehen kann, dass jeder Eigentümer diese zusammen mit seiner Eigentumswohnung vermieten will. Fehlen eindeutige äußere Anhaltspunkte, so können die Mieter ein

Mietergärten, Balkone und Nebenräume

Tipp

Ist Ihnen die sichere und dauerhafte Nutzung bestimmter Nebenräume oder -flächen wichtig, so lassen Sie dies unbedingt im Mietvertrag aufnehmen. Diese sollten in der Vertragsurkunde präzise benannt und als mitvermietet bezeichnet werden, entweder zu Beginn des Vertrages, wo die Mietsache beschrieben wird (»Vermietet wird die Wohnung ..., bestehend aus ...«), oder – noch besser – in einer gesonderten Regelung (»Mitvermietet wird zur ausschließlichen Nutzung der Mietergarten, gelegen ..., mit einer Fläche von ... m², ein Kellerraum mit einer Fläche von ... m² und eine Garage ...«).

Recht zur alleinigen Nutzung nur dann geltend machen, wenn dies mietvertraglich vereinbart wurde. Zwar ist dies auch stillschweigend durch schlüssiges Verhalten möglich, aber dazu reicht nicht aus, dass die Mieter bei Vertragsschluss zum Ausdruck brachten, sie gingen davon aus, die betreffende Fläche nutzen zu dürfen (BGH VIII ZR 300/08). Duldet der Vermieter die Nutzung ohne vertragliche Vereinbarung, sei es ausdrücklich oder stillschweigend, dann kann er diese Gestattung frei widerrufen (KG WuM 2007, 68).

Teilkündigung von Nebenräumen und -flächen?

Wichtig ist die Entscheidung, ob man die Objekte in den Wohnungsmietvertrag aufnimmt oder für sie einen gesonderten Vertrag schließt. Im ersten Fall gelten auch für diese die gesetzlichen Vorschriften über die Wohnraummiete, mit der Folge, dass auf die betreffenden Nebenräume bzw. -flächen beschränkte Mieterhöhungen oder Kündigungen unzulässig sind. Wurden also Garagen oder Stellplätze mitgemietet, können diese im Regelfall (Ausnahme siehe S. 269) nur unabhängig voneinander gekündigt werden, wenn kein einheitliches Mietverhältnis vorliegt. Ob dies der Fall ist, hängt, falls dies nicht eindeutig vereinbart wurde, davon ab, wofür die Umstände sprechen. Bei unterschiedlichen Vertragsurkunden wird in der Regel vermutet, dass beide Vereinbarungen rechtlich selbstständig sind, es sei denn, Wohnung und Garage/Stellplatz befinden sich auf demselben Grundstück (BGH VIII ZR 251/10). Trotz Lage auf demselben Grundstück geht man von getrennten Verträgen aus, wenn sich aus beiden Urkunden unterschiedliche Kündigungsfristen ergeben (BGH, VIII ZR 245/12 und VIII ZR 165/13).

RÄUME UND FLÄCHEN, DEREN NUTZUNG DER HAUSGEMEINSCHAFT ZUSTEHT

Durch den Mietvertrag muss Ihnen der Vermieter den Zugang und die Nutzung aller Räumlichkeiten, Flächen und Außenanlagen gewähren, ohne die Sie, Ihre Mitbewohner und Besucher die Wohnung nicht angemessen nutzen können. Daher kann er auch nicht verbieten, dass im Hauseingangsbereich für kurze

Zeit Werbesendungen oder andere Gegenstände für die Mieter abgelegt werden, sofern von diesen keine Belästigung oder Gefährdung ausgeht (BGH, V ZR 46/06). Zufahrten, Zu- und Eingänge, Gehwege, Höfe, Aufgänge, Aufzüge, Müllanlagen, etwaig vorhandene Sandkästen, Spielplätze, Fahrradabstellplätze und -räume dürfen von den Mietern anteilig in der üblichen Weise genutzt werden, ohne dass dies im Mietvertrag ausdrücklich vermerkt sein muss. Diese anteilige Nutzung darf andere Hausbewohner nicht vom Gebrauch ausschließen, weshalb Blumentöpfe und andere Dekorationsgegenstände dort in der Regel nicht aufgestellt werden dürfen (AG Münster WuM 2008, 664).

Der Vermieter muss diese Räume und Flächen sauber und in verkehrssicherem Zustand halten, also beleuchtet und frei von Schnee, Eis und anderen Hindernissen. Reinigungspflichten können mietvertraglich auch Mietern auferlegt werden. Mängel an den für die allgemeine Nutzung erforderlichen oder freigegebenen Räumen und Flächen müssen vom Vermieter beseitigt werden (siehe S. 83 ff.). Als Mieter einer Wohnung können Sie also durchaus die Reparatur des defekten Aufzugs, die Instandhaltung der Hofbeleuchtung und des Spielplatzes, die Beseitigung von Stolperfallen im Hof, die Instandsetzung eines schadhaften und verwahrlosten Hausflurs oder eines defekten Haustürschlosses verlangen. Dies gilt nicht, wenn Sie nicht zu den Nutzungsberechtigten zählen, weil die betreffende Einrichtung der Nutzung durch bestimmte Personen oder Personengruppen oder zu bestimmten Zwecken vorbehalten ist, etwa ein Lastenaufzug für im gesondert vermieteten Boden gelagerte Güter oder der Fahrstuhl eines anderen Aufgangs.

Mängelbeseitigung durch Vermieter

Schwieriger ist die Rechtslage bei Flächen und Räumen, deren Nutzung für den Gebrauch Ihrer Wohnung nicht erforderlich ist. Ein Abstellraum für Kinderwagen darf ohne Genehmigung des Vermieters nicht für Müll oder Fahrräder genutzt werden. Spielplätze dürfen von Kindern zum Spielen genutzt werden, nicht aber für Feiern Erwachsener. Ob und wann der Hof von den Kindern zum Spielen genutzt werden darf, wird von Gerichten unterschiedlich beurteilt. Teilweise wird vertreten, dass das Spielen der Kinder im Hof zur üblichen Mitnutzung zählt, wenn keine anderen Vereinbarungen getroffen wurden (BGH, V ZR 46/06). Existiert in der Nähe ein Kinderspielplatz, so dürfte das Spielen in einem nicht mit Spielvorrichtungen ausgestatteten Hof unzulässig sein. Ein wesentliches Kriterium ist dabei, was die Hausbewohner bislang mit Wissen des Vermieters praktiziert haben. Spielen seit Jahrzehnten die Kinder des Hauses im Hof, so kann dies nicht ohne sachlichen Grund ersatzlos verboten werden. Das Spielen im Treppenhaus oder im Aufzug ist dagegen nach allgemeiner Ansicht nicht vom Mietgebrauch umfasst.

Spielen im Hof, Kinderwagen, Rollstühle

Die Nutzung fester, bereits bei Vertragsschluss vorhandener Gemeinschaftseinrichtungen (Kinderspielplatz, Fahrradständer, Fahrradabstellraum) zählt zum vertragsgemäßen Gebrauch. Der Vermieter muss sie instandhalten und darf sie nicht abschaffen. Bei anderen Flächen und Räumen, die in erster Linie dem Durchgang dienen, ist die Rechtsprechung wenig einheitlich. So sollen Mieter berechtigt sein, einen Kinderwagen oder einen Rollstuhl im Hausflur abzustellen, wenn dessen Größe dies zulässt und sie darauf angewiesen sind (BGH, V ZR 46/06). Andere Gerichte haben ähnlich entschieden (AG Köln WuM 2009, 733: Rollator und Kinderwagen; AG Hannover WuM 2006, 27: Gehhilfen und Stützapparate älterer Mieter) und Klauseln in der Hausordnung, die dies generell ausschließen, für unwirksam erachtet (LG Hamburg WuM 1992, 188 und LG Berlin GE 2009, 1495: Kinderwagen). Entscheidend ist, dass den Mietern die Mitnahme in die Wohnung unzumutbar ist, keine andere (zumutbare) Abstellmöglichkeit besteht, die Brandschutzvorschriften eingehalten und andere nicht unzumutbar behindert werden. Den Kinderwagen anzuketten ist daher nicht erlaubt (Berlin GE 2009, 1495). Kinderwagen, Rollstuhl oder Rollator in die Wohnung mitzunehmen dürfte in der Regel zumutbar sein, wenn diese ebenerdig ohne Barriere oder durch einen Aufzug erreichbar ist. Bei Fahrrädern ist das Abstellen im mitvermieteten, der Wohnung zugewiesenen Kellerraum, oder, falls vorhanden, im Fahrradabstellraum in der Regel eine zumutbare und erlaubte Alternative.

Ob der Vermieter mangels Abstellplätzen außerhalb der Wohnung das Abstellen im Hof oder an anderen Stellen dulden muss, ist umstritten. Eine entsprechende Erlaubnis oder Duldung kann, wenn nichts fest vereinbart ist, als bloße Gefälligkeit jederzeit widerrufen werden, jedenfalls, wenn sachliche Gründe vorliegen (LG Berlin GE 2011, 1087). Gleiches gilt für das Parken auf dem Hof (AG Hohenschönhausen GE 2007, 725; LG Wuppertal WuM 1996, 267). Oft ist der Rückgriff auf das, was allgemein üblich ist, deshalb nicht erforderlich, weil eine vertragliche Vereinbarung besteht. Gerade in Formularmietverträgen steht häufig, dass die Mieter berechtigt sind, Waschküche, Hof, Trocken-, Boden- und sonstige Gemeinschaftsräume und -flächen »soweit vorhanden«, unter Beachtung der Hausordnung mitzubenutzen. In diesen Fällen haben die Mieter einen Anspruch auf die Nutzung, sofern die genannten Einrichtungen vorhanden sind. Diese können vom Vermieter auch nicht einfach entzogen werden, es sei denn, er will auf diese Weise neuen Wohnraum schaffen oder ausstatten (§ 573 b BGB, siehe S. 268 f.).

02

Solche Vereinbarungen können natürlich auch mündlich erfolgt sein, doch kann man sie im Streitfall meist nicht beweisen. Gravierender ist das Problem, wenn Mieter des Hauses über lange Zeit bestimmte Nebenräume oder -flächen genutzt haben und der Vermieter dies gewusst und geduldet hat. Zwar ersetzt die Zustimmung des Hausmeisters normalerweise nicht die Zustimmung des Vermieters (LG Düsseldorf, NJWE-MietR 1997, 148), sofern dieser nicht, was selten vorkommt, bevollmächtigt war, für den Vermieter im Rahmen des Mietverhältnisses Absprachen zu treffen. Aber der Vermieter wird sich die Kenntnis seines Hausmeisters zurechnen lassen müssen, es sei denn, dieser wird nicht vom Vermieter, sondern von der Eigentümergemeinschaft beschäftigt. Während die ausdrückliche Erlaubnis im Mietvertrag in der Regel den Mietgebrauch definiert und deshalb nicht einfach widerrufen werden kann, wird die wissentliche, langjährige Duldung einer im Hause bestehenden Praxis zum Problem, wenn der Vermieter diese Nutzung untersagt oder die betreffenden Räume oder Flächen anderweitig nutzen will. Häufige Streit-

Geduldete Nutzung

punkte sind die Nutzung von Gemeinschaftsflächen als Stellplätze für Fahrräder, Kinderwagen oder Pkw, aber auch die Nutzung von Garten und Grünflächen und von Boden- und Kellerräumen zum Deponieren von Gegenständen oder Wäschetrocknen. Hier kommt es darauf an, ob die konkreten Umstände darauf schließen lassen, dass der Vermieter mit seiner Duldung soweit gehen wollte, sich vertraglich zu binden. Andernfalls ist die Duldung frei widerruflich. Eher selten gehen Gerichte davon aus, dass der Vermieter eine langjährig hingenommene Nutzung nach Treu und Glauben nicht oder nicht ohne sachlichen Grund widerrufen darf (§ 242 BGB). Dies wird man nur in Ausnahmefällen bejahen können, etwa dann, wenn die Mieter zum Erhalt der Nutzungsmöglichkeit mit Zustimmung des Vermieters erhebliche Anstrengungen unternommen oder Aufwendungen getätigt haben. Entscheidend ist aber stets auch, ob die Mieter darauf vertrauen durften, dass die Nutzung auch zukünftig geduldet wird.

WER DARF IN DIE WOHNUNG EINZIEHEN?

Vorrangig: der Mietvertrag

Neben den Mietern dürfen typischerweise auch bestimmte, ihnen nahestehende Personen in die Wohnung mit einziehen, ohne dass dies im Mietvertrag gesondert erwähnt werden muss. Andererseits sind Mieter ohne Erlaubnis des Vermieters grundsätzlich nicht berechtigt, die Mietsache Dritten ganz oder teilweise zu überlassen (§ 540 Abs. 1 Satz 1 BGB). Dieses Verbot beinhaltet sowohl die ungenehmigte Untervermietung als auch anderweitiges (Mit-) Wohnen Dritter. Wer außer den Mietern ohne Vermieterzustimmung die Wohnung bewohnen darf, richtet sich also in erster Linie danach, wer Dritter und wer Angehöriger der Mieter ist.

Vorrangig ist allerdings auch hier, was im Mietvertrag vereinbart wurde. Ist bereits im Vertrag ausdrücklich geregelt, dass weitere, nicht benannte Personen in die Räumlichkeiten aufgenommen werden, so ist damit eine Überlassung eines Teils der

Wohnung an Dritte generell genehmigt. Wenn Sie Wert darauf legen, dass bestimmte Personen oder Haustiere in die Wohnung aufgenommen werden dürfen, dann sind Sie, sofern der Vermieter mitspielt, auf der sicheren Seite, wenn Sie eine entsprechende Berechtigung im Mietvertrag aufnehmen lassen. Dies empfiehlt sich insbesondere dann, wenn Sie bereits wissen, dass Sie die Wohnung später teilweise oder ganz untervermieten oder eine Wohngemeinschaft gründen wollen. Natürlich können auch bei Wohngemeinschaften alle Mitglieder als Mieter in den Vertrag aufgenommen werden. Doch führt der für viele Wohngemeinschaften häufige Mitgliederwechsel dann nicht selten zu Schwierigkeiten, weil sich nur wenige Vermieter auf einen unbesehenen häufigen Wechsel ihrer Vertragspartner einlassen.

Empfehlenswert ist die Formulierung:

Dem Mieter/Der Mieterin/Den Mietern ist gestattet, Frau/Herrn ... zeitlich unbegrenzt mit in die Wohnung aufzunehmen.

Wenn Sie eine generelle Gestattung der Überlassung an Dritte oder der Untervermietung vereinbaren wollen, empfiehlt sich die Klausel:

Dem Mieter/Der Mieterin/Den Mietern ist gestattet, ein Zimmer/ die gesamte Wohnung an Dritte zur entgeltlichen/unentgeltlichen Nutzung zu Wohnzwecken zu überlassen. Die Überlassung ist dem Vermieter unter namentlicher Nennung der einziehenden Person(en) mitzuteilen.

Der letzte Satz ist nicht zwingend, empfiehlt sich aber als vertrauensbildende Maßnahme.

Oft kann oder will man den Vermieter bei Vertragsschluss nicht zu solchen Vereinbarungen veranlassen oder man hat daran nicht gedacht und die Verhältnisse ändern sich im Laufe des Mietverhältnisses. Dann ist es wichtig zu wissen, welche Personen in die Wohnung ohne gesonderte Zustimmung des Vermieters aufgenommen werden dürfen und bei welchen seine Genehmigung Voraussetzung ist.

Aufnahme ohne Vermietererlaubnis

Ohne Weiteres zulässig ist die Aufnahme des Ehegatten in die Mietwohnung. Sofern dieser nicht ohnehin selbst Mieter ist, muss der Vermieter seine Aufnahme dulden und kann nicht etwa erzwingen, dass er als zweiter Mieter in den Vertrag eintritt. Auch die Aufnahme der Kinder und enger Verwandter des Mieters gehört zum üblichen Gebrauch einer Mietwohnung und muss daher geduldet werden. Gleiches gilt für den Lebenspartner einer eingetragenen Lebenspartnerschaft, da sie als Familienangehörige gelten (§ 11 Abs. 1 Lebenspartnerschaftsgesetz). Als enge Verwandte haben Gerichte Eltern (Bay. Oberstes Landesgericht GE 1997, 1463), Schwiegereltern (LG Berlin GE 1980, 660), Enkel (LG Wuppertal MDR 1971, 49) und den minderjährigen Sohn der vom Mieter in die Wohnung aufgenommenen Ehefrau (OLG Hamm WuM 1997, 364) angesehen, nicht jedoch den bei Aufnahme seiner Mutter bereits volljährigen Sohn, für dessen Einzug daher die Genehmigung des Vermieters erforderlich war (LG Berlin GE 1991, 571). Es muss eine enge familiäre Verbundenheit bestehen und die Mieter müssen selbst die Obhut über die Wohnräume behalten.

Aufnahme nur mit Vermietererlaubnis

Mehrheitlich gehen die Gerichte daher davon aus, dass Mieter nicht berechtigt sind, die Mietwohnung ohne Zustimmung des Vermieters ihren erwachsenen Kindern zur alleinigen Nutzung zu überlassen, wenn sie ihren eigenen Lebensmittelpunkt und überwiegenden Aufenthalt nicht mehr in der Wohnung haben (LG Frankfurt WuM 2002, 92; LG Berlin GE 1988, 409 und GE 1989, 1229; der mieterfreundlichen gegenteiligen Ansicht war das LG Hamburg WuM 1999, 687). Die erwachsenen Kinder werden in einer solchen Konstellation als Dritte angesehen, die ohne Erlaubnis des Vermieters nicht mit einziehen dürfen.

Auch für die Aufnahme ihres Lebensgefährten in die Mietwohnung müssen Mieter eine Erlaubnis des Vermieters einholen, haben darauf allerdings in der Regel nach § 553 Abs. 1 Satz 1 BGB einen Anspruch (BGH, VIII ZR 371/02). Die genannte Vorschrift verpflichtet den Vermieter üblicherweise, die Aufnahme eines Dritten in die gemietete Wohnung zu erlauben, wenn die Mieter ein berechtigtes Interesse daran haben (siehe S. 228 ff.).

Lebensgefährte

Die Überbelegung der Wohnung ist stets ein Ausschlussgrund für die Aufnahme weiterer Mitbewohner, selbst wenn sie, wie etwa bei Aufnahme des Ehepartners, nicht vom Vermieter genehmigt werden müssen. Dabei gehen Gerichte in der Regel davon aus, dass höchstens zwei Personen auf einen Wohnraum kommen dürfen (Küche, WC, Bad und Kammer zählen hier nicht mit) und für jeden Bewohner über sechs Jahren in der Wohnung mindestens acht bis zehn Quadratmeter, für jedes Kind bis zu sechs Jahren sechs Quadratmeter zur Verfügung stehen sollten.

Überbelegung

> Vom Einzug in die Wohnung ist der Besuch zu unterscheiden. Dieser ist, auch wenn Übernachtungen natürlich zulässig sind, nur vorübergehend (zeitliche Grenze: sechs Wochen) erlaubt. Besuch gehört zur üblichen Nutzung einer Wohnung und kann vom Vermieter daher nicht untersagt werden, es sei denn, der Besucher hat den Hausfrieden erheblich gestört. Hier gilt das Gleiche wie für die Unzumutbarkeit eines Einzugs in die Wohnung, mit dem Unterschied, dass bei einer Interessenabwägung die zulasten des Mieters zu berücksichtigenden Interessen noch schwerer wiegen müssen, weil ein Besuch zeitlich eng begrenzt ist.

Die Unter- oder gar Weitervermietung an Touristen ist in der Regel weder Besuch noch anderweitig vom Vermieter zu dulden. Erteilt dieser eine Untermieterlaubnis, umfasst diese daher in der Regel auch nicht die tageweise Vermietung an Touristen (BGH, VIII ZR 210/13).

TIERHALTUNG

Die üblichen Haustiere
sind erlaubt

Grundsätzlich dürfen auch tierische Freunde die Wohnung mitbewohnen, allerdings nur in Grenzen. Dies gilt insbesondere für kleine Haustiere (z. B. Hamster, Vögel). Im Übrigen sind die Interessen der verschiedenen Beteiligten (Mieter, Vermieter, Hausgemeinschaft) miteinander abzuwägen (BGH, VIII ZR 340/06). Die anderen Hausbewohner müssen Störungen nur in engsten Grenzen hinnehmen (siehe Hundegebell, S. 54). Was vertragsgemäß oder üblich ist, ist deshalb auch davon abhängig, ob man sich in der Stadt oder auf dem Land befindet und ob ein Mietergarten Bestandteil der Mietsache ist.

Wurde vertraglich nichts anderes vereinbart, so dürfen Sie die üblichen Haustiere (Kleintiere, Katzen und Hunde) auch ohne Zustimmung des Vermieters in Ihrer Mietwohnung halten, solange dies artgerecht und ohne Gefahren oder Beeinträchtigungen für Hausgemeinschaft und Mieträume möglich ist, es sei denn, die Wohnung ist zu klein oder die übliche Anzahl wird überschritten. Die Haltung einer Katze zählt nach herrschender Meinung, wenn nichts anderes vereinbart ist, zum vertragsgemäßen Gebrauch der Mietsache, und zwar auch in Stadtwohnungen (AG Bremen WuM 2007, 124; AG Aachen WuM 1992, 601; AG Schöneberg WuM 1990, 192; zwei Katzen: AG Hamburg WuM 1996, 613; KG WuM 2004, 721). Bei Hunden ist dies hingegen umstritten. Viel spricht dafür, dass die Haltung kleiner bis mittlerer Hunde im Regelfall erlaubt ist, wenn die genannten einschränkenden Bedingungen erfüllt sind. Denn der Besitz der Mieter an der Wohnung als Mittelpunkt persönlicher Lebensführung wird verfassungsrechtlich als Eigentum angesehen (BVerfG WuM 1993, 377). Sie dürfen insoweit nicht schlechter als Wohnungseigentümer gestellt sein. Diesen steht die Haltung eines Hundes in ihrer Wohnung grundsätzlich zu (OLG Stuttgart WuM 1985, 93).

Vertragliche Verbote

Oft ist die Tierhaltung im Vertrag ausgeschlossen oder wird von einer Genehmigung des Vermieters abhängig gemacht. Nicht jede dieser Klauseln ist wirksam. Ob die Tierhaltung in einem

Formularmietvertrag ausgeschlossen werden kann, ist umstritten. Formularklauseln, die generell das Halten von Haustieren untersagen (BGH WuM 1993, 109; OLG Frankfurt WuM 1992, oder von einer Erlaubnis des Vermieters abhängig machen (AG Hamburg WuM 2003, 558), sind nichtig, während Klauseln, die nur die Haltung größerer Tiere wie Hunde und Katzen ausschließen oder von einer Vermietererlaubnis abhängig machen, wirksam sind. Zu eng und daher unwirksam ist die Formularklausel »Jede Tierhaltung, insbesondere von Hunden und Katzen, mit Ausnahme von Ziervögeln und Zierfischen, bedarf der Zustimmung des Vermieters.« (BGH, VIII ZR 340/06). Wirksam ist dagegen eine Formularklausel, wonach für andere Haustiere als Kleintiere (Ziervögel etc.) die Zustimmung des Vermieters eingeholt werden muss und versagt oder widerrufen werden kann, wenn durch die Tiere andere Personen auf dem Grundstück belästigt werden oder dies zu befürchten ist (BGH, VIII ZR 329/11). Auch eine individuell ausgehandelte Vereinbarung, die das Halten von Tieren generell ausschließt, dürfte wirksam, allerdings ergänzend auszulegen sein, wenn sich die Bedingungen nach Vertragsschluss entscheidend ändern.

Wurde die Tierhaltung vertraglich wirksam eingeschränkt, so kann der Vermieter diese untersagen bzw. seine Erlaubnis dazu versagen. Dabei darf er sich jedoch nicht willkürlich verhalten. So verstößt er gegen Treu und Glauben (§ 242 BGB), wenn er anderen Mietern im Haus die Haltung von Tieren der gleichen Art gestattet hat und es für die unterschiedliche Behandlung keinen sachlichen Grund gibt. Einem erblindeten Mieter kann die Haltung eines Blindenhundes in der Regel nicht verweigert werden. Grundlos kann auch anderen Mietern die Tierhaltung

Tipp

Da die emotionalen, finanziellen und rechtlichen Konsequenzen erheblich sein können, wenn der Vermieter gegen Sie aufgrund unberechtigter Tierhaltung vorgeht, sollten Sie in rechtlich nicht eindeutigen Fällen auf die Anschaffung zunächst verzichten. Fordern Sie vorher Ihren Vermieter unter Fristsetzung schriftlich zur Genehmigung auf und legen Sie ihm in Ihrem Schreiben die Gründe dar, aufgrund derer Sie meinen, ein Recht auf die Zustimmung zu haben. Kommt keine oder eine versagende Antwort, so können Sie auf Genehmigung der Tierhaltung klagen.

nicht versagt werden, die darauf anderweitig gesundheitlich oder psychisch angewiesen sind.

Ein entsprechendes Schreiben kann, falls eine vorangegangene, freundlichere Aufforderung ohne Erfolg geblieben ist, wie folgt gefasst sein:

(Name und Anschrift
aller im Mietvertrag als Mieter
aufgeführten Personen)

An
(Vermieter bzw. Hausverwaltung
Name und Anschrift)

Mietwohnung ..., Bitte um Genehmigung der Tierhaltung

(Ort, Datum)

(Anrede Vermieter/Hausverwaltung),

wie Ihnen bereits bekannt ist, möchten wir einen Rauhaardackel anschaffen, weil ... Für die Haltung des Tieres in der von Ihnen gemieteten Wohnung benötigen wir Ihre Zustimmung. Zwar gehen wir davon aus, dass gegen die Anschaffung ohnehin nichts spricht, möchten aber, nachdem Sie unserer Bitte bislang nicht entsprochen haben, auch darauf hinweisen, dass wir davon ausgehen, dass Sie zur Genehmigung verpflichtet sind. Denn in anderen Wohnungen Ihres Hauses gestatten Sie seit Jahren die Hundehaltung, zumindest stillschweigend. Dass Familie ... seit drei Jahren einen Schäferhund hält und Herr ... seit fünf Jahren eine Boxerhündin, ist Ihnen bekannt. Sie haben dagegen auch nie Einwendungen erhoben. Von einem Rauhaardackel gehen keine weitergehenden Belastungen als von den genannten Hunden aus, sodass es treuwidrig wäre, uns die Aufnahme des Tieres zu verweigern. Daher fordern wir Sie höflich auf, uns bis zum ... (Datum, 14 + 2 Tage) die Haltung eines Rauhaardackels zu genehmigen.

Mit freundlichen Grüßen
(Unterschriften aller Mieter)

Falls Sie die Rasse noch nicht genau benennen können, sollten Sie sich in jedem Fall zur Größenordnung und Eigenschaften des Hundes äußern. Die Begründung kann, aber muss nicht unbedingt so ausführlich wie im Musterschreiben sein. Bedenken Sie aber: Je besser und nachvollziehbarer die Begründung, desto wahrscheinlicher der Erfolg.

Seine Zustimmung kann der Vermieter auch dadurch ausdrücken, dass er die Tierhaltung längere Zeit wissentlich duldet. Dabei muss er sich die Kenntnis seiner Hausverwaltung, unter Umständen auch jene seines Hausmeisters zurechnen lassen. Sofern nichts anderes vereinbart wurde, bezieht sich eine Genehmigung des Vermieters nur auf das jeweilige Tier. Wenn dieses stirbt oder dauerhaft aus den Wohnräumen entfernt wird, müssen die Mieter für ein neues Tier eine erneute Zustimmung einholen. Seine (ausdrücklich oder stillschweigend erteilte) Zustimmung darf der Vermieter nicht ohne sachlichen Grund zurücknehmen, sondern muss die Gründe für seinen Widerruf konkret angeben und diese im Streitfall auch beweisen.

Wurde die Tierhaltung vertraglich wirksam ausgeschlossen, so berechtigen Zuwiderhandlungen den Vermieter nach vorheriger Abmahnung zur Unterlassungsklage und in gravierenden Fällen sogar zur fristlosen Kündigung. Er darf sich aber nicht widersprüchlich oder willkürlich verhalten.

Sanktionen bei unerlaubter Tierhaltung

02

03

IHRE RECHTE BEI MIET- MÄNGELN

Lärm, Feuchtigkeitsschäden, defekte Heizung – in sehr vielen Mietwohnungen gibt es solche und andere Mängel. Was Mieter als unwesentliche Beeinträchtigung hinnehmen müssen, wie man Wohnungsmängel dem Vermieter richtig anzeigt, welche Rechte Mieter haben, wenn der Vermieter die Mängel nicht behebt und wie man diese Rechte durchsetzt, das alles erfahren Sie in diesem Kapitel.

KURZ & BÜNDIG

- **Mängelanzeige des Mieters:** Mängel oder Gefahren für die Mietsache, die der Mieter nach der Übergabe der Mietwohnung feststellt, muss er umgehend dem Vermieter anzeigen.

- **Minderung der Miete:** Die Höhe der Mietminderung richtet sich danach, wie stark der vertragsgemäße Gebrauch der Mietwohnung durch den Mangel beeinträchtigt ist. Je stärker sich der Mangel auswirkt, desto mehr darf die Miete gekürzt werden.

- **Überhöhte Mietminderung:** Wird die Miete unberechtigt oder zu hoch gemindert, entstehen Zahlungsrückstände, die den Vermieter unter Umständen zur fristlosen Kündigung des Mietverhältnisses berechtigen können.

- **Zurückbehaltungsrecht des Mieters:** Beseitigt der Vermieter Mängel nicht, kann der Mieter – neben der Minderung – die Miete zurückhalten und die zurückgehaltenen Beträge nachzahlen, sobald der Mangel beseitigt ist.

- **Mängelbeseitigung durch den Mieter:** Der Mieter kann den Wohnungsmangel selbst beseitigen und Ersatz der erforderlichen Aufwendungen verlangen, wenn der Vermieter mit der Beseitigung des Mangels in Verzug ist oder die umgehende Beseitigung des Mangels zur Erhaltung oder Wiederherstellung des Bestands der Mietsache notwendig ist.

- **Anspruch auf Schadensersatz:** Wenn ein Wohnungsmangel dem Mieter einen weiteren Schaden zufügt, kann dieser unter Umständen Schadensersatz verlangen. Dieses Recht besteht neben seinem Anspruch auf Mietminderung.

Treten an den Mieträumen Mängel auf oder wurden die Mieträume schon mangelhaft übergeben, so muss der Vermieter die
Mängel auf eigene Kosten beheben (§ 535 Abs. 1 Satz 2 BGB).
Weil er für die Gebrauchsfähigkeit der Mietsache Miete erhält,
haftet er für deren Qualität und Bestand weitgehend unabhängig

**Ihre Rechte im
Überblick**

davon, ob ihn irgendeine Schuld trifft oder welche Einflussmög-
lichkeiten er auf den Mangel hat. Bis zur Beseitigung der Mängel können Mieter die Miete mindern (§ 536 BGB) und darüber
hinaus als Druckmittel einen weiteren Teil der Miete zurückbehalten (§ 320 BGB). In bestimmten Fällen dürfen sie den Mangel auch selbst beseitigen (Eigenvornahme) und die Kosten dem
Vermieter in Rechnung stellen (§ 536a Abs. 2 BGB). Schäden,
die ihnen wegen eines Mangels an ihrem Eigentum entstehen,
können Mieter ersetzt verlangen (§ 536a Abs. 1 BGB) und unter
gewissen Umständen sogar den Mietvertrag fristlos kündigen
(§ 543 Abs. 2 Nr. 1 BGB). Diese sogenannten Gewährleistungsrechte können im Einzelfall jedoch ausgeschlossen oder eingeschränkt sein (siehe S. 90 und S. 103 ff.).

MIETMÄNGEL: WENN DIE WOHNUNG NICHT SO IST, WIE SIE SEIN SOLLTE

**Funktionsfähige
Ausstattung**

Mangelhaft ist die Mietwohnung, wenn ihr Zustand von der
Beschaffenheit abweicht, die im Mietvertrag vereinbart wurde.
Wie der vertragsgemäße Zustand definiert wird, was dazu zählt,
wurde im vorangegangenen Kapitel dargestellt (S. 51 ff.). In aller Regel ist davon auszugehen, dass die Parteien bei Vertragsschluss davon ausgegangen sind, dass die vorhandene Ausstattung jedenfalls funktionsfähig ist. Vermieter können sich also
nicht darauf zurückziehen, dass eine Steckdose oder ein Fenster schon bei Vertragsschluss defekt gewesen seien. Auch bei
Vertragsschluss schadhafte Treppenstufen im Hausflur sind zu
reparieren, wenn Stolpergefahr besteht (LG Berlin WuM 2005,
49). Einen gesundheitsgefährdenden Zustand muss der Vermieter stets beseitigen, egal in welchem Zustand sich die Räume
bei Vertragsbeginn befanden (LG Stendal ZMR 2005, 624). Dies

gilt auch für baulich bedingten Schimmelpilzbefall (LG Berlin GE 2005, 489). Allerdings muss eine konkrete Gesundheitsgefahr bestehen. Asbestplatten müssen also nicht beseitigt werden, solange kein Faserstaub austritt (LG Berlin GE 2015, 156; GE 2016, 197). Komplizierter ist es bei äußeren Beeinträchtigungen, etwa bei Baulärm (siehe S. 112) oder Umweltbeziehungen zur Mietsache wie einer verbauten Aussicht. Entscheidend ist, ob sich die Nutzbarkeit der Mietsache nach dem vertraglich vereinbarten Nutzungszweck reduziert. Der Vermieter schuldet kein bestimmtes »Mieterniveau«. Es stellt also keinen Mangel dar, wenn sich die soziale Zusammensetzung der Nutzer des Hauses »verschlechtert« (BGH, XII ZR 1/07 und XII ZR 122/11).

03

WIE SIE IHREN VERMIETER AUF DEN WEG BRINGEN: DIE MÄNGELANZEIGE

Nur Mängel, die er kennt, kann der Vermieter beseitigen. Mieter sind deshalb verpflichtet, Mängel oder Gefahren für die Mietsache, die sie nach Übergabe feststellen, umgehend dem Vermieter anzuzeigen (§ 536 c Abs. 1 Satz 1 BGB), sofern dieser davon nicht wusste. Soweit und solange die Mängelbeseitigung unterbleibt, weil der Vermieter nichts vom Mangel wusste, dürfen Sie weder die Miete mindern noch den Mangel selbst beseitigen, nicht fristlos kündigen und Sie können vom Vermieter auch keinen Schadensersatz fordern (§ 536 c Abs. 2 Satz 2 BGB). Gravierender sind die Folgen, wenn das Versäumnis dazu führt, dass sich der Schaden vertieft oder ausweitet oder überhaupt erst entsteht, weil die Mieter einen Wasserschaden nicht angezeigt haben. In solchen Fällen müssen die Mieter den aufgrund ihres Versäumnisses entstandenen Schaden dem Vermieter ersetzen (§ 536 c Abs. 2 Satz 1 BGB). Deshalb ist die rechtzeitige Mängelanzeige, die man sinnvollerweise mit einer entsprechenden Mängelbeseitigungsaufforderung kombiniert, die Voraussetzung jedes Mietergewährleistungsrechtes. Grundsätzlich ist die Mängelanzeige an keine besondere Form gebunden. Sie muss nicht einmal schriftlich erfolgen, obwohl sich dies

Ohne Mängelanzeige drohen Rechtsverluste

aus Beweisgründen dringend empfiehlt. Im Folgenden ist das Muster eines solchen Schreibens wiedergegeben. Die einzelnen Punkte werden in der sich anschließenden Schilderung der einzelnen Mieterrechte genauer erläutert und ergänzt.

An
(Vermieter bzw. Hausverwaltung
Name und Anschrift)   (Ort, Datum)

Mängelanzeige betr. Wohnung ... (Straße), ... (Ort), ... (Geschossangabe, rechts/links)

Sehr geehrte(r) Herr/Frau .../Damen und Herren,

in unserer Wohnung haben wir folgenden Mangel/folgende Mängel festgestellt:

1. [Die Mängel sind möglichst genau zu schildern. Geben Sie also Zimmer, Größe, Umfang, Lage und gegebenenfalls das Ausmaß der Beeinträchtigung an:] Am Fensterrahmen des (vom Eingang aus gesehen) linken Flügels des rechten Innenfensters im Schlafzimmer (von der Wohnungstür aus gesehen 2. Zimmer rechts) blättert an der linken Außenkante auf einer Fläche von ca. 18 x 1,5 cm Farbe ab. Das Holz ist an dieser Stelle durchfeuchtet und schimmelt.

2.   ...

3.   ...

Leider haben Sie auf unsere telefonischen Mängelanzeigen bislang nicht reagiert, obwohl Sie verpflichtet sind, die Wohnung in einem mangelfreien Zustand zu halten (§ 535 BGB). Wir fordern Sie daher höflich auf, den Mangel/die genannten Mängel möglichst umgehend, spätestens bis zum ... [Fristen bitte stets mit Datum setzen!] zu beseitigen. Sollten die Mängel/Sollte der Mangel bis dahin nicht beseitigt sein, müssten wir rechtliche Schritte einleiten.

Mit freundlichen Grüßen

‖‖

Solch ein Schreiben soll nicht nur den Vermieter informieren, sondern für den Fall späterer Auseinandersetzungen den Beweis sichern, dass dieser frühzeitig umfassend informiert war. Daher sollten Sie eine Kopie des Schreibens sorgfältig aufbewahren und sicherstellen, dass sie dessen Zugang beweisen können (siehe S. 362 ff.). Ihre Mängelanzeige sollte möglichst genau sein. Im Falle eines Rechtsstreits müssen Sie die Mängel ohnehin genau schildern, sodass es sich empfiehlt, die manchmal mühsame

Arbeit frühzeitig zu leisten. Die erste Mängelanzeige kann ruhig moderat und verbindlich sein, um einen gutwilligen Vermieter nicht zu verstimmen. Wird auf freundliche Aufforderungen nicht reagiert, sollten Sie eine Frist zur Beseitigung der Mängel setzen.

Eine einmal gegenüber dem Vermieter erklärte Mängelanzeige wirkt gegenüber dem neuen Eigentümer oder Zwangsverwalter fort (LG Berlin MM 2003, 191). Es ist deren Sache, sich bei den Mietern nach etwaig bestehenden Mängeln zu erkundigen. Dennoch dürfte es aus rein praktischen Gründen sinnvoll sein, einen neuen Eigentümer oder Zwangsverwalter auf bestehende Mängel hinzuweisen. Auch müssen Mieter ihren Vermieter erneut informieren, wenn dessen Mängelbeseitigungsmaßnahmen erfolglos waren oder der Mangel auflebt (BGH, IX ZR 86/04; LG Berlin GE 2011, 58), etwa weil sich erneut Schimmel bildet. Auch Verschlimmerungen des Mangels müssen dem Vermieter angezeigt werden. Ist dieser allerdings über gravierende Mängel, die sich typischerweise verschlimmern, genau informiert, etwa durch eingehende Besichtigungen seiner Fachhandwerker oder weil wegen der Mängel bereits eine Minderung gerichtlich festgesetzt wurde, kann er sich, wenn er dennoch untätig bleibt, nicht darauf berufen, er sei über weitere Verschlimmerungen nicht informiert worden (BGH, VIII ZR 317/13).

Sicherer: Erneute Mängelanzeige bei Vermieterwechsel

03

DIE PFLICHT DES VERMIETERS, DIE MIETSACHE (WIEDER)HERZUSTELLEN

Vor allem ist der Vermieter verpflichtet, die Mietsache wiederherzustellen. Was kaputt ist, muss repariert werden, was nicht der vertraglich vereinbarten Qualität entspricht, muss in den geschuldeten Zustand versetzt werden. Wurden Teile der Mietsache, etwa mitvermietete Nebenräume oder -flächen nicht ausgehändigt, so müssen sie übergeben werden. Gleiches gilt, wenn dem Mieter ihre Nutzungsmöglichkeit entzogen wird, sei es vom Vermieter selbst oder von unbeteiligten Dritten. Auf alle Eigenschaften, die nach der Darstellung im zweiten Kapitel (S. 44 ff.)

Ausnahmsweise keine Mangelbeseitigungspflicht: die Opfergrenze zum vertragsgemäßen Gebrauch zählen, hat der Mieter gegen den Vermieter einen Anspruch, und zwar unabhängig von den Kosten, die dazu aufgewandt werden müssen. Nur in seltenen Fällen akzeptiert die Rechtsprechung eine Opfergrenze, bei der Mietern keine Mängelbeseitigung zusteht. Die Opfergrenze ist erreicht, wenn der Aufwand in einem extremen Missverhältnis zum Nutzen der Mängelbeseitigung, dem Wert der Mieträume und den sich daraus ergebenden Einnahmen des Vermieters steht.

Vorsicht

Wie er Mängel beseitigt, ob er etwa defekte Fenster repariert oder austauscht, steht dem Vermieter frei. Daher ist es nicht sinnvoll, ihn zu bestimmten Maßnahmen aufzufordern. Belassen Sie es dabei, die Mängel möglichst präzise zu schildern und ihn, wie im Musterschreiben, zur Beseitigung aufzufordern. Natürlich können Sie aus Ihrer Sicht sinnvolle Maßnahmen vorschlagen.

Dies soll selbst dann gelten, wenn dieser den Mangel vorsätzlich verursacht hat, etwa indem er das Küchenfenster selbst durch einen Neubau verbaut hat (BGH, VIII ZR 135/13). In solch einem Fall bleibt dem Mieter nur die Mietminderung (im Beispiel um 20 %). Gleiches gilt für andere Fälle, in denen der Vermieter aus tatsächlichen oder rechtlichen Gründen nicht in der Lage ist, Mängel zu beseitigen oder beseitigen zu lassen. Dies bleibt ihm dann erspart (§ 275 BGB). Allerdings muss er die Auswirkungen auf die Mieträume so gering wie möglich halten. Der Vermieter einer Eigentumswohnung kann sich nicht darauf berufen, er sei nicht zur Mängelbeseitigung berechtigt, weil die Wohnungseigentümergemeinschaft zuständig sei. Notfalls muss er die Mitwirkung der anderen Wohnungseigentümer gerichtlich einfordern (BGH, VIII ZR 342/03).

WANN UND WIE MAN DIE MIETE SINNVOLL MINDERT

Sobald Mängel Nutzen und Qualität der Mietsache mindern, diese sich also nach allgemeinen Maßstäben nicht im vertraglich geschuldeten Zustand befindet (siehe S. 42 ff.), mindert sich automatisch auch die Miete (§ 536 Abs. 1 BGB). Entscheidend ist, inwieweit die Nutzungstauglichkeit objektiv gemindert ist (BGH WuM 1987, 53).

03

Folglich mindern eine mangelhafte Isolierung, der nur bei Kälte spürbare Heizungsausfall oder Bauarbeiten am über die Wintermonate ohnehin nicht nutzbaren Balkon, also Mängel, die sich nur periodisch auswirken, die Miete nur während dieser Zeit (BGH, XII ZR 132/09). Ob der Vermieter den Mangel verursacht hat oder ihn beseitigen kann, spielt keine Rolle, ebenso wenig, ob die Mieter, während dieser bestand, die Mieträume genutzt haben oder nutzen wollten. Stammt der Mangel allerdings aus der Sphäre der Mieter, etwa weil diese den Stromversorger wechseln und deshalb der Strom ausfällt, kann nicht gemindert werden (BGH, VIII ZR 113/10). Bei energetischen Modernisierungen ist das Minderungsrecht stark eingeschränkt (siehe S. 216). Falsch ist die häufige Behauptung von Vermietern, vor einer Minderung müssten sie die Möglichkeit zur Mängelbeseitigung gehabt haben, ebenso die Ansicht, der Mangel

Tipp

Insbesondere bei schlechten Vorerfahrungen mit Hausverwaltungen empfiehlt es sich, telefonische Mängelanzeigen und Terminabsprachen zur Besichtigung und zur Beseitigung des Mangels nicht selbst vorzunehmen, sondern sich dabei durch einen Zeugen vertreten zu lassen. Dieser sollte darüber möglichst ein kurzes Gedächtnisprotokoll verfassen.

müsste zuvor angezeigt worden sein. Die Minderung entfällt lediglich, wenn die Mieter einen dem Vermieter unbekannten Mangel nicht anzeigen (§ 536c Abs. 2 BGB) oder verhindern, dass der Mangel beseitigt wird. Fällt etwa die Heizung am Morgen des 15. Dezember aus, dann mindert sich die Miete von diesem Zeitpunkt an, auch wenn die an diesem Tage abgesandte schriftliche Mängelanzeige dem telefonisch nicht erreichbaren Vermieter erst am 17. Dezember zugeht. Gerade weil es an diesem Punkt häufig zu Streit kommt, ist eine schnelle und beweisbare Mängelanzeige jedenfalls bei gravierenden Mängeln so wichtig.

Die Minderung verjährt nicht (OLG Düsseldorf WuM 1994, 324), kann aber verwirken, wenn die Mieter längere Zeit den Eindruck erwecken, sie wollten auf eine Minderung verzichten (LG Berlin GE 2008, 268).

WIE HOCH DARF GEMINDERT WERDEN?

Durch Mängel wird die Gebrauchstauglichkeit der Mieträume reduziert. Dieser Beeinträchtigung muss die Minderungshöhe angemessen sein (§ 536 Abs. 1 BGB). Nur in extremen Fällen, wenn die Wohnung praktisch nicht bewohnbar ist, z.B. bei einem längeren Komplettausfall der Wasserversorgung oder – im tiefen Winter – der Heizung, mindert sich die Miete um 100 Prozent. Man sollte sehr genau danach sehen, in welchen Zeiträumen und in welchem Umfang sich Mängel auf die Nutzbarkeit auswirken. Ist der Balkon nicht nutzbar, so mag dies während der warmen Monate mit fünf bis zehn Prozent zu Buche schlagen. Sobald man darauf aber nicht mehr sitzen kann, ist der Mangel in der Regel unerheblich, sodass die Minderung entfällt. Lärmstörungen betreffen meist nur einen Teil des Tages. Selbst bei hoher Belastung sind dann nur Quoten von maximal 20 bis 30 Prozent angemessen, auch wenn die gestörte Nachtruhe überproportional ins Gewicht fällt. Kleinere Mängel, die die Gebrauchstauglichkeit nur unerheblich beeinträchtigen, etwa Lärm an einem einzigen Vormittag oder die kurzfristige Verschmutzung des Treppenhauses, rechtfertigen keine Minderung (§ 536 Abs. 1 Satz 3 BGB). Wie man Minderungsbeträge errechnet, entnehmen Sie bitte dem Musterbrief (S. 89).

Minderung und Betriebskosten

Gemindert wird die Gesamtmiete inklusive etwaiger Anteile für kalte Betriebskosten, Warmwasser- und Heizkosten (BGH, XII ZR 225/03 und VIII ZR 288/04), egal ob diese Anteile als Vorauszahlung oder Pauschale zu zahlen sind. Zu praktischen Problemen kommt es, wenn Vorauszahlungen anteilig gemindert wurden, der Vermieter dies jedoch bei Abrechnung der Betriebskosten nicht berücksichtigt. Wie man die Minderung korrekt – in drei Schritten – berücksichtigt, ist mittlerweile geklärt (BGH, VIII ZR 223/10): (1) Zunächst ermittelt man den Betrag, den die Mieter im gesamten Abrechnungszeitraum auf Grundmiete und Betriebskosten tatsächlich gezahlt haben. (2) Dann addiert man zur Nettokaltmiete, die in dieser Zeit ohne Mangel hätte gezahlt werden müssen, die nach der Abrechnung auf die Mieter entfallenden Betriebskosten und zieht davon die auf den Abrechnungszeitraum entfallende Minderung ab. (3) Den zweiten Betrag zieht man vom ersten ab: Ein negatives Ergebnis führt zu einer entsprechenden Nachzahlung der Mieter, ein positives weist ein Guthaben aus – in beiden Fällen unter Berücksichtigung der Minderung.

Das ist natürlich kompliziert und hat den Nachteil, dass sich die Auseinandersetzung bis zur Abrechnung verschleppt. Übersteigt die Minderung nicht die Grundmiete, kann man das Problem umgehen, indem man sich mit dem Vermieter darauf einigt, dass die Minderung nur auf die Grundmiete angerechnet wird. Ist dies nicht möglich, kann man nur den auf die Grundmiete entfallenden Minderungsbetrag einbehalten und dies dem Vermieter mitteilen. Damit verzichtet man zwar auf Geld, muss sich aber später nicht wegen der Minderung um die Betriebskostenabrechnung streiten. Bei kleinen und kurzfristigen Minderungen kann dies sinnvoll sein.

Wird unberechtigt oder zu hoch gemindert, entstehen Zahlungsrückstände, die zur Kündigung führen können. Bei gravierenden, länger bestehenden Mängeln ist Vorsicht geboten. Unsicherheiten über die Minderungshöhe akzeptieren Gerichte selten als Entschuldigung. Die Mieter müssen Rechtsrat einholen (BGH, VIII ZR 103/13) und sich bei fortbestehenden Zweifeln im unteren, keine Kündigung provozierenden Bereich halten (BGH, VIII ZR 102/06). Sie geraten unweigerlich in Zahlungsverzug, wenn sie bei üblicher Sorgfalt erkennen konnten, dass sie durch ihr Verhalten die Mängel selbst verursacht haben (BGH, VIII ZR 138/11) oder, etwa durch Lüften, die Belastung hätten reduzieren können (BGH, VIII ZR 411/12). Minderungstabellen sind nicht verbindlich. Die dort zitierten Urteile bieten allenfalls eine Groborientierung. Selbst Entscheidungen, die diesem Problem Rechnung tragen, halten überhöhte Minderungen nur für entschuldbar, wenn die Mieter Rechtsrat eingeholt, dabei den Sachverhalt zutreffend mitgeteilt und die vom Gericht für angemessen erachtete Minderung höchstens um das Doppelte überschritten haben (LG Berlin GE 2005, 1353 und GE 2012, 956). Im

Vorsicht vor überhöhter Minderung

03

Falle eines Rechtsstreits über die Minderung tragen die Mieter die Beweislast (siehe S. 367 f.), in welchem Umfang und wie lange die Mängel bestanden haben. Solche Prozesse werden vor allem durch gute Dokumentation der Mängel, genaue Angaben und Zeugen, die sich präzise erinnern, gewonnen. Um Risiken zu vermeiden, kann man mit dem Vermieter eine Minderungsquote vereinbaren. Solche Vereinbarungen sind zulässig (BGH, VIII ZR 159/08; LG München I GE 2012, 336). Wegen ihrer Beweislast und des ersparten Dokumentationsaufwands kann für Mieter eine Quote, die unterhalb dessen liegt, was ein Gericht vielleicht zugesprochen hätte, manchmal sinnvoll sein.

Legen Sie den einge-
sparten Betrag zurück

Kann man sich nicht einigen, sollte man den geminderten Betrag ansparen, damit man schnell und problemlos nachzahlen kann, falls die Beweise nicht reichen oder zu hoch gemindert wurde. Minderungen über lange Zeit sollten Sie möglichst vermeiden, insbesondere dann, wenn Sie nicht rechtsschutzversichert sind. Erfahrungsgemäß verklären Mieter oft ihre Beweissituation. Das Risiko, gekündigt zu werden, ist angesichts der neueren Rechtsprechung immens gestiegen (siehe S. 87). Vermietern, die Mängel nicht beseitigen, sollte man damit begegnen, dass man kurz, für ein, zwei Monate einen erheblichen Teil der Miete einbehält, der insgesamt maximal den Betrag einer Monatsmiete erreicht. Bei kleineren Mängeln kann man den Einbehalt meist in spürbare Höhe drücken, indem man sein Zurückbehaltungsrecht (siehe S. 91) nutzt. Bleibt der Vermieter stur, zahlt man die Miete wieder in voller Höhe, teilt ihm aber mit, dass dies unter Vorbehalt der Rückforderung (siehe S. 90) geschieht, und fordert ihn auf, die angesetzte Minderungsquote anzuerkennen. Entspricht er dem nicht, so können Sie nicht nur die Mängelbeseitigung und etwaig überzahlte Beträge einklagen, sondern auch gerichtlich feststellen lassen, welche Minderung berechtigt ist.

Für die verschiedenen Möglichkeiten finden Sie nachfolgend Ergänzungen zum oben (S. 82) abgedruckten Musterbrief:

Durch den Mangel/die oben bezeichneten Mängel ist der Wohnwert der Wohnung erheblich eingeschränkt, sodass sich die Miete mindert.

Die Minderung wird von uns vorläufig auf monatlich ... Euro (... Prozent der Gesamtmiete) angesetzt.

Sie errechnet sich wie folgt: Wegen des Wasserschadens waren das Wohn- und das Schlafzimmer, also die zwei größeren von drei Wohnräumen seit dem 16.4.2016 nicht nutzbar. Die Fläche der beiden Räume entspricht 2/3 der Wohnfläche unserer Wohnung. Unsere Gesamtmiete beträgt 900 Euro im Monat, also 30 Euro pro Tag. Bei 15 Tagen, an denen die Miete um 20 Euro gemindert war, ergibt dies für April einen Minderungsbetrag von 300 Euro. Die laufende Miete mindert sich auf 600 Euro.

[Alternativ dazu, falls Hoffnung besteht, dass die Mängel schnell behoben werden:] Da uns nicht an Auseinandersetzungen gelegen ist, können wir uns vorstellen/sind wir gerne bereit, auf die Minderung zu verzichten, wenn Sie den Mangel/die Mängel umgehend, spätestens bis zur oben genannten Frist beseitigen.

[Alternativ dazu ein Einigungsangebot:] Da uns nicht an Auseinandersetzungen gelegen ist, schlagen wir vor, dass wir uns für die Zeit seit dem 16.4.2016 bis zur Beseitigung der Mängel auf die oben dargelegte Minderung von monatlich ... Euro (... Prozent der Gesamtmiete) verständigen. An dieses Angebot halten wir uns bis zum 15.5.2016 gebunden und zahlen die Miete ab sofort unter Vorbehalt der Rückforderung.

[Falls keine Einigung möglich erscheint:] Da wir uns bislang nicht über die Minderung einigen konnten, zahlen wir die Miete ab sofort unter einfachem Vorbehalt der Rückforderung (der lediglich den Einwand nach § 814 BGB ausschließt). Außerdem fordern wir Sie auf, uns bis zum 31.05.2016 schriftlich zu bestätigen, dass Sie bis zur Beseitigung der Mängel mit der oben dargelegten Minderung auf monatlich 600 Euro einverstanden sind.

[Falls Sie bereits gezahlte Miete verrechnen wollen (siehe unten):] Mit unserem Rückerstattungsanspruch von ... Euro für die dem ... entfallende Minderung rechnen wir hiermit gegen die Miete des übernächsten Monats (Juli 2016) auf.

[Wenn die Miete vom Vermieter per Lastschrift eingezogen wird:] Bitte berücksichtigen Sie die Minderung, wenn Sie die Miete abbuchen, da wir ansonsten zu einer Rückbuchung gezwungen sind.

RÜCKWIRKEND MINDERN?

Miete unter Vorbehalt zahlen

Nachträglich dürfen Mieter die bereits gezahlte Miete nicht ohne Weiteres mindern. Nur wenn man im Zeitpunkt der Mietzahlung den Mangel nicht kannte, ist dies unproblematisch, etwa wenn der Mangel im laufenden Monat nach Zahlung auftritt (LG Berlin WuM 2016, 348). Ansonsten kann man den überzahlten Minderungsbetrag nur dann gegen den Willen des Vermieters zurückverlangen (§ 814 BGB), wenn man ihn unter Vorbehalt gezahlt hat. Wie man einen solchen Vorbehalt formuliert, können Sie obigem Musterbrief (S. 89) entnehmen. Wichtig ist, dass der Vorbehalt den Vermieter vor Eingang der Miete erreicht und dass Sie dies nachweisen können. Bei Zeitnot kann es sinnvoll sein, die Zahlung ausnahmsweise etwas zu verzögern, aber nur, wenn Sie Ihre Miete sonst immer ganz pünktlich zahlen. Zusätzlich empfiehlt es sich, auf dem Überweisungsvermerk »Zahlung unter Vorbehalt« einzutragen. Rückforderungen überzahlter (geminderter) Miete verjähren nach drei Jahren (siehe S. 148).

Aufgrund der Minderung zu viel gezahlte Miete sollten Sie nicht einfach mit der laufenden Miete verrechnen. Zum einen muss eine Aufrechnung stets ausdrücklich erklärt werden. Zum anderen enthalten manche Mietverträge Aufrechnungsbeschränkungen, die aber wegen § 556 b Abs. 2 BGB nur in Grenzen wirksam sind: Ihren Rückforderungsbetrag können Sie in jedem Fall mit der Miete des übernächsten Monats verrechnen, wenn Sie dies dem Vermieter noch im laufenden Monat schriftlich ankündigen. Wenn Ihnen das zu umständlich ist, sollten Sie Rechtsrat einholen und prüfen lassen, ob Ihr Mietvertrag eine wirksame Aufrechnungsbeschränkung enthält.

Aufrechnungsrisiken

Bei größeren Beträgen empfiehlt es sich, den Vermieter unter Fristsetzung zur Zahlung aufzufordern und bei Nichtzahlung den Betrag einzuklagen, es sei denn, der Vermieter ist zahlungsunfähig. Denn die Aufrechnung größerer Beträge mit der Miete, insbesondere solcher, die eine Monatsmiete überschreiten, birgt immer das Risiko, dass der Vermieter wegen eines aus seiner Sicht bestehenden Zahlungsrückstandes fristlos kündigt.

MÖGLICHER RETTUNGSANKER: IHR ZURÜCKBEHALTUNGSRECHT

Beseitigt der Vermieter Mängel nicht, können die Mieter neben der Minderung die laufende Miete nach § 320 BGB zurückhalten. Das Zurückbehaltungsrecht gilt selbst dann, wenn die Mieter aufgrund Verwirkung nicht mindern dürfen (VerfGH Berlin ZMR 2005, 842), entsteht allerdings erst, wenn der Vermieter den Mangel kennt (BGH, VIII ZR 330/09). Da es sich dabei um ein reines Druckmittel handelt, besteht es weder bei Mängeln, auf die der Vermieter keinen Einfluss hat, etwa Straßenbaulärm, noch bei Beeinträchtigungen durch Instandsetzungs- oder Modernisierungsarbeiten, die die Mieter dulden müssen (KG ZMR 2013, 529). Anders als bei der Minderung müssen die Mieter zurückgehaltene Beträge nachzahlen, sobald der Mietvertrag endet, der Vermieter wechselt (BGH, VIII ZR 284/05) oder der Mangel beseitigt ist (BGH, VIII ZR 221/14). Bei größeren Einbehalten kann dadurch für Mieter schlagartig ein Kündigungsrisiko entstehen, etwa weil sie gerade in Urlaub sind.

Daher sollte man vom Zurückbehaltungsrecht eher zurückhaltend Gebrauch machen, zumal höchst umstritten ist, wie viel Miete zurückbehalten werden darf. Jedenfalls muss der Einbehalt in angemessenem Verhältnis zur Bedeutung des Mangels stehen und darf nicht jeden Monat zeitlich unbegrenzt erfolgen (BGH, VIII ZR 19/14). Bei gravierenden Mängeln kann man sich am Dreifachen der Reparaturkosten orientieren (BGH, XII ZR 167/01).

Formularvertraglich kann das Zurückbehaltungsrecht nicht wirksam ausgeschlossen werden (LG Berlin GE 1994, 403). Auch Einschränkungen sind oft

Tipp

Wurde überhöht gemindert, kann man das Zurückbehaltungsrecht als Rettungsanker nutzen, wenn der Vermieter wegen Mietrückständen klagt. Mieter können sich vor Gericht auf dieses Recht berufen, selbst wenn sie dies zuvor nicht getan hatten (BGH WuM 1997, 488; LG Berlin GE 2012, 898), solange der Mangel noch besteht. Daher sollte man sich nicht festlegen, welcher Mietanteil gemindert und welcher zurückbehalten wird, wenn man sich mit dem Vermieter darüber nicht einigen kann. Bei Mietzahlungen und -überweisungen sollte man sich auf den Verwendungszweck (etwa »Miete März 2017«) und einen etwaigen Vorbehalt beschränken.

unwirksam. Weist Ihr Mietervertrag eine solche Klausel auf, wahren Sie Ihr Zurückbehaltungsrecht, indem Sie Ihrem Vermieter einen Monat vor Fälligkeit der nächsten Mietzahlung in Textform (siehe S. 161) ankündigen, dass Sie einen Teil der Miete zurückbehalten wollen (§ 536 b Abs. 2 BGB).

WANN UND WIE SIE MÄNGEL SELBST BESEITIGEN KÖNNEN

Den Vermieter in Verzug setzen

Beseitigt der Vermieter Mängel nicht, können Mieter diese, statt zu klagen, selbst beseitigen, ihm die Kosten in Rechnung stellen oder zuvor einen Vorschuss in Höhe der voraussichtlich erforderlichen Reparaturkosten fordern (BGH, VIII ZR 271/07), allerdings nur, wenn sich die Maßnahmen eignen, den Mangel nachhaltig zu beseitigen (BGH, VIII ZR 131/09). Dieses Recht kann der Vermieter nicht durch Formularklausel ausschließen (BGH, VIII ZR 343/08). Voraussetzung ist, dass Sie den Vermieter zuvor in Verzug setzen (§ 536 a Frist Abs. 2 Nr. 1 BGB), ihn also – möglichst schriftlich – auffordern, den Mangel zu beseitigen und dafür eine Frist setzen (siehe oben abgedruckte Mängelbeseitigungsaufforderung). In Ihr Schreiben können Sie einen entsprechenden Hinweis aufnehmen:

Für den Fall, dass Sie den Mangel/die Mängel nicht innerhalb der genannten Frist beseitigen, behalten wir uns vor, dies selbst zu tun. Die dafür von uns verauslagten Beträge werden wir Ihnen dann gesondert in Rechnung stellen. Für den Fall, dass Sie die Kostenübernahme ablehnen, kündigen wir bereits jetzt vorsorglich an, dass wir den Betrag von voraussichtlich ... Euro mit der Miete des übernächsten Monats aufrechnen werden.

Die Frist muss angemessen sein. Sie muss so bemessen sein, dass der Vermieter innerhalb dieses Zeitraums realistischerweise Abhilfe schaffen konnte. Im Zweifel fragen Sie bei Handwerkern nach, wie schnell die betreffenden Arbeiten erledigt werden könnten. Haben Sie eine zu kurze Frist gesetzt, dann ist nicht etwa die gesamte Fristsetzung unwirksam. Vielmehr wird Ihre Frist durch eine angemessene ersetzt. Stellen Sie fest, dass Ihr Ansatz unrealistisch kurz war, müssen Sie Ihre Fristsetzung nicht unbedingt wiederholen, sondern nur den Ablauf des angemessenen Zeitraums abwarten.

03

Auf eine Aufforderung mit Fristsetzung kann nur dann verzichtet werden, wenn große Eile besteht (§ 536 a Abs. 2 Nr. 2 BGB), etwa weil sich der auf einem Rohrbruch beruhende Wasserschaden sonst vertiefen würde. Häufiger Streitpunkt sind Wohnungstürschlösser, die am Wochenende, wenn der Vermieter und die Hausverwaltung nicht erreichbar sind, kaputt gehen. Hier ist es Mietern in der Regel nicht zumutbar, abzuwarten. Sie dürfen daher den Schlüsselnotdienst beauftragen.

Tipp

Dokumentieren Sie vor Reparatur sorgfältig die Mängellage. Wurden Gegenstände ersetzt, so bewahren Sie das ausgetauschte Stück auf. Haben Sie Handwerker beauftragt, so lassen Sie sich Namen und Anschrift der ausführenden Person geben und weisen Sie diese darauf hin, dass es unter Umständen wichtig sein kann, dass sie sich an den Zustand vor der Reparatur genau erinnern kann.

Vorsicht

Handeln Sie nicht eigenmächtig, sonst bleiben Sie auf den Kosten sitzen. Mieter, die Mietmängel entgegen den vorstehenden Hinweisen einfach beseitigen, obwohl kein Eilfall vorlag und sie den Vermieter auch nicht mit der Mangelbeseitigung in Verzug gesetzt haben, können von diesem keinen Ersatz verlangen (BGH WuM 2008, 147).

Mängel in Eigenregie zu beseitigen empfiehlt sich außer in Eilfällen dann, wenn es sich um kleinere und überschaubare Mängel handelt, unter Umständen aber auch dann, wenn der Vermieter bei seinen bisherigen Maßnahmen gepfuscht hat. Diese Möglichkeit hat jedoch ihre besonderen Risiken: Kommt es zum Streit über die Kostenerstattung, tragen die Mieter die Beweislast (siehe S. 365 ff.) dafür, dass die Mängel bestanden. Da diese aber beseitigt sind, können sie oft nicht mehr in Augenschein genommen werden. Daher sollten Sie auch mit diesem Recht zurückhaltend umgehen, insbesondere bei größeren und kostenträchtigen Mängeln, die sich nur schlecht dokumentieren und beweisen lassen.

Ein weiterer Streitpunkt ist oft die Kostenhöhe. Die Mieter müssen zwar nicht unbedingt nach dem günstigsten Angebot forschen, können dem Vermieter aber nur Kosten in Rechnung stellen, die bei einer effektiven Mängelbeseitigung marktüblich sind.

Kostenvoranschläge

Bei größeren Vorleistungen empfiehlt es sich, mehrere Kostenvoranschläge einzuholen. Bei kleineren Arbeiten sollten Sie sich möglichst notieren, bei wem Sie welche Angebote eingeholt haben. Am besten ist es, diese Arbeit durch einen Zeugen erledigen zu lassen.

Die Vorschussforderung wird sich außergerichtlich selten durchsetzen lassen, kann aber eingeklagt werden. Haben die Mieter die Reparatur auf eigene Kosten durchführen lassen, können sie die Kosten mit der Miete aufrechnen. Hier sind die obigen Hinweise zur Aufrechnung zu beachten (S. 90).

WENN ALLES NICHT HILFT: FRISTLOSE KÜNDIGUNG

»Ziehfrist« für Wechsel

Besonders bei gravierenden Mängeln möchten Mieter das Mietverhältnis unter Umständen so schnell wie möglich beenden und ausziehen, sei es, weil der Vermieter die Mängel nicht beseitigt oder weil von vornherein klar ist, dass die Mängel nicht beseitigt werden können. Die übliche, meist dreimonatige Kündigungsfrist erscheint dann zu lang. Sie müssen übrigens nicht befürchten, dass Sie nach einer fristlosen Kündigung sofort ausziehen müssen. Ihnen steht in der Regel eine etwa ein- bis zweiwöchige sogenannte »Ziehfrist« für den Wohnungswechsel zu. Während dieser Zeit besteht kein Miet-, sondern ein Nutzungsverhältnis, für dessen Dauer Sie an den Vermieter ein Nutzungsentgelt in Höhe der bisherigen (unter Umständen geminderten) Miete entrichten müssen.

IN WELCHEN FÄLLEN DARF FRISTLOS GEKÜNDIGT WERDEN?

Gesetzlich ist eine Kündigung wegen Nichtgewährung des Gebrauchs (§ 543 Abs. 2 Nr. 1 BGB) vorgesehen, wenn den Mietern der Besitz an der Wohnung nicht eingeräumt oder aber entzogen wurde oder wenn der Vermieter Mängel der Mietsache nicht beseitigt hat. Dass die Mieter die Miete nicht gemindert haben, steht einer fristlosen Kündigung nicht entgegen (BGH, XII ZR 33/04). Beachten Sie, dass eine fristlose Kündigung innerhalb einer angemessenen Frist erfolgen sollte, nachdem Sie vom Mangel erfahren haben. Mehr als zwei bis drei Monate sollte man ohne gravierenden Grund in der Regel nicht warten. Andernfalls gehen Gerichte oft davon aus, den Mietern sei die Einhaltung der ordentlichen Kündigungsfrist zumutbar. Neun Monate zwischen Mängelanzeige und fristloser Kündigung können zu lang sein (BGH, VIII ZR 296/15),

Tipp

In Fällen, in denen die Mieträume noch nicht übergeben wurden, können die Mieter unter bestimmten Bedingungen auch vom Vertrag zurücktreten oder recht weitgehende Schadensersatzansprüche stellen, wenn der Vermieter daran schuld ist. Eine fristlose Kündigung ist dann unter Umständen nicht nötig oder nicht sinnvoll. Mehr soll dazu an dieser Stelle nicht ausgeführt werden. Diese Konstellationen sind juristisch zu komplex, sodass Sie hier nicht ohne rechtlich kompetente Beratung handeln sollten.

auch wenn – was Argumentationshilfe sein mag – schon einjähriges Zuwarten akzeptiert wurde (BGH, XII ZR 33/04) und der BGH kürzlich in anderem Zusammenhang entschieden hat, bei fristlosen Kündigungen im Mietrecht sei der reine Zeitablauf seit dem Vertragsverstoß unbeachtlich (BGH, VIII ZR 296/15). Bei geringfügigen Mängeln scheidet eine fristlose Kündigung aus, weil den Mietern normalerweise zugemutet werden kann, mit ordentlicher Kündigungsfrist zu kündigen. Wurde allerdings im Mietvertrag eine bestimmte Eigenschaft der Mieträume oder die Behebung eines Mangels zugesichert, kann dies gegen einen geringfügigen Mangel sprechen, weil es den Parteien auf diesen Aspekt erkennbar ankam.

Neben der Kündigung wegen Nichtgewährung des Gebrauchs kann auch wegen einer erheblichen Gesundheitsgefährdung gekündigt werden (§ 569 Abs. 1 BGB). Dabei kommt es nach herrschender Meinung nicht auf den individuellen Gesundheitszustand und damit auch nicht auf besondere Empfindlichkeiten der Mieter an, sondern darauf, ob bei Nutzung der Mieträume objektiv, also für jedermann die Gefahr besteht, dass demnächst Gesundheitsstörungen auftreten. Dabei ist aber durchaus zu berücksichtigen, dass Kinder oder Ältere gegen bestimmte Gefahren, etwa Schadstoffe, besonders empfindlich sind.

Zulässig ist eine fristlose Kündigung normalerweise nur dann, wenn der Vermieter zuvor erfolglos aufgefordert worden ist, innerhalb einer angemessen Frist (siehe S. 92 f.), den Mangel zu beseitigen (§ 543 Abs. 3 BGB).

Die Fristsetzung im Musterschreiben hat also einen weiteren Grund. Mängelanzeige und Mängelbeseitigungsaufforderung sollten Sie sinnvollerweise kombinieren, weil auch das Abhilfeverlangen genau erkennen lassen muss, welche Mängel beseitigt werden sollen. Nur ausnahmsweise ist es unnötig, eine Frist zur Abhilfe zu setzen und deren Einhaltung abzuwarten, nämlich dann, wenn der Vermieter zu erkennen gegeben hat, dass er den Mangel nicht beseitigen wird, bei unbehebbaren Mängeln oder in schweren Fällen, in denen den Mietern ein Zuwarten unter Abwägung der beiderseitigen Interessen unzumutbar ist (§ 543 Abs. 3 Satz 2 BGB). Ein solcher Fall liegt auch dann vor, wenn die Mängel die Gesundheit der Mieter extrem bedrohen.

Beweisprobleme

Gerade Beweisprobleme sprechen manchmal dagegen, vom Recht zur fristlosen Kündigung Gebrauch zu machen. Die Mängellage müssen die Mieter beweisen. Nach ihrem Auszug haben sie keinen Zugriff mehr auf die Wohnung. Das ist, wenn es sich um komplexere Mängel handelt, etwa Wasser- und Schimmelschäden, oft schwierig. Kosten eines außerhalb des gerichtlichen Verfahrens beauftragten Gutachters können oft nicht erstattet verlangt werden. Am ehesten ist dies möglich, wenn der Vermieter den Mangel nicht innerhalb der mit dem Abhilfeverlangen gesetzten Frist beseitigt hat.

Bei einer Kündigung wegen Gesundheitsgefährdung kommen Sie in der Regel nicht darum herum, vor Auszug ein Fachgutachten über die objektive Gefährdungslage einzuholen. In solchen Fällen empfiehlt es sich daher, frühzeitig das zuständige Gesundheitsamt, bei Schadstoffbelastungen auch das Umweltamt einzuschalten.

03

WIE SIE RICHTIG FRISTLOS KÜNDIGEN

Kündigungen müssen der gesetzlichen Schriftform entsprechen, also von allen Personen der Mieterseite gegenüber allen Personen der Vermieterseite schriftlich erklärt werden und handschriftlich unterschrieben sein. Sollten Sie erfahren haben, dass Ihre Mietwohnung verkauft wurde, achten Sie stets darauf, dass sowohl Ihr Abhilfeverlangen als auch Ihre Kündigung gegenüber dem richtigen Vermieter bzw. durch den richtigen Vermieter erfolgen (siehe S. 244). Außerdem dürfen Kündigungen nach herrschender Meinung an keinerlei Bedingungen geknüpft werden. Nur wenn Sie all dies beachten und wirklich ein Kündigungsgrund vorliegt, ist Ihre fristlose Kündigung wirksam. Auch dass Sie fristlos und nicht etwa mit ordentlicher Kündigungsfrist kündigen, muss der Kündigung zu entnehmen sein. Allerdings sollten Sie sicherheitshalber stets zugleich hilfsweise eine ordentliche Kündigung aussprechen, damit Ihr Schaden begrenzt bleibt, wenn die gerichtliche Auseinandersetzung wider Erwarten ergibt, dass Sie nicht fristlos kündigen durften.

Schriftliche Kündigung

Nach mittlerweile herrschender Meinung müssen Sie auch bei einer Kündigung wegen Nichtgewährung des Gebrauchs den Grund der Kündigung angeben (§ 569 Abs. 4 BGB). Auch wenn Sie wegen einer Gesundheitsgefährdung oder deshalb kündigen, weil Ihr Vermieter oder seine Hilfspersonen (Hausverwaltung, Hausmeister, Handwerker) den Hausfrieden schwer gestört haben, müssen Sie den Kündigungsgrund so präzise wie möglich angeben. Sinnvollerweise sollten Sie auch angeben, weshalb es Ihnen nicht zumutbar ist, eine ordentliche Kündigung auszusprechen und bis zum Ende der Kündigungsfrist in der Wohnung zu bleiben.

Kündigungsgrund

Zugang beweisen

Achten Sie unbedingt darauf, dass Sie beweisen können, dass und wann Ihr Kündigungsschreiben dem Vermieter zugegangen ist. Wegen des Schriftformerfordernisses sollten Sie möglichst vom unterschriebenen Schreiben eine Kopie behalten. Das lässt es im Streitfall plausibler erscheinen, dass korrekt unterzeichnet wurde.

Im Folgenden ist das Muster einer fristlosen Kündigung wegen Nichtgewährung des Gebrauchs wiedergegeben.

(Name und Anschrift
aller im Mietvertrag als Mieter
aufgeführten Personen)

Per Einschreiben/Rückschein!

An
(Vermieter bzw. Hausverwaltung
Name und Anschrift) (Ort, Datum)

Kündigung des Mietverhältnisses Wohnung ... (Straße), ... (Ort), ... (Geschossangabe, rechts/links)

Sehr geehrte(r) Herr/Frau .../Damen und Herren,

[Alternative 1: Mangel in der Wohnung] obwohl wir Sie mehrmals, zuletzt mit Schreiben vom 1.10.2016 mit Frist bis zum 15.11.2016 dazu aufgefordert hatten, haben Sie die darin aufgeführten Mängel (Totalausfall der Warmwasserversorgung, Schimmel an den vier Fensterrahmen in Wohn- und Kinderzimmer sowie im Wohnzimmer an der darüber gelegenen Tapete auf einer Fläche von 30 cm x 235 cm) bislang nicht beseitigt. Weiteres Zuwarten, insbesondere den Ablauf der ordentlichen Kündigungsfrist abzuwarten, wäre unzumutbar, denn Sie haben in keiner Weise signalisiert, ob und wann Sie die Mängel beseitigen. Außerdem sind wir angesichts der kalten Jahreszeit auf die Warmwasserversorgung dringend angewiesen. Zudem können wir mit zwei Kleinkindern nicht riskieren, dass diese weiter der Schimmelbelastung ausgesetzt sind, ganz zu schweigen davon, dass wir im Wohnzimmer derzeit wegen des Schimmels keinen Besuch empfangen können.

[Alternative 2: Wohnung wurde nicht rechtzeitig übergeben] leider sind Sie unserer mit Schreiben vom 1.10.2016 vorgebrachten Aufforderung, die oben bezeichnete Mietwohnung binnen einer Frist bis zum 15.11.2016 geräumt und mit allen zugehörigen Schlüsseln zu übergeben, immer noch nicht nachgekommen.

Den Ablauf der ordentlichen Kündigungsfrist abzuwarten wäre unzumutbar, da wir aus unserer längst gekündigten derzeitigen Wohnung bereits am 30.09.2016 hätten ausziehen müssen und uns der dortige Vermieter bereits mit Schadensersatzforderungen und Räumungsklage droht.

[für beide Alternativen:]

Daher kündigen wir hiermit das oben bezeichnete Mietverhältnis fristlos. Vorsorglich kündigen wir das Mietverhältnis zugleich hilfsweise auch ordentlich zum nächsten zulässigen Zeitpunkt.

Mit freundlichen Grüßen
(Unterschriften aller Mieter)

03

‖‖

SCHADENSERSATZ – WENN MÄNGEL ZU EIGENEN SCHÄDEN FÜHREN

Mängel an der Mietsache muss der Vermieter in der Regel auf eigene Kosten beseitigen. Was aber ist, wenn ein solcher Mangel, beispielsweise ein Wasserschaden, zu Schäden am Eigentum der Mieter führt? Schadensersatzansprüche der Mieter gibt es nur in drei Konstellationen: Verzug mit der Mängelbeseitigung, Verschulden des Vermieters am Schaden oder Schäden aufgrund von bei Vertragsschluss vorhandenen Mietmängeln (§ 536 a Abs. 1 BGB).

Mit der Mängelbeseitigung kommt der Vermieter in Verzug, wenn er eine dafür fest vereinbarte Zeit nicht einhält oder von den Mietern gesetzte Fristen verstreichen lässt. Zu denken ist etwa an den Fall, dass die Mieter dem Vermieter eine angemessene Frist gesetzt hatten, einen Mangel zu beheben, beispielsweise ein undichtes Fenster zu reparieren. Beschädigt nach ergebnislosem Ablauf der Frist durch die unreparierten Stellen dringendes Wasser den Teppich des Mieters, so muss der Vermieter den Schaden ersetzen. Die Fristsetzung der Mängelbeseitigungsaufforderung erweitert also die Haftung des Vermieters.

Verzug mit der Mängelbeseitigung

Außerdem haftet der Vermieter für Schäden am Mietereigentum, wenn er oder seine Helfer, z.B. die Hausverwaltung oder seine Handwerker, diese fahrlässig oder vorsätzlich verursacht haben (§ 278 BGB). Hat der Vermieter Dritte mit Sicherungsmaßnahmen, etwa der Eisbeseitigung beauftragt, haften auch diese für

Verschulden des Vermieters

Sorgfaltsverstöße (BGH, VI ZR 126/07). Für unterlassene Inspektionen haftet der Vermieter, etwa wenn mangels Dachwartung ein Wasserschaden entsteht (AG Dortmund WuM 2009, 36) oder ein Gesundheitsschaden, weil das Trinkwasser nicht auf Legionellen untersucht wurde (BGH, VIII ZR 161/14), was § 14 Abs. 3 Trink-wV seit dem 1.11.2011 vorsieht. Allerdings ist er nicht verpflichtet, ohne konkreten Anlass regelmäßig die Elektroleitungen und -geräte (BGH, VIII ZR 321/07) oder ordnungsgemäß installierte Öfen zu inspizieren (BGH, VIII ZR 310/10). Nur wenn feststeht, dass die Schadensursache im Herrschafts- und Einflussbereich des Vermieters liegt, auf den die Mieter keinen Einfluss haben, etwa bei Baumaßnahmen oder baulichen Mängeln außerhalb der Wohnung, muss der Vermieter nachweisen, dass er den Schaden nicht verschuldet hat (BGH, XII ZR 81/97, und BGH, VIII ZR 223/04, zum Fogging).

Anfänglich bestehende Mängel führen zum Schaden

Weder Verzug noch Verschulden sind erforderlich, wenn der Schaden aufgrund eines Mangels an der Mietsache entstanden ist, der schon bei Abschluss des Vertrages vorhanden war. Zu denken ist etwa an einen Wasserschaden an Einrichtungsgegenständen, weil die Fenster schon bei Vertragsschluss undicht waren. Allerdings kann dieser Anspruch häufig wegen der die Mieter treffenden Beweislast nur schwer durchgesetzt werden. Aus diesem Grund ist die Aufrechnung von Schadensersatzansprüchen mit der Miete meist riskant.

Tipp

Stets sollten Sie darauf bedacht sein, Schäden so gut wie irgend möglich zu dokumentieren. Sinnvoll kann die Dokumentation durch Zeugen sein. Beschädigte Gegenstände sollten bis zur Regulierung aufgehoben werden. Bei umfangreicheren Schäden, wie Sie insbesondere nach Bränden und Wasserschäden auftreten, empfiehlt sich die Schadensaufnahme durch Gutachter.

Achten Sie bei Ihrer Schadensaufstellung darauf, dass Sie beim Ersatz älterer durch neue Sachen nicht den Neupreis, sondern nur den Zeitwert ansetzen dürfen und vom Anschaffungspreis daher einen Abzug »neu für alt« vornehmen müssen. Unter Umständen ist es sinnvoller, Reparaturkosten in Rechnung zu stellen. Allerdings ist dies ausgeschlossen, wenn die Kosten der

Reparatur den Wert der beschädigten Sache erheblich übersteigen. Bei alten, wertlosen Gegenständen kann dies im Extremfall dazu führen, dass der Schadensersatzanspruch gegen Null tendiert. Auch aus anderen Gründen kann sich der Ersatzanspruch reduzieren: Schäden, die man mitverschuldet hat, kann man nur anteilig ersetzt verlangen (§ 254 Abs. 1 BGB). Wer geschädigt wurde, ist verpflichtet, den Schaden so gering wie möglich zu halten (§ 254 Abs. 2 BGB). Achten Sie also, besonders wenn Sie größere Schäden beseitigen, darauf, dass Sie, etwa durch Einholung mehrerer Angebote oder Kostenvoranschläge, notfalls nachweisen können, dass die Kosten der Neuanschaffung oder der Reparaturleistungen marktüblich waren.

03

BEI MÄNGELBESEITIGUNG: IHR AUFWENDUNGSERSATZANSPRUCH

Besonders bei umfangreichen Mängelbeseitigungsmaßnahmen sind Mieter häufig zu erheblichen Aufwendungen gezwungen: So muss die Wohnungseinrichtung durch Abdecken oder Abbau von Möbeln und anderen Einrichtungsgegenständen gesichert und die Wohnung während oder nach der Durchführung der Arbeiten gereinigt werden. Bei Arbeiten, die nur bei einer geräumten Wohnung möglich sind, kommen die Kosten eines vorübergehenden Umzugs, der Einlagerung der Einrichtung oder – bei kurzfristigem Umzug – Hotel- und Restaurantkosten hinzu.

All diese Kosten können die Mieter vom Vermieter erstattet verlangen (§ 555 a Abs. 3 BGB), wenn sie notwendig waren, um die Mängelbeseitigung zu ermöglichen. Dieser muss auf Verlangen der Mieter einen entsprechenden Vorschuss leisten; bis dahin können diese die Duldung der Arbeiten verweigern (AG Aachen WuM 2015, 734). Die Aufwendungen müssen angemessen sein, also dem Lebensstandard und den Verhältnissen der Mieträume entsprechen. Ernährungskosten, die die Mieter auch ohne die Maßnahmen aufgewandt hätten, sind vom Erstattungsbetrag abzuziehen. Neben notwendigen Demontagekosten für eine

Höhe des Aufwendungsersatzes

Fachfirma (AG Lichtenberg MM 2002, 142) kann auch für Eigenarbeit Ersatz verlangt werden. Derzeit dürfte ein Ansatz zwischen 8,50 Euro (ab 1.1.2017 8,84 Euro) und 15 Euro pro Arbeitsstunde angemessen sein. Verdienstausfall kann nicht ersetzt verlangt werden (BGH, XII ZR 65/14). Kosten für die Beaufsichtigung von Handwerkern werden gerichtlich nur ausnahmsweise akzeptiert (LG Hamburg WuM 1987, 386: maximal zwei Stunden pro Tag).

Da Vermieter nicht selten die Entstehung der Kosten, deren Erforderlichkeit und die Kostenhöhe bestreiten, empfiehlt es sich, auch hier sorgfältig die Aufwendungen und die Umstände, die dazu geführt haben, also insbesondere den Zustand der Wohnung während der Arbeiten (möglichst durch Zeugen) zu dokumentieren, und etwaige Rechnungen aufzubewahren.

Die Forderung von Aufwendungsersatz kann wie folgt aussehen:

(Name und Anschrift aller
im Mietvertrag als Mieter
aufgeführten Personen)

Per Einschreiben/Rückschein!

An (Vermieter bzw. Hausverwaltung
Name und Anschrift)   (Ort, Datum)

Aufwendungsersatz für Kosten anlässlich Ihrer Baumaßnahmen in der Wohnung ... (Straße), ... (Ort), ... (Geschossangabe, rechts/links)

Sehr geehrte(r) Herr/Frau .../Damen und Herren,

für die Wiederherstellung unserer Wohnung danken wir. Aufgrund der dafür erforderlichen Maßnahmen sind uns leider erhebliche Kosten entstanden, deren Ersatz uns gemäß § 555 a Abs. 3 BGB zusteht und die wir wie folgt beziffern:

1. Drei Übernachtungen mit Frühstück à drei Personen in der Pension Gutenberg: 180,00 Euro

2. Vier Essen à drei Personen im Restaurant Lichtblick: 175,00 Euro

3. Fünf Stunden Reinigung der Wohnung à zwei Personen = zehn Arbeitsstunden à 10,00 Euro = 100 Euro

Von dem sich daraus ergebenden Gesamtbetrag von 455 Euro haben wir 90 Euro für ersparte Kosten für Lebensmittel in Ansatz gebracht, sodass sich ein Endbetrag von 365 Euro ergibt.

Wir fordern Sie daher höflich auf, uns diesen Betrag bis zum 18.9.2016 auf das Konto IBAN ... von Frau/Herrn ... bei der ...-Bank (BLZ ...) zu überweisen.

Kopien der Rechnungen sind diesem Schreiben beigefügt. Die Originale können Sie auf Verlangen gerne einsehen. Sollten Sie Fragen dazu haben, stehen wir Ihnen gerne zur Verfügung.

Vorsorglich kündigen wir schon jetzt an, dass wir bei Nichtzahlung den Betrag mit unserer Miete für ... verrechnen werden.

Mit freundlichen Grüßen
(Unterschriften aller Mieter)

GRENZEN DER GEWÄHRLEISTUNG: WENN MIETERRECHTE EINGESCHRÄNKT SIND

All die genannten Rechte können im Einzelfall jedoch eingeschränkt oder sogar ausgeschlossen sein. Den wichtigsten Fall kennen Sie schon: die fehlende Mängelanzeige (siehe S. 81). Bevor Sie vorschnell handeln, sollten Sie sicher sein, dass keine weitere Einschränkungen bestehen.

MÖGLICHKEITEN DES VERMIETERS, SEINE PFLICHTEN VERTRAGLICH EINZUSCHRÄNKEN

Die Pflicht zur Mängelbeseitigung ist eine zentrale Hauptpflicht des Vermieters. Deshalb können Wohnraummieter auch nicht durch vertragliche Abreden zu einem Verzicht, zur Übernahme dieser Pflicht oder zur Kostentragung verpflichtet werden. Von diesem Grundsatz gibt es in Wohnraummietverhältnissen nur zwei Ausnahmen: Kleinreparaturen und Schönheitsreparaturen. Letztere werden im 4. Kapitel (S. 120 ff.) abgehandelt.

Kleinreparaturen

Durch sogenannte Kleinreparaturklauseln dürfen Mieter lediglich zur Kostentragung, nicht aber zur Instandhaltung oder Reparatur verpflichtet werden. Klauseln, die sie verpflichten, regelmäßig Elektro- und Gasthermen oder andere Geräte selbst warten zu lassen, sind unwirksam (BGH WuM 1992, 355). Nur die Kosten dürfen umgelegt werden, vorausgesetzt diese wurden pro Einzelfall und pro Jahr begrenzt (BGH WuM 1991, 381). Zulässig dürften derzeit maximal 100 Euro pro Einzelfall sein (AG Bingen WuM 2013, 349). Die Jahresobergrenze setzen Vermieter häufig mit sechs bis acht Prozent der Miete ohne Betriebskosten an. Inhaltlich sind allenfalls sechs Prozent akzeptabel. Aber die Obergrenze muss im Vertragstext als Festbetrag beziffert werden. Denn Kostenklauseln müssen eine realistische Einschätzung der Kostenbelastung ermöglichen (BGH, VIII ZR 242/13), was bei einer Bezugnahme auf die Jahresmiete wegen der offenen Mietentwicklung nicht möglich ist. Nur Kosten der regelmäßigen Thermenwartung dürfen ohne Obergrenze umgelegt werden (BGH, VIII ZR 119/12), wobei den Vermieter allerdings die Pflicht zur Wirtschaftlichkeit trifft (siehe S. 193). Außer in diesem Ausnahmefall muss sich die Verpflichtung auf Teile beschränken, auf die Mieter typischerweise häufig und direkt zugreifen (Installationsgegenstände, Griffe und Schalter der Elektro-, Gas-, Wasser- und Wärmeversorgung, Kocheinrichtungen, Fenster, Türen, Rollläden, Markisen, Jalousien und mitvermietete Einrichtungsgegenstände). Klauseln, die dies nicht berücksichtigen, sind nichtig, sodass der Vermieter die Kosten zu tragen hat. Teurere Reparaturen, die die genannten Grenzen überschreiten, müssen die Mieter nicht mittragen, und zwar auch nicht anteilig (OLG Düsseldorf WuM 2002, 545/546 f.), selbst wenn der Vertrag eine wirksame Kleinreparaturklausel enthält. Klauseln, die eine solche Teiltragungspflicht enthalten, sind ebenfalls nichtig (LG Potsdam GE 2008, 1054).

Obergrenze als Festbetrag

Keinesfalls sollten Sie selbst Handwerker beauftragen, sondern dem Vermieter den Mangel mitteilen und ihn zur Beseitigung auffordern. Ansonsten haften Sie gegenüber dem Vermieter für etwaige Fehler der Handwerker. Zudem können Sie dann die den vereinbarten Höchstbetrag überschreitenden Reparaturkosten nicht ersetzt verlangen, es sei denn, die Reparatur war eilbedürftig.

Das Minerungsrecht, der Aufwendungsersatzanspruch und das Recht zur fristlosen Kündigung können nicht durch eine vertragliche Vereinbarung ausgeschlossen werden (§§ 536 Abs. 4, 554 Abs. 5, 569 Abs. 5 BGB). Auch die übrigen oben angeführten Gewährleistungsrechte (Kostenersatz nach Eigenvornahme und Schadensersatz) können bei Wohnraummietverhältnissen allenfalls durch individuell ausgehandelte Vereinbarung, nicht aber durch Formularklauseln ausgeschlossen oder eingeschränkt werden. So kann der Vermieter seine Haftung nicht formularmäßig auf Schäden an der Mietereinrichtung beschränken, die er oder seine Hilfspersonen vorsätzlich oder grob fahrlässig verursacht haben (BGH, VIII ARZ 1/01).

Kein Ausschluss durch Vertragsklausel

Es gibt aber gesetzliche Gründe, die seine Haftung ausschließen oder reduzieren.

DIE MIETER KANNTEN DEN MANGEL BEI ABSCHLUSS DES MIETVERTRAGES

Minderung, Kostenersatz nach Eigenvornahme und Schadensersatz können Mieter nicht verlangen, wenn sie die Mängel bei Übergabe der Mieträume kannten (§ 536 b Satz 3 BGB). Gleiches gilt für Mängel, die sie bereits bei Vertragsschluss kannten oder die ihnen grob fahrlässig unbekannt geblieben sind, es sei denn, sie wurden vom Vermieter darüber arglistig getäuscht (§ 536 b Satz 1 und 2 BGB). Kannten sie den Mangel, dann haben sie damit meist auch ihr Zurückbehaltungsrecht und ihr Recht zur fristlosen Kündigung verloren, weil in dieser Konstellation die für diese Rechte vorgesehene Abwägung von Vermieter- und

Mieterinteressen (§ 543 Abs. Satz 2, § 320 Abs. 2 BGB) zu ihren Lasten ausgeht. Nur bei erheblichen Gesundheitsgefährdungen bleiben Mieter zur fristlosen Kündigung auch dann berechtigt, wenn sie bei Vertragsschluss die Ursache bereits kannten oder verzichtet haben, daraus Rechte, etwa auf Beseitigung, geltend zu machen (§ 569 Abs. 1 Satz 2 BGB).

Vorsicht bei Anmietung mangelhafter Räume

Mieträume anzumieten, deren Mängel man kennt oder leicht erkennen könnte, ist also gefährlich, sofern man nicht vertraglich vereinbart, dass der Vermieter diese bis zu einem bestimmten Zeitpunkt beseitigen muss und dass für sie § 536b BGB nicht gelten soll. Ohne eine solche Vereinbarung besteht das Risiko, dass der Vermieter, sofern er nachweisen kann, dass Sie den betreffenden Mangel kannten, sich mit der Behauptung durchsetzt, die Mietsache entspreche der vertraglich vereinbarten Beschaffenheit, und nicht einmal die Instandsetzung schuldet. Bei defekten Ausstattungsgegenständen wird dies selten der Fall sein, weil hier immerhin eine Vermutung dafür spricht, dass deren Funktionsfähigkeit zum vertragsgemäßen Gebrauch gehört. Der Vermieter schuldet dann zwar die Instandsetzung, nicht aber Minderung, Kostenersatz nach Eigenvornahme oder Schadensersatz (§ 536 b BGB).

Bei Wohnungsübergabe Rechte vorbehalten

Etwas besser stehen sich Mieter, die erst bei der Wohnungsübergabe von einem Mangel erfahren. Das Mängelbeseitigungsrecht steht ihnen in jedem Fall zu. Und die übrigen Rechte können (und sollten) sie sich erhalten, indem sie sich diese vorbehalten (§ 536 b Satz 3 BGB). Der Vermieter muss bei einer solchen Erklärung nicht mitwirken, aber man sollte im Streitfall möglichst beweisen können, dass man sie ihm oder seinen Vertretern gegenüber abgegeben hat.

Augen auf bei der Wohnungsübergabe

Ohnehin sollte man bei der Wohnungsübergabe genau nach Mängeln suchen, also insbesondere alle Fenster und Türen öffnen und schließen, die WC-Spülung, Wasserhähne und andere Installationsgegenstände betätigen. Dies gilt besonders dann, wenn sich der Vermieter ein Wohnungsübergabeprotokoll unterzeichnen lässt, weil er damit bei Auszug beweisen kann, dass Mängel während der Mietzeit entstanden sind, was dann häufig den Mietern angelastet wird. Oft mäkeln Vermieter oder ihre Hausverwaltungen, wenn Mieter beim Abfassen des Einzugsprotokolls pedantisch genau sind. Davon sollten Sie sich nicht beeindrucken lassen. Das Einzugsprotokoll dient eher den Vermieterinteressen als denen der Mieter. Wer ein solches wünscht, der muss damit leben, dass der Vertragspartner die Sache ernst nimmt.

Tipp

Um die Abgabe der Erklärung beweisen zu können, empfiehlt es sich, bei der Übergabe der Wohnung einen Zeugen mitzubringen. Besser noch ist es, diesen Vorbehalt in beide Exemplare des Übergabeprotokolls einzutragen, etwa mit dem Wortlaut: »Wegen der im Protokoll vermerkten Schäden behalten sich die Mieter vor, alle Gewährleistungsrechte geltend zu machen, auch die Rechte nach §§ 536, 536 a, 320, 543 Abs. 2 Nr. 1 BGB.«

BEEINTRÄCHTIGUNGEN, AUF DIE DER VERMIETER KEINEN EINFLUSS HAT

Mängel und Beeinträchtigungen, die der Vermieter objektiv nicht beseitigen kann, weil dies niemand könnte oder weil ihn selbst eine Duldungspflicht trifft, lassen seine Pflicht zur Mängelbeseitigung entfallen (§ 275 Abs. 1 BGB; BGH, VIII ZR 197/14). Gleiches gilt für das Zurückbehaltungsrecht (BGH, VIII ZR 288/14). Die Mieter sind dann meist darauf beschränkt, die Miete zu mindern. Wichtigster Fall sind Lärmstörungen Dritter (siehe S. 53 ff., 112).

MIETER KÖNNEN IHRE RECHTE VERWIRKEN

Mieter können ihre Gewährleistungsrechte verwirken, wenn sie die Beeinträchtigung über lange Zeit hinnehmen und der Vermieter aufgrund ihres sonstigen Verhaltens darauf vertrauen durfte, dass sie ihre Rechte nicht geltend machen (BGH, VIII ZR 274/02). Dass Mieter den Mietvertrag trotz Kenntnis der Mängel verlängerten oder einer Mieterhöhung zustimmten, führt für sich noch nicht zu einer Verwirkung ihrer Gewährleistungsrechte (BGH, XII ZR 15/12). Dass der Vermieter eine Mietminderung gewährt hat, schließt nicht aus, dass die Mieter höher mindern (LG Berlin GE 1994, 403), es sei denn, beide Seiten haben sich über die Min-

Beeinträchtigung wird über lange Zeit hingenommen

derungshöhe verständigt. Auch bindet es Mieter nicht, wenn sie zu niedrig gemindert haben, weil die Minderung kraft Gesetzes eintritt (LG Berlin GE 2016, 729).

WENN MIETER DIE MÄNGELBESEITIGUNG NICHT DULDEN

Mieter müssen Maßnahmen des Vermieters, mit denen dieser Mängel beseitigt (Instandsetzung) oder ihrer Entstehung vorbeugt (Instandhaltung), dulden (§ 555 a Abs. 1 BGB) und ihn, seine Handwerker und andere Hilfspersonen dazu sowie zur Schadensfeststellung und Planung die Wohnung betreten lassen. Weigern sich die Mieter, notwendige Arbeiten zu dulden, verlieren sie für die Dauer ihrer Weigerung ihre Gewährleistungsrechte (LG Berlin GE 2010, 909) und die Miete mindert sich nicht (BGH, XII ZR 65/14). Außerdem kann der Vermieter dann unter Umständen kündigen (BGH, VIII ZR 281/13); auf Duldung klagen muss er vorher nicht. Dies gilt allerdings nur, wenn die Arbeiten zur Instandhaltung oder Instandsetzung erforderlich sind und rechtzeitig angekündigt wurden. Dabei muss sich der Vermieter rücksichtsvoll verhalten. Er muss die Maßnahmen – außer in Eilfällen, etwa einem akuten Rohrbruch – rechtzeitig ankündigen (§ 555 a Abs. 2 BGB) und darf die Mieträume nur so oft betreten, wie es für die Mängelbeseitigung unbedingt erforderlich ist. Was »rechtzeitig« bedeutet, hängt auch davon ab, wie dringlich die Arbeiten sind. Jedenfalls müssen Mieter ausreichend Zeit erhalten, sich auf etwaige Einschränkungen organisatorisch einzustellen. Der Vermieter muss, zumindest auf Nachfrage der Mieter, den Bauablaufplan mitteilen und darlegen, wie die Einrichtung gesichert wird. Ankündigungen, die diesen Anforderungen nicht entsprechen, lösen keine Duldungspflicht aus (LG Berlin GE 2016, 527). Muss die Wohnung für die Arbeiten verlassen werden, ist in der Regel ein Vorlauf von mehreren, mindestens zwei Wochen erforderlich. Stellt der Vermieter – wozu er nicht verpflichtet ist – eine Umsetzwohnung, muss er sich auch zu deren Ausstattung äußern.

Zur aktiven Mithilfe sind Mieter nicht verpflichtet, sondern nur zur Duldung der erforderlichen Maßnahmen. Das Wegräumen von Möbeln sowie anderer Einrichtungsgegenstände und Installationen zählt dazu nicht (LG Berlin MM 2010, 128 und GE 2012, 550). Oft wird es aber sinnvoll sein, dies selbst zu bewerkstelligen und entsprechenden Aufwendungsersatz zu verlangen (siehe S. 101).

Tipp

Auch hier gilt, was zum Besichtigungsrecht des Vermieters (siehe S. 49) ausgeführt wurde: Bemühen Sie sich möglichst offensiv um einverständliche Terminabsprachen. Insbesondere wenn Streit besteht, sollten Sie sich bei Telefonaten vertreten lassen, damit Sie für die Terminabsprachen und wechselseitigen Mitteilungen einen Zeugen haben.

03

WANN MÜSSEN MIETER DIE MÄNGELBESEITIGUNG SELBST BEZAHLEN?

Fast von selbst versteht sich, dass nicht der Vermieter, sondern die Mieter die Kosten der Wiederherstellung tragen müssen, wenn sie Mängel selbst fahrlässig oder gar vorsätzlich verursacht haben (§ 280 Abs. 1 BGB). Verschulden ihrer Mitbewohner oder Besucher wird den Mietern zugerechnet (§ 278 BGB). Hat etwa der von Ihnen bestellte Handwerker den Anschluss zur Waschmaschine falsch installiert, dann kann der Vermieter nicht nur den Handwerker, sondern auch Sie in Haftung nehmen.

Zwar bleibt es dem Vermieter unbenommen, auf Kosten der Mieter von diesen verschuldete Mängel beseitigen zu lassen. Einen Anspruch darauf haben die Mieter jedoch nicht. Auch eine Mietminderung oder eine mängelbedingte fristlose Kündigung steht ihnen nicht zu. Bei der Mängelbeseitigung trifft den Vermieter allerdings eine Schadensminderungspflicht. Er muss die Kosten so gering wie möglich halten. Zum Umfang seiner Ersatzansprüche gilt, was zu den Schadensersatzansprüchen der Mieter ausgeführt wurde (siehe S. 99 ff.).

Auf eine wichtige Ausnahme sei hingewiesen: Haben Mieter am Gebäude Brand- oder Leitungswasserschäden verursacht, muss sich der Vermieter an seine Gebäudeversicherung halten, wenn

Vom Mieter verursachte Brand- und Leitungswasserschäden

die Prämien Bestandteil seiner Mietkalkulation sind oder über die Betriebskosten von den Mietern gedeckt werden (BGH, IV ZR 298/99 und IV ZR 273/05). Diese haften allenfalls gegenüber dem Versicherer, jedoch nur, wenn sie grob fahrlässig oder vorsätzlich handelten. Bei leichter Fahrlässigkeit haften sie gar nicht, bei grober Fahrlässigkeit nur anteilig (§ 81 Abs. 2 VVG). Für das Verhalten Dritter haften die Mieter selbst nur, wenn diese im versicherungsrechtlichen Sinn ihre Repräsentanten waren (BGH, IV ZR 378/02), also im fraglichen Zeitraum wie die Mieter selbst für diese die Wohnung in Obhut hatten und in das Mietverhältnis einbezogen waren. Das wird am ehesten bei erwachsenen Mitbewohnern der Fall sein. Der Vermieter muss die versicherten Schäden auch dann beseitigen, wenn er die Versicherung nicht in Anspruch nimmt (BGH, VIII ZR 191/13) oder dies nicht kann, weil er gar nicht versichert war, dies den Mietern aber nicht mitgeteilt hat (LG Berlin GE 2011, 266).

Wer muss was beweisen?

Häufig behaupten Vermieter, die Mieter hätten den Schaden zu verantworten. Einigt man sich nicht, dann kommt es im Prozess entscheidend darauf an, wer was zu beweisen hat. Weil die Mieter die Mieträume während der Mietzeit in der Obhut haben, müssen sie meist beweisen, dass sie den betreffenden Mangel nicht verursacht oder doch zumindest nicht fahrlässig oder vorsätzlich verursacht haben. Diesen Nachweis müssen die Mieter allerdings nur dann führen, wenn der Vermieter seinerseits ausschließen kann, dass der Schaden aus seinem Verantwortungsbereich stammt. Behaupten also die Mieter, der Mangel habe schon bei Übergabe der Mieträume bestanden, so ist es Sache des Vermieters, das Gegenteil zu beweisen (OLG Stuttgart WuM 1987, 250). Auch deshalb sollten Sie als Mieter besonders genau sein, wenn bei der Übergabe der Wohnung an Sie ein Protokoll verfasst wird.

Besonders häufig sind Mängel aufgrund von gewöhnlichem Verschleiß oder vertragsgemäßem Gebrauch. Solange Sie als Mieter die Mieträume in der üblichen, nach dem Mietvertrag vorgesehenen Weise nutzen, müssen Sie für solche Verschlechterungen keinen Ersatz leisten (§ 538 BGB), selbst wenn der Mangel aus Ihrer Sphäre stammt (BGH, VIII ZR 271/07). Schließlich zahlen Sie für die gewöhnliche Abnutzung Miete. Zum vertragsgemäßen Gebrauch zählen die übliche Abnutzung von Fußböden, altersbedingte Verformung von Fenstern, Türen, Rollläden, kleinere Risse im Verputz, Verblassen der Anstriche, gebrauchstypische Abnutzungserscheinungen, wie Abstumpfungen oder kleine Absplitterungen des Emaillebelags einer Badewanne (LG Köln WuM 1985, 258), ferner leichte Flecken, Kratzer und Dellen im Parkett des typischerweise mit Schuhen betretenen Flurbereichs, wenn diese nur bei näherer Betrachtung erkennbar sind (LG Berlin GE 1996, 925). Brand- und Farbflecken auf dem Teppich und Schlagschäden an Sanitärgegenständen sind dagegen Schäden, die in der Regel zum Schadensersatz verpflichten. Ohne eine das Rauchen untersagende oder einschränkende Vereinbarung ist auch die Vergilbung der Wände durch starkes Rauchen vertragsgemäßer Gebrauch (BGH, VIII ZR 124/05), sodass Mieter allenfalls dann Schadensersatz schulden, wenn die verursachten Spuren nicht durch normales Streichen beseitigt werden können (BGH, VIII ZR 37/07).

Berufen sich die Mieter darauf, dass ein Schaden auf gewöhnlichem Verschleiß oder vertragsgemäßem Gebrauch beruht, dann muss der Vermieter auch hier das Gegenteil beweisen. Klassisches Beispiel ist der Streit um Rohrverstopfungen, für die insbesondere bei Altbauwohnungen meist veraltete und verwinkelte Leitungen verantwortlich sind. Hier müssen Vermieter nicht nur andere Möglichkeiten ausschließen, sondern sogar beweisen, dass die Mieter an der Verstopfung schuld sind (OLG Karlsruhe WuM 1984, 267). Dies gilt selbst dann, wenn sie im Formularmietvertrag vorgegeben haben, dass die Mieter beweisen müssen, dass sie den Schaden nicht verursacht haben (OLG Hamm WuM 1982, 201; OLG Stuttgart WuM 1987, 250). Daher ist auch die Formularklausel, dass die Mieter Kosten bei Rohrverstopfungen bis zum Hauptrohr zu tragen haben, unwirksam (LG Berlin WuM 1993, 261). Wenn die Ursache des Schadens auch außerhalb der Mieträume liegen kann oder Dritte, also Personen, die weder dem Vermieter noch den Mietern zugerechnet werden können, den

Mängel oder Überschreitung des vertragsgemäßen Gebrauchs?

03

Rohrverstopfungen

Schaden verursacht haben können, muss der Vermieter auch diese Möglichkeiten ausräumen (BGH WuM 1994, 466).

BESONDERS HÄUFIGE UND PROBLEMATISCHE MÄNGEL

Bei einer Reihe häufig auftretender Mängel stoßen Mieter auf besondere rechtliche Tücken, wenn sie ihre Rechte wahrnehmen. Auf einige dieser Fälle sei im Folgenden genauer eingegangen.

LÄRM UND ANDERE IMMISSIONEN

Störungen anderer Mieter

Häufig entsteht Streit wegen unnötigen Lärms. Vom Vermieter können Sie verlangen, dass er gegen Lärmbeeinträchtigungen anderer Hausbewohner, die nicht vom üblichen Mietgebrauch umfasst sind (siehe S. 53), vorgeht und die Einhaltung der Hausordnung erzwingt. In solchen Fällen ist der Vermieter nach vorheriger Abmahnung sogar zur fristlosen Kündigung berechtigt (§ 543 Abs. 1 BGB). Geht er gegen Störer nicht effektiv vor, so können die Mieter ihrerseits auf Mängelbeseitigung klagen, unter Umständen sogar fristlos kündigen (siehe S. 94 ff.). Manchmal hilft es, wenn sich alle betroffenen Nachbarn unabhängig voneinander beschweren. Bei massiven Störungen während der Ruhezeiten empfiehlt es sich, die Polizei zu rufen und Anzeige zu erstatten. Sie können auch selbst die Störer auf Unterlassung in Anspruch nehmen (§§ 985, 1004 BGB). Auch eine professionelle Mediation kann sinnvoll sein.

Lärm, Schmutz und Gestank

Komplizierter ist die Rechtslage bei anderen Beeinträchtigungen durch Lärm, Staub, Schmutz oder Gerüche. Man kann nicht ohne Weiteres unterstellen, dass der Vermieter die bei Anmietung bestehenden äußeren Verhältnisse der Mietwohnung schuldet, insbesondere dass deren Geräuschkulisse unverändert bleibt (BGH, VIII ZR 197/14). Wer darauf Wert legt, muss dies vereinbaren. Ansonsten mindern Immissionen aus der Nachbarschaft nur die Miete, wenn der Vermieter diese als unwesentlich oder ortsüblich hinnehmen muss (§ 906 BGB) und vom störenden Nachbarn keine Entschädigung verlangen kann (BGH, VIII ZR 197/14). Dies gilt für Kinderlärm, aber auch für andere Immissionen (LG München I NZM 2016, 237; AG Schöneberg GE 2015, 1536; LG Berlin GE 2016, 785). Steigerungen allgemeinen Verkehrsaufkommens sind daher kein zur Minderung berechtigender Mangel, ebenso wenig durch Straßenbau gesteigerter Verkehrslärm, es sei denn, dieser überschreitet das in Innenstadtlagen Übliche (BGH, VIII ZR 152/12). Immissionen, die nach öffentlich-rechtlichen Vorschriften unzulässig sind, mindern dagegen in der Regel die Miete, weil der Vermieter sie nicht als ortsüblich hinnehmen muss. Dies gilt sowohl für Verstöße gegen die TA-Lärm, etwa durch die Lüftungsanlage eines Gastronomiebetriebs (LG Berlin GE 2016, 729), als auch für illegale Baustellen. Bei Baumaßnahmen müssen die einschlägigen Grenz- und Richtwerte beachtet werden (§ 48 BImSchG). Nach § 22 Abs. 1 BImSchG sind Baumaschinen und Baustellen so zu betreiben, dass nach dem Stand der Technik vermeidbare Umwelteinwirkungen verhindert und unvermeidbare Einwirkungen auf ein Mindestmaß beschränkt werden. Der Vermieter ist verpflichtet, solche vermeidbaren Störungen des Mietgebrauchs abzuwenden. Lehnt er das Angebot des Bauherrn zu Schutzmaßnahmen ab, muss er Mietern Schäden ersetzen, die dadurch hätten vermieden werden können (BGH, XII ZR 78/14). Den Gerichten bleibt ein Spielraum. Werden die zulässigen Richtwerte nur geringfügig überschritten, kann dies im Einzelfall als unerheblicher Mangel gewertet werden, der keine Mietminderung rechtfertigt (BGH, VIII ZR 22/11). Umgekehrt können verhaltensbedingte Störungen der Nachtruhe durch ein Restaurant (LG Berlin GE 2016, 785) oder Beeinträchtigungen aufgrund einer übermäßig intensiven Kernsanierung (LG Berlin GE 2013, 1515) unabhängig von der Einhaltung einschlägiger Grenzwerte eine Minderung rechtfertigen. Da der Vermieter bei ungewöhnlich gravierenden Beeinträchtigungen vom störenden Nachbarn Entschädigung verlangen kann (§ 906 BGB), mindert sich dann auch die Miete entsprechend. Kinderlärm eines nahe gelegenen Bolzplatzes rechtfertigt dagegen in der Regel keine Minderung (BGH, VIII ZR 197/14), weil Kinderlärm solcher Einrichtungen (Kitas,

Spielplätze etc.) im Regelfall nicht als schädliche Umwelteinwirkung gilt (§ 22 Abs. 1 a BImSchG).

Bei energetischen Modernisierungen sind Minderungen teilweise ausgeschlossen (siehe S. 216), ebenso bei Mängeln, die die Mieter bei Vertragsschluss oder Wohnungsübergabe kannten oder hätten erkennen müssen (siehe S. 105). Verbreitet dehnen Gerichte diese Regel auch auf spätere Bauarbeiten aus, etwa wenn Räume in einem Neubau- oder Sanierungsgebiet, in der Nähe von Bauprojekten oder auch nur neben einer Baulücke angemietet wurden (LG Berlin GE 2008, 268 und 2011, 64). Oft geht dies zu weit. Wussten Mieter bei Vertragsschluss etwa, dass das Haus eingerüstet wird, schließt dies eine Minderung nicht automatisch aus, weil damit das Ausmaß der Beeinträchtigung noch nicht bekannt war (BGH, VIII ZR 129/09). Eine Minderung ist wohl nur ausgeschlossen, wenn die konkreten Gegebenheiten spätere Baumaßnahmen nahelegten (LG Berlin GE 2016, 915; VerfGH Berlin WuM 2015, 146) und der Beeinträchtigungsumfang absehbar war.

Mängellage dokumentieren

Entscheidend für die Minderungsquote ist die Beeinträchtigung in der Mietwohnung. Im Streitfall muss der Mieter diese beschreiben und beweisen (BGH, VIII ZR 155/11). Wann die Wände im Dachgeschoss abgerissen wurden, in welchem Zeitraum das Abraumrohr und der Lastenaufzug vor dem Wohnzimmer in Betrieb waren oder Arbeiter morgendlich durchs Schlafzimmerfenster grüßten, ist also entscheidend. Zum Maß der Beeinträchtigung, der Minderungsquote oder den Mangelursachen müssen die Mieter nicht vortragen (BGH, VIII ZR 125/11). Bei wiederkehrenden Beeinträchtigungen reicht, dass die Mieter deren Art beschreiben (Partygeräusche, Musik, Lärm durch Putzkolonnen auf dem Flur, etc.) und zu welchen Tageszeiten, über welchen Zeitraum und in welcher Frequenz diese ungefähr auftreten; der Vorlage eines »Protokolls« bedarf es nicht (BGH, VIII ZR 155/11). Dies gilt auch für umfangreiche Baumaßnahmen (KG GE 2001, 620; LG München I NZM 2016, 237), ändert aber nichts daran, dass Gerichte detailversessen sind und mit präzisen Angaben Prozesse gewonnen werden. Dem sollte man Rechnung tragen.

Entbehrlich wird dies, wenn man sich frühzeitig mit dem Vermieter auf eine Minderungsquote verständigt, möglichst in nachweisbarer Form, etwa durch Briefwechsel. Ist keine Vereinbarung möglich, so sollten Sie dem Vermieter mit einem Schreiben, dessen Zugang Sie sicher belegen können, mitteilen, dass Sie die Miete wegen der baubedingten Beeinträchtigungen ab sofort unter Vorbehalt zahlen und den Betrag nach Abschluss der Bauarbeiten mit der Miete verrechnen werden (siehe S. 90). Natürlich kann auch sofort gemindert werden. Bei Baumaßnahmen verändert sich jedoch die Störungsintensität häufig im Laufe der Zeit. Deshalb wird man meist erst am Ende mithilfe des Bautagebuchs und mit juristischer Hilfe die Minderungsquote bestimmen können.

Tipp

Soweit möglich, sollten Sie ein Bautagebuch führen und darin die Arbeitszeiten notieren, die konkreten, in den einzelnen Zimmern wahrnehmbaren Belastungen und sonstige, sich auf die Wohnraumnutzung auswirkende Beeinträchtigungen (nicht nutzbarer Aufzug, verdreckte oder schlecht zugängliche Treppenaufgänge etc.). Da als Zeuge nur in Betracht kommt, wer nicht selbst Vertragspartei des jeweiligen Mietvertrags ist, sollten Sie darauf achten, dass es ausreichend Besucher gibt, die sich an die konkreten Beeinträchtigungen in der Mietwohnung selbst möglichst gut erinnern können. Besonders günstig ist es, Mitbewohner das Bautagebuch führen zu lassen, die nicht selbst Mieter sind.

FEUCHTIGKEITSSCHÄDEN, SCHIMMEL UND FOGGING

Für die mietrechtliche Beurteilung von Feuchtigkeitsschäden und Schimmel ist entscheidend, wer diesen Mangel zu vertreten hat. Dies gilt auch für ein Phänomen, das erst seit einigen Jahren bekannt ist und als Fogging, Schwarzfärbung, Schwarze Wohnung oder Magic Dust bezeichnet wird. Dabei werden die Mieträume, meist nach dem Neubezug oder einer Sanierung mit Beginn der ersten Heizperiode, von schwarzen, klebrigen, schimmel- oder rußartigen Flecken übersät, die sich kaum abwaschen lassen und nach dem Überstreichen oft wieder erscheinen. Verursacht wird Fogging durch schwerflüchtige Kohlenwasserstoffe (PAK), die durch Klebstoffe, Farben, Teppich- und andere Kunststoffböden in die Luft abgegeben werden, sich dann mit Staubteilchen

Fogging

in der Luft verbinden und ablagern. Meist liegt der Mangel in der Verschmutzung, aber höhere PAK-Konzentrationen sind auch gesundheitsschädlich.

Wer gilt als Verursacher?

Feuchtigkeitsschäden, Schimmel und Fogging können durch bauliche Mängel (z.B. Kältebrücken, ungünstige Luftströmungsverhältnisse, elektrostatische Aufladung der Raumluft) verursacht sein, aber auch durch Mieterverhalten begünstigt oder mitverursacht werden. Daher sollte während der Heizperiode gut geheizt und gelüftet werden (siehe S. 53).

Tipp

Sofern Sie nicht rechtsschutzversichert sind, sollten Sie sich frühzeitig überlegen, ob Sie das Risiko einer solchen Auseinandersetzung tragen wollen oder ob Sie sich nicht um eine Kompromisslösung bemühen wollen.

Im Streitfall wird nach Verantwortungssphären unterschieden: Im Prozess muss zunächst der Vermieter darlegen und nachweisen, dass die Mängel keine baulichen Ursachen haben. Kann dies ausgeschlossen werden, müssen die Mieter darlegen und, wenn dies bestritten wird, beweisen, dass sie die Mängel nicht durch ihr Belüftungs-, Heiz- und Reinigungsverhalten verursacht haben und auch die von ihnen in die Mieträume eingebrachten Sachen nicht schadensursächlich waren. Selbst in solchen Fällen haften die Mieter nicht, wenn sie sich im Rahmen vertragsgemäßen Gebrauchs gehalten haben, etwa weil der Schaden darauf beruht, dass sie handelsübliche Möbel und Fußböden eingebracht und mit handelsüblicher Farbe und Tapete renoviert haben (BGH, VIII ZR 271/07). Bleibt offen, wer für den Schaden verantwortlich ist, muss der Vermieter die Mieträumlichkeiten instand setzen und bis dahin die Minderung der Miete hinnehmen. Wollen Mieter darüber hinaus Schadensersatz, etwa für beschädigte Möbel oder Schmerzensgeld für Gesundheitsschäden, müssen sie nachweisen, dass der Vermieter die Schäden verschuldet hat (BGH, VIII ZR 161/14 – Legionellen – und VIII ZR 19/13 – Asbest –), mit der Mängelbeseitigung in Verzug war oder der Mangel bereits bei Vertragsschluss bestand (siehe S. 100). Fordert der Vermieter Schadensersatz, muss er beweisen, dass die Mieter den Vertrag verletzt und dadurch Schäden verursacht haben, während diese ihr fehlendes Verschulden nachweisen müssen (BGH, VIII ZR 39/15). Solche Prozesse sind wegen kostenintensiver Sachverständigengutachten und hoher Schadensummen meist teuer und riskant.

Da Schönheitsreparaturen die auf normalem Abwohnen beruhenden Mängel beseitigen sollen, sind Mieter nicht verpflichtet, Wohnungsschwärzungen im Rahmen einer Schönheitsreparaturenverpflichtung zu beseitigen (LG Duisburg WuM 2003, 494).

Zum Thema Schimmel können Sie im Internet unter »www. umweltbundesamt.de« den Ratgeber »Schimmel im Haus« und andere Publikationen zum Thema herunterladen und bestellen.

WENN IHR MIETVERTRAG EINE FALSCHE WOHNFLÄCHE NENNT

Die Angabe der im Mietvertrag genannten Wohnfläche stellt in der Regel eine verbindliche Beschaffenheitsvereinbarung dar. Ist die tatsächliche Fläche mehr als zehn Prozent kleiner, liegt ein Mangel vor, sodass sich die Miete entsprechend der Abweichung mindert (BGH, VIII ZR 133/03; VIII ZR 295/03), selbst wenn die Fläche nur mit »ca.« angegeben ist (BGH, VIII ZR 144/09) oder die Wohnung möbliert (BGH, VIII ZR 209/10) oder mit Garten (BGH, VIII ZR 164/08) vermietet wurde. Sie können dann vom Vermieter verlangen, dass er die Minderung akzeptiert und Ihnen den überzahlten Betrag erstattet. Mieter können in solchen Fällen sogar fristlos kündigen (BGH, VIII ZR 142/08); allerdings muss dies zeitnah geschehen, nachdem sie die Abweichung erkannt haben. Geringere Abweichungen als zehn Prozent rechtfertigen keine Minderung oder Kündigung.

All dies gilt selbst dann, wenn der Mietvertrag selbst gar keine Flächenangabe enthält, sondern diese durch schlüssiges Verhalten aufgrund der in der Wohnungsanzeige genannten Fläche vereinbart wurde (BGH, VIII ZR 256/09). Ob eine solche Vereinbarung schlüssig getroffen wurde, hängt allerdings vom Einzelfall ab. Ist die Wohnflächenangabe im Mietvertrag mit dem Zusatz versehen, sie diene nicht zur Festlegung des Mietgegenstandes,

Fehlende Flächenangabe

so berechtigt auch eine Abweichung von mehr als zehn Prozent nicht zur Minderung (BGH, VIII ZR 306/09) oder Kündigung.

Tipp

Beschränken Sie sich nicht darauf, den Vermieter zur Mietreduzierung und Rückzahlung aufzufordern. Teilen Sie zugleich mit, dass Sie die Miete hinsichtlich des streitigen Betrages ab sofort ohne Anerkenntnis einer Rechtspflicht und unter Vorbehalt der Rückforderung zahlen (siehe S. 88 f., 90).

Klagen oder mindern Sie nicht vorschnell. Wussten Sie bei Vertragsschluss oder Wohnungsübergabe um die Wohnflächenabweichung oder hätten Sie diese erkennen müssen, dann mindert sich die Miete nicht (siehe S. 100). Rückforderungsansprüche verjähren drei Jahre (siehe S. 148 f.) nach Kenntnis von der Wohnflächenabweichung (BGH, VIII ZR 30/10). Der Vermieter kann den Mietern allerdings in der Regel nicht entgegenhalten, sie hätten die Wohnfläche frühzeitig ausmessen müssen, weil hierfür im laufenden Mietverhältnis ohne konkreten Anlass keine Obliegenheit besteht (LG München I, WuM 2014, 135; LG Krefeld WuM 2012, 674; BGH, VIII ZR 44/03). Dennoch können Rückzahlungsansprüche leicht verjährt oder verwirkt sein, etwa weil Sie jahrelang übersehen haben, dass der Vermieter in Betriebskostenabrechnungen die tatsächliche Wohnfläche genannt hat. Das wäre dann ein konkreter Anlass dafür, die Fläche auszumessen. Wegen solcher Risiken kann es sinnvoll sein, mit dem Vermieter einen Kompromiss auszuhandeln. Andernfalls empfiehlt sich, sofern ein eindeutiges sachverständiges Aufmaß vorliegt, eine gerichtliche Klärung.

Berechnung der Wohnfläche

Gesetzlich ist die Flächenberechnung nur für Sozialwohnungen des ersten Förderungswegs geregelt. Wurden diese bis zum 31.12.2003 erstellt, gelten die §§ 42 bis 44 der II. Berechnungsverordnung (II. BV). Wurden sie danach erstellt oder so verändert, dass eine Neuvermessung erforderlich ist, gelten die §§ 2 bis 4 der am 1.1.2004 in Kraft getretenen Wohnflächenverordnung. Im freien Wohnungsbau ist in erster Linie entscheidend, ob der Mietvertrag die Flächenberechnung regelt. So können die Mietparteien vereinbaren, die Terrassenfläche mit einem größeren Anteil anzurechnen, als dies etwa die Wohnflächenverordnung vorsieht (BGH, VIII ZR 219/04), die Fläche unter Dachschrägen ohne Abzug voll zu berücksichtigen (BGH, VIII ZR 44/03) oder die Berechnungen nach gesetzlichen Bestimmungen vorzunehmen, selbst wenn diese den baulichen Besonderheiten des Gebäudes nicht

Rechnung tragen (BGH, VIII ZR 218/08). Fehlen vertragliche Regelungen, dann sind die lokal üblichen Berechnungsmethoden entscheidend. Gibt es solche nicht, dann wird für bis zum 31.12.2003 geschlossene Verträge auf die §§ 42 ff. II. BV zurückgegriffen (BGH, VIII ZR 231/06). Für später geschlossene Verträge ist in diesem Fall auf die Wohnflächenverordnung abzustellen (BGH, VIII ZR 144/09). Als Wohnraum mitvermietete Teilflächen, die nach öffentlich-rechtlichen Vorschriften, etwa aus feuerpolizeilichen oder bauordnungstechnischen Gründen, nicht zum Wohnen genutzt werden dürfen, sind bei der Flächenberechnung mit zu berücksichtigen (BGH, VIII ZR 275/08, VIII ZR 242/08 und VIII ZR 39/09). Außer bei Loggien, Terrassen und Balkonen sind die Regelungen beider Verordnungen weitgehend gleich. Es sind sämtliche Räume zu berücksichtigen, die ausschließlich zur Wohnung gehören, also auch Flur, Abstellraum, Speisekammer, Bad und WC. Räume außerhalb der Wohnung sind nur dann einzubeziehen, wenn sie Wohnzwecken dienen und allein zur betreffenden Wohnung gehören. Nur mit der Hälfte ihrer Grundfläche werden unbeheizbare Wintergärten, Schwimmbäder und ähnliche, nach allen Seiten geschlossene Räume angerechnet, sofern sie zur Wohnung gehören. Auch angrenzende Freiflächen (Balkone, Terrassen, Loggien, Dachgärten etc.) werden in der Regel nur mit der Hälfte der Fläche angerechnet, bei nach dem 31.12.2003 erstelltem oder grundlegend verändertem Wohnraum zu einem Viertel. Räume und Raumteile unter einem Meter Höhe werden nicht, zwischen einem und zwei Metern Höhe nur zur Hälfte und ab einer Höhe von zwei Metern voll angerechnet. Wand- oder Fensternischen bis zu 0,13 m Tiefe werden nicht mitgerechnet. Gemessen wird der Abstand zwischen den Wänden. Öfen, Heizkörper, die zur Elektro-, Heiz- und Wasserinstallation zählenden Leitungen, Scheuerleisten und Türnischen bleiben dabei unberücksichtigt. Die Grundfläche von Mauervorsprüngen, Schornsteinen und im Zimmer stehenden Pfeilern ist dann abzuziehen, wenn sie mehr als 0,1 m² beträgt. Dies gilt nach der Wohnflächenverordnung nur, wenn diese zusätzlich noch höher als 1,50 m sind.

03

04

SCHÖNHEITSREPARATUREN

Über nichts wird zwischen Vermietern und Mietern so häufig gestritten wie über die Frage, wer Schönheitsreparaturen durchzuführen hat. Nach dem Gesetz ist eigentlich der Vermieter in der Pflicht; ihm obliegt es, für die Instandhaltung der Wohnung Sorge zu tragen. Diese Pflicht wird von den Vermietern jedoch regelmäßig auf die Mieter übertragen. In der Praxis enthalten Mietverträge häufig unwirksame Klauseln, weil die Gerichte an deren Wirksamkeit in Formularmietverträgen strenge Anforderungen stellen, um einer unangemessenen Benachteiligung des Mieters entgegenzuwirken.

KURZ & BÜNDIG

- **Renovierungspflicht des Vermieters:** Wurde die Ausführung von Schönheitsreparaturen durch den Mietvertrag nicht wirksam auf den Mieter übertragen, obliegt nach dem Gesetz dem Vermieter die Renovierungspflicht.

- **Anforderungen an eine Schönheitsreparaturklausel:** Eine Klausel im Formularmietvertrag, die den Mieter zur Durchführung von Schönheitsreparaturen verpflichtet, ist nur wirksam, wenn sie den Mieter nicht unangemessen benachteiligt.

- **Fachgerechte Ausführung der Schönheitsreparaturen:** Schönheitsreparaturen dürfen vom Mieter selbst durchgeführt werden. Sie müssen aber fachgerecht ausgeführt werden.

- **Regelfristen im Formularmietvertrag:** Der Mieter muss nur dann renovieren, wenn sich die Räume in einem renovierungsbedürftigen Zustand befinden. Regelfristen bieten dafür Orientierungshilfen.

- **Starre Renovierungsfristen sind nichtig:** Sehen vom Vermieter formularvertraglich vorgegebene Klauseln starre Renovierungsfristen vor, ist die gesamte Schönheitsreparaturenverpflichtung unwirksam.

- **Übergabe einer unrenovierten Wohnung:** Schönheitsreparaturen können nicht wirksam auf den Mieter übertragen werden, wenn die Wohnung dem Mieter unrenoviert oder in einem renovierungsbedürftigen Zustand übergeben wurde. Es sei denn, der Vermieter hat den Mieter angemessen dafür entschädigt, dass er die Abnutzungsspuren beseitigt.

Während der Mietzeit verblassen Anstriche, die Fenster- und Türlackierung vergilbt, entlang von Schränken und Bildrahmen bilden sich Schatten und Farbunterschiede. Deshalb erforderliche Renovierungen hat grundsätzlich der Vermieter im Rahmen seiner Mängelbeseitigungspflicht (siehe S. 83 ff.) auszuführen (BGH, VIII ZR 185/14). Diese Schönheitsreparaturen werden jedoch meist durch Mietvertrag auf die Mieter übertragen. Grundsätzlich ist dies zulässig. Sind solche Klauseln jedoch, wie oft, unwirksam, bleibt die Schönheitsreparaturenpflicht beim Vermieter (§ 535 Abs. 1 Satz 2 BGB). Dies gilt auch für Mietverträge, die noch in der DDR geschlossen wurden (KreisG Eberswalde GE 1994, 587; LG Berlin GE 1999, 189; AG Köpenick MM 2000, 87).

WER MUSS RENOVIEREN?

Um die Renovierungspflicht wirksam auf die Mieter zu übertragen, reichen schon Formulierungen wie »Die Schönheitsreparaturen werden vom Mieter getragen«, oder »Die Mieter tragen die Schönheitsreparaturen auf eigene Kosten«. Dennoch sind entsprechende Vereinbarungen oft unwirksam, wenn sie in Formularmietverträgen, also allgemeinen Geschäftsbedingungen (siehe S. 30 ff.) enthalten sind. Durch solche können Schönheitsreparaturen nach neuester Rechtsprechung nicht wirksam übertragen werden, wenn die Wohnung den Mietern unrenoviert oder in einem renovierungsbedürftigen Zustand übergeben wurde, es sei denn, der Vermieter hat sie angemessen dafür entschädigt, dass sie die Abnutzungsspuren beseitigen (BGH, VIII ZR 185/14). Die Wohnung muss zwar nicht unbedingt frisch renoviert übergeben werden. Aber es dürfen allenfalls ganz geringe, nicht ins Gewicht fallende Gebrauchsspuren vorhanden sein, sodass die Wohnung insgesamt einen renovierten Gesamteindruck vermittelt (BGH, VIII ZR 185/14). Ein einzelner, kleiner Fleck an der Wand oder kleinere Mängel einer kürzlich erfolgten Renovierung machen die Klausel also nicht unwirksam, wohl aber, wenn in allen oder einzelnen Räumen dilettantisch renoviert wurde, etwa die Lackierung »Nasen« aufweist, nicht deckend oder ungleichmäßig gestrichen oder die Tapete

Unrenovierte bzw. renovierungsbedürftige Wohnung

nicht »auf Stoß« geklebt wurde. Im Streitfall müssen die Mieter darlegen und beweisen, dass ihnen die Wohnung unrenoviert oder renovierungsbedürftig übergeben wurde (BGH, VIII ZR 185/14).

Übergibt der Vermieter eine solch renovierungsbedürftige Wohnung, kann er von den Mietern die Durchführung der formularvertraglich vereinbarten Schönheitsreparaturen nur unter zwei Voraussetzungen verlangen:

- Er muss sie dafür angemessen entschädigen und
- die Klausel darf nicht aus anderen Gründen nichtig sein.

Tipp

Mieter sollten darauf hinwirken, dass bei Mietbeginn ein gemeinsames, detailliertes Übergabeprotokoll gefertigt wird, den Wohnungszustand fotografisch dokumentieren (möglichst mit Datumseinblendung und durch Zeugen), etwaige Rechnungen ihrer Renovierungskosten aufheben und Zeugen, etwa ihre Umzugshelfer bitten, ihrerseits die Wohnungsmängel in Gedächtnisprotokollen zu notieren.

ANGEMESSENER AUSGLEICH

Der Ausgleich kann durch Geld erfolgen oder indem vorübergehend weniger oder gar keine Miete entrichtet wird. Was für ein Ausgleich für die Überlassung einer wenigstens teilweise renovierungsbedürftigen Wohnung angemessen ist, hängt vom erforderlichen Aufwand und damit vom Zustand der Mieträume bei Mietbeginn ab. War bei Mietbeginn etwa der Anstrich von drei der vier Wohnräume erforderlich, reicht der Erlass einer halben Monatsmiete in der Regel nicht (BGH, VIII ZR 185/14). Jedenfalls für eine Vollrenovierung reichen ein bis zwei Anfangsgrundmieten in der Regel nicht aus, zumal die Wohnung während der Arbeit nur eingeschränkt nutzbar ist. Dies sowie der Material- und Arbeitsaufwand muss wenigstens annähernd kompensiert werden, sonst ist die Abrede unwirksam, sodass der Vermieter die Schönheitsreparaturen selbst tragen muss (BGH, VIII ZR 185/14). Ein Erlass dreier Monatsmieten kann hingegen angemessen sein (AG Reinbek ZMR 2008, 217), sofern die mietfreie Zeit nicht weitgehend auf die Arbeiten entfällt (AG Mitte MM 2003, 384). Im Falle eines Rechtsstreits muss der Vermieter darlegen und beweisen, dass der gewährte Ausgleich angemessen war (BGH, VIII ZR 185/14). Wurde im Mietvertrag vereinbart, dass die Mieter bei Vertragsbeginn renovieren müssen, folgt daraus, dass die Wohnung renovierungsbedürftig war (LG Berlin, GE 2016, 395).

ANDERWEITIG UNWIRKSAME KLAUSELN

Aber auch wenn die Wohnung unrenoviert überlassen oder ein angemessener Ausgleich für die Renovierung gewährt wird, können Schönheitsreparaturenklauseln unwirksam sein.

Unzulässige Frist-
vorgaben

Bei der Frage, wann Schönheitsreparaturen fällig sind, orientiert man sich bislang am Fristenplan eines 1976 vom Bundesjustizministerium herausgegebenen Mustermietvertrags, wonach Nassräume (Küchen, Bäder und Duschen) alle drei, Wohn- und Schlafräume, Flure, Dielen und Toiletten alle fünf und sonstige Nebenräume alle sieben Jahre renovierungsbedürftig sind (BGH, VIII ZR 230/03). Werden solche Fristen im Vertragsformular verkürzt, müssen die Mieter die Schönheitsreparaturen nicht ausführen (LG Berlin WuM 2002, 668 und GE 2003, 458; LG Frankfurt WuM 2004, 88). Die Fristen sind als Regelfristen nur eine Orientierungshilfe, wann Räume normalerweise renovierungsbedürftig sind. Deshalb muss bei Ablauf nicht automatisch renoviert werden. Entscheidend ist vielmehr, in welchem Zustand sich die Räume befinden. Sehen dagegen vom Vermieter formularvertraglich vorgegebene Klauseln vor, dass die Mieter bei Fristablauf in jedem Fall, also innerhalb starrer Fristen renovieren müssen, ist die gesamte Schönheitsreparaturenverpflichtung nichtig (BGH, VIII ZR 361/03). Die Worte »mindestens« und »spätestens« machen die Fristen starr und damit unwirksam. Starr und damit nichtig sind auch Fristangaben ohne jeden Zusatz (BGH, VIII ZR 178/05), die Vorgabe, die Schönheitsreparaturen innerhalb der »üblichen Fristen« auszuführen (BGH, VIII ZR 152/05) sowie eine Formularklausel, nach der die laufenden Schönheitsreparaturen »regelmäßig«, und zwar »mindestens in folgenden Zeitabständen« auszuführen sind (BGH, VIII ZR 71/08). Dagegen ist ein durch die Worte, es seien »üblicherweise Schönheitsreparaturen in folgenden Zeiträumen erforderlich« eingeleiteter Fristenplan nicht starr und damit wirksam (BGH, VIII ZR 283/07). Gleiches gilt für die den Fristen vorangestellten Worte »im Allgemeinen« sowie das Wort »regelmäßig« (BGH, VIII ZR 192/11). Auch die Wendung »in der Regel« spricht gegen starre Fristen, selbst dann, wenn sie in der Kombination mit dem Begriff »spätestens« verwendet wird (BGH, VIII ZR 351/04; VIII ZR 163/05). Zudem werden starre Fristen nicht selten durch sich daran anschließende Formulierungen entschärft, die vorsehen, dass der Vermieter bei vergleichsweise geringer Abnutzung zur Fristverlängerung verpflichtet ist. Jedenfalls wegen starrer Fristen ist die Schönheitsreparaturenvereinbarung dann nicht unwirksam (BGH, VIII ZR 378/03).

04

Auch allgemeine Geschäftsbedingungen, die Mietern vorgeben, wie sie die Schönheitsreparaturen ausführen müssen, sind oft unwirksam. Klauseln, wonach beim Renovieren nicht oder nur mit Vermieterzustimmung von der »üblichen Ausführungsart« (BGH, VIII ZR 143/10) oder der »bisherigen Ausführungsart« (BGH, VIII ZR 199/06) abgewichen werden darf oder »erhebliche« Abweichungen davon unzulässig sind (BGH, VIII ZR 237/11), sind nichtig, sodass die Mieter gar nicht renovieren müssen. Auch Klauseln, die Mietern vorschreiben, durch einen »Fachmann« oder »Fachbetrieb« zu renovieren, etwa durch die Formulierung, sie seien verpflichtet, Schönheitsreparaturen »ausführen zu lassen«, lassen deren Schönheitsreparaturenpflicht entfallen (BGH, VIII ZR 294/09). Schönheitsreparaturen müssen zwar fachgerecht erbracht werden, aber den Mietern darf nicht verwehrt werden, dies selbst zu tun.

Vorgabe der
Ausführungsart

Formularvertragliche »Farbdiktate«, die vorschreiben, welche Farben zulässig sind, sind nur wirksam, wenn sie ausschließlich für die Rückgabe gelten und auch dabei den Mietern einen gewissen Spielraum lassen (BGH, VIII ZR 198/10), so etwa die Regelung, dass lackierte Holzteile im bei Vertragsbeginn bestehenden Farbton zurückgegeben werden müssen, bei farbigem Holzanstrich aber auch Weiß und helle Farbtöne akzeptiert wer-

Formularvertragliche
»Farbdiktate«

den (BGH, VIII ZR 283/07). Dagegen führt die Vorgabe, Schönheitsreparaturen »in neutralen, deckenden, hellen Farben und Tapeten« auszuführen, dazu, dass die Mieter nicht renovieren müssen (BGH, VIII ZR 224/07; ähnlich – »neutrale Töne« – BGH, VIII ZR 166/08). Gleiches gilt, wenn Decken und Wände weiß gestrichen werden müssen, selbst wenn nur der Begriff »weißen« darauf hinweist (BGH, VIII ZR 344/08) oder lediglich Fenster und Türen »nur weiß« zu streichen sind (BGH, VIII ZR 50/09). Auch wenn nur die Rückgabe komplett in weißer Farbe erfolgen muss, ist dies unwirksam (BGH, VIII ZR 198/10).

Unzulässige End-
renovierungsklauseln

Formularklauseln, die die Mieter verpflichten, beim Auszug alle Tapeten zu beseitigen, machen auch alle übrigen vorformulierten Renovierungsklauseln im Vertrag nichtig (BGH VIII ZR 163/05; VIII ZR 152/05). Gleiches gilt für Formularklauseln, die Mieter verpflichten, bei Auszug, also unabhängig von der Mietdauer zu renovieren (BGH, VIII ZR 308/02 und VIII ZR 316/06). Selbst individuell ausgehandelte Endrenovierungsvereinbarungen sind nur wirksam, wenn die Mieter nicht zugleich formularmäßig verpflichtet werden, während der Mietzeit regelmäßig zu renovieren (BGH, VIII ZR 163/05). Gleiches gilt für individuell vereinbarte Anfangsrenovierungspflichten (BGH WuM 1993, 175). Enthält der Mietvertrag zusätzlich eine Formularklausel, die die Mieter zur Renovierung und zu laufenden Schönheitsreparaturen während der Mietzeit verpflichtet, so sind beide Verpflichtungen nichtig, selbst dann, wenn die Endrenovierung nur teilweise erfolgen soll (BGH, VIII ZR 163/05). Wurde die Endrenovierungspflicht dagegen später und unabhängig vom Mietvertrag ausgehandelt, etwa im Übergabeprotokoll, ist dies wirksam (BGH, VIII ZR 71/08). Mit einer Endrenovierungsvereinbarung nicht zu verwechseln sind Klauseln, die vorsehen, dass die nach der Schönheitsreparaturenvereinbarung fälligen Renovierungsarbeiten spätestens bei Auszug erfolgen müssen. Damit weist der Vermieter zulässigerweise nur darauf hin, dass diese bereits fälligen Arbeiten noch erledigt werden sollen. Gleiches gilt für die Vorgabe, Räume am Ende der Mietzeit in »bezugsfertigem Zustand« zurückzugeben (BGH, XII ZR 108/13).

Ziehen Mieter aus, bevor der Zustand der Räume eine Renovierung erfordert, geht der Vermieter leer aus, selbst wenn ihre Pflicht, Schönheitsreparaturen durchzuführen, wirksam vereinbart wurde. Mietverträge enthalten daher oft Klauseln, die in solchen Fällen die Mieter zu einer Ausgleichszahlung verpflichten. Da jedoch solche Quotenabgeltungsklauseln bei Vertragsschluss keine realistische Einschätzung der zukünftigen Kostenbelastung ermöglichen, können sie jedenfalls in Formularmietverträgen generell nicht wirksam vereinbart werden (BGH, VIII ZR 242/13), sind also nichtig. Allerdings führt solch eine unwirksame Abgeltungsklausel nicht dazu, dass eine für sich allein eigentlich wirksame Schönheitsreparaturenvereinbarung unwirksam wird (BGH, VIII ZR 224/07).

Quotenklauseln

04

NICHTIGE SCHÖNHEITSREPARATURENKLAUSEL – ALLES GUT?

Angesichts der neuen Rechtsprechung sind die Schönheitsreparaturklauseln vieler Mietverträge unwirksam. Das bedeutet aber nicht, dass Mieter keinerlei Arbeiten in der Wohnung schulden. Schönheitsreparaturen kompensieren lediglich die normale Abnutzung. Schäden, die Mieter verschuldet haben, indem sie die Räume beschädigt, falsch oder übermäßig genutzt haben, müssen sie selbst tragen (siehe S. 109, 111). Auch können Mieter, nur weil sie keine Schönheitsreparaturen schulden, die Wohnung nicht in jedem beliebigen Anstrich zurückgeben. Jedenfalls, wenn ihnen die Wohnung in neutraler Dekoration überlassen wurde, dürfen sie diese zum Mietende nicht in einem ausgefallenen farblichen Zustand zurückgeben, der von vielen Mietinteressenten nicht akzeptiert wird; ansonsten schulden sie Schadensersatz (BGH, VIII ZR 416/12). Zudem ist nach der Rechtsprechungswende des BGH einiges ungeklärt, etwa ob der Vermieter, wenn Mieter die Wohnung nicht renovieren müssen, formularmietvertraglich vorgeben kann, dass er davon ebenfalls befreit ist. Jedenfalls, wenn die Wohnung im übergebenen Zustand bewohnbar ist, müssen Mieter damit rechnen, dass Gerichte dies akzeptieren werden. Werden dagegen entschädigungslos untapezierte oder gar unverspachtelte Wände übergeben, kann sich der Vermieter seiner gesetzlichen Renovierungspflicht wohl nicht entledigen. Allerdings dürfte es wohl zulässig sein, die Schönheitsreparaturenverpflichtung nur für einzelne, renovierte Räume auf die Mieter abzuwälzen.

WAS UND WIE RENOVIERT WERDEN MUSS

Wie renoviert werden muss

Schönheitsreparaturen dürfen von den Mietern selbst durchgeführt werden (siehe S. 125), müssen aber, auch wenn dies im Mietvertrag nicht erwähnt ist, stets fachgerecht, also so sorgfältig wie von einem Fachhandwerker ausgeführt werden. Dies erfordert einen deckenden, gleichmäßigen Anstrich sowie auf Stoß und ohne Blasen geklebte Tapeten. Bei Lackierarbeiten müssen Unebenheiten des Voranstrichs bzw. der Voranstrich selbst rückstandslos vor dem Anstrich beseitigt werden. Es dürfen sich keine »Farbnasen« bilden (Tropfenbildung). Allerdings können Mieter trotz unwirksamer Schönheitsreparaturenklausel vom Vermieter nicht ohne Weiteres verlangen, solche handwerklichen Mängel zu beseitigen, wenn diese bei ihren eigenen Arbeiten verursacht wurden (BGH, VIII ZR 251/14).

Tipp

Bevor Sie Handwerker beauftragen, sollten Sie erwägen, ob nicht stattdessen eine finanzielle Regelung mit dem Vermieter möglich ist oder die Firma zu beauftragen, die dieser selbst üblicherweise beauftragt. Wenn Sie wissen, dass diese ordentlich arbeitet, schlagen Sie dabei zwei Fliegen mit einer Klappe: Ein Vermieter wird meist vermeiden, an der Arbeit seiner Geschäftspartner rumzumäkeln. Zudem sind jene, die er potenziell mit der Prüfung Ihrer Arbeit beauftragt, nicht daran interessiert, diese negativ zu beurteilen.

Selbst sollten Mieter also nur Arbeiten ausführen, die sie bewältigen können. Beauftragt man Handwerker gegen Rechnung, haften diese bei Fehlern auf Nachbesserung oder Schadensersatz. Schwarzarbeit ist jenseits moralischer und strafrechtlicher Aspekte nicht ratsam. Schwarzarbeiter haften weder für Fehler (BGH, VII ZR 42/07; VII ZR 140/07) noch kann man durchsetzen, dass sie Entgelt zurückzahlen (§§ 814, 817 Satz 2 BGB).

Die Schönheitsreparaturen umfassen die üblichen, turnusgemäß wiederkehrenden Renovierungsarbeiten, durch die Abnutzungen, die durch normales Wohnen entstehen, beseitigt werden. Dazu zählen das Tapezieren, Anstreichen oder Kalken der Wände und Decken, das Streichen von Fußböden, das Lackieren der Heizkörper einschließlich der Rohre, der Innenfenster und -türen sowie der Innenseite von Außenfenstern und -türen der Wohnung (§ 28 Abs. 4 Satz 5 II. BV; BGH, VIII ZR 210/08). Daher können Mieter zu anderen Arbeiten nicht durch allgemeine Geschäftsbedingungen verpflichtet werden (§ 307 BGB). Das Streichen von Fußböden umfasst auch den Anstrich von Scheuerleisten (LG Berlin GE 2016, 557), ist im Übrigen aber nur geschuldet, wenn die Böden bei Einzug gestrichen waren und kein anderer Bodenbelag darüber verlegt war (LG Berlin GE 1989, 1117 und 1996, 1183). Nicht zu den durch allgemeine Geschäftsbedingungen umlegbaren Arbeiten zählen das Abziehen und die Neuversiegelung des Parketts (BGH, VIII ZR 48/09; VIII ZR 137/12), das Abziehen, Abschleifen oder Versiegeln von Dielenböden (LG Berlin GE 1999, 983; BGH, VIII ZR 137/12), die Neuverlegung von Teppichböden (OLG Hamm RE WuM 1991, 248), Lackierarbeiten an Wandschränken (LG Nürnberg-Fürth ZMR 2005, 622) oder der Anstrich von Einbaumöbeln (LG Berlin GE 2016, 127). Da solche Formularklauseln die Mieter unangemessen belasten, führen sie in der Regel zur Nichtigkeit aller Renovierungsklauseln des Mietvertrags (BGH, VIII ZR 308/02; VIII ZR 210/08; VIII ZR 137/12).

Dübellöcher müssen im Rahmen der Schönheitsreparaturen verschlossen (KG Berlin GE 1981, 1065), allerdings nicht spurlos beseitigt werden (BGH WuM 1993, 109). Tapeziert werden muss in der Regel nur, soweit bei Einzug tapeziert war und die vorhandene Tapete keinen Anstrich mehr annimmt. Eine Formularklausel, die Mieter verpflichtet, bei Auszug alle oder auch nur die von ihnen angebrachten oder vom Vormieter übernommenen Tapeten zu beseitigen, ist unwirksam (BGH, VIII ZR 109/05).

Was renoviert werden muss

04

Tapezierarbeiten

Während bei Gewerbemiete die Grundreinigung des Teppichbodens zu den Schönheitsreparaturen zählt (BGH, XII ZR 15/07), ist dies bei Wohnraummiete (noch) umstritten (ablehnend LG Stuttgart NJW-RR 1989, 1170; AG Braunschweig WuM 1986, 310: Grundreinigung nur, sofern ausdrücklich vereinbart). Jedenfalls müssen Teppichböden bei Auszug in normal sauberem Zustand zurückgegeben werden. Eine Grundreinigung kann durch Formularvereinbarung auferlegt werden, nicht jedoch die Beauftragung eines Fachbetriebs (OLG Stuttgart RE WuM 1993, 528).

Fenster und Türen

Die Schönheitsreparaturenpflicht beschränkt sich auf die Wohnung selbst. Balkone, Kellerräume und außerhalb der Wohnung gelegene Räumlichkeiten sind nicht erfasst. Ihre Renovierung kann jedenfalls nicht durch allgemeine Geschäftsbedingungen den Mietern auferlegt werden. Dies gilt auch für den Außenanstrich von Türen und Fenstern (BGH, VIII ZR 210/08). Schon, dass »Türen und Fenster« gestrichen werden sollen, also unerwähnt bleibt, dass kein Außenanstrich geschuldet ist, beseitigt jede Schönheitsreparaturenpflicht der Mieter (BGH, VIII ZR 48/09).

Vor Ablauf der Regelfristen müssen Mieter daher renovieren, wenn die eigene übermäßige Abwohnung dies erforderlich macht. Über die Abwohnung hinausgehende Schäden, die sie nicht verschuldet haben, müssen die Mieter nur beseitigen, wenn dies bei ihrer ohnehin fälligen und ordnungsgemäß ausgeführten Renovierung ohne zusätzlichen Arbeits- und Kostenaufwand möglich ist, etwa durch Überstreichen eines ausgetrockneten Wasserschadens. Wohnungsschwärzungen (Fogging) müssen die Mieter dagegen nicht im Rahmen ihrer Schönheitsreparaturenverpflichtung beseitigen (LG Duisburg WuM 2003, 494). Auch müssen die Mieter keinen anderen Ausstattungszustand schaffen als jenen, der bei Einzug bestand. Was nicht tapeziert war, muss auch bei Auszug nicht tapeziert werden. Die Mieter müssen auch keine anderen Farben oder Tapeten verwenden, als bei Wohnungsübergabe vorhanden waren oder später vom Vermieter eingebracht wurden, es sei denn, etwas anderes wurde individuell vereinbart.

Oft wird beim Abziehen der Tapeten oder beim Entfernen der bisherigen Lackierung erkennbar, dass der Untergrund schadhaft ist, weil die Fensterrahmen marode sind oder der Putz von den Wänden bröckelt. Mieter schulden im Rahmen der Schönheitsreparaturen aber allenfalls geringfügige Ausbesserungsarbeiten, also etwa das Verspachteln kleiner Schäden. Bei größeren Schäden wird teilweise angenommen, dass die Renovierung erst fällig ist, wenn der Vermieter diese beseitigt hat (KG GE 2004, 297). Allerdings müssen die Mieter diese nach deren Entdeckung dem Vermieter umgehend mitteilen (§ 536 c BGB).

Tipp

Schildern Sie dem Vermieter schriftlich und möglichst detailliert den Mangel, fordern Sie ihn auf, diesen innerhalb einer angemessenen Frist zu beseitigen (siehe S. 92 f.) und weisen Sie darauf hin, dass Sie die betreffenden Schönheitsreparaturen baldmöglichst durchführen wollen, dies aber wegen des Mangels derzeit an der betreffenden Stelle nicht fachgerecht möglich ist. Solange der Vermieter der Aufforderung nicht nachkommt, befindet er sich in Annahmeverzug (§ 293 BGB) und kann folglich keine Forderungen gegen Sie stellen.

Von Ihnen aufgewandte Kosten für Handwerkerarbeiten an den Mieträumen, also auch solche für Schönheitsreparaturen, können Sie teilweise von der Steuer absetzen. 20 Prozent der für Renovierungs-, Erhaltungs- und Modernisierungsmaßnahmen ausgegebenen Handwerkerkosten (ohne Materialkosten), höchstens jedoch 1.200 Euro jährlich, können von der Einkommensteuer abgezogen werden (§ 35 a Abs. 3 Einkommensteuergesetz). Voraussetzung ist, dass die Rechnung den auf die reine Arbeitsleistung entfallenden Betrag ausweist und nicht bar bezahlt wurde. Heben Sie also die Rechnung und die Kontoauszüge über die betreffenden Überweisungen sorgfältig auf.

Steuern sparen bei Schönheitsreparaturen

WANN RENOVIERT WERDEN MUSS

Renoviert werden muss, wenn sich die Räume in einem renovierungsbedürftigen Zustand befinden. Die oben genannten Regelfristen bieten dafür nur eine Orientierungshilfe (siehe S. 124). Entscheidend ist, in welchem Zustand sich die Räume befinden. Nur geringfügige Abnutzungen, etwa wenige Vergilbungsflecken oder die starke Abnutzung einer einzelnen Stelle, verpflichten nicht zur Renovierung (LG Berlin GE 2001, 137). Jedenfalls, wenn die Mieträume so abgewohnt sind, dass sie sich zur Weitervermietung nicht mehr eignen, besteht eine Renovierungspflicht (KG GE 2004, 297). Ist wegen der Dauer des Mietverhältnisses zu vermuten, dass Schönheitsreparaturen erforderlich sind, so muss im Streitfall derjenige, den die Renovierungspflicht trifft, darlegen und beweisen, dass er die erforderlichen Arbeiten ordnungsgemäß ausgeführt hat (LG Berlin GE 2004, 964).

Lackierarbeiten

Ob auch für die von den Schönheitsreparaturen erfassten Lackierarbeiten die üblichen Fristen gelten, ist umstritten, weil diese haltbarer als normale Anstriche sind. Dafür formularvertraglich einen Turnus von drei und fünf Jahren vorzugeben, wird teilweise für unwirksam erachtet (LG Köln WuM 1997, 434 und WuM 1999, 36; ebenso für den Fall zwingender Lackierpflicht LG München WuM 1997, 549 und LG Marburg ZMR 2000, 539). Jedenfalls sind auch Lackierarbeiten nur fällig, wenn sie erforderlich sind, was meist nur bei »abgewohnten«, also zumindest leicht vergilbten oder blätternden Lackierungen der Fall sein wird.

Schönheitsreparaturen während der Mietzeit

Sind die Mieter vertraglich zu Schönheitsreparaturen verpflichtet, kann der Vermieter deren Durchführung erzwingen, sobald diese fällig sind. Dies gilt schon während der Mietzeit, und zwar schon bevor die Substanz der Wohnung durch die Abnutzung gefährdet wird (BGH, VIII ZR 192/04), es sei denn, im Mietvertrag wurde das Gegenteil vereinbart (BGH, VIII ZR 232/14). Führen die Mieter die Arbeiten trotz Aufforderung des Vermieters nicht aus, kann dieser dies gerichtlich erzwingen oder einen Vorschuss in

Höhe der voraussichtlichen Renovierungskosten verlangen. Den Vorschuss darf der Vermieter nicht einbehalten, sondern muss davon die Renovierung durchführen und anschließend darüber abrechnen (AG Tiergarten GE 2007, 155). Dies gilt umgekehrt auch, wenn der Vermieter zum Renovieren verpflichtet ist, etwa weil die Schönheitsreparaturenklausel unwirksam ist. Er muss dann seiner Pflicht nachkommen, Mängel zu beseitigen, sodass die Ausführungen in Kapitel 3 gelten.

Müssen die Mieter renovieren, machen Vermieter dies meist erst bei Mietende, manchmal aus Anlass eines Streits oder dann geltend, wenn sie befürchten, dass die Erben beim Tod älterer, ärmerer Mieter die Erbschaft ausschlagen und niemand die Arbeiten durchführt. Sie stellen solche Mieter oft vor die Alternative, eine zusätzliche Kaution für Schönheitsreparaturen

Tipp

Vermeiden Sie direkte ablehnende Äußerungen, wenn der Vermieter von Ihnen die Durchführung von Schönheitsreparaturen, eine Zusatzkaution oder einen Vorschuss verlangt. Solange der Vermieter Sie nicht präzise zu ganz konkreten Arbeiten auffordert, müssen Sie nicht reagieren.

zu stellen oder fällige Renovierungen auszuführen. Gerichtlich durchsetzen können sie nur Letzteres (siehe oben). Wenn der Vermieter Ihnen eine Zusatzkaution abverlangt, ist diese einem Vorschuss, der alsbald aufgebraucht würde, meist vorzuziehen. Allerdings empfiehlt es sich, die Korrespondenz dazu sorgfältig aufzubewahren. Vereinbaren Sie, dass die Kaution getrennt vom Vermietervermögen angelegt wird, und lassen Sie sich die Anlage nachweisen.

Sind die Fristen bei Mietende bereits abgelaufen, dann müssen die Mieter vor dem Auszug renovieren, allerdings nur, soweit sich die Räume in einem renovierungsbedürftigen Zustand befinden.

Außer in den seltenen Fällen einer wirksamen individuell ausgehandelten Endrenovierungsvereinbarung (siehe S. 126) müssen Mieter, vorausgesetzt, sie müssen überhaupt Schönheitsreparaturen tragen, auch bei Vertragsende nur renovieren, wenn die Räume ihrem konkreten Zustand nach renovierungsbedürftig

Schönheitsreparaturen bei Mietende

sind. Die fälligen Arbeiten müssen sie spätestens bei Auszug nachholen, es sei denn, es wurde bei Vertragsschluss oder danach vereinbart, dass sie die Räume unrenoviert zurückgeben dürfen (OLG Köln ZMR 2006, 265).

DDR-Mietverträge

Für Mietverträge, die in der DDR vor dem Beitritt am 3.10.1990 oder sogar vor Inkrafttreten des ZGB am 1.1.1976 geschlossen wurden, gilt Folgendes: Sind die Mieter darin zur »malermäßigen Instandsetzung« verpflichtet, müssen sie während der Mietzeit, nicht aber bei Auszug die Schönheitsreparaturen tragen (KG RE WuM 2000, 590; LG Neuruppin GE 2000, 1684). Nur wenn Mieter während der Mietzeit schlecht oder gar nicht renoviert haben, müssen sie dem Vermieter Kosten ersetzen, und zwar in Höhe des Mehraufwands, der zusätzlich zu der nach Auszug ohnehin notwendigen Instandsetzung erforderlich ist, um Substanzschäden der Mieträume oder übermäßige Abnutzung zu beseitigen (LG Berlin GE 1997, 807 und MM 1999, 394; LG Rostock WuM 2000, 414; KG WuM 2000, 590).

Sanierungsarbeiten nach Auszug

Nicht selten sanieren Vermieter die leer stehende Wohnung nach Auszug der Mieter. Müssten diese aktuell renovieren, kann der Vermieter in solch einem Fall nicht auf Ausführung der Arbeiten bestehen. Ist im Mietvertrag nichts anderes bestimmt, kann er stattdessen Ausgleich in Geld verlangen (BGH, VIII ZR 378/03), allerdings nur, wenn die Mieter zu Schönheitsreparaturen verpflichtet sind (BGH, VIII ZR 152/05) und die Mieträume tatsächlich umgebaut werden; allein die entsprechende Absicht des Vermieters reicht nicht aus (BGH, XII ZR 76/13). Da Mieter nicht durch Handwerker renovieren lassen müssen (siehe S. 125), können sie sich immer dann, wenn sie die Arbeiten in Eigenleistung bzw. durch

Tipp

Vermeiden Sie, sich frühzeitig zu äußern, ob und wie Sie Schönheitsreparaturen ausführen werden. Denn wenn feststeht, dass die Mieter diese Arbeiten nicht ausgeführt hätten, etwa weil sie dies zuvor erklärt oder nach Auszug trotz entsprechender Aufforderung des Vermieters nicht renoviert haben, kann dieser die Handwerkerkosten verlangen, die ihm für die reguläre Renovierung entstanden wären (BGH, VIII ZR 378/03). Bei Zeitmietverträgen (siehe S. 295 ff.) steht Vermietern, die die Wohnung umbauen, kein Kostenersatz zu, wenn die Sanierungsarbeiten der Grund der Befristung waren (LG Hamburg WuM 1998, 663).

Verwandte oder Bekannte erbracht hätten, auf die Zahlung des Betrages beschränken, den sie für Material und Arbeitsleistung hätten aufwenden müssen (BGH, VIII ZR 378/03). Was dies konkret bedeutet, ist umstritten. Die eigene Arbeit ist unentgeltlich, die Renovierung durch Verwandte oder Bekannte oft ebenso und verursacht, nimmt man die BGH-Rechtsprechung ernst, allenfalls Kosten in Höhe der Verpflegung während der Arbeiten und etwaige (finanziell eher unerhebliche) Geschenke. So wird vertreten, dass bei solcher Hilfe und erst recht bei Eigenleistung keine Arbeitskosten anzusetzen sind (LG Frankfurt WuM 1989, 562). Teilweise wird auf den zeitlichen Aufwand der Eigenleistung abgestellt und dafür ein Betrag von 10,00 Euro pro Stunde eingesetzt (LG Potsdam GE 2004, 821).

ERSATZANSPRÜCHE BEI SCHÖNHEITS-REPARATUREN

Mieter, die renoviert haben, weil sie nicht wussten, dass ihre Schönheitsreparaturenvereinbarung nichtig war, können dafür vom Vermieter Wertersatz fordern (BGH, VIII ZR 302/07). Der Anspruch verjährt spätestens sechs Monate nach Ende des Mietverhältnisses (BGH, VIII ZR 195/10). Räumt der Vermieter nicht ein, dass die Vereinbarung unwirksam ist, können die Mieter dies gerichtlich feststellen lassen (BGH, VIII ZR 351/08). Mieter, die dem Vermieter, um nicht renovieren zu müssen, einen Abgeltungsbetrag gezahlt haben, können diesen zurückverlangen, wenn ihnen bei Zahlung nicht bekannt war, dass die Schönheitsreparaturenregelung im Mietvertrag nichtig war. Auch dieser Anspruch verjährt sechs Monate nach Ende des Mietverhältnisses (BGH, VIII ZR 12/12).

Unwirksame Schönheitsreparaturenklauseln sind für Mieter allerdings auch aus anderem Grund von Interesse: Renovieren sie mangelhaft, etwa indem sie nicht deckend streichen, müssen sie diese Schäden nicht beseitigen, wenn der Vermieter die Räume aufgrund der normalen Abnutzung ohnehin renovieren müsste

(BGH, VIII ZR 166/08; VIII ZR 42/09), was bei längerer Mietdauer oft notwendig ist. Nur wenn sich die Schäden durch normale Renovierungsarbeiten nicht beseitigen lassen, kann der Vermieter in solchen Fällen Schadenersatz verlangen. Dies gilt selbst für Schönheitsreparaturen, durch die die Mieter den Ausstattungszustand der Wohnung verändert haben, z. B. durch Tapezieren halber Wände oder mit nicht überstreichbaren Wasserschutztapeten (BGH, VIII ZR 152/05).

Von Mietern, die zu Schönheitsreparaturen verpflichtet sind, diese aber, obwohl sie fällig waren, nicht oder nicht fachgerecht ausgeführt haben, kann der Vermieter während der Mietzeit keinen Schadensersatz verlangen (BGH, VIII ZR 192/04), unter Umständen aber danach. Fällige Schönheitsreparaturen müssen spätestens bei Vertragsende nachgeholt werden. Ansprüche auf Schadensersatz wegen fehlender oder schlecht ausgeführter Schönheitsreparaturen entstehen aber erst dann, wenn der Vermieter

- den Mietern konkret und genau mitgeteilt hat, welche Arbeiten er von ihnen fordert, und
- ihnen für deren Ausführung eine angemessene Frist gesetzt hat (BGH NJW 2006, 2116).

Tipp

Vermeiden Sie, jedenfalls solange Sie nicht sicher sind, zu welchen Arbeiten Sie verpflichtet sind, vorschnelle Festlegungen und streiten Sie vor oder bei der Übergabe selbst nicht mit dem Vermieter über Schönheitsreparaturen. Verweisen Sie darauf, dass jetzt wegen des Mietendes erst einmal die Wohnung übergeben werden muss und dass Sie, wenn Sie doch noch Arbeiten durchführen müssten, sich später noch einmal einen Schlüssel geben lassen können.

Vermieter, die Mietern umstandslos die Rechnung präsentieren, gehen daher meist leer aus. Eine Mängelliste, in der verschiedene Bestandteile nur mit allgemeinen Begriffen wie »verschmutzt«, »beschädigt«, »nicht fachgerecht gestrichen« oder »schadhaft« beschrieben werden, ist nicht ausreichend. In der Regel reicht eine 14-Tages-Frist für die Renovierung einer kompletten Wohnung aus (KG NZM 2007, 356). Erst wenn die Mieter diese Arbeiten nicht fristgerecht ausgeführt haben, kann der Vermieter die Ausführung durch sie verweigern und stattdessen Schadensersatz von ihnen fordern. Die Aufforderung zur Renovierung ist nur dann entbehrlich, wenn die Mieter diese zuvor ernsthaft und endgültig abgelehnt haben (§ 281 Abs. 2 BGB). Ihr Auszug kann in der Regel nur dann so verstanden werden, wenn sie bereits vor Mietende erklärt hatten, nicht renovieren zu wollen (BGH NJW 1991, 2416) oder der Vermieter ihnen zuvor konkret mitgeteilt hatte, welche Arbeiten sie durchführen sollten (KG NZM 2007, 356). Konnten sie dagegen annehmen, der Vermieter werde nochmals an sie herantreten, haben sie die Arbeiten nicht endgültig verweigert (KG WuM 2008, 592).

04

05

IHRE RECHTE UND PFLICHTEN BEI DER MIETZAHLUNG

Der Mieter muss an den Vermieter die vereinbarte Miete zahlen. Wie sich diese Miete zusammensetzt, wie und wann sie zu entrichten ist, welche Folgen die verspätete Zahlung hat und wann Mietforderungen verjähren, erfahren Sie in diesem Kapitel.

KURZ & BÜNDIG

- **Zusammensetzung der Miete:** Wie sich die Miete zusammensetzt, hängt davon ab, welche Regelungen der Mietvertrag hinsichtlich der Zahlung von Betriebskosten enthält. Wurde dazu nichts geregelt, so hat der Vermieter die Betriebskosten selbst zu tragen.

- **Einzugsermächtigung:** Ohne ausdrückliche vertragliche Vereinbarung ist der Mieter nicht verpflichtet, die Miete von seinem Konto abbuchen zu lassen.

- **Fälligkeit der Miete:** Ist im Mietvertrag nichts anderes geregelt, ist die Miete zu Beginn, spätestens am dritten Werktag des jeweiligen Monats zu zahlen.

- **Unpünktliche Mietzahlung:** Zahlt der Mieter die Miete nicht oder unpünktlich, kann der Vermieter das Mietverhältnis unter Umständen fristlos oder unter Einhaltung der ordentlichen Kündigungsfrist kündigen.

- **Verjährung der Miete:** Die vom Mieter geschuldeten Mietzahlungen verjähren nach drei Jahren. Die Frist beginnt am Ende des Jahres zu laufen, in dem die jeweilige Zahlung fällig und dem Vermieter bekannt wurde oder hätte bekannt sein müssen, dass sein Anspruch bestand.

Dafür, dass ihnen der Vermieter die Mieträume in gebrauchstauglichem Zustand überlässt, müssen die Mieter Miete zahlen (§ 535 Abs. 2 BGB).

WANN AUSNAHMSWEISE KEINE MIETE ZU ZAHLEN IST

Können Mieter die Räume aus Gründen, die ihnen persönlich zuzuschreiben sind, nicht nutzen, müssen sie dennoch die Miete zahlen (§ 537 Abs. 1 BGB), es sei denn, der Vermieter überlässt die Räume anderen (§ 537 Abs. 2 BGB). Kein Geld zu haben, beseitigt die Zahlungspflicht nicht. Die Miete mindert sich aber, wenn die Mieträume mangelhaft sind (§ 536 Abs. 1 BGB, siehe S. 84 f.). Solange diese nicht den Mietern überlassen wurden, reduziert sich die Miete auf Null.

WIE SICH IHRE MIETE ZUSAMMENSETZT

Mietstruktur

Wie sich die Miete zusammensetzt, hängt davon ab, ob und was im Mietvertrag hinsichtlich der Betriebskosten vereinbart wurde. Wurde dazu nichts geregelt, so hat der Vermieter alle Betriebskosten selbst zu tragen (§ 535 Abs. 1 Satz 3 BGB). Meist müssen die Mieter jedoch nach dem Mietvertrag zusätzlich zur Grundmiete Heiz- und Warmwasserkosten sowie die übrigen, als kalte Betriebskosten bezeichneten Nebenkosten ganz oder teilweise bezahlen. Die Miete hat dann folgende Struktur:

	Grundmiete (= Nettokaltmiete)
+	(kalte) Betriebskosten
+	Warmwasser- und Heizkosten
=	**Gesamtmiete**

Etwas verkürzt wird dann davon gesprochen, es sei eine Nettokaltmiete vereinbart, obwohl diese nur ein Mietbestandteil ist.

Wenn nicht der Vermieter selbst die Betriebskosten trägt (sogenannte Inklusivmiete), können kalte Betriebskosten als Pauschale oder als Vorauszahlung, über die abzurechnen ist, auf die Mieter umgelegt werden. Anderes ist, mit Ausnahme sogenannter
Bruttokaltmieten in Altmietverträgen, unzulässig (§ 556 Abs. 1
und 4 BGB). Für Warmwasser- und Heizkosten werden im Regelfall Vorauszahlungen vereinbart. Die vertraglich vereinbarte Mietstruktur darf nur mit Zustimmung der Mieter verändert
werden, es sei denn, Betriebskosten, die nach Verbrauch oder
Verursachung erfasst werden sollen, werden aus der Grundmiete ausgegliedert (§ 556a Abs. 2 BGB) oder der Vermieter wurde bereits im Mietvertrag ermächtigt, konkrete Betriebskosten
auszugliedern (BGH, VIII ZR 199/09). In diesen Fällen muss der
Vermieter den Mietern die Ausgliederung schriftlich vor Beginn
des zukünftigen Abrechnungszeitraums mitteilen, die Vorauszahlungen angeben und die Grundmiete entsprechend herabset-
zen. Eine Änderung der Mietstruktur kann auch stillschweigend
durch entsprechendes Verhalten der Mietparteien erfolgen, doch
muss deutlich erkennbar sein, dass die Mieter eine Vertragsänderung wollten. Dazu reicht nicht, dass Mieter auf Betriebskostenabrechnungen hin Nachzahlungen geleistet oder Guthaben
vereinnahmt haben (BGH, VIII ZR 279/06). Bei preisgebundenen
Sozialwohnungen gelten teilweise Sonderregelungen.

05

WIE MAN DIE MIETE ZAHLT

Ob die Mieter die Miete bar zahlen, direkt auf das Vermieterkon-
to einzahlen, per Einzelüberweisung oder Dauerauftrag überweisen oder eine Einzugsermächtigung erteilen, ist ihnen überlassen. Die Zahlung per Scheck muss der Vermieter dagegen nicht
akzeptieren.

Oft verlangen Vermieter eine Einzugsermächtigung, die sie ermächtigt, die Miete von Ihrem Konto per Lastschrift abbuchen
zu lassen. Ohne ausdrückliche vertragliche Vereinbarung sind
Mieter nicht verpflichtet, eine Einzugsermächtigung zu erteilen,
und können diese, wenn sie dennoch erteilt wurde, jederzeit

Einzugsermächtigung

widerrufen. In vielen Formularverträgen findet sich eine Verpflichtung der Mieter, eine Einzugsermächtigung zu erteilen. Ob dies wirksam ist, ist bislang umstritten (dagegen OLG Koblenz NJW-RR 1994, 689). Keinesfalls zulässig ist eine Klausel, der sich entnehmen lässt, dass den Mietern eine Rückbuchung durch Widerspruch versagt sein soll (OLG Brandenburg WuM 2004, 597/599).

Eine Einzugsermächtigung zu erteilen hat seine Tücken. Obwohl nur zum Einzug der Miete ermächtigt, buchen Vermieter häufig zu viel Miete ab, ignorieren Mietminderungen selbst dann, wenn diese von den Mietern rechtzeitig angekündigt wurden, oder buchen Betriebskostennachforderungen ab. Zulässig ist dies nicht. Am einfachsten ist es, unerwünschte Abbuchungen zurückzubuchen. Rückbuchungen können Sie bei Ihrer kontoführenden Bank innerhalb von sechs Wochen nach der Abbuchung veranlassen. Die dabei entstehenden Gebühren zwischen 3,50 und 10 Euro werden dem Veranlasser der Lastschrift, also dem Vermieter, von seiner Bank in Rechnung gestellt. Erstatten müssen Sie diese nur, wenn die Lastschrift des Vermieters berechtigt war.

Rückbuchungen führen stets dazu, dass der gesamte Zahlungsvorgang rückgängig gemacht wird. Wenn Sie eine Rückbuchung veranlasst haben, sollten Sie daher den Betrag, der dem Vermieter zusteht, umgehend überweisen. Sie geraten sonst unter Umständen in Zahlungsverzug.

Widerruf der Ermächtigung

Eine Einzugsermächtigung kann jederzeit widerrufen werden, es sei denn, Sie haben sich vertraglich wirksam verpflichtet, eine solche zu erteilen. Aber selbst dann können Sie die Ermächtigung aus wichtigem Grund widerrufen. Vertragsklauseln, die dies untersagen, sind nichtig. Nicht jede Fehlabbuchung Ihres Vermieters ist Grund genug für einen Widerruf. Daher sollten Sie Ihrem Vermieter bei einer Fehlabbuchung mitteilen, weshalb er zur Abbuchung nicht berechtigt war, und androhen, dass Sie im Wiederholungsfalle Ihre Einzugsermächtigung widerrufen. Wiederholt sich die Fehlbuchung anschließend, so kann der Vermieter dies nicht mehr als Versehen rechtfertigen. Zudem liegt damit ein hinreichend gravierender Vertragsverstoß vor, der Ihren Widerruf rechtfertigt.

05

Die Miete per Dauerauftrag (Abbuchungsverfahren) zu überweisen ist eine gute Möglichkeit, verspätete Mietzahlungen zu vermeiden, hat aber den Nachteil, dass – anders als bei Einzugsermächtigungen – die Zahlungen nicht mehr rückgängig gemacht werden können und die Überweisung schon einige Tage vor dem Abgangstermin nicht mehr verhindert oder geändert werden kann. Dies ist zumindest dann lästig, wenn man die Miete mindern oder mit Gegenansprüchen aufrechnen will. Daher können Mieter zumindest formularvertraglich nicht gezwungen werden, die Miete per Dauerauftrag zu überweisen, weil sie dadurch unangemessen benachteiligt würden (AG Freiburg WuM 1987, 50; LG Köln WuM 1990, 380).

Dauerauftrag

Bestehen größere Mietrückstände oder andere Forderungen des Vermieters, etwa auf Nachzahlungen auf die Betriebskosten, sollten die Mieter darauf achten, dem Vermieter zuvor schriftlich mitzuteilen, mindestens aber auf dem Verwendungszweck des Überweisungsträgers zu vermerken, welchem Zweck ihre Zahlung dient. Der Vermerk auf dem Überweisungsträger ist keine ganz sichere Lösung, weil er nicht in jedem Fall auf dem Kontoauszug des Vermieters erscheint, sollte aber dennoch stets zur Sicherheit erfolgen. An eine solche Mitteilung, von Juristen als Tilgungsbestimmung bezeichnet, ist der Vermieter gebunden (§ 366 Abs. 1 BGB). Ohne eine solche Bestimmung kann er den Betrag sonst unter Umständen auf andere Rückstände verrechnen. In manchen Mietverträgen ist festgelegt, in welcher Reihenfolge Zahlungen auf welche Rückstände (Grundmiete, Betriebskosten etc.) verrechnet werden. Ob dies wirksam ist, sollten Sie im Streitfall von Experten prüfen lassen.

Bei Nachzahlungen Zahlungszweck angeben

Zahlung unter Vorbehalt

Wenn Sie meinen, die Miete sei nicht oder nicht in dieser Höhe geschuldet, können Sie bei unklarer Rechtslage Risiken reduzieren, indem Sie unter Vorbehalt zahlen (siehe S. 90). Ein Textbeispiel für einen Vorbehalt finden Sie auf S. 89. Darüber hinausgehende Einschränkungen sollten Sie vermeiden, weil Ihre Zahlung sonst unter Umständen rechtlich keine Erfüllungswirkung hat und Sie in Zahlungsverzug geraten (siehe S. 145 ff.). Sinnvoll ist dagegen, den Grund des Vorbehalts zu skizzieren (etwa »Mietminderung«). Nachteil solch einer Vorbehaltszahlung ist, dass Sie selbst beweisen müssen, dass Sie zur vollständigen Zahlung nicht verpflichtet waren, falls Sie den überzahlten Betrag zurückfordern.

WANN SIE DIE MIETE ZAHLEN MÜSSEN

Wann Ihre Miete fällig, also zu zahlen ist, hängt davon ab, ob dazu etwas im Mietvertrag wirksam geregelt wurde. Andernfalls gelten die gesetzlichen Vorschriften.

Zahlung bis zum dritten Werktag jeden Monats

Gesetzlich ist vorgesehen, dass die Miete zu Beginn, spätestens am dritten Werktag des jeweiligen Monats zu zahlen ist (§ 556 b Abs. 1 BGB). Bei Altmietverträgen, die bis zum 31.8.2001 abgeschlossen wurden, ist die Miete erst zum Monatsende zu zahlen (§ 551 BGB a.F.; BGH, VIII ZR 66/08), sofern nicht wirksam die Zahlung bis zum dritten Werktag vereinbart wurde. In der Regel reicht es aus, dass Sie die Miete zum Fälligkeitstermin auf das richtige Konto (ein)gezahlt oder überwiesen haben (§ 270 BGB; BGH NJW 1964, 499). Der spätere Zahlungseingang beim Vermieter schadet nicht. Ob durch allgemeine Geschäftsbedingungen (siehe S. 30 ff.) wirksam vereinbart werden kann, dass die Miete zum Fälligkeitszeitpunkt beim Vermieter eingegangen sein muss, ist streitig. Durch Formularklauseln dürfte dies eher unzulässig sein; verlassen sollten Mieter sich darauf jedoch nicht.

GEFAHR BEI UNPÜNKTLICHER ZAHLUNG: KÜNDIGUNG

Zahlen Mieter ihre Miete nicht oder unpünktlich, kann der Vermieter das Mietverhältnis fristlos oder mit ordentlicher Kündigungsfrist kündigen. Nicht jeder Zahlungsrückstand rechtfertigt eine fristlose Kündigung. Eine solche ist nur in zwei Konstellationen zulässig (§ 543 Abs. 2 Satz 1 Nr. 3, § 569 Abs. 3 Nr. 1 BGB): Der Rückstand muss

Fristlose Kündigung

05

- entweder an zwei direkt aufeinanderfolgenden Fälligkeitsterminen entstanden sein und insgesamt einen nicht unerheblichen Teil der Miete erreichen (Faustregel: eine Monatsmiete und ein Cent)
- oder eine Höhe von mindestens zwei Monatsmieten erreichen (BGH, XII ZR 134/06), und zwar spätestens bei Zugang der Kündigung.

War der Rückstand da bereits ausgeglichen, ist die Kündigung nichtig (§ 543 Abs. 2 Satz 2 BGB). Auch ältere Rückstände berechtigen zur Kündigung, es sei denn, die Mieter durften aufgrund des Verhaltens des Vermieters darauf vertrauen, dass er deswegen nicht kündigen werde (BGH, VIII ZR 296/15). Betriebskostenvorauszahlungen zählen zur Miete, nicht jedoch Nachzahlungen aus Betriebskostenabrechnungen oder andere Forderungen, etwa solche auf Schadensersatz. Vor einer Kündigung, die sich auf Mietrückstände als solche stützt (nicht nur auf unpünktliche Mietzahlungen), muss der Vermieter die Mieter weder anmahnen noch abmahnen (BGH, VIII ZR 115/08). Nur in Ausnahmefällen ist dies erforderlich, etwa wenn sich aufdrängt, dass die Mieter versehentlich nicht gezahlt oder am Rückstand keine Schuld haben (OLG Hamm WuM 1998, 485; OLG Düsseldorf WuM 2004, 428). Darauf, dass Sozialamt oder Jobcenter die Miete hätten zahlen müssen, können sich Mieter nicht berufen (BGH, VIII ZR 175/14), es sei denn, sie durften sich aufgrund eines entsprechenden Bescheids auf direkte Zahlungen an den

Vermieter verlassen und haben erst durch die Kündigung erfahren, dass diese versäumt wurden (BGH, VIII ZR 236/14).

Schonfristzahlung

Eine auf Zahlungsverzug gestützte fristlose Kündigung wird unwirksam, wenn die Mieter den Mietrückstand spätestens zwei Monate, nachdem sie die Räumungsklage des Vermieters zugestellt erhalten haben, begleichen (sogenannte Schonfrist) oder sich eine öffentliche Stelle, etwa das Sozialamt, dazu bindend verpflichtet (§ 569 Abs. Nr. 2 BGB). Unverbindliche Erklärungen, Anfragen oder an Bedingungen geknüpfte Zusagen reichen nicht. Entscheidend ist nicht der Eingang des Geldes beim Vermieter, sondern dass die Zahlung oder Überweisung innerhalb der Frist erfolgt (LG Heidelberg WuM 1995, 485; LG Hamburg, WuM 1992, 124). Erforderlich ist, dass sämtliche bis dahin aufgelaufenen Mietrückstände ausgeglichen werden, auch wenn diese nicht Gegenstand der Kündigung waren. Eine »Heilung« durch eine Nachzahlung ist nicht möglich, wenn die Mieter diese Möglichkeit bereits bei einer in den letzten zwei Jahren erfolgten Zahlungsverzugskündigung genutzt haben.

Nachzahlung heilt ordentliche Kündigung nur selten

Vermieter kündigen bei Mietrückständen meist nicht nur fristlos, sondern zugleich ordentlich wegen Verletzung der Mietzahlungspflicht (§ 573 Abs. 2 Nr. 1 BGB) zum Ende der jeweiligen Kündigungsfrist (siehe S. 285). Möglich ist dies, wenn der Mietrückstand eine Monatsmiete überschreitet und mindestens einen Monat andauert (BGH, VIII ZR 107/12). Eine Abmahnung der Mieter durch den Vermieter muss ihr nicht vorausgehen, es sei denn, das Verschulden der Mieter ist gering, etwa weil ein schlichtes Versehen vorlag oder diese vermuten durften, dass der Vermieter den Verzug dulden würde (BGH VIII ZR 145/07; OLG Hamm WuM 1998, 485), was bei jahrelanger Duldung von Mietrückständen der Fall sein kann. Solch eine ordentliche Kündigung wird durch eine Schonfristzahlung nicht beseitigt, es sei denn, das Verschulden der Mieter am Rückstand ist ungewöhnlich gering (BGH, VIII ZR 6/04; VIII ZR 321/14). Diesen sofort auszugleichen, wenn man davon erfährt, kann dann das Verschulden so reduzieren, dass die Kündigung nicht mehr gerechtfertigt ist. Anders als bei der fristlosen Kündigung können sich Mieter gegen eine ordentliche Kündigung damit verteidigen, dass sie ihre Zahlungsunfähigkeit nicht verschuldet haben, weil sie, etwa infolge plötzlicher unverschuldeter Arbeitslosigkeit oder anderer unvorhersehbarer Ereignisse, in finanzielle Engpässe geraten sind. Fehler des Jobcenters oder Sozialamts müssen sie sich in diesem Zusammenhang nicht zurechnen lassen (BGH, VIII ZR 64/09; VIII ZR 175/14; VIII ZR 173/15).

05

Unabhängig von der Höhe des Rückstands berechtigen wiederholte unpünktliche Mietzahlungen den Vermieter nach vorheriger Abmahnung zur fristlosen (§ 543 Abs. 1 BGB) und erst recht zur ordentlichen Kündigung (§ 573 Abs. 2 Nr. 1 BGB). In solchen Fällen reicht eine einzige weitere unpünktliche Mietzahlung aus, damit der Vermieter fristlos und auch ordentlich kündigen kann (BGH, VIII ZR 364/04). Nachzahlungen beseitigen solche Kündigungen nicht.

Wiederholte Unpünktlichkeit

Kündigungen wegen Vertragsverletzungen sind nur wirksam, wenn in ihnen der Kündigungsgrund genannt wird (§§ 569 Abs. 4, 573 Abs. 3 BGB). Bei Zahlungsrückständen muss der Vermieter also konkret angeben, welche Mieten er für rückständig hält (BGH, VIII ZR 96/09). In einfachen Fällen reicht die Angabe des Gesamtrückstands (BGH, VIII ZB 94/03). Das gilt auch für Kündigungen wegen unpünktlicher Mietzahlungen (BGH, VIII ZR 364/04).

Kündigungsbegründung erforderlich

Vor einer Milchmädchenrechnung sei gewarnt: Viele Mieter meinen bei Ärger mit dem Vermieter, sie könnten diesen, indem sie keine Miete zahlen, zur fristlosen Kündigung veranlassen, sodass ihre Mietzahlungspflicht früher ende, als wenn sie selbst kündigten. Das stimmt im Regelfall natürlich nicht. Bei solch einer fristlosen Kündigung haften die Mieter für die Zeit, die der Vertrag im Falle einer ordentlichen Kündigung noch gelaufen wäre, auf Schadensersatz in Höhe der Restmiete. Anwalts- und Prozesskosten kommen unter Umständen noch hinzu.

WANN MIETFORDERUNGEN VERJÄHREN

Was bedeutet Verjährung?

Haben die Mieter absichtlich oder versehentlich über Jahre hinweg hohe Rückstände auflaufen lassen, wird die Frage nach der Verjährung interessant. Verjährung bedeutet, dass derjenige, der zu einer bestimmten Leistung, etwa der Mietzahlung, verpflichtet ist (Schuldner), einwenden kann, dass er diese wegen der verstrichenen Zeit nicht mehr erfüllen muss. In diesem Fall kann derjenige, dem die Leistung zusteht (Gläubiger), diese nicht mehr gerichtlich durchsetzen, sofern die Verjährungsfrist abgelaufen ist (§ 214 Abs. 1 BGB). Allerdings existiert eine verjährte Forderung weiter. Daher müssen Gerichte die Verjährung nur beachten, wenn der Beklagte sich ausdrücklich darauf beruft. Wer eine verjährte Forderung begleicht, kann diese nicht zurückfordern (§ 214 Abs. 2 BGB). Verjährte Ansprüche kann der Gläubiger gegen Forderungen aufrechnen, die der Schuldner gegen ihn hat, sofern Forderung und Gegenforderung bereits zu einem früheren Zeitpunkt vor Eintritt der Verjährung beide existierten und fällig waren (§ 215 BGB).

Dreijährige Verjährungsfrist

Mietforderungen des Vermieters verjähren nach drei Jahren (§ 195 BGB), ebenso etwaige Rückforderungsansprüche der Mieter, wenn diese zu viel Miete gezahlt haben (LG Dresden NJW 2011, 3106). Diese dreijährige Regelverjährung gilt auch für viele andere Ansprüche, allerdings nicht für diverse Forderungen, die typischerweise bei Rückgabe der Wohnung zum Thema werden (§ 548 BGB; siehe S. 135, 322, 340 f.). Die Regelverjährungsfrist beginnt am Ende des Jahres zu laufen, in dem die jeweilige Forderung fällig wurde und dem jeweiligen Gläubiger – bei Mieten also dem Vermieter – bekannt wurde oder hätte bekannt sein müssen, dass sein Anspruch bestand (§ 199 Abs. 1 BGB). War also die Miete wegen eines Mangels im Oktober 2015 gemindert, wurde von den Mietern aber unter Vorbehalt (siehe S. 90) voll entrichtet, so verjährt ihr Anspruch auf Rückerstattung mit Ablauf des 31.12.2018, weil die Verjährungsfrist erst am 1.1.2016 zu laufen begann. Unabhängig von der Frage, wann der Gläubiger von seinem Anspruch wusste oder hätte wissen müssen, tritt die Verjährung spätestens zehn Jahre nach dessen Entstehung ein (§ 199 Abs. 4 BGB). Hat ein Gericht die Forderung rechtskräftig zuerkannt, kann das Urteil 30 Jahre lang vollstreckt werden (§ 197 BGB).

Verhandlungen über Forderungen hemmen den weiteren Ablauf einer noch nicht abgelaufenen Verjährungsfrist (§ 203 BGB). Diese läuft erst weiter, wenn eine Seite weitere Verhandlungen verweigert, endet allerdings frühestens drei Monate nach Hemmungsende. Auch die Zustellung einer Klage oder eines Mahnbescheides hemmen die Verjährung (§ 204 Abs. 1 Ziff. 1 und 3 BGB); beim Mahnbescheid allerdings nur, wenn der betreffende Anspruch ausreichend konkret angegeben ist (BGH, VIII ZR 46/07). Vorsichtig sollten Mieter sein, wenn sie den Vermieter um eine Stundung oder Ratenzahlung bitten, weil dies als Anerkenntnis der Forderung gilt und unter anderem zur Folge hat, dass die Verjährungsfrist erneut zu laufen beginnt (§ 212 Abs. 1 Ziff. 1 BGB).

Hemmung und Neubeginn der Verjährungsfrist

05

06

WIE HOCH DARF DIE MIETE SEIN? – MIETHÖHE UND MIETERHÖHUNGEN

Viele Mieter müssen einen wesentlichen Teil ihres Einkommens für die Wohnung aufwenden. Eine Mieterhöhung hat demnach zur Folge, dass noch weniger Einkommen übrig bleibt. Welchen rechtlichen Schranken der Vermieter bei der Festsetzung der Miete unterliegt und unter welchen Voraussetzungen und in welchem Umfang er im laufenden Mietverhältnis die Miete erhöhen darf, erfahren Sie in diesem Kapitel. Miethöhe und Mieterhöhungen im preisgebundenen Wohnungsbau, zu dem Sozialwohnungen meist zählen, sind in den einzelnen Bundesländern unterschiedlich geregelt. Diese Regelungen können daher hier nicht berücksichtigt werden.

KURZ & BÜNDIG

- **Mietpreisbremse:** Wohnungen, für die die Mietpreisbremse gilt, dürfen nicht teurer als zehn Prozent über der ortsüblichen Vergleichsmiete vermietet werden.

- **Mieterhöhung auf das ortsübliche Mietniveau:** Für die Anpassung der Miete an die ortsübliche Vergleichsmiete benötigt der Vermieter die Zustimmung des Mieters. Diese muss er gegebenenfalls durch eine entsprechende Klage durchsetzen.

- **Ortsübliche Vergleichsmiete:** Der Vermieter darf maximal eine Erhöhung auf die ortsübliche Vergleichsmiete verlangen. In seinem Zustimmungsverlangen muss der Vermieter begründen, warum er die verlangte neue Miete für ortsüblich hält.

- **Jahressperrfrist:** Der Vermieter kann die Zustimmung des Mieters zur Erhöhung der Miete auf die ortsübliche Vergleichsmiete nur verlangen, wenn die Miete seit mindestens einem Jahr besteht.

- **Kappungsgrenze:** Die Miete darf innerhalb eines Zeitraums von drei Jahren nur um 20 Prozent steigen. Diese Grenze muss der Vermieter auch dann einhalten, wenn die ortsübliche Vergleichsmiete eine höhere Miete zulassen würde.

- **Staffel- und Indexmiete:** Durch Vereinbarung einer Staffel- oder Indexmiete kann die Erhöhung bzw. Anpassung der Miete vertraglich im Voraus festgelegt werden.

IHRE MIETE BEI MIETBEGINN

In der Regel ist Ihre Miete im Mietvertrag vereinbart. Wurde dies versäumt, kann der Vermieter keine beliebige, sondern nur die ortsübliche (siehe S. 162) oder angemessene Miete verlangen (BGH, XII ZR 85/14). Im Streitfall wird diese gerichtlich festgesetzt. Im freifinanzierten Wohnungsbau gelten hinsichtlich der Miethöhe bei Mietbeginn nur wenige Grenzen. Vereinbarungen, die die Tatbestände des Wuchers oder einer Mietpreisüberhöhung erfüllen, sind hinsichtlich des überhöhten Mietanteils nichtig (§ 139 BGB). Im ersten Fall begeht der Vermieter unter Umständen eine Straftat, im zweiten Fall eine Ordnungswidrigkeit. Diese Grenzen werden jedoch selten überschritten.

Mietpreisüberhöhung

Eine Mietpreisüberhöhung (§ 5 Wirtschaftsstrafgesetz) setzt voraus, dass der Vermieter bei Vertragsschluss eine in der jeweiligen Gemeinde bestehende Mangellage an vergleichbaren Räumen ausgenutzt hat und deshalb die Miete mehr als 20 Prozent über der Miete liegt, die dort üblicherweise für vergleichbare Wohnungen gezahlt werden muss. Die Mieter müssen, was kaum möglich ist, nachweisen, welche Bemühungen sie bei der Wohnungssuche unternommen haben, weshalb diese erfolglos geblieben sind und dass sie mangels Ausweichmöglichkeit auf den Abschluss des ungünstigen Mietvertrages angewiesen waren (BGH, VIII ZR 190/03). Der Vermieter kann sich entlasten, wenn er nachweist, dass die Wohnräume zu einem Teilmarkt (etwa für Luxuswohnungen) gehören, für den in der betreffenden Gemeinde keine Mangelsituation besteht (BGH, VIII ZR 56/04). Durch diese Rechtsprechung ist die Vorschrift fast bedeutungslos geworden.

Mietwucher

Mietwucher (§ 138 BGB), der rechnerisch in der Regel ab einer Überschreitung der ortsüblichen Vergleichsmiete um 50 Prozent vorliegt (BGHZ 135, 269), setzt seitens des Vermieters voraus, dass dieser die Vereinbarung herbeigeführt hat, indem er eine Zwangslage, Unerfahrenheit oder eine erhebliche Willensschwäche der Mieter ausgenutzt hat. Auch dies können Mieter nur selten beweisen.

Seit dem 1.6.2015 gilt die sogenannte »Mietpreisbremse«, die bei neuen Mietverträgen im freien Wohnungsbau die Miethöhe begrenzt, allerdings nur in Gemeinden, für die eine entsprechende Landesverordnung dies vorsieht. Dazu zählen derzeit unter anderem Berlin, Frankfurt a.M., Köln, Hamburg, Bremen (ohne Bremerhaven), München, aber auch viele kleinere Gemeinden. Ob und seit wann Ihr Wohnort dazu zählt, können Sie im Internet recherchieren, etwa unter »www.mietgerichtstag.de«.

Mietpreisbremse

06

Die Mietpreisbremse gilt für Mietverträge, die ab Inkrafttreten in der jeweiligen Gemeinde geschlossen wurden (maßgeblich ist die letzte Unterschrift), auch für alle in Staffelmietverträgen vereinbarten Staffeln (§ 557 a Abs. 4 BGB; siehe S. 172) sowie für die Anfangsmieten von Indexmietverträgen (§ 557 b Abs. 4 BGB; siehe S. 173).

Tipp

Wegen der vielen Ausnahmen, Unklarheiten und Schwachstellen des Gesetzes sollten Mieter nicht darauf vertrauen, dass sich ihre Neumiete nachträglich reduzieren lässt. Wohnraum sollte nur zu einer Miete angemietet werden, die für die Mieter bezahlbar ist.

Keine Anwendung findet die Mietpreisbremse im preisgebundenen Wohnungsbau und bei Wohnungen, die erstmals nach dem 1.10.2014 genutzt und vermietet werden (§ 556 f Satz 1 BGB). Wurde eine Wohnung umfassend, also mit mehr als einem Drittel des Investitionsaufwandes für einen entsprechenden Neubau modernisiert, gilt die Mietpreisbremse nicht für die anschließende Erstvermietung, sondern erst, wenn später erneut vermietet wird (§ 556 f Satz 2 BGB).

Wohnungen, für die die Mietpreisbremse gilt, dürfen nicht teurer als zehn Prozent über der ortsüblichen Vergleichsmiete (siehe S. 162) vermietet werden (§ 556 d Abs. 1 BGB). Liegt diese beispielsweise bei 5,70 Euro/m², darf die Neumiete also maximal 6,27 Euro/m² betragen. Auszugehen ist von der tatsächlichen Wohnfläche; abweichende Angaben im Mietvertrag sind irrelevant.

[100+10-Regel]

Höher als diese 110 Prozent darf die Neumiete nur liegen, wenn die Vormieter zuletzt eine höhere Miete gezahlt haben oder die Wohnung in den letzten drei Jahren vor Mietbeginn modernisiert wurde.

Höhere Vormiete

Der Vermieter kann also auch die Miete des vorigen Mietvertrages verlangen (§ 556 d Abs. 1 BGB), wobei Minderungen wegen Mängeln unberücksichtigt bleiben. Um Manipulationen auszuschließen, erlauben im Jahr vor dem Neuvertragsschluss mit Vormietern vereinbarte Mieterhöhungen nicht, die Preisgrenze zu überschreiten.

Wohnung wurde vorher modernisiert

Umfassende Modernisierungen schließen die Mietpreisbremse aus (siehe oben). Geringere Modernisierungen erhöhen den nach der 100+10-Regel ermittelten Maximalbetrag, sofern der Vermieter die Wohnung betreffende Modernisierungsmaßnahmen in den drei Jahren vor Mietbeginn durchgeführt hat (§ 556 d Abs. 2 BGB). Zumindest das Ende der Maßnahmen muss in diesen Zeitraum fallen. Wurde nicht die Miete des vorigen Mietvertrages wegen dieser Maßnahmen durch eine Modernisierungsmieterhöhung (siehe S. 217) gesteigert, erhöht sich jetzt die Mietpreisgrenze um den Betrag, der bei einer solchen Mieterhöhung nach § 559 BGB anfiele. Nehmen wir an, der Vermieter habe zwei Jahre vor der Neuvermietung erstmals eine Zentralheizung eingebaut und könnte bei einer entsprechenden Modernisierungsmieterhöhung monatlich 2,00 Euro/m² verlangen. Liegt bei einer Wohnung ohne Zentralheizung die ortsübliche Vergleichsmiete bei 5,70 Euro, darf die Neumiete 10 Prozent (0,57 €/m²) mehr sowie weitere 2,00 Euro/m², also maximal 8,27 Euro/m² betragen.

Hinsichtlich des die Preisgrenze überschreitenden Anteils ist der Mietvertrag unwirksam (§ 556 g Abs. 1 BGB). Die Miete reduziert sich also ab Vertragsbeginn entsprechend, was sich rechtlich auch auf spätere Mieterhöhungen und Kündigungen wegen Zahlungsverzugs (siehe S. 145) auswirken kann.

Fallstrick im Gesetz: Die Rügeobliegenheit

Wollen Mieter überzahlte Miete zurückerhalten, müssen sie dem Vermieter gegenüber die Mietüberschreitung beanstanden. Nur die danach fällige Miete muss dieser zurückerstatten (§ 556 g Abs. 2 BGB). Mieter sollten ihre Rüge also so früh wie möglich erheben. Darin müssen sie in Textform (siehe S. 161) beanstanden, dass die Miete im Mietvertrag die für die Wohnung geltende Mietgrenze überschreitet, angeben, wie sich Letztere errechnet, indem sie insbesondere nachvollziehbar darstellen, woraus sich die ortsübliche Vergleichsmiete ergibt. Diese wird wie bei einer regulären Mieterhöhung ermittelt (siehe S. 162). Allerdings ist es, falls kein wirksamer Mietspiegel vorliegt, für Mieter schwierig und tendenziell auch teuer, eine wirksame Rüge zu erheben.

Um ihre Rechte besser durchzusetzen, können Mieter vom Vermieter Auskunft über Tatsachen verlangen, die sie zum Errechnen der Mietobergrenze benötigen (§ 556 g Abs. 3 BGB), etwa zur bisherigen Miete, Modernisierungen und Modernisierungskosten. Voraussetzung ist, dass die Informationen nicht allgemein, dem Vermieter aber unschwer zugänglich sind und in Textform (siehe S. 161) verlangt werden. Der Vermieter muss nur – in Textform (§ 556 g Abs. 4 BGB) – Informationen liefern, nicht etwa Belege oder den vorigen Mietvertrag.

Tipp

Die Mietzahlung bei Überschreitung der Mietobergrenze einfach zu reduzieren, ist riskant. Wegen der vielen Unsicherheitsfaktoren kann man schlecht prognostizieren, wie ein etwaiger Rechtsstreit endet. Unter Umständen laufen Mietrückstände auf, sodass ein erhebliches Kündigungsrisiko entsteht. Sie sollten also die Rüge erheben, und falls Ihr Vermieter dann nicht einlenkt, die vertraglich vereinbarte Miete weiter zahlen und die Sache gerichtlich klären. Einen Vorbehalt (siehe S. 90) sollten Sie nicht erklären, weil der Betrag auch ohne einen solchen zurückverlangt werden kann (§ 556 g Abs. 1 Satz 4 BGB).

Ein Schreiben an den Vermieter, in dem Sie den Verstoß gegen die Regelungen der Mietpreisbremse rügen, sollte etwa wie nachstehendes Musterschreiben aussehen:

(Name und Anschrift aller im Mietvertrag als Mieter aufgeführten Personen)

Per Einschreiben/Rückschein!

An (Vermieter bzw. Hausverwaltung Name und Anschrift) (Ort, Datum)

Kündigung unseres Mietvertrags über die Wohnung Goethestraße 17, 00000 Wolkenkuckucksheim, rechtes Obergeschoss links

Sehr geehrte(r) Herr/Frau .../Damen und Herren,

laut unseres Mietvertrages über die oben bezeichnete Wohnung beträgt die monatliche Nettokaltmiete 840,00 €, obwohl unsere Mietfläche nur 70,00 m² umfasst. Das entspricht einer Miete von 12,00 €/m² nettokalt, obwohl der Mietspiegel von Wolkenkuckucksheim für nach Baualter, Lage und Ausstattung vergleichbare Wohnungen eine ortsübliche Vergleichsmiete von 8,40 €/m² nettokalt ausweist. [An dieser Stelle sollte Ihre Mietspiegelberechnung nachvollziehbar, also insbesondere unter Angabe des Mietspiegelfelds und der nach dem Mietspiegel zugrunde gelegten Wohnwertmerkmale Ihrer Wohnung dargestellt werden.]

Für Wolkenkuckucksheim gelten seit dem 1.8.2016 die Regelungen der Mietpreisbremse. Daher darf die Miete nach § 556 d Abs. 1 BGB bei Neuvertragsabschlüssen nicht mehr 110 % der ortsüblichen Vergleichsmiete betragen. Zulässig ist also nur eine Nettokaltmiete von 9,24 €/m²; hinsichtlich des Restbetrags von 2,67 €/m² dürfte unsere Mietvereinbarung nichtig sein. Bitte bestätigen Sie uns bis zum 31.12.2016, dass Sie damit einverstanden sind, dass sich die Monatsmiete seit Mietbeginn am 1.10.2016 auf 646,80 € nettokalt reduziert und erstatten Sie uns binnen gleicher Frist den für die Monate Oktober bis Dezember 2016 überzahlten Betrag von (3 x 186,90 € =) 560,70 € auf unser Konto mit der IBAN ... .

Für den Fall, dass Sie damit nicht einverstanden sein sollten, bitten wir Sie bereits jetzt um Mitteilung der von unseren Vormietern für die Wohnung zuletzt und im Jahr vor unserem Mietvertragsschluss am 1.10.2016 gezahlten Nettomiete, ferner auch um Information über etwaige die Wohnung betreffende Modernisierungsmaßnahmen und die dafür aufgewandten Modernisierungskosten, die vom Vermieter in den drei Jahren vor Mietbeginn durchgeführt wurden. Auch hierfür setzen wir Ihnen eine Frist bis zum 31.12.2016.

Mit freundlichen Grüßen
(Unterschriften aller Mieter)

||||||||||||||||||||||||||||||||||||||||||||||||||||||||||||||||||||||||||||||||||||||||||||||||||||||

MIETERHÖHUNGEN BEI FREI-FINANZIERTEN WOHNUNGEN

Im freifinanzierten Wohnungsbau sind gesetzlich folgende Mieterhöhungen vorgesehen:

- Mieterhöhungsvereinbarung nach Abschluss des Mietvertrages (§ 557 Abs. 1 BGB)
- Erhöhung der Grundmiete auf die ortsübliche Vergleichsmiete (§§ 558 bis 558 e BGB)

- Staffelmietvereinbarungen (§ 557 a BGB)
- Mieterhöhung aufgrund einer Indexmiete (§ 557 b BGB)
- Betriebskostenerhöhung (siehe S. 198)
- Mieterhöhung nach Modernisierung (siehe S. 217 ff.)

Andere Mieterhöhungen sind unzulässig und nichtig (§ 557 Abs. 3 BGB), sodass Mieter die Erhöhungsbeträge innerhalb der dreijährigen Verjährungsfrist (siehe S. 148) zurückverlangen können.

06

Die vorstehend aufgelisteten und im Folgenden genauer erläuterten Mieterhöhungsmöglichkeiten gelten nicht für die in § 549 Abs. 2 und 3 BGB genannten Mietverhältnisse mit eingeschränktem Mieterschutz (siehe S. 288). Auch bei Werkdienstwohnungen, die Arbeitnehmern aufgrund eines Arbeitsvertrags überlassen wurden und bei denen das Nutzungsentgelt auf den Lohn angerechnet wird, finden sie keine Anwendung (BAG WuM 1993, 353). Für Werkmietwohnungen, die durch selbstständigen Mietvertrag vermietet wurden, gelten dagegen die (nachfolgend dargestellten) mietrechtlichen Vorschriften (LG Freiburg WuM 1985, 154). Insbesondere bei Hauswartswohnungen ist also zu unterscheiden, ob ein selbstständiger Mietvertrag geschlossen wurde oder ob die Überlassung der Wohnung Teil des Arbeitsentgelts war. Natürlich kann der Vermieter auch in Fällen, in denen die allgemeinen Mieterhöhungsvorschriften nicht gelten, nicht einfach willkürlich die Miete erhöhen. Mieterhöhungen können dann nur einverständlich oder nach den im jeweiligen Vertrag vereinbarten Regeln vorgenommen werden.

Wurde vertraglich ausgeschlossen, dass sich die Miete erhöht, darf der Vermieter die Miete nicht anheben. Zeitmietverträge, also Verträge, die am Ende ihrer Laufzeit automatisch enden (siehe S. 295), beinhalten, sofern nichts anderes vereinbart ist, die Absprache, dass Mieterhöhungen ausgeschlossen sind (LG Kiel WuM 1992, 622; LG Köln WuM 1991, 353; LG Berlin GE 2000, 1032; BGH, VIII ZR 388/12).

Ausschluss der Mieterhöhung durch Vertrag

OFT UNGEWOLLT: MIETERHÖHUNGSVEREINBARUNGEN NACH MIETVERTRAGSSCHLUSS

Vereinbarungen, durch die Vermieter und Mieter, wie dies § 557 Abs. 1 BGB erlaubt, die Miete nach Abschluss des Mietvertrages zu erhöhen, wären nicht allzu häufig, wenn die Mieter stets bewusst, mit Überlegung und sehenden Auges handelten. Schließlich stimmen sie dabei einer Mieterhöhung, zu der sie nicht verpflichtet sind, zu. Problematisch sind vor allem zwei Konstellationen: die stillschweigende Vereinbarung durch schlüssiges Verhalten (siehe S. 23 ff.) und die Vereinbarung aufgrund eines persönlichen Vermieterbesuchs in der Mietwohnung.

Zahlungen werden oft als Zustimmung gewertet

Bezahlen Mieter eine nichtige Mieterhöhung, dann wird dies manchmal als stillschweigende Zustimmung zu einer Mieterhöhungsvereinbarung gewertet. Auch bei langjährigen Zahlungen setzt das jedoch voraus, dass die Mieter die (nichtige) Mieterhöhung zugleich als antwortbedürftiges Vertragsangebot des Vermieters verstehen mussten, die Miete zu erhöhen (BGH, VIII ZR 199/04). Davon kann man nur selten ausgehen. Stets sind jedoch die Umstände des Einzelfalls entscheidend. Ob Sie die Erhöhung weiterhin bezahlen müssen oder die überzahlten Mieten zurückfordern können, sollten Sie daher stets von Experten prüfen lassen.

Vorsicht bei Vermieterbesuchen!

Besonders ältere Mieter werden manchmal vom Vermieter oder dessen Vertreter in ihrer Wohnung aufgesucht und um Unterzeichnung einer Mieterhöhung gebeten. Solche durch Überrumpelung erzielten Mieterhöhungen können Mieter als Haustürgeschäfte (§§ 312 b Abs. 1 Nr. 1, 355 BGB) widerrufen (LG Köln WuM 2009, 730, LG Münster WuM 2001, 610), wenn der Vermieter als Unternehmer (siehe S. 30) handelte. Voraussetzung ist, dass die Vereinbarung bei gleichzeitiger Anwesenheit von Mieter und Vermieter (bzw. dessen Vertreter) außerhalb von dessen Geschäftsräumen geschlossen wurde. Der Vermieter muss die Wohnung also nicht unbedingt betreten haben. Eigentlich muss der Widerruf danach innerhalb von zwei Wochen erfolgen. Die Frist läuft jedoch erst dann, wenn die Mieter eine deutlich gestaltete Belehrung über ihr Widerrufsrecht erhalten haben (§ 356 Abs. 3 Satz 1 BGB), was in solchen Fällen kaum vorkommt. Ohne korrekte Belehrung erlischt das Widerrufsrecht spätestens nach einem Jahr und 14 Tagen nach Abschluss der Vereinbarung (§ 356 Abs. 3 Satz 2 BGB). Der Widerruf [»Sehr geehrter Herr (Name des Vermieters), hiermit widerrufen wir unsere Zustimmung zur Mieterhöhung vom ...«] muss nicht begründet werden, nicht einmal schriftlich erfolgen. Auf Letzteres und einen beweisbaren Zugang des Schreibens (siehe S. 362) sollte man jedoch nicht verzichten. Nach Widerruf muss der Vermieter den Mietern bereits entrichtete Erhöhungsbeträge innerhalb von 14 Tagen zurückzahlen (§ 357 Abs. 1 BGB).

06

DIE ANPASSUNG IHRER MIETE AN DAS ORTSÜBLICHE MIETNIVEAU

Neben den betriebskostenbedingten Mietsteigerungen sind Erhöhungen der Miete auf die ortsübliche Vergleichsmiete (§§ 558 bis 558 e BGB) am häufigsten. Ist im Mietvertrag ein Betriebskostenanteil gesondert als Vorauszahlung oder Pauschale ausgewiesen (siehe S. 141, 180), so bleibt dieser Teil der Miete unverändert und nur die Grundmiete wird erhöht.

Der Ablauf: Der Vermieter muss um Zustimmung bitten

Zunächst muss der Vermieter die Mieter auffordern, der Mieterhöhung zuzustimmen (§ 558 a Abs. 1 BGB). Diese können ab Zugang des Schreibens bis zum Ende des übernächsten Monats überlegen, ob sie zustimmen (§ 558 b Abs. 2 Satz 1 BGB). Spätestens dann sollte die Zustimmung beim Vermieter eingehen, wenn das Erhöhungsverlangen formell korrekt und inhaltlich berechtigt ist. Dann erhöht sich die Miete ab dem sich unmittelbar an die Überlegungsfrist anschließenden Monatsersten (§ 558 b Abs. 1 BGB). Ansonsten kann der Vermieter die Erhöhung nur durchsetzen, indem er die Mieter spätestens drei Monate später verklagt (§ 558 b Abs. 2 Satz 2 BGB). Verdeutlichen Sie sich die zeitlichen Abläufe:

Vorgegebener Ablauf

Das Mieterhöhungsverlangen ist Ihnen im Laufe des Januar, spätestens am letzten Tag dieses Monats zugegangen. Dann läuft Ihre Überlegungsfrist am 31. März ab. Wollen Sie zustimmen, so muss Ihre Antwort dem Vermieter spätestens an diesem Tag zugehen. Ab 1. April gilt dann die neue Miete. Haben Sie nicht zugestimmt, muss der Vermieter spätestens am 30. Juni Klage erheben.

Checkliste: Unter welchen Voraussetzungen müssen Sie zustimmen?

Nur unter den folgenden Voraussetzungen ist ein Zustimmungsverlangen auch berechtigt, sodass Sie diesem nachkommen müssen:

- Es müssen alle Vermieter alle Mieter in Textform aufgefordert haben, einer Erhöhung der Grundmiete zuzustimmen.
- Die Grundmiete muss ein Jahr und drei Monate unverändert geblieben sein.
- Der Vermieter muss begründen, warum er die verlangte Neumiete für ortsüblich hält.
- Die verlangte Neumiete darf nicht höher als die ortsübliche Vergleichsmiete liegen.
- Der Vermieter muss öffentliche Zuschüsse, die er für Modernisierungsmaßnahmen an der Wohnung erhalten hat, offenlegen und bei der verlangten Neumiete mindernd berücksichtigen.
- Die Grundmiete darf sich innerhalb von drei Jahren nur um maximal 20 Prozent erhöhen.

Keine einseitige Mieterhöhung

Die Aufforderung muss von allen Vermietern gegenüber allen Mietern des konkreten Mietverhältnisses erfolgen. Achten Sie also darauf, wer Vermieter und wer Mieter ist (siehe S. 33 ff., S. 244 ff.). Mit dem Schreiben müssen die Mieter zur Zustimmung aufgefordert werden. Hat der Vermieter die Erhöhung einseitig ausgesprochen, statt um Zustimmung zu bitten, so ist die Erklärung formell unwirksam und daher nichtig. Wer dennoch zahlt, riskiert, dass dies als stillschweigende Zustimmung gewertet wird. Seine in Textform abgegebene Aufforderung zur Mieterhöhung muss der Vermieter begründen, indem er darlegt, wie hoch die bisherige Miete war und weshalb die Mieterhöhung gerechtfertigt ist.

Textform bedeutet, dass die Erklärung lesbar sein muss, den Erklärenden nennt und auf einem dauerhaften Datenträger abgegeben sein muss (§ 126 b BGB), etwa auf Papier. Eine E-Mail oder die Zusendung in einem gebräuchlichen Dateiformat dürfte reichen; ist jedoch noch umstritten. Eine unleserliche Unterschrift reicht nicht aus, wenn der Erklärende nicht anderweitig erkennbar ist (LG Berlin MM 2003, 472). Jedenfalls bei einer juristischen Person, etwa einer GmbH, genügt es, deren Namen anzugeben. Welche natürliche Person die Erklärung abgefasst oder veranlasst hat, muss nicht erkennbar sein (BGH, VIII ZR 72/14). Für Personenmehrheiten, etwa Gesellschaften bürgerlichen Rechts, dürfte dies nicht reichen.

Textform

06

Von Jahressperrfrist spricht man, weil die Miete ein Jahr unverändert bleiben muss, bevor den Mietern ein Erhöhungsverlangen zugehen darf (§ 558 Abs. 1 BGB). Zwischen zwei Mieterhöhungen bzw. zwischen Vertragsbeginn und erster Mieterhöhung müssen mindestens 15 Monate liegen. Nicht nur Erhöhungen auf die ortsübliche Vergleichsmiete, sondern auch einverständliche Mieterhöhungen und die letzte Erhöhung einer Staffelmiete lösen die Jahressperrfrist aus, ebenso solche, die in Sozialwohnungen vor Auslaufen der Preisbindung (siehe S. 168) erfolgt sind (OLG Hamm RE WuM 1995, 263). Mieterhöhungen, die wegen gestiegener Betriebskosten oder Modernisierungen ausgesprochen wurden, sind dagegen nicht zu berücksichtigen (§ 558 Abs. 1 Satz 3 BGB), ebenso wenig Mieterhöhungsvereinbarungen mit den Mietern, die wegen einer Modernisierung erfolgten (BGH, VIII ZR 285/06 und VIII ZR 287/06).

Jahressperrfrist

Die letzte Mieterhöhung auf die ortsübliche Vergleichsmiete erfolgte zum 1.6.2015, danach eine Modernisierungsmieterhöhung zum 1.9.2015. Das aktuelle Mieterhöhungsverlangen geht am 5.6.2016 zu. Bei Zustimmung würde es also zum 1.9.2016 wirksam (siehe S. 159). Die Jahressperrfrist ist eingehalten, weil zwischen letzter Mieterhöhung und Zugang des Zustimmungsverlangens ein Jahr liegt und die Modernisierungsmieterhöhung außer Betracht bleibt.

Ortsübliche Vergleichsmiete

Der Vermieter darf maximal eine Erhöhung auf die ortsübliche Vergleichsmiete verlangen (§ 558 Abs. 1 Satz 1 BGB). Das ist die Miete, die in der betreffenden Gemeinde für Wohnungen vergleichbarer Art, Größe, Ausstattung, Beschaffenheit und Lage in den vergangenen vier Jahren üblicherweise verlangt wurde (§ 558 Abs. 2 BGB). Im Zustimmungsverlangen muss der Vermieter begründen, warum er die verlangte Neumiete für ortsüblich hält (§ 558 a Abs. 1 BGB). Er kann seine Aufforderung in viererlei Weise begründen (§ 558 a Abs. 2 BGB):

- mit einem örtlichen Mietspiegel,
- durch ein Sachverständigengutachten,
- anhand von drei Vergleichswohnungen
- oder durch Bezugnahme auf eine Mietdatenbank.

Gutachten und qualifizierte Mietspiegel

Unterscheiden Sie zwischen Begründung der Erhöhung und dem Beweis im sich eventuell anschließenden Prozess. Auch eine ordnungsgemäße Begründung, bei der der Vermieter alle Formalien beachtet hat, kann inhaltlich falsch sein. Kommt es zum Rechtsstreit, prüft das Gericht, ob seine Berechnung inhaltlich zutrifft. Dabei hat der Vermieter die Darlegungs- und Beweislast, dass die von ihm verlangte Neumiete nicht höher als die ortsübliche Vergleichsmiete ist. Dagegen müssen die Mieter all die Einwände darlegen und beweisen, die wohnwertmindernd sein können. Von den vier aufgeführten Begründungsmitteln sind nur Sachverständigengutachten und qualifizierte Mietspiegel im Rechtsstreit als Beweismittel zugelassen, nicht jedoch Datenbanken und Vergleichswohnungen, die allenfalls Indizien für die ortsübliche Vergleichsmiete liefern.

Es gibt einfache und qualifizierte Mietspiegel. Beiden ist gemeinsam, dass sie von der jeweiligen Gemeinde oder von Interessenvertretern der Mieter- und Vermieterseite gemeinsam erstellt oder anerkannt worden sind (§§ 558 c Abs. 1, 558 d Abs. 1 BGB).

Qualifizierte Mietspiegel werden außerdem nach anerkannten wissenschaftlichen Grundsätzen aufgestellt. Wurden sie nach zwei Jahren aktualisiert und nach vier Jahren neu erstellt, wird im Rechtsstreit vermutet, dass ihre Werte die ortsübliche Vergleichsmiete wiedergeben (§ 558 d BGB). Zwar kann die Vermutung durch ein Sachverständigengutachten, das sich eingehend mit den Mietspiegeldaten auseinandersetzt, widerlegt werden. Ist für die Wohnung jedoch ein aktueller qualifizierter Mietspiegel vorhanden, muss keines eingeholt werden (BGH, VIII ZR 110/04). Gerichte entscheiden in diesem Fall vorzugsweise auf Grundlage des Mietspiegels. Einfachen Mietspiegeln kommt zwar die gesetzliche Vermutung nicht zu. Doch liefern sie immerhin ein Indiz für die ortsübliche Vergleichsmiete (BGH, VIII ZR 99/09). Dies gilt auch, wenn mangels Mietspiegels der betreffenden Gemeinde jener der Nachbargemeinde herangezogen wird, sofern beide Gemeinden vom Mietniveau her vergleichbar sind (BGH, VIII ZR 99/09).

Mietspiegel

06

Existiert ein auf Ihre Wohnung anwendbarer aktueller qualifizierter Mietspiegel, muss das Erhöhungsverlangen angeben, welche ortsübliche Vergleichsmiete sich nach diesem errechnet, selbst wenn es sich auf ein anderes Begründungsmittel stützt (§ 558 a Abs. 2 BGB). Als Begründungsmittel taugt ein Mietspiegel jedoch nur, wenn er die Wohnung nach Größe, Lage, Baujahr und Ausstattung erfasst. Der Begründung des Vermieters muss mindestens zu entnehmen sein, in welches Feld er die Wohnung einordnet (BGH, VIII ZR 11/07). Dagegen wird seine Erklärung nicht durch unzutreffende Angaben unwirksam, etwa weil er die Wohnung in das falsche Mietspiegelfeld einordnet (BGH, VIII ZR 11/07) oder auf einen veralteten Mietspiegel Bezug nimmt (BGH, VIII ZR 337/10). Solche Fehler führen nur dazu, dass im Prozess die Werte des richtigen Mietspiegelfelds zugrunde gelegt werden. Wird die Erhöhung allerdings mit einem Mietspiegel begründet, der auf die Mieträume gar nicht anwendbar ist, so ist sie nichtig (LG Berlin GE 2008, 1492). Eine Ausnahme gilt für Mietspiegel, die große Wohnungen in Mehrfamilienhäusern erfassen: Sie dürfen auch auf Ein-, Zweifamilien- und Reihenhäuser angewandt werden, weil deren Miete erfahrungsgemäß höher liegt (BGH, VIII ZR 58/08).

Begründungshilfe

Auch andere unzutreffende Angaben, etwa zur bisherigen Grundmiete, zur Wohnfläche oder zu Zuschlägen, machen das Zustimmungsverlangen des Vermieters nicht unwirksam. Der Vermieter kann jedoch lediglich – auf Basis der tatsächlich zutreffenden Daten – eine Mietsteigerung bis zur Höhe der ortsüblichen Vergleichsmiete verlangen (BGH, VIII ZR 331/06). Maßgeblich ist die tatsächliche Wohnfläche (BGH, VIII ZR 266/14). Mieter sollten die Angaben also stets sorgfältig prüfen und nachrechnen, bevor sie der Erhöhung zustimmen.

Nicht selten rechnen Vermieter nach Modernisierungsmieterhöhungen (siehe S. 217) den »Modernisierungszuschlag« bei späteren – mit der aktuellen ortsüblichen Vergleichsmiete gerechtfertigten Erhöhungen – dem aktuellen Steigerungsbetrag hinzu. Da der Modernisierungszuschlag Bestandteil der Grundmiete wird, ist dies unzulässig (BGH, VIII ZR 331/06). Auch einen Zuschlag für Schönheitsreparaturen kann der Vermieter, selbst wenn die Schönheitsreparaturenklausel im Mietvertrag nichtig ist (siehe S. 122 ff.), nicht verlangen (BGH, VIII ZR 83/07; VIII ZR 181/07).

Begründet der Vermieter sein Erhöhungsverlangen mit dem örtlichen Mietspiegel, so ist dies nur wirksam, wenn dieser beigefügt wird oder allgemein zugänglich ist, zum Beispiel aufgrund der Veröffentlichung im lokalen Amtsblatt (BGH, VIII ZR 11/07), weil er in den am Wohnort der Mieter gelegenen Geschäftsräumen des Vermieters eingesehen (BGH, VIII ZR 74/08) oder für ein geringes Entgelt erworben werden kann und im Internet zugänglich ist (BGH, VIII ZB 7/08).

Vom Mittelwert ausgehen

Üblicherweise geben Mietspiegelfelder eine Spanne von Werten an. Bei der Mietberechnung ist vom Mittelwert auszugehen. Je nachdem, wie die Wohnung ausgestattet ist, müssen vom Mittelwert Zu- oder Abschläge gemacht werden. Entscheidend ist stets die vom Vermieter gestellte Ausstattung. Mängel, soweit prinzipiell behebbar, bleiben unberücksichtigt, ebenso von den Mietern stammende oder finanzierte Einbauten, es sei denn, etwas anderes wurde vereinbart oder der Vermieter hat die Kosten erstattet. Dies gilt selbst dann, wenn die Mieter vertraglich zum Einbau verpflichtet waren (BGH, VIII ZR 315/09) oder eine unbrauchbare Ausstattung des Vermieters, etwa eine Einbauküche, mit dessen Zustimmung ersetzt wurde (AG Charlottenburg GE 2011, 760).

Geht der örtliche Mietspiegel von einer anderen Mietstruktur (siehe S. 140) als Ihr Mietvertrag aus, so muss dies berücksichtigt werden. Enthält Ihr Mietspiegel etwa nur Werte ohne Betriebskosten, kann damit nicht umstandslos die Erhöhung einer Betriebskosten umfassenden Grundmiete erfolgen. In einem solchen Fall muss der Vermieter die hinzuaddierten Betriebskosten nennen. Zwar reicht zunächst sogar die nicht weiter erläuterte Angabe des hinzugerechneten Betrages (BGH GE 2008, 580). Aber spätestens im Prozess muss der Vermieter die konkret auf die Wohnung entfallenden Betriebskosten nennen (BGH, VIII ZR 41/05 und VIII ZR 215/05), es sei denn, die nach dem Mietspiegel berechnete ortsübliche Vergleichsmiete liegt ohne Betriebskosten so hoch wie die verlangte Neumiete oder höher (BGH, VIII ZR 331/06). Dies gilt auch, wenn nicht nur die kalten Betriebskosten, sondern auch die Heiz- und Warmwasserkosten in der Grundmiete enthalten sind (BGH, VIII ZR 212/05).

Wird das Erhöhungsverlangen mit Vergleichswohnungen begründet, so muss der Vermieter mindestens drei Vergleichswohnungen angeben, deren Miete mindestens so hoch ist wie die verlangte Miete (§ 558 a Abs. 2 Nr. 4 BGB; BGH, VIII ZR 79/11). Diese müssen so bezeichnet werden, dass die Mieter sie ohne zusätzliche Recherchen finden können (BGH, VIII ZR 79/11), und nach Größe, Lage, Baujahr und Ausstattung etwa deren Wohnung entsprechen. Verfügt diese z. B. nur über Kohleöfen, eine der Vergleichswohnungen jedoch über eine Zentralheizung, so reicht das nicht (LG Kiel WuM 1999, 485). Der Größenunterschied zwischen den Wohnungen darf maximal 30 Prozent betragen (AG Hannover WuM 2012, 145; AG Aschaffenburg WuM 2013, 673). Andernfalls ist das Zustimmungsverlangen nichtig. Allerdings müssen Ausstattung und Lage der Wohnungen nicht

Vergleichswohnungen

hinsichtlich aller wohnwertbestimmenden Merkmale übereinstimmen, sondern nur einer ähnlichen und somit vergleichbaren Kategorie zuzurechnen sein (BGH, VIII ZR 216/13). Denn die Angabe von Vergleichswohnungen im Mieterhöhungsverlangen soll nicht die ortsübliche Vergleichsmiete beweisen, sondern nur nachvollziehbar machen. Wurden mehr als drei Vergleichswohnungen benannt, müssen mindestens drei davon diesen Voraussetzungen entsprechen (BGH, VIII ZR 79/11). Wurden die Vergleichswohnungen mit einer anderen Mietstruktur (siehe S. 140) als Ihre vermietet, gilt das in vorstehendem Absatz Erläuterte. Um die Erhöhung zu begründen, darf der Vermieter zwar auf Vergleichswohnungen aus dem eigenen Bestand zurückgreifen, doch wird die ortsübliche Vergleichsmiete im Prozess nicht auf dieser Grundlage ermittelt (BGH, VIII ZR 122/09; VIII ZR 263/12), sondern durch den Mietspiegel oder Sachverständigengutachten.

Sachverständigengutachten

Auch durch ein Gutachten eines öffentlich vereidigten und bestellten Sachverständigen kann die ortsübliche Vergleichsmiete der Mietwohnung belegt werden. Dem Erhöhungsverlangen muss ein vollständiges Gutachten beigefügt sein, das höchstens zwei Jahre alt ist, seine Datengrundlage präzise belegt und erkennen lässt, nach welchen Kriterien die Wohnung bewertet und eingeordnet wurde. Der Sachverständige muss entweder die konkrete Wohnung selbst besichtigt haben oder Wohnungen gleichen Typs mit vergleichbarer Ausstattung (BGH, VIII ZR 122/09). Gegenstand solcher »Typ-Gutachten« sind beispielsweise Reihenhäuser.

Anrechnung von Drittmitteln

Anders als bei der Förderung von Instandsetzungsmaßnahmen (BGH, VIII ZR 12/10) muss der Vermieter Drittmittel für Wohnungsmodernisierungen, die er von den Mietern oder Dritten, etwa der öffentlichen Hand, erhalten hat, im Zustimmungsverlangen angeben und die Erhöhung entsprechend kürzen (§ 558 Abs. 5 BGB). Wurde die Wohnung veräußert, gilt dies nur, wenn Miet- oder Kaufvertrag den neuen Vermieter entsprechend verpflichten (BGH NJW 1998, 445; LG Berlin WuM 2001,

612). Wird der Kürzungsbetrag nicht nachvollziehbar erläutert, ist das Mieterhöhungsverlangen nichtig (BGH, VIII ZR 235/03), selbst dann, wenn der Hinweis versehentlich erfolgte und keine Kürzung erforderlich war (BGH, VIII ZR 234/03). All dies gilt nicht unbegrenzt, sondern nur, solange der Fördervertrag den Vermieter bindet, bei öffentlichen Modernisierungszuschüssen maximal zwölf Jahre nach Bezugsfertigkeit (BGH, VIII ZR 310/11). Bei verbilligten Darlehen gilt deren Laufzeit. Hier kann die Miete nur bis zur ortsüblichen Vergleichsmiete abzüglich der Zinsverbilligung erhöht werden (BGH, VIII ZR 179/08).

06

Einem ausreichend begründeten Erhöhungsverlangen müssen die Mieter zustimmen, wenn die verlangte Neumiete der für die Wohnung geltenden ortsüblichen Vergleichsmiete entspricht oder geringer ist. Dies gilt jedoch nicht ohne Einschränkung: Ihre Grundmiete darf innerhalb von drei Jahren nur um maximal 20 Prozent erhöht werden (§ 558 Abs. 3 BGB). Nur bis zu dieser Kappungsgrenze müssen Mieter einem Erhöhungsverlangen zustimmen. Um diese Grenze zu errechnen, müssen Sie vom Wirksamkeitszeitpunkt der geforderten Mieterhöhung (siehe S. 159) genau drei Jahre zurückgehen. Ausgangspunkt ist die innerhalb dieser letzten drei Jahre gezahlte niedrigste Grundmiete, bei kürzerer Mietzeit die niedrigste seit Vertragsbeginn (OLG Hamburg RE WuM 1996, 322). Diese ist dann um 20 Prozent zu erhöhen, also mit 1,2 zu multiplizieren. Mieterhöhungen, die während dieser Zeit aufgrund von Modernisierungen oder Betriebskostenanpassungen erfolgten, bleiben dabei außer Betracht. Dies gilt auch dann, wenn solche Erhöhungen nicht einseitig durch den Vermieter, sondern durch Vereinbarung mit den Mietern erfolgten (BGH, VIII ZR 185/03; VIII ZR 285/06). War Ihre Grundmiete vor drei Jahren eine Nettokaltmiete (siehe S. 140 f.), so wird die Kappungsgrenze von dieser aus berechnet, bei einer Grundmiete, die Betriebskosten enthielt, ist diese der Ausgangspunkt (BGH, VIII ZR 160/03).

Kappungsgrenze: maximal 20 Prozent Mieterhöhung in drei Jahren

Ihre seit 1.6.2010 geltende Grundmiete von 400 Euro wurde durch eine Modernisierungsmieterhöhung zum 1.6.2014 um 80 Euro erhöht und beträgt seitdem 480 Euro. Nun verlangt der Vermieter zum 1.12.2016 Ihre Zustimmung zur Erhöhung auf eine ortsübliche Vergleichsmiete von 540 Euro. Die 20-prozentige Kappungsgrenze errechnet sich auf Basis der Grundmiete, die drei Jahre zuvor, also am 1.12.2013 gezahlt wurde: 400 Euro x 1,2 = 480 Euro. Diese Miete wird jedoch bereits gezahlt. Bei Bestimmung der Kappungsgrenze darf die Modernisierungsmieterhöhung jedoch nicht berücksichtigt werden. Deren Erhöhungsbetrag von 80 Euro muss dem Betrag von 480 Euro hinzugerechnet werden. Die zum 1.12.2016 geforderte Miete von 540 Euro liegt also innerhalb der Kappungsgrenze von 560 Euro.

Seit dem 1.5.2013 kann die Kappungsgrenze durch Landesverordnung auf 15 Prozent herabgesetzt werden. Die herabgesetzte Kappungsgrenze ist nur anzuwenden, wenn die Verordnung für Ihren Wohnort bereits in Kraft war, als Ihnen das Mieterhöhungsverlangen zuging (LG Berlin GE 2014, 462; LG München I NZM 2014, 159; AG Neukölln GE 2013, 1465). Dies können Sie im Internet recherchieren, etwa unter »www.mietgerichtstag.de«.

Nach Ende der Preisbindung

Für Mietverträge über Sozialwohnungen des ersten Förderungswegs gilt meist eine Kostenmiete. Auch wenn diese Mietbegrenzung vertraglich geregelt ist, ist sie auf die Zeit der öffentlichen Förderung beschränkt (BGH, VIII ZR 21/09). Danach ist zwar die bisherige Miete weiter zu zahlen (BGH, VIII ZR 258/09), doch kann diese – nach den hier dargestellten Vorschriften – bis zur ortsüblichen Vergleichsmiete erhöht werden. Die Kappungsgrenze (siehe S. 167) gilt auch in diesen Fällen (BGH, VIII ZR 178/03). Mussten die Mieter bis zum Ablauf der Preisbindung eine Fehlbelegungsabgabe entrichten, so ersetzt dieser Betrag die 20-prozentige Kappungsgrenze, wenn er höher als diese ist (§ 558 Abs. 4 Satz 1 BGB). Vier Monate vor Ende der Preisbindung entsteht eine Auskunftspflicht: Von da an müssen Mieter auf Nachfrage des Vermieters innerhalb eines Monats mitteilen, welche Fehlbelegungsabgabe sie zahlen (§ 558 Abs. 4 Satz 2 BGB). Andernfalls kann dieser Auskunftsklage erheben oder unterstellen, dass sie den Höchstbetrag zahlen (LG Köln MDR 1998, 1282). Im Mietvertrag für die Zeit nach der Preisbindung vereinbarte Mieterhöhungen sind unwirksam (§ 557 Abs. 4 BGB), es sei denn, es handelt sich um eine Staffelmiete (BGH, VIII ZR 157/03).

Was tun nach Prüfung des Erhöhungsverlangens?

Stimmen die Mieter dem Mieterhöhungsverlangen zu, gilt die neue Miete. Andernfalls wird das Erhöhungsverlangen unwirksam, es sei denn, der Vermieter klagt innerhalb von drei Monaten auf Zustimmung (§ 558 b Abs. 2 BGB). Nur weil Mieter nicht zustimmen, kann der Vermieter nicht kündigen. Erst wenn sie rechtskräftig verurteilt wurden, der Erhöhung zuzustimmen, müssen sie diese zahlen, gerechnet ab dem Zeitpunkt, zu dem die Erhöhung wirksam werden sollte. Die Nachzahlung muss spätestens zwei Monate nach Rechtskraft des Urteils erfolgen (§ 569 Abs. 3 Nr. 3 BGB). Nur wenn Mieter dies versäumen oder nicht die erhöhte Neumiete zahlen, kommt eine Kündigung (siehe S. 145 ff.) in Betracht. Bei erheblichen Erhöhungen sollte man daher vorsichtshalber ansparen.

Auch wenn die Mieter jahrelang hinnehmen, dass der Vermieter die erhöhte Miete abbucht, liegt darin keine Zustimmung (LG Stuttgart NZM 2011, 854). Aber aktive Zahlungen können als Zustimmung gewertet werden (BGH, VIII ZR 182/04). Manchen Gerichten genügt eine Zahlung, anderen zwei, aber drei Zahlungen reichen meist. Das ist besonders ärgerlich, wenn zuviel Miete verlangt wurde. Daher gilt die Regel: Erst prüfen (lassen), dann zahlen!

Wollen Sie zustimmen, tun Sie dies ohne Vorbehalt und ohne Bedingung. Sonst kann der Vermieter auf Zustimmung klagen. Teilweise wird vertreten, dass er dies sogar tun kann, wenn ihm die Zustimmung nicht schriftlich erteilt wurde. Widerrufen kann man die Zustimmung nicht (AG Spandau GE 2015, 1463; AG Gelsenkirchen WuM 2016, 360), es sei denn, der Vermieter hat im Erhöhungsverlangen ein Widerrufsrecht eingeräumt (AG Charlottenburg MM 9/2016, 30). Wohnungsmängel berechtigen nicht, die Zustimmung zu verweigern oder zurückzuhalten.

Tipp

Eine Teilzustimmung bietet sich an, wenn Sie unsicher sind, ob die Erhöhung nicht teilweise unberechtigt ist. Sie verringern damit Ihr Prozesskostenrisiko und beim Vermieter den Anreiz, die Erhöhung einzuklagen. Besser ist es meist, mit ihm zu verhandeln. Sind Sie sicher, dass der Vermieter trotz Teilzustimmung klagt, kann es, jedenfalls wenn Sie rechtsschutzversichert sind, taktisch sinnvoll sein, gar nicht zuzustimmen. Ein etwaiger Vergleich im Prozess fällt für Sie dann wahrscheinlich günstiger aus.

Ist nur eine niedrigere Mieterhöhung zulässig, sei es, weil die ortsübliche Vergleichsmiete geringer ist oder die Kappungsgrenze den Erhöhungsbetrag begrenzt, so sollten Sie teilweise zustimmen. Die Miete erhöht sich dann nur um den Teilbetrag, ohne dass der Vermieter dem zustimmen muss. Will er eine höhere Miete erzwingen, muss er hinsichtlich des Restbetrages fristgerecht klagen.

Im Folgenden finden Sie einen Musterbrief über die Teilzustimmung zu einem Mieterhöhungsverlangen:

(Name und Anschrift aller im Mietvertrag als Mieter aufgeführten Personen)

Per Einschreiben/Rückschein!

An
(Vermieter bzw. Hausverwaltung
Name und Anschrift)   (Ort, Datum)

Ihr Zustimmungsverlangen vom 14.11.2016

Sehr geehrte(r) Herr/Frau .../Damen und Herren,

Ihrem Zustimmungsverlangen stimmen wir vorerst nicht vollständig, sondern nur in Höhe eines Steigerungsbetrages von 80 Euro zu. Damit beträgt die neue Bruttokaltmiete/Nettokaltmiete ab 1.2.2017 680 Euro.

[Alternative 1: Vermieter hat die ortsübliche Vergleichsmiete falsch berechnet]. Ihre Berechnung der ortsüblichen Vergleichsmiete ist fehlerhaft, weil Sie folgende wohnwertmindernden Merkmale unberücksichtigt gelassen haben: ... Unsere Zustimmung entspricht der nach dem Mietspiegel vorgesehenen ortsüblichen Vergleichsmiete.

[Alternative 2: Vermieter hat die Kappungsgrenze falsch berechnet]

Sie sind in Ihrer Berechnung der Kappungsgrenze vom falschen Ausgangsmietzins ausgegangen. Dieser betrug drei Jahre vor der von Ihnen zum 1.2.2017 in Aussicht genommenen Mieterhöhung, also am 1.2.2014, 400 Euro (nettokalt/bruttokalt). Dieser um 20 Prozent erhöhte Betrag ergibt die nach § 558 Abs. 3 BGB einzuhaltende Kappungsgrenze.

Selbstverständlich sind wir bereit, unsere Entscheidung zu überdenken, wenn Sie nachvollziehbar machen, weshalb Ihre Berechnung doch zutrifft.

Mit freundlichen Grüßen
(Unterschriften aller Mieter)

||||||||||||||||||||||||||||||||||||||||||||||||||||||||||||||||||||||||||||||||||||||||||||||

06

Achten Sie bei einer Teilzustimmung darauf, dass sie deren Zugang nachweisen können (siehe S. 362 ff.). Es empfiehlt sich, das Schreiben erst kurz vor Ablauf Ihrer Überlegungsfrist auf den Weg zu bringen, um den Zeitraum, innerhalb dessen der Vermieter sich überlegen kann, ob er Klage erhebt, so knapp wie möglich zu halten.

Ein Mieterhöhungsverlangen, das nicht den formalen Anforderungen entspricht, ist nichtig. Die Mieter müssen ihm nicht zustimmen. Dennoch kann eine (Teil-)Zustimmung manchmal sinnvoll sein. Liegt Ihre bislang gezahlte Miete unterhalb von ortsüblicher Vergleichsmiete und Kappungsgrenze, müssen Sie damit rechnen, dass der Vermieter bei Klageerhebung oder im Verfahren feststellt, dass er eine viel höhere Miete verlangen kann. Er kann sogar im Prozess ein verbessertes Zustimmungsverlangen für eine – allerdings erst nach Ablauf der Überlegungsfrist erfolgende – Mieterhöhung nachschieben (§ 558 b Abs. 3 BGB). Nur wenn die aktuelle Erhöhungsforderung hoch ist, ihre Nachbesserung jedoch, etwa weil die Kappungsgrenze ausgeschöpft ist, keine wesentlich höhere Miete rechtfertigen würde, kann es sich lohnen, eine Klage zu riskieren. Man spart damit zumindest die Mieterhöhung einiger Monate.

Nichtigem Erhöhungsverlangen zustimmen?

DIE VORPROGRAMMIERTE MIETERHÖHUNG: STAFFELMIETEN

Nicht selten enthalten Mietverträge eine Vereinbarung, wonach sich die Grundmiete zu festgelegten Terminen automatisch um einen bestimmten Betrag erhöht. Solange die Miete durch eine solche Staffelvereinbarung festgelegt ist, sind andere Mieterhöhungen unzulässig, es sei denn, sie beruhen auf Betriebskosten-

Berechenbare Mietentwicklung

steigerungen (§ 557 a Abs. 2 Satz 2 BGB). Steigerungen der orts-üblichen Vergleichsmiete oder Modernisierungen können also nicht zur Mieterhöhung führen. Dies macht die Mietentwicklung für beide Parteien berechenbar, legt sie aber auch fest.

Staffelmietvereinbarungen gelten bei Wohnraum unter folgen-den Voraussetzungen (§ 557 a Abs. 1 und 2 BGB):

- Die Miete muss ab Vertragsbeginn und nach jeder Erhöhung mindestens ein Jahr unverändert bleiben.
- Die Steigerung muss als konkreter Geldbetrag, also nicht etwa nur prozentual, ausgewiesen sein, entweder durch An-gabe des neuen End- oder des Erhöhungsbetrages der jewei-ligen Staffel.
- Die Vereinbarung muss der gesetzlichen Schriftform entspre-chen (siehe S. 21 f.)

Eine Vereinbarung, die dem nicht entspricht, ist komplett un-wirksam (§§ 557 a Abs. 4, 125 Abs. 1 BGB). Eine Ausnahme gilt, wenn die zeitlich erste(n) Staffel(n) die Voraussetzungen erfüllen, spätere jedoch nicht, etwa weil für die ersten Staffeln der End-betrag genannt ist, spätere aber nur in Prozent beziffert sind. In diesem Fall sind die ersten, den gesetzlichen Anforderungen entsprechenden Staffeln wirksam, die übrigen nicht (BGH, VIII ZR 197/11). Häufiger ist der umgekehrte Fall: Die erste Staffel-mieterhöhung wird zu früh angesetzt, etwa weil sich der Ver-tragsbeginn verzögerte. Dann ist die gesamte Staffelmietverein-barung nichtig (LG Berlin GE 2001, 852).

Vor dem 1.9.2001 konnten Staffelmieten nur für maximal zehn Jahre vereinbart werden. Bei vor diesem Stichtag vereinbarten Staffelmieten sind die vor Ablauf von zehn Jahren beginnenden Staffeln wirksam, die übrigen nichtig (BGH, VIII ZR 23/08; VIII ZR 140/08). Entscheidend ist der Abschluss der Vereinbarung, nicht der Beginn ihrer Laufzeit.

Ist die Staffelmietvereinbarung wirksam, so erhöht sich die Miete zum vorgesehenen Zeitpunkt, ohne dass der Vermieter dazu gesondert auffordern muss. Vergessen die Mieter die erhöhte Zahlung, kann der Vermieter innerhalb der für Mietzahlungen geltenden Verjährungsfrist (siehe S. 148 f.) die Nachzahlung gerichtlich durchsetzen. Eine wirksame Staffelmietvereinbarung wird nicht dadurch unwirksam, dass zusätzlich eine die Mieter begünstigende Ergänzung vereinbart wurde, etwa dass bei niedrigerer ortsüblicher Vergleichsmiete die Staffelbeträge entsprechend gekürzt werden (BGH, VIII ZR 279/07).

DIE ANPASSUNG DER MIETE AN DIE ALLGEMEINE PREISENTWICKLUNG: DIE INDEXMIETE

Durch eine Indexmietvereinbarung kann Ihre Miete entsprechend der allgemeinen Preisentwicklung gesteigert oder reduziert werden. Möglich wird dies, indem man unter Einhaltung der gesetzlichen Schriftform (siehe S. 21 f.) vereinbart, dass die Miete durch den vom Statistischen Bundesamt ermittelten Preisindex für die Lebenshaltung aller privaten Haushalte in Deutschland bestimmt wird (§ 557 b BGB).

Preisindex vom Statistischen Bundesamt ermittelt

Seit dem 1.9.2001 kann nur dieser mittlerweile in »Verbraucherpreis für Deutschland« umbenannte Index vereinbart werden. Vorher waren auch andere Indizes zulässig, allerdings mussten Indexmietverträge schriftlich auf Lebenszeit oder für mindestens zehn Jahre geschlossen werden (§ 10 a Miethöhegesetz a.F.) werden. Bis 1.1.1999 mussten die Klauseln zudem von der Deutschen Bundesbank genehmigt werden. Zwischen dem 1.9.1993 und dem 31.8.2001 wirksam vereinbarte Indexklauseln gelten weiterhin. Da die alten Indizes nicht mehr fortgeschrieben werden, wird teilweise angenommen, dass der Verbraucherpreisindex anzuwenden ist (BGH, XII ZR 141/07; XII ZR 41/11).

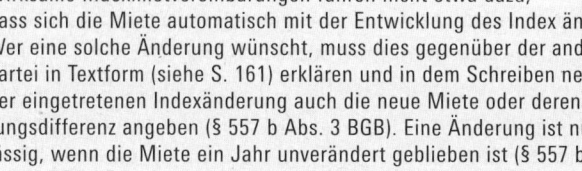

Wirksame Indexmietvereinbarungen führen nicht etwa dazu, dass sich die Miete automatisch mit der Entwicklung des Index ändert. Wer eine solche Änderung wünscht, muss dies gegenüber der anderen Partei in Textform (siehe S. 161) erklären und in dem Schreiben neben der eingetretenen Indexänderung auch die neue Miete oder deren Änderungsdifferenz angeben (§ 557 b Abs. 3 BGB). Eine Änderung ist nur zulässig, wenn die Miete ein Jahr unverändert geblieben ist (§ 557 b Abs. 2 Satz 1 BGB). Sie gilt, sobald sie allen Mietern zugegangen ist, vom Beginn des übernächsten Monats an (§ 557 b Abs. 3 Satz 3 BGB).

Vorsicht

Indexmietvereinbarungen, die von diesen Vorgaben zum Nachteil der Mieter abweichen, sind unwirksam, ebenso die auf solchen Vereinbarungen beruhenden Mieterhöhungen (§ 557 b Abs. 4 BGB).

Auch für Indexmietvereinbarungen gilt, dass sie die meisten anderen Mieterhöhungen ausschließen (§ 557 b Abs. 2 Satz 2 und 3 BGB). Nur zwei weitere Arten von Mieterhöhungen sind zulässig, solange die Indexmiete gilt: Solche die auf gestiegenen Betriebskosten beruhen oder auf Modernisierungen, die der Vermieter nicht zu vertreten hat, etwa weil er sie aufgrund behördlicher Anordnung durchführen muss. Solche Mieterhöhungen wirken sich auf die einjährige Änderungssperrfrist nicht aus.

SCHNELL KÜNDIGEN, WENN DIE MIETE ZU TEUER WIRD

Erhalten Mieter vom Vermieter die Aufforderung, einer Mieterhöhung auf die ortsübliche Vergleichsmiete zuzustimmen (§ 558 BGB; siehe S. 159) oder eine Modernisierungsmieterhöhung (§ 559 BGB; siehe S. 217), steht ihnen ein Sonderkündigungsrecht zu. Nutzen Sie dies und kündigen Sie den Mietvertrag, bleibt es für die Restlaufzeit des Mietverhältnisses bei der alten Miete (§ 561 Abs. 1 Satz 2 BGB). Dieses Sonderkündigungsrecht kann nicht vertraglich ausgeschlossen werden (§ 561 Abs. 2 BGB). Die Kündigung muss bis zum Ende des auf den Zugang des Mieterhöhungsverlangens folgenden übernächsten Monats dem Vermieter zugehen, bei Erhöhungsverlangen (§ 558 BGB) also bis zum Ende der Überlegungsfrist (siehe S. 159), und wird dann zum darauf folgenden übernächsten Monat wirksam (§ 561 Abs. 1 BGB). Eine solche außerordentliche Kündigung könnte wie folgt aussehen:

(Name und Anschrift
aller im Mietvertrag als Mieter
aufgeführten Personen)

Per Einschreiben/Rückschein!

An (Vermieter bzw. Hausverwaltung
Name und Anschrift)   Berlin, 25.12.2016
**Kündigung des Mietverhältnisses Wohnung ... (Straße), ... (Ort), ...
(Geschossangabe, rechts/links)**

Sehr geehrte(r) Herr/Frau .../Damen und Herren,

auf Ihr Mieterhöhungsverlangen vom 14.10.2016, uns zugegangen am 15.10.2016, kündigen wir das oben bezeichnete Mietverhältnis unter Berufung auf das uns nach § 561 BGB zustehende Sonderkündigungsrecht zum 28.02.2017.

Vorsorglich kündigen wir das Mietverhältnis zugleich hilfsweise auch ordentlich zum nächsten zulässigen Zeitpunkt, nach unserer Berechnung dem 30.3.2017.

Mit freundlichen Grüßen
(Unterschriften aller Mieter)

||||||||||||||||||||||||||||||||||||||||||||||||||||||||||||||||||||||||||||||||||||||||||

Achten Sie darauf, dass sich der Zugang des Schreibens beweisen lässt (siehe S. 362). Bedenken Sie die Konsequenzen einer Kündigung! Einmal ausgesprochen, kann diese nicht ohne Zustimmung des Vermieters zurückgenommen werden. Unter Umständen lässt dieser mit sich über eine Reduzierung der Erhöhung reden, wenn er erfährt, dass die Alternative Ihre Kündigung ist.

07

OFT EINE ZWEITE MIETE: DIE BETRIEBSKOSTEN

Millionen von Mietern erleben alljährlich eine böse Überraschung, wenn ihr Vermieter erhebliche Nachzahlungen auf die Betriebskostenvorauszahlungen verlangt, mit denen sie nicht gerechnet haben. Deshalb lösen die Abrechnungen regelmäßig Streitigkeiten zwischen Vermietern und Mietern aus. Dabei geht es vor allem darum, welche Kosten tatsächlich auf die Mieter umgelegt werden dürfen, nach welchen Kriterien die Kostenumlage im Haus erfolgt und ob der Vermieter seiner Wirtschaftlichkeitspflicht genügt.

KURZ & BÜNDIG

- **Vereinbarung über Betriebskosten:** Betriebskosten muss der Mieter nur tragen, wenn dies wirksam im Mietvertrag vereinbart wurde. Andernfalls trägt der Vermieter die Betriebskosten selbst.

- **Umlagefähige Betriebskosten:** Der Vermieter darf auf den Mieter nur die im Katalog der Betriebskostenverordnung aufgeführten Betriebskosten umlegen. Andere Kosten sind nicht umlagefähig.

- **Heiz- und Warmwasserkosten:** Soweit die Heizkostenverordnung, was fast immer der Fall ist, Anwendung findet, muss ein Teil der Heiz- und Warmwasserkosten nach Verbrauch, der andere Teil nach Wohnfläche, beheizter Fläche oder Raumvolumen umgelegt werden. Verbrauchs-abhängig sind mindestens 50 Prozent, maximal 70 Prozent, verbrauchs-unabhängig mindestens 30 Prozent, maximal 50 Prozent der Kosten zu verteilen.

- **Abrechnungszeitraum:** Geht den Mietern die Betriebskostenabrechnung später als ein Jahr nach Ende der Abrechnungsperiode zu, kann der Vermieter keine Nachzahlung mehr verlangen, es sei denn, er hat die Verzögerung nicht zu vertreten.

- **Einwendungen gegen die Betriebskostenabrechnung:** Inhaltliche Fehler bei der Betriebskostenabrechnung muss der Mieter innerhalb eines Jah-res nach Erhalt der Abrechnung beim Vermieter beanstanden. Andernfalls müssen die Einwendungen nicht berücksichtigt werden.

- **Betriebskosten von der Steuer absetzen:** Den Arbeitgeberanteil von Betriebskosten, den der Vermieter auf den Mieter umgelegt hat, kann der Mieter in einem bestimmten Umfang von der Steuer absetzen.

Betriebskosten, oft auch als Nebenkosten bezeichnet, sind die Kosten, die Eigentümern und Erbbauberechtigten regelmäßig wiederkehrend entstehen, wenn sie ein Grundstück nutzen (§§ 556 Abs. 1 BGB, § 1 Abs. 1 BetrKV). Unterschieden werden die Warmwasser- und Heizkosten von den übrigen, kalten Betriebskosten. Meist werden Mieter mit Betriebskosten konfrontiert, wenn sie vom Vermieter eine Abrechnung darüber erhalten. In diesem Fall ist zunächst zu prüfen, ob die darin aufgeführten Kosten überhaupt umgelegt werden dürfen.

WELCHE KOSTEN AUF MIETER UMGELEGT WERDEN KÖNNEN

Auf Wohnraummieter dürfen nur solche Betriebskosten umgelegt werden, die im Katalog von § 2 der am 1.1.2004 in Kraft getretenen BetrKV enthalten sind (§ 556 Abs. 4 BGB). Bei bis zum 31.12.2003 geschlossenen Mietverträgen gilt die davon geringfügig abweichende Anlage 3 zu § 27 Abs. 1 II. BV.

Checkliste

Umgelegt werden können folgende Kosten:

- öffentliche Lasten des Grundstücks, insbesondere Grundsteuer
- Fahrstuhlkosten
- Kosten für Straßenreinigung und Müllabfuhr
- Kosten von Hausreinigung und Ungezieferbekämpfung
- Kosten der Gartenpflege
- Kosten der Beleuchtung
- Kosten der Schornsteinreinigung
- Kosten der Sach- und Haftpflichtversicherung
- Hauswartkosten
- Kosten von Gemeinschaftsantenne, Breitbandnetz und -anschlüsse
- Kosten der Einrichtungen für die Wäschepflege
- sonstige Betriebskosten

Außer diesen »kalten« Betriebskosten können auch Kosten für Heizung, Warmwasser und verbundene Heizungs- und Warmwasserversorgungsanlagen umgelegt werden. Diese umfassen die Kosten für Brennstoff, Betriebsstrom, für die Bedienung, Überwachung und Pflege der Heizanlage (also auch der Thermenwartung), die Reinigung von Anlage und Betriebsraum, die Öltankreinigung, die Immissionsschutzmessung, für den Schornsteinfeger und die Verbrauchserfassung sowie die Eich-, Abrechnungs- und Verbrauchsanalysekosten (§ 7 Abs. 2 HeizkVO).

07

Keine Betriebskosten sind Bank- und Postgebühren, Verwaltungs- und Reparaturkosten, beispielsweise Kosten der Graffiti-Beseitigung (LG Berlin GE 2016, 723), Reparaturkosten- und Mietausfallversicherungen (OLG Düsseldorf NZM 2001, 588), Haus- und Wohngeld von Wohnungseigentumsanlagen sowie Abrechnungskosten für kalte Betriebskosten. Kosten von Abrechnungen über die Heiz- und Warmwasserkosten dürfen dagegen umgelegt werden, ebenso die Kosten für die Ablesung von Wasserzählern. Das in preisgebundenen Wohnungen und steuerbegünstigten »Annuitätswohnungen« (§§ 88 bis 88c II. WoBauG) übliche Umlageausfallwagnis von zwei Prozent der Betriebskosten kann nach Ende der Preisbindung nicht mehr umgelegt werden. Viele Hauswartaufgaben umfassen Verwaltungs-, Instandhaltungs- und Instandsetzungsarbeiten, deren Kosten nicht umlagefähig sind (BGH, VIII ZR 137/09), etwa Reparaturen, Briefeinwürfe, die Beauftragung von Fremdfirmen, die Kontrolle von Schönheitsreparaturen und der Einhaltung der Hausordnung (AG Lichtenberg und AG Magdeburg, beide MM 02, 428).

Nur Leistungen, die wiederkehrend anfallen, etwa wegen hoher Bäume regelmäßig erforderliche Dachrinnenreinigungen, können als Betriebskosten umgelegt werden (BGH, VIII ZR 167/03). Regelmäßig bedeutet nicht unbedingt jährlich. Auch ein mehrjähriger und unregelmäßiger Turnus reicht, wie bei der Prüfung der Elektroinstallation (BGH, VIII ZR 123/06), der Öltankreinigung (VIII ZR 221/08), Thermenwartung (BGH, VIII ZR 119/12) und bei Sperrmüllkosten, die wiederkehrend entstehen, weil Mieter oder Dritte Gemeinschaftsflächen vermüllen (BGH, VIII ZR 123/06). Maßnahmen an Gemeinschaftsflächen, etwa Gartenpflege, können kostenmäßig auf Mieter umgelegt werden, wenn sie

Regelmäßige Leistungen

deren Wohn- und Lebensqualität verbessern können (BGH, VIII ZR 135/03), es sei denn, die Flächen sind öffentlicher Nutzung gewidmet (BGH, VIII ZR 33/15). Sofern vereinbart, müssen Erdgeschossmieter frei finanzierter Wohnungen Kosten eines Aufzugs tragen, der zwar keine mitgemieteten Nebenräume erreicht (BGH, VIII ZR 103/06), aber wenigstens die Wohnung selbst (BGH, VIII ZR 128/08). Für betriebskostentypische Arbeiten und Sachleistungen, die der Vermieter selbst erbringt, kann er eine angemessene Vergütung (marktübliche Preise abzüglich Mehrwertsteuer) verlangen, wenn er den Zeitaufwand nachweist (§ 1 Abs. 1 Satz 2 BetrKV). Unentgeltliche Arbeit Dritter, etwa von Verwandten, kann er nicht umlegen (LG Berlin GE 2012, 205), wohl aber anstelle der ihm real entstandenen Kosten fiktive Personalkosten eines Fremdunternehmens für Hausmeister- und Gartenpflegearbeiten (BGH, VIII ZR 41/124).

WURDE EINE WIRKSAME UMLAGE VEREINBART?

Betriebskosten müssen die Mieter in der Regel nur tragen, wenn dies wirksam vereinbart wurde. Andernfalls trägt der Vermieter die Betriebskosten selbst (§ 535 Abs. 1 Satz 3 BGB). Meist wird jedoch vereinbart, dass die Mieter neben der (dann als Nettokaltmiete bezeichneten) Grundmiete Betriebskosten zahlen, entweder als monatliche Vorauszahlung oder als Pauschale. Über Vorauszahlungen muss der Vermieter jährlich abrechnen. Waren die real angefallenen Betriebskosten niedriger, wird den Mietern ein Guthaben erstattet, waren die realen Kosten höher, müssen sie nachzahlen. Pauschalen führen dagegen weder zu Nachzahlungen noch zu Guthaben. Allenfalls können sie für die Zukunft angepasst werden (siehe S. 199).

Wirksame Umlagevereinbarung

Um Betriebskosten auf die Mieter umzulegen, reicht nach neuester BGH-Rechtsprechung die Vereinbarung, dass diese »die Betriebskosten« tragen müssen (BGH, VIII ZR 137/15), ohne dass dem Mietvertrag ein Betriebskostenkatalog beigefügt werden muss. Bereits durch Verwendung des Begriffs »Betriebskosten« sind die in § 556 Abs. 1 Satz 2 BGB definierten und in § 2 BetrKV aufgezählten Betriebskosten vereinbart. Nur wenn der Mietvertragstext erkennen lässt, dass mit »Betriebskosten« nicht die in diesen Vorschriften definierten Kostenarten gemeint sind, müssen die umlegbaren Kostenarten konkret benannt werden (BGH, XII ZR 88/10).

Ob die neue Rechtsprechung auch für Vereinbarungen Anwendung findet, die vor Inkrafttreten von § 556 Abs. 1 Satz 2 BGB am 1.9.2001 geschlossen wurden, bleibt abzuwarten. Bislang galt für solche Altverträge, dass die konkreten Betriebskostenarten genannt werden oder auf Anlage 3 zu § 27 Abs. 1 II. BV, die einen entsprechenden Katalog enthielt, verwiesen werden musste (BGH, VIII ZR 137/09).

Für »sonstige Betriebskosten«, also jene Kosten, die nicht zu den oben (S. 178) aufgelisteten Kostenarten in § 2 BetrKV zählen, gilt allerdings unverändert, dass diese nur wirksam vereinbart wurden, wenn die konkreten Kostenarten, etwa jene der Dachrinnenreinigung, im Vertrag ausdrücklich benannt wurden (BGH, VIII ZR 167/03; VIII ZR 137/15). Natürlich müssen solche Kosten der obigen Betriebskostendefinition entsprechen, also regelmäßig anfallen und weder der Instandsetzung oder Instandhaltung noch der Verwaltung dienen. Kosten einer einmalig aus konkretem Anlass einer Dachrinnenverstopfung sind solche der Mängelbeseitigung, also nicht als Betriebskosten umlegbar. Typische »sonstige Kosten« sind solche des Betriebs von Gemeinschaftseinrichtungen (Sauna, Swimmingpool, Sprinkleranlage, Feuerlöscher etc.). Regelmäßige Concierge- oder Pförtnerkosten können nur umgelegt werden, wenn diese Tätigkeiten sachlich erforderlich sind (BGH, VIII ZR 78/04). Dies gilt auch für Wachschutzkosten (LG Berlin GE 2007, 656). Bei Heiz- und Warmwasserkosten reicht es aus, dass deren Umlage vereinbart wird. Die einzelnen darunter fallenden, in § 7 Abs. 2 HeizkVO aufgeführten Kostenarten (siehe S. 179) müssen nicht explizit vereinbart werden (BGH, VIII ZR 119/12).

»Sonstige Betriebskosten«

Stillschweigende Änderungen

Auch nach Mietvertragsschluss kann mündlich und sogar stillschweigend (siehe S. 23) vereinbart werden, dass die Mieter Betriebskosten tragen. Dafür reicht es jedoch nicht aus, dass sie Betriebskostenabrechnungen lediglich nicht beanstanden, darauf Nachzahlungen geleistet oder sich daraus ergebende Guthaben vereinnahmt haben (BGH, VIII ZR 279/06). Erforderlich sind zusätzliche Umstände, die erkennen lassen, dass die Parteien den Mietvertrag entsprechend ändern wollten, etwa weil der Vermieter den Mietern vor Zusendung der Abrechnung die Änderung telefonisch oder schriftlich angekündigt hatte und diese die sich aus der Änderung ergebenden Nachzahlungen oder Vorauszahlungserhöhungen beglichen haben (BGH, VIII ZR 36/14). Sind Vorauszahlungen vereinbart, wird daraus keine Betriebskostenpauschale, nur weil Mieter längere Zeit hinnehmen, dass nicht abgerechnet wird (BGH, VIII ZR 14/06; VIII ZR 326/14).

Neue Betriebskosten

Neu durch Modernisierung entstandene Betriebskosten kann der Vermieter angesichts der aktuellen BGH-Rechtsprechung (siehe S. 180) ohne zusätzliche Vereinbarung einseitig umlegen, wenn nach dem 30.8.2001 vereinbart wurde, dass die Mieter »die Betriebskosten« tragen, es sei denn, die neuen Kosten zählen nicht zu den in § 2 BetrKV genannten Betriebskosten (siehe S. 178). Ob dies auch für Betriebskostenvereinbarungen davor gilt, bleibt abzuwarten. Jedenfalls können vereinbarte Kosten nach ordnungsgemäß angekündigter Modernisierung (siehe S. 212) durch solche für gleichartige Leistungen, etwa einen die Antenne ersetzenden Kabelanschluss, ersetzt werden (BGH, VIII ZR 202/06).

Wärmelieferung

Seine eigene Wärmeversorgung vor Ort kann der Vermieter durch Fernwärme ersetzen oder ein Fremdunternehmen die Zentralheizung betreiben lassen (sogenanntes Wärmecontracting). Nimmt er diese Umstellung während der Mietzeit vor, kann er die dadurch anfallenden Wärmelieferungskosten komplett auf die Mieter umlegen, sofern diese schon vorher die Kosten für Heizung und Warmwasser zu tragen hatten (§ 556 c BGB). Allerdings muss die neue Wärmelieferung gegenüber der bisherigen

Wärmeerzeugung effektiver sein, also End- und oder Primärenergie (siehe S. 205) einsparen und die neuen Kosten dürfen nicht höher als die bisherigen Heiz- und Warmwasserkosten sein. Verglichen wird auf Basis des Durchschnittsverbrauchs der vergangenen drei Jahre nach den Vorschriften der Wärmelieferverordnung. Zulässig ist die Umstellung nur, wenn das Unternehmen die Wärme aus seinem eigenen Wärmenetz oder durch eine neue Anlage liefert. Bei effizienten vom Vermieter übernommenen Altanlagen reicht auch deren verbesserter Betrieb. Auch muss der Vermieter die Umstellung den Mietern in Textform (siehe S. 161) drei Monate vorher ankündigen.

07

Vom Grundsatz, dass Betriebskosten nur aufgrund einer Vereinbarung umgelegt werden können, gibt es vier Ausnahmen:

Ausnahmen

- Verbrauchsunabhängig abgerechnete Kosten kann der Vermieter künftig nach Verbrauch abrechnen, wenn er dies vor Beginn eines Abrechnungszeitraums durch Erklärung in Textform ankündigt (§ 556 a Abs. 2 BGB). Wurden die Kosten bisher nicht auf die Mieter umgelegt, muss die Grundmiete entsprechend der neuen Umlage gesenkt werden. Besonders oft geschieht dies nach dem Einbau von Wasserzählern. Hat der Vermieter diese Möglichkeit genutzt, kann er den gewählten Maßstab ändern, wenn sich dieser später als korrekturbedürftig erweist (BGH, VIII ZR 78/15).
- Bei vor dem 1.1.1988 abgeschlossenen Westberliner Mietverträgen, bei denen die kalten Betriebskosten Bestandteil der Grundmiete waren, kann der Vermieter diese Bruttokaltmiete bei gestiegenen Betriebskosten einseitig für die Zukunft erhöhen, wenn dies nach dem 31.12.1994 (BGH, VIII ZR 101/03) und vor dem 1.9.2001 (§ 556 Abs. 4 BGB) mit den Mietern vereinbart wurde. Diese können die Miete auch ohne vertragliche Vereinbarung bei gesunkenen Betriebskosten durch einseitige Mitteilung an den Vermieter entsprechend reduzieren (LG Berlin MM 1+2/2012, 37).
- Bei bislang preisgebundenen Sozialwohnungen können nach Ende der Preisbindung zuvor vom Vermieter einseitig wirk-

sam nach § 10 Abs. 1 WoBindG festgesetzte Betriebskosten (BGH, VIII ZR 120/09; VIII ZR 121/10) auch zukünftig verlangt werden (BGH, VIII ZR 321/09).

- In den neuen Bundesländern konnten Vermieter vor dem 11.6.1995 geschlossene Mietverträge bis zum 31.12.1997 umstellen, indem sie den Mietern schriftlich die Betriebskosten und die monatliche Vorauszahlung mitteilten (§ 14 Abs. 1 Satz 1 Miethöhegesetz a. F.).

OFT DIE STUNDE DER WAHRHEIT: DIE BETRIEBSKOSTENABRECHNUNG

Einmal im Jahr muss der Vermieter über die Betriebskostenvorauszahlungen abrechnen, ihnen die real entstandenen Kosten gegenüberstellen und den auf die Mieter entfallenden Anteil berechnen (§ 556 Abs. 3 Satz 1 BGB). Er kann dazu eine Hausverwaltung oder ein Abrechnungsunternehmen einschalten. Meist ergibt sich ein Guthaben zugunsten der Mieter oder eine Nachforderung, die sie dem Vermieter zahlen müssen.

WER WANN ÜBER WELCHEN ZEITRAUM ABZURECHNEN HAT

Abrechnungszeitraum umfasst ein Jahr

Abzurechnen ist über die Kosten eines Jahres (§ 556 Abs. 3 Satz 1 BGB). Wurde nicht vereinbart, welche Monate der einjährige Abrechnungszeitraum umfasst, kann der Vermieter dies bestimmen, ist dann aber gebunden. Eine Umstellung und Abrechnung über einen kürzeren Zeitraum darf nur aufgrund sachlicher Gründe erfolgen, etwa weil der Abrechnungszeitraum dem Kalenderjahr angepasst oder über kalte Betriebs- und Heizkosten im gleichen Turnus abgerechnet werden soll (LG Berlin GE 2009, 780). Aus letzterem Grund ist mit Zustimmung der Mieter auch einmalig eine Verlängerung zulässig (BGH, VIII ZR 316/10). Ein Vermieterwechsel ist kein sachlicher Grund (LG Berlin GE 2005, 433).

Wurde die Wohnung veräußert, gilt Folgendes: Erfolgte der Eigentumswechsel (siehe S. 244) während der laufenden Abrechnungsperiode oder davor, muss der neue Vermieter abrechnen und etwaige Guthaben erstatten, selbst wenn er nicht alle Vorauszahlungen erhalten hat. Nachzahlungen stehen ihm zu. Über beim Eigentumswechsel abgeschlossene Abrechnungszeiträume muss dagegen der bisherige Vermieter abrechnen (BGH, VIII ZR 168/03), über die bei Auszug laufende Abrechnungsperiode dann, wenn das Mietverhältnis beim Eigentumswechsel bereits beendet war (BGH, VIII ZR 219/06). Hat der Erwerber, obwohl er nicht zuständig war, abgerechnet, muss er ein sich daraus ergebendes Guthaben auszahlen (OLG Naumburg NZM 1998, 806).

07

Sobald der Abrechnungszeitraum beendet ist, kann der Vermieter über diesen abrechnen. Geht den Mietern die Betriebskostenabrechnung später als ein Jahr nach Ende der Abrechnungsperiode zu, kann der Vermieter keine Nachzahlung mehr verlangen, es sei denn, er hat die Verzögerung nicht zu vertreten (§ 556 Abs. 3 Satz 3 BGB), etwa weil Versorgungsunternehmen verspätet abrechneten. Der Einwand, die Post oder seine Hausverwaltung seien am verspäteten Zugang schuld, entlastet den Vermieter nicht (BGH, VIII ZR 107/08). Nur während der Abrechnungsperiode nicht geleistete Vorauszahlungen kann der Vermieter trotz Verspätung nachfordern (BGH, VIII ZR 261/06), wenn er das Soll in seiner Abrechnung erfasst (OLG Brandenburg WuM 2006, 579). Rechnet er verschiedene Kostenarten, deren Abrechnungsperioden sich nur teilweise decken, in einer Abrechnung ab, endet die Abrechnungsfrist einheitlich ein Jahr nach der spätesten Abrechnungsperiode, es sei denn, vertraglich ist eine getrennte Abrechnung vorgesehen (BGH, VIII ZR 240/07), etwa weil der Mietvertrag für verschiedene Kosten ge-

Nach einem Jahr muss abgerechnet werden

Tipp

Daher sollten den Vermieter, sofern die Möglichkeit besteht, dass die Abrechnung mit einer Nachzahlung endet, erst nach Ablauf der Abrechnungsfrist zur Abrechnung auffordern und ihm eine angemessene Frist (mindestens 14 Tage) setzen. Entspricht er der Aufforderung nicht, können Sie ihn auf Rechnungslegung verklagen oder von Ihrem Zurückbehaltungsrecht Gebrauch machen. Allerdings müssen Sie ihm dies zuvor mitteilen und sollten die einbehaltenen Beträge ansparen.

sonderte Vorauszahlungen ausweist. Wurde die Abrechnungsfrist unverschuldet versäumt, muss die Abrechnung den Mietern
innerhalb von drei Monaten, nachdem das Abrechnungshinder-
nis weggefallen ist, zugehen (BGH, VIII ZR 220/05). Hat der
Vermieter nach Ende der Abrechnungsfrist immer noch nicht
abgerechnet, können die Mieter die Abrechnung sowie die Vorlage der Rechnungsbelege einklagen und bei einem noch bestehenden Mietverhältnis die laufenden Betriebskostenvorauszahlungen zurückbehalten, bis der Vermieter abrechnet (BGH, VIII
ZR 191/05). Dies allerdings maximal ein Jahr (KG GE 2002, 129).
Wechselt der Eigentümer der Wohnung, müssen Sie den Einbehalt beenden, da der Erwerber die rückständige Abrechnung
nicht schuldet (siehe S. 251). Guthaben aus verspäteten Abrechnungen muss der Vermieter erstatten.

Nachforderungen und Guthaben verjähren (siehe S. 148) drei
Jahre nach Ablauf des Jahres, in dem die Abrechnung den
Mietern zugegangen ist (§ 195 BGB). Das Recht auf eine Abrechnung verjährt drei Jahre nach Ablauf des Jahres, das der
Abrechnungsfrist folgte (AG Schöneberg, MM 2009, 39; anders
– ein Jahr früher – LG Neubrandenburg WuM 2007, 390), also
beispielsweise für die Abrechnung 2013 am 31.12.2017).

WIE ABGERECHNET WERDEN MUSS

Der Vermieter muss schriftlich abrechnen, unterschreiben jedoch nur, wenn dies vertraglich vereinbart wurde. Nachzahlungen kann er nur von Mietern verlangen, denen die Abrechnung
erteilt wurde (BGH, VIII ZR 263/09).

Formelle und inhaltliche
Fehler

Gerichte unterscheiden zwischen schweren Fehlern, die die
Abrechnung formell falsch und damit automatisch unwirksam
machen, und nur inhaltlichen Fehlern. Dieser Unterschied ist
wichtig. Denn geht den Mietern innerhalb der einjährigen Abrechnungsfrist keine formell wirksame Abrechnung zu, gelten
die gleichen Grundsätze, als wäre gar nicht innerhalb der Frist
abgerechnet worden: Sie müssen nicht nachzahlen. Korrigiert

der Vermieter die Abrechnung nach Fristende, kann er nur bei unverschuldeten Fehlern eine Nachzahlung verlangen. Ansonsten kann er damit weder die Nachforderung der ersten Abrechnung noch die Belastung der Einzelkostenpositionen erhöhen (BGH, VIII ZR 115/04) oder ein Guthaben reduzieren, das die nichtige Abrechnung zugunsten der Mieter auswies (BGH, VIII ZR 190/06). Nur Korrekturen, die den Mietern innerhalb der Abrechnungsfrist zugehen, rechtfertigen (weitere) Nachforderungen. Rechnet der Vermieter, um solche Konsequenzen zu vermeiden, fristgemäß mit falschen Werten ab, etwa jenen des Vorjahrs, ist auch diese Scheinabrechnung formell unwirksam (LG Bonn WuM 2015, 358). Formelle Fehler machen die Abrechnung nur hinsichtlich der davon betroffenen Kostenposition nichtig (BGH, VIII ZR 27/10; VIII ZR 46/10). Wollen sie keine rechtzeitigen Korrekturen provozieren, sollten Mieter formell unwirksame Abrechnungen erst nach Ablauf der Abrechnungsfrist beanstanden.

Bei rein inhaltlichen Fehlern verbietet sich dies. Denn solche müssen Mieter innerhalb eines Jahres ab Erhalt der Abrechnung beim Vermieter beanstanden, sonst müssen ihre Einwände nicht berücksichtigt werden (§ 556 Abs. 3 Satz 5 und 6 BGB), selbst dann nicht, wenn sie bereits gegen frühere Abrechnungen erhoben wurden (BGH, VIII ZR 185/09). Die Einwände müssen konkret sein. Es reicht nicht, pauschal Widerspruch einzulegen (LG Berlin MM 2007, 111). Selbst dass keine Umlage vereinbart (BGH VIII ZR 279/06; VIII ZR 335/10), Kosten durch die Grundmiete abgegolten (BGH, VIII ZR 80/07), durch eine Pauschale erfasst sind (BGH, VIII ZR 148/10) oder gar nicht zu den gesetzlich vorgesehenen Betriebskosten zählen (BGH, VIII ZR 209/15), muss innerhalb eines Jahres moniert werden, es sei denn, aus der Abrechnung selbst oder beigefügten Anlagen ergibt sich, dass die Positionen nicht umlagefähig sind (BGH, VIII ZR 209/15). Die Einwendungsausschlussfrist greift nicht bei Kostenpositionen, deren Abrechnung formelle Fehler aufwies (BGH, VIII ZR 27/10) oder wenn die Mieter ihre Verspätung nicht zu vertreten haben, etwa weil der Vermieter die Einsicht in die Rechnungsunterlagen oder Erläuterungen verweigert hat. Sie gilt nur für am 1.9.2001

Einwendungs-
ausschlussfrist

noch nicht abgeschlossene Abrechnungszeiträume (Art. 229 § 3 Abs. 9 EGBGB).

Mindestangaben

Formell wirksam ist eine Abrechnung, die für durchschnittlich gebildete, juristisch und betriebswirtschaftlich nicht geschulte Mieter nachvollziehbar ist (BGH, VIII ZR 115/04) und folgende Mindestangaben enthält (BGH, VIII ZR 295/07):

- Die auf das Grundstück bzw. die Wirtschaftseinheit entfallenden Gesamtkosten müssen nach den einzelnen Betriebskostenarten aufgeschlüsselt sein.
- Der zugrundegelegte Abrechnungsmaßstab (= Verteilerschlüssel/Umlagemaßstab) muss nachvollziehbar angegeben und erläutert sein.
- Der sich daraus für die Mieter ergebende Kostenanteil muss nachvollziehbar errechnet sein.
- Die Vorauszahlungen müssen mit den auf die Mieter entfallenden Kosten verrechnet worden sein. Allerdings ist eine Abrechnung, der jegliche Angaben zu den Vorauszahlungen fehlen, formell wirksam (BGH, VIII ZR 197/11).

Einzelne Kostenarten müssen aufgeschlüsselt werden

Die einzelnen Kostenarten müssen aufgeschlüsselt werden. Kosten eng zusammenhängender Positionen, z. B. verschiedene Versicherungskosten, dürfen als ein Betrag ausgewiesen werden. In der Regel genügt es, die Abrechnung nach den Betriebskostenarten aufzuschlüsseln, die jeweils unter einer Ziffer im Katalog des § 2 BetrKV zusammengefasst sind (BGH, VIII ZR 346/08). Die Positionen »Frischwasser« und »Abwasser« dürfen zusammengefasst werden, wenn ihre Umlage auf der Ablesung desselben Zählers beruht (BGH, VIII ZR 340/08).

Gesamtkosten

Dabei müssen die auf das Grundstück entfallenden Gesamtkosten jeder Kostenart angegeben werden. Welcher Anteil dieser Gesamtkosten auf die einzelnen Mietparteien entfällt, muss rechnerisch nachvollziehbar sein. Nicht jedes Zwischenergebnis muss angegeben werden. Oft bereinigt der Vermieter ihm in Rechnung gestellte Kosten um Kostenanteile, etwa weil die

Rechnung eine größere Wohnanlage erfasst, außerhalb des Abrechnungszeitraums entstandene Kosten enthält, nicht umlagefähige Arbeiten, etwa des Hauswarts in sie eingeflossen sind oder weil ein Vorwegabzug für gewerbliche Nutzer erfolgte. In solchen Fällen muss der Vermieter neuerdings in der Abrechnung nur die auf die Mieter umgelegten Gesamtkosten angeben, nicht aber darlegen, wie er diese um nicht umlagefähige Kostenbestandteile bereinigt hat oder den Gesamtrechnungsbetrag angeben (BGH, VIII ZR 201/13; VIII ZR 93/15). Ob sein Ansatz stimmt, müssen die Mieter durch Einsicht in die Rechnungsbelege prüfen; gegebenenfalls trifft den Vermieter eine Erläuterungspflicht.

Zentral ist dabei der Verteilerschlüssel (Abrechnungs-/Umlagemaßstab), nach dem die Kosten auf die einzelnen Mietparteien umgelegt werden. Ist dieser unverständlich, ist die Abrechnung hinsichtlich der betreffenden Kostenposition formell fehlerhaft und damit nichtig (BGH, VIII ZR 84/07), wurde er falsch gewählt, liegt nur ein inhaltlicher Fehler vor (BGH, VIII ZR 89/10). Ist mietvertraglich nichts vereinbart, sind kalte Betriebskosten nach dem Verhältnis der Wohnungs- zur Gesamtfläche umzulegen (§ 556 a Abs. 1 BGB), es sei denn, der Vermieter rechnet verbrauchsabhängig ab oder hatte vor dem 1.9.2001 einen anderen üblichen Maßstab (Personenzahl, Wohneinheiten etc.) festgelegt. Sind Messeinrichtungen vorhanden, die den Verbrauch erfassen, ist verbrauchsabhängig abzurechnen (§ 556 a Abs. 1 Satz 2 BGB), bei Kaltwasserkosten jedoch nur, wenn alle Gebäudeeinheiten über Wasserzähler verfügen (BGH, VIII ZR 188/07). Rechnet der Vermieter über die Kaltwasserkosten dennoch nicht verbrauchsabhängig ab, können die Mieter den auf sie nach der Wohnfläche entfallenden Kostenanteil um 15 Prozent kürzen (BGH, VIII ZR 218/11). Will der Vermieter zukünftig verbrauchsabhängig abrechnen, kann er den Umlageschlüssel ändern (siehe S. 183). Ansonsten ist dies ohne Zustimmung aller betroffenen Nutzer nur möglich, wenn der Maßstab zu gravierenden Ungerechtigkeiten führt (§ 242 BGB). Das ist selten der Fall, zumal die Umlage nicht jede Besonderheit berücksichtigen, sondern nur

Verteilerschlüssel

07

billigem Ermessen entsprechen muss. Allerdings können Kosten, die direkt für die einzelne Wohnung in Rechnung gestellt werden, etwa Grundsteuern von Eigentumswohnungen (siehe S. 263), ungeachtet des vereinbarten Umlageschlüssels den Mietern direkt auferlegt werden (BGH, VIII ZR 252/12). Fehlende Erläuterungen zu Veränderungen der angesetzten Flächen- und Verbrauchswerte sind keine formellen, sondern allenfalls inhaltliche Fehler (BGH, VIII ZR 261/07). Gesetzliche Berechnungsformeln, etwa jene für den Warmwasseranteil am Energieverbrauch (§ 9 Abs. 2 HeizkVO) müssen nicht angegeben oder erläutert werden (BGH, VIII ZR 371/04). Allgemein verständliche Verteilungsmaßstäbe bedürfen keiner Erläuterung (BGH, VIII ZR 295/07), ebenso wenig Kostensteigerungen gegenüber dem Vorjahr in der Abrechnung selbst (BGH, VIII ZR 137/09), sondern nur auf Nachfrage.

Leerstand

Auf unvermietete Räume entfallende Kosten muss der Vermieter tragen. Wird nach Fläche abgerechnet, darf die Gesamtfläche nicht um leerstehende Flächen bereinigt werden (BGH, VIII ZR 137/03). Wird nach Personenzahl abgerechnet, kann es vor allem für verbrauchsunabhängig entstehende Kosten in Betracht kommen, den Vermieter an den Leerstandskosten durch Ansatz fiktiver Personen zu beteiligen (BGH, VIII ZR 180/12). Allenfalls in extremen Fällen führen leerstandsbedingte Kostenverschiebungen dazu, dass die belastete Partei verlangen kann, dass vereinbarte Verteilerschlüssel geändert oder Mieterkosten anderweitig begrenzt werden (BGH, VIII ZR 159/05; BGH, VIII ZR 9/14).

Verbrauchsabhängige Abrechnung bei Heiz- und Warmwasserkosten

Bei Heiz- und Warmwasserkosten gelten Sonderregeln: Soweit die Heizkostenverordnung, was fast immer der Fall ist, Anwendung findet, muss ein Teil der Heiz- und Warmwasserkosten nach Verbrauch, der andere Teil nach Wohnfläche, beheizter Fläche oder Raumvolumen umgelegt werden. Verbrauchsabhängig sind mindestens 50 Prozent, maximal 70 Prozent, verbrauchsunabhängig mindestens 30 Prozent, maximal 50 Prozent der Kosten zu verteilen (§§ 7 Abs. 1 Satz 1, 8 Abs. 2 HeizkVO). Bei älteren, schlecht gedämmten Gebäuden, ist meist eine Heizkostenverteilung im Verhältnis von 70 zu 30 Prozent Vorschrift (§ 7 Abs. 1 Satz 2 HeizkVO). In diesem Rahmen können Vermieter und Mieter bestimmen, welches Verhältnis gelten soll. Ist im Mietvertrag dazu nichts vereinbart, entscheidet der Vermieter. Wurde der Verbrauch bei der Abrechnung nicht berücksichtigt, dürfen Mieter den betreffenden Kostenanteil (BGH, VIII ZR 195/04) um 15 Prozent kürzen (§ 12 Abs. 1 HeizkVO). Wird der Verbrauch verschiedener Nutzer von unterschiedlichen Messgeräten erfasst, muss der Anteil jeder Nutzergruppe am Gesamtverbrauch durch einen gesonderten Zähler vorerfasst werden (BGH, VIII ZR 57/07), ansonsten ist der für die Nutzer ausgewiesene Anteil der Gesamtkosten um 15 Prozent zu kürzen (BGH, VIII ZR 329/14). Für Heizanlagen, die auch Warmwasser produzieren, muss die im Haus bzw. in der Wirtschaftseinheit für die Wassererwärmung verbrauchte Energie durch Wärmezähler ermittelt werden (§ 9 Abs. 1 Satz 1 HeizkVO). Andernfalls können Mieter die auf sie entfallenden Kosten um 15 Prozent kürzen (§ 12 Abs. 1 HeizkVO). Nur bei Abrechnungsperioden, die vor 2014 endeten, oder wenn solch eine Verbrauchsermittlung aufwandsbedingt unzumutbar ist, darf die Wärmemenge rechnerisch ermittelt werden (§ 9 Abs. 1 Satz 2 HeizkVO).

Die Abrechnung ist formell unwirksam, wenn der Brennstoffverbrauch und dessen Gesamtkosten nicht angegeben sind (BGH, VIII ZR 322/08); die Angabe zugrunde liegender Zählerstände ist dagegen entbehrlich (BGH, VIII ZR 261/07; VIII ZR 45/11). Wärme- und Warmwasserzähler müssen alle fünf Jahre geeicht werden, Kaltwasserzähler alle sechs Jahre (§ 34 Abs. 1 Satz 1 Eichordnung), und zwar am Ende des jeweiligen Kalenderjahres, auf das das Fristende rechnerisch fällt. Wurde dies versäumt, kann das Messergebnis nur verwertet werden, wenn der Vermieter nachweist, dass die Zählerwerte stimmen (BGH, VIII ZR 112/10). Andernfalls ist der Verbrauch auf Basis des zeitgleich ermittelten Verbrauchs vergleichbarer Räume oder des Verbrauchs früherer Abrechnungsperioden in den betroffenen Räumen (§ 9 a HeizkVO) zu schätzen. Gleiches gilt, wenn eine Ablesung versäumt wurde. Fehlende Angaben, ob abgelesen oder ob und wie geschätzt wurde, sind keine formellen Abrechnungsfehler (BGH, VIII ZR 112/14).

Leistungs-/Abfluss-prinzip

Abzurechnen ist über die Kosten des konkreten Abrechnungs-zeitraums. Der Vermieter darf also, ungeachtet des Rechnungs- und Zahlungsdatums, Kosten während der Abrechnungsperiode erbrachter Leistungen umlegen (sogenanntes Leistungs-, Entstehungs- bzw. Zeitabgrenzungsprinzip). Auch Abrechnungen nach dem Abflussprinzip, bei dem alle im Abrechnungszeitraum in Rechnung gestellten bzw. beglichenen Kosten umgelegt werden, sind zulässig (BGH, VIII ZR 49/07), allerdings inhaltlich fehlerhaft, wenn verbrauchsabhängig abgerechnet wird (BGH, VIII ZR 156/11), wie etwa bei Heiz- und Warmwasserkostenabrechnungen.

Verrechnet werden müssen die tatsächlich geleisteten Vorauszahlungen, nicht etwa die zu zahlenden Sollbeträge (BGH, VIII ZR 108/02). Wurden stattdessen die Soll-Vorauszahlungen oder unzutreffende Zahlbeträge verrechnet, so ist die Abrechnung nicht formell unwirksam, sondern nur inhaltlich falsch (BGH, VIII ZA 2/08).

Abrechnung über Wirtschaftseinheiten

Abzurechnen ist über die Betriebskosten des Gebäudes, in dem sich die Wohnung befindet. Auch ohne vertragliche Vereinbarung kann der Vermieter zur Abrechnung mehrere seiner Wohngebäude zu einer Abrechnungseinheit zusammenfassen, wenn diese durch eine Gemeinschaftsheizung versorgt werden (BGH, VIII ZR 151/10) oder anderweitig örtlich zusammenhängen und einen ähnlichen Standard (bautechnischer Stand, Bauweise, Ausstattung, gleichartige Nutzung, vergleichbarer Zuschnitt) haben (OLG Koblenz RE WuM 1990, 268). Welche Gebäude die Abrechnungseinheit umfasst, muss in der Abrechnung nicht angegeben werden (BGH, VIII ZR 207/11); wohl aber trifft den Vermieter eine entsprechende Auskunftspflicht. Sind diese Kriterien nicht erfüllt, etwa weil über Alt- und Neubauten abgerechnet wurde, liegt kein formeller, sondern ein inhaltlicher Fehler vor (BGH, VIII ZR 227/09).

Die auf Wohnraummieter umgelegten Kosten muss der Vermieter vorab um den auf Gewerberaum entfallenden Anteil bereinigen, wenn dies vertraglich vereinbart wurde oder, was die Mieter im Prozess nachweisen müssen (BGH, VIII ZR 251/05), in den Gewerberäumen pro Quadratmeter gegenüber Wohnraum erheblich mehr verbraucht wird (BGH, VIII ZR 78/05) und nicht verbrauchsabhängig abgerechnet wurde (BGH, VIII ZR 207/11). Wurde ein solcher Vorwegabzug unterlassen, ist dies nur ein inhaltlicher Fehler (BGH, VIII ZR 45/10). Gleiches gilt für andere Vorabzüge, etwa bei Vollwartungsverträgen für Heizungen und Aufzüge, die oft betriebskostenfremde Leistungen, vor allem Kleinreparaturen beinhalten, sodass der Vermieter in der Regel zwischen 10 Prozent bis 30 Prozent der Kosten selbst tragen muss.

Vorabzug für Gewerbe

07

Vermieter sind verpflichtet, bei den Betriebskosten wirtschaftlich möglichst effektiv und sparsam zu handeln (§ 556 Abs. 3 Satz 1 BGB). Unwirtschaftliche, aber vor Mietvertragsschluss bestehende Verträge verstoßen nicht gegen diese Pflicht (BGH, VIII ZR 243/06). Auch müssen Vermieter nicht das billigste Angebot nutzen. Aber sie sind verpflichtet, sich im marktüblichen Rahmen zu halten, es sei denn, sachliche Gründe, etwa die besondere Zuverlässigkeit des Anbieters, rechtfertigen höhere Ausgaben. Anhaltspunkte für marktübliche Werte bieten die Heiz- und Betriebskostenspiegel des Deutschen Mieterbundes (www.mieterbund.de). Im Prozess reichen solche Zahlenwerke den insoweit darlegungspflichtigen Mietern (BGH, VIII ZR 78/06) allerdings nicht (BGH VIII ZR 46/10).

Wirtschaftlichkeitsgebot

BETRIEBSKOSTENABRECHNUNG PRÜFEN

Bei Unstimmigkeiten sollten Sie Ihren Vermieter auffordern, die Abrechnung zu erläutern. Den Vermieter trifft eine Erläuterungspflicht. Formulieren Sie Ihre Beanstandungen schriftlich, möglichst präzise und achten Sie wegen der Einwendungsausschlussfrist darauf, dass Sie den Zugang Ihres Schreibens im Streitfall beweisen können. Mieter sind berechtigt, die der

Erläuterungspflicht des Vermieters

Abrechnung zugrunde liegenden Originalbelege einzusehen und sollten dies auch tun. Inhaltliche Einwände werden von Gerichten meist nur berücksichtigt, wenn diese auch auf einer Sichtung der Abrechnungsbelege beruhen (OLG Düsseldorf GE 2006, 847; LG Frankfurt ZMR 2009, 125). Das Einsichtsrecht umfasst Ableseprotokolle, Grundsteuerbescheide, Rechnungen und die diesen zugrunde liegenden Verträge (BGH, VIII ZR 38/11), den Hauswartvertrag nebst Leistungskatalog, gegebenenfalls die Gehaltsrechnungen und bei Heizkosten auch die Gesamtkostenabrechnungen des Gebäudes bzw. der Abrechnungseinheit. Kopien können Mieter nur verlangen, wenn die Einsichtnahme in die Belege in den Räumen des Vermieters nicht zumutbar ist (BGH, VIII ZR 105/06), etwa weil sich diese nicht am Wohnort befinden. Fachkundige Begleitung (vgl. BGH, VIII ZR 78/05) und Fotos sind zulässig (AG Mitte MM 2007, 299; AG München GE 2010, 275). Die Abrechnungsunterlagen sind vom Vermieter geordnet vorzulegen (AG Niebüll WuM 2001, 633; AG Hamburg WuM 2000, 214). Solange die Einsicht verweigert wird, können Mieter die Nachzahlung und die anstehenden Vorauszahlungen zurückbehalten (BGH, VIII ZR 38/11), müssen dies allerdings ausdrücklich mitteilen. Allerdings muss der Vermieter keinen Einsichtstermin vorschlagen (LG Berlin GE 2012, 1038). Mieter sollten also selbst einen zeitlich zumutbaren Termin vorschlagen und diesen, auch wenn er nicht bestätigt wird, mit einem Zeugen wahrnehmen.

Auf nicht umlagefähige Kosten achten

Abrechnungen sollten besonders daraufhin geprüft werden, ob Kosten umgelegt wurden, die Sie nicht tragen müssen. Viele Hauswartaufgaben, insbesondere kleinere Reparaturen sowie Verwaltungstätigkeiten, etwa das Einwerfen von Briefen, die Beauftragung und Beaufsichtigung von Fremdfirmen, Maßnahmen der Gefahrenabwehr und -vorsorge und die Kontrolle von Schönheitsreparaturen sowie der Einhaltung der Hausordnung sind nicht umlagefähig. Daher sollten Sie bei hohen Hauswartskosten prüfen, ob solche Kosten herausgerechnet wurden. Mit pauschalen Abzügen müssen Sie sich nicht begnügen. Spätestens im Prozess muss der Vermieter den Zeitaufwand der einzelnen Tätigkeiten so aufschlüsseln, dass nicht umlagefähige Kosten herausgerechnet werden können (BGH, VIII ZR 27/07). Erst- und Ersatzanschaffungskosten von Reinigungsgeräten sind keine Betriebskosten, weil sie abgeschrieben werden und nicht regelmäßig anfallen. Dies ist allerdings streitig. Kosten der Ungezieferbekämpfung sind nur umlagefähig, wenn diese regelmäßig anfallen, nicht also, wenn ein akut aufgetretener Befall beseitigt wurde. Auf die Mieter umlegbar sind nur grundstücksbezogene öffentliche Lasten, insbesondere die Grundsteuer, nicht etwaige Säumniszuschläge. Zu den Kosten der Wasserversorgung gehören auch jene von Wasserzählern (auch der Anmietung), der Ablesung und Abrechnung, der Eichung der Zähler bzw. des (oft kostengünstigeren) Austauschs. Kosten, die nicht durch regulären Verbrauch, sondern Rohrbruch, andere Defekte oder Baumaßnahmen entstanden sind, können nicht umgelegt werden. Aufgrund seiner Wirtschaftlichkeitspflicht muss der Vermieter bei Sprengwasserverbrauch die von Wasserversorgern gewährten Sprengwasserabzüge beantragen. Bei Vollwartungsverträgen für Aufzüge müssen Kosten für Instandhaltung und Kleinreparaturen (meist 10 bis 20 Prozent) herausgerechnet werden. Nur Gartenpflegekosten von Maßnahmen, die bei ordnungsgemäßer Pflege typischerweise von Zeit zu Zeit anfallen, sind umlagefähig, also nicht die Beseitigung von Sturmschäden in nur selten davon betroffenen Gegenden, das Fällen von Bäumen zur Vermeidung von Verschattungen oder Erst- und zusätzliche Bepflanzungen.

Da Mietern unter Umständen fristlos und ordentlich gekündigt werden kann, wenn sie unberechtigt Nachzahlungen aus Betriebskostenabrechnungen verweigern, die den Betrag einer Monatsmiete überschreiten (LG Berlin GE 2015, 452; GE 2016, 126), sollten sie diese bei unklarer Rechtslage begleichen. Wer vorbehaltlos auf Betriebskostenabrechnungen zahlt oder ein Guthaben entgegennimmt, gibt damit, wenn nicht besondere Umstände hinzutreten, kein Anerkenntnis ab (BGH, VIII ZR 279/06; VIII ZR 296/09), kann also zu viel gezahlte Beträge zurück- oder die Erstattung eines höheren Guthabens fordern, wenn sich dies

Vorsicht bei Nachforderungen

erst aus einer späteren Prüfung der Abrechnung ergibt. In solch einem Fall sollten Mieter ohne Vorbehalt (siehe S. 144) zahlen, weil sie ansonsten im Falle der Rückforderung selbst beweisen müssen, dass die Abrechnung fehlerhaft war (LG Berlin GE 2016, 915). Wurde dagegen bereits über die Abrechnung gestritten, kann die Nachzahlung unter Umständen als Anerkenntnis interpretiert werden, sodass ein Vorbehalt dann geboten ist.

BESONDERHEITEN VON ABRECHNUNGEN BEI EIN- UND AUSZUG

Mieterwechsel

Ziehen Mieter während der laufenden Abrechnungsperiode aus, ist der Vermieter nicht verpflichtet, über einen Teilzeitraum (§ 556 Abs. 3 Satz 4 BGB) oder vorzeitig abzurechnen (Beispiel: Auszug am 31.10.2016, Abrechnungsperiode endet am 31.12.2016, also muss die Abrechnung den Mietern spätestens am 31.12.2017 zugehen). Allerdings dürfen die Betriebskosten auf sie nur anteilig umgelegt werden. Entscheidend ist bei Auszug das Vertragsende, es sei denn, die Mieter haben nicht zu vertreten, dass die Wohnung erst später zurückgegeben wurde. Bei Einzug ist auf die Wohnungsübergabe abzustellen. Erfolgt diese wegen der Mieter verspätet, ist der Vertragsbeginn entscheidend. Verbrauchsunabhängig umgelegte Kostenpositionen werden streng zeitanteilig nach den abgewohnten Kalendertagen errechnet. Dies gilt auch für den verbrauchsunabhängig abzurechnenden Warmwasseranteil (siehe S. 190).

Für die Verteilung des verbrauchsunabhängigen Kostenanteils der Heizkosten gelten Sonderregeln: Dieser darf zeitanteilig, wird aber in der Regel auf Basis von Erfahrungswerten umgelegt (§ 9b Abs. 2 HeizkVO): 1.000 Einheiten/Jahr werden entsprechend des durchschnittlichen Heizenergieverbrauchs auf die einzelnen Monate verteilt. Jedem Monat sind nach der VDI-Norm 2067 Promille-Anteile, die Gradtagszahlen, zugeordnet.

Gradtagszahlentabelle

Monat	Gradtagszahlen: Verbrauch in Promille	
	pro Monat	pro Tag
Januar	170	$170/31 = 5,48$
Februar	150	$150/28 = 5,35$
März	130	$130/31 = 4,19$
April	80	$80/30 = 2,66$
Mai	40	$40/31 = 1,29$
Juni, Juli, August (zusammen)	40	$40/92 = 0,43$
September	30	$30/30 = 1,00$
Oktober	80	$80/31 = 2,58$
November	120	$120/30 = 4,00$
Dezember	160	$160/31 = 5,16$

Nehmen wir an, die Mieter seien Ende März ausgezogen. Die für die Wohnung errechneten verbrauchsunabhängigen Kosten betragen 560,00 Euro. Davon entfallen auf die Mieter, sofern der Abrechnungszeitraum das Kalenderjahr ist, 170 + 150 + 130 = 450 Promille. Sie haben also 180,00 Euro : 1.000 x 450 = 252,00 Euro zu tragen. Das ist, verglichen mit dem für dieses Vierteljahr rein zeitanteilig ermittelten Wert (560,00 Euro : 4 = 140 Euro) sehr viel. Weil die Vorauszahlungen in allen Monaten gleich sind, führen Auszüge während des Winters oft zu erheblichen Nachzahlungen und Irritationen. Wie das Rechenbeispiel zeigt, müssen solche Abrechnungen aber nicht falsch sein.

Bei verbrauchsabhängig abgerechneten Kosten ist eine Zwischenablesung erforderlich. Diese ist insbesondere bei Heizung und Warmwasser (§ 9 b Abs. 1 HeizkVO) Vermieterpflicht, wird jedoch oft versäumt.

Mietvertraglich kann man vereinbaren, dass bei Mieterwechseln ver-

Tipp

Davor wie vor falschen Ablesungen kann man sich schützen, indem man vor Wohnungsübergabe die Werte sämtlicher Zähler (Strom, Gas, Warm- und Kaltwasser, Heizung) möglichst durch Zeugen ablesen und notieren lässt und darauf achtet, dass in einem etwaigen Übergabeprotokoll die richtigen Zählerstände festgehalten werden.

brauchsabhängig ermittelte Kosten, auch der Verbrauchsanteil von Heiz- und Warmwasserkosten (siehe S. 190), anders (§ 9 b Abs. 4 HeizkVO), z. B. zeitanteilig aufgeteilt werden. Von Letzterem ist wegen unkalkulierbarer Kostenrisiken abzuraten. Nutzerwechselgebühren für umzugsbedingt entstehende Abrechnungsmehr- und Zwischenablesungskosten dürfen nicht auf Mieter umgelegt werden (BGH, VIII ZR 19/07). Nur wenn eine Zwischenablesung nicht möglich ist oder technisch bedingt keine verwertbaren Ergebnisse ergibt, können die gesamten Heizkosten nach Gradtagszahlen (siehe im Fortgang) oder nach Wohnzeit, die Warmwasserkosten nach Wohnzeit aufgeteilt werden (§ 9 b Abs. 3 HeizkVO). Oft ergeben Ablesungen der an Heizungen angebrachten Verdunsterröhrchen kein verwertbares Ergebnis, wenn die Mieter kurz nach Beginn des Abrechnungszeitraums wechseln. Versäumt der Vermieter die Zwischenablesung, obwohl diese möglich gewesen wäre und zu verwertbaren Ergebnissen geführt hätte, ist die Abrechnung hinsichtlich des verbrauchsabhängigen Anteils nichtig (AG Schöneberg MM 2006, 37) bzw. führt zur Kürzung dieses Anteils um 15 Prozent (AG Charlottenburg WuM 2006, 36). Dies gilt auch für Kaltwasserzähler (AG Hamburg ZMR 2006, 132).

ANPASSUNG VON VORAUSZAHLUNGEN UND PAUSCHALEN

Beide Seiten sind berechtigt, auf Basis einer wirksamen Abrechnung die monatlichen Vorauszahlungen zu erhöhen oder zu reduzieren (§ 560 Abs. 4 BGB). Um den Zuschlag bzw. die Reduzierung zu ermitteln, dividieren Sie Ihre Gesamtjahreskosten der Abrechnung durch zwölf und ziehen von diesem Betrag den derzeitigen monatlichen Kostenvorschuss ab. Ein negatives Ergebnis rechtfertigt eine entsprechende Reduzierung, ein positives eine entsprechende Vorauszahlungserhöhung durch den Vermieter. Zuschläge darauf sind nur aufgrund konkreter Angaben über voraussichtliche Kostensteigerungen, nicht aber pauschal zulässig (BGH, VIII ZR 294/10). Nur formell und inhaltlich fehlerfreie Abrechnungen rechtfertigen eine Anpassung der Vorauszahlungen (BGH, VIII

ZR 246/11). Doch sollten Mieter hohe Anpassungen besser unter Vorbehalt zahlen und eine gerichtliche Klärung anstreben, statt Zahlungsverzugskündigungen (siehe S. 144) zu riskieren. Die Erklärung muss, ebenso wie eine Vorauszahlungsreduzierung durch die Mieter, in Textform erfolgen, rechnerisch nachvollziehbar sein und erkennen lassen, auf welche Abrechnung sie sich bezieht.

07

Betriebskostenpauschalen kann der Vermieter erhöhen, sofern der Mietvertrag dies ausdrücklich vorsieht (§ 560 Abs. 1 BGB). Die Änderung muss die Textform (siehe S. 161) wahren und die Gründe erläutern, also in der Regel auf Basis einer aktuellen Abrechnung den Stand der Betriebskosten mit dem eines vorangegangenen Abrechnungszeitraums oder des Vertragsbeginns abgleichen. Sie wird zum Beginn des übernächsten Monats, nachdem die Erklärung zugegangen ist, wirksam. Rückwirkende Erhöhungen sind, allerdings maximal zum Beginn des vorangegangenen Kalenderjahres, nur möglich, wenn der Vermieter die Erklärung innerhalb von drei Monaten, nachdem er von der Kostensteigerung erfahren hat, den Mietern zugehen lässt (§ 560 Abs. 2 BGB). Für die Anpassung von Bruttokaltmieten gelten diese Regeln mit den oben (S. 183) angesprochenen Einschränkungen.

Erhöhung von Betriebskostenpauschalen

BETRIEBSKOSTEN VON DER STEUER ABSETZEN

Den Arbeitskostenanteil von Betriebskosten, die der Vermieter nicht bar bezahlt und auf die Mieter umgelegt hat, können diese zu 20 Prozent (maximal 1.200 Euro aus Handwerker-, höchstens 4.000 Euro aus haushaltsnahen Dienstleistungen) von der Einkommensteuer abziehen (§ 35 a Abs. 2 und 3 Einkommensteuergesetz). Details hat das Bundesfinanzministerium zuletzt in seinem BMF-Schreiben vom 10.01.2014 (DOK 2014/0023765) geregelt (Download unter »www.bundesfinanzministerium.de«). Weist die Betriebskostenabrechnung die Kostenanteile für Arbeitsleistungen nicht aus, können die Mieter vom Vermieter zur Vorlage beim Finanzamt eine entsprechende Bescheinigung verlangen (AG Charlottenburg WuM 2009, 587; AG Lichtenberg MM 9/2011, 30), ob kostenfrei, ist strittig.

08

MODERNISIERUNG: WENN DIE WOHNUNG NICHT (NUR) SCHÖNER, SONDERN TEURER WIRD

Wenn der Vermieter die Wohnung modernisieren will, hat das für den Mieter unter Umständen weitreichende Folgen: Einmal wird er während der Modernisierungsarbeiten in der Nutzung seiner Wohnung beeinträchtigt, zum anderen wird der Vermieter nach Abschluss der Modernisierung die Miete erhöhen wollen. Welche Rechte Mieter in diesem Zusammenhang haben, erfahren Sie in diesem Kapitel. Häufig wollen aber auch Mieter ihre Wohnung selbst modernisieren. Deshalb zeigt dieses Kapitel auf, was sie dürfen und wozu es einer Erlaubnis des Vermieters bedarf.

KURZ & BÜNDIG

- **Duldungspflichtige Modernisierungen:** Der Mieter muss Modernisierungen des Vermieters grundsätzlich dulden. Die duldungspflichtigen Maßnahmen sind gesetzlich festgelegt.

- **Ankündigung der Modernisierungsmaßnahme:** Der Mieter muss die Modernisierungsmaßnahme nur dulden, wenn der Vermieter ihm diese frist- und formgerecht angekündigt hat. Die Ankündigung ist nur dann entbehrlich, wenn die Maßnahme mit keiner oder nur mit einer unerheblichen Einwirkung auf die vermieteten Räume verbunden ist und zu keiner oder nur zu einer unerheblichen Erhöhung der Miete führt.

- **Ankündigungsfrist, Inhalt der Ankündigung:** Spätestens drei Monate vor Beginn der Arbeiten muss der Vermieter dem Mieter mitteilen, was er alles vorhat. Die Ankündigung der Modernisierung muss bestimmte Angaben enthalten. Der Vermieter muss die Modernisierungsmaßnahme in Textform ankündigen.

- **Härteeinwand des Mieters:** Zur Duldung der Modernisierungsmaßnahme ist der Mieter dann nicht verpflichtet, wenn die Maßnahme für ihn, seine Familie oder einen anderen Angehörigen seines Haushalts eine Härte bedeutet, die auch unter Würdigung der berechtigten Interessen des Vermieters und anderer Mieter im Haus sowie von Belangen der Energieeinsparung und des Klimaschutzes nicht zu rechtfertigen ist.

- **Form und Frist des Härteeinwands des Mieters:** Umstände, die eine Härte im Hinblick auf die Duldung oder die Mieterhöhung begründen, muss der Mieter in Textform (schriftlich, per Fax oder E-Mail) mitteilen. Der Mieter hat dem Vermieter diese Umstände bis zum Ablauf des Monats, der auf den Zugang der Modernisierungsankündigung folgt, mitzuteilen.

- **Mieterhöhung:** Nach Abschluss der Modernisierungsmaßnahme ist der Vermieter grundsätzlich berechtigt, im gesetzlichen Rahmen die Miete zu erhöhen.

Soll Ihre Mietwohnung modernisiert werden, so ist dies für Sie in der Regel aus drei Gründen von Interesse: Modernisierungsmaßnahmen beeinträchtigen Sie unter Umständen und verändern Ihre Wohnung. Anschließend erhöht sich meist die Miete. Damit stellen sich zwei Fragen: Unter welchen Bedingungen müssen Sie Modernisierungen dulden? Und welche Kostenfolgen haben diese?

MIETERRECHTE BEI MODERNISIERUNGEN

Instandsetzung/ Instandhaltung oder Modernisierung?

Bauliche Maßnahmen müssen Mieter während der Mietzeit im Wesentlichen nur aus zwei Gründen dulden, nämlich wenn der Vermieter die Mietsache damit instandsetzt oder instandhält (siehe S. 108) oder wenn er diese modernisiert. Zwischen beiden Formen baulicher Maßnahmen muss sorgfältig unterschieden werden. Denn bei Instandsetzungs- und Instandhaltungsmaßnahmen trägt der Vermieter die Kosten selbst und hat nur eingeschränkte Ankündigungspflichten. Modernisierungen darf er dagegen nur ausführen, wenn er diese drei Monate vorher mit ihren wesentlichen Einzelheiten ankündigt. Dafür kann er nach Modernisierungen die Miete erhöhen. Werden durch Modernisierungen anstehende Instandsetzungsarbeiten überflüssig, etwa weil verrottete Einfachfenster durch moderne Isolierglasfenster ersetzt werden, sind die für Modernisierungen geltenden Regeln einzuhalten. Allerdings müssen bei der anschließenden Modernisierungsmieterhöhung die ersparten Instandsetzungskosten abgezogen werden.

WAS GENAU IST EINE MODERNISIERUNG?

Duldungspflichtige Modernisierungen sind bauliche Maßnahmen des Vermieters, die

- den Gebrauchswert der Mieträume und zugehöriger Nebenräume nachhaltig verbessern,

- die Wohnverhältnisse im Haus und auf zugehörigen Flächen dauerhaft verbessern oder
- Energie oder Wasser nachhaltig einzusparen helfen,
- neuen Wohnraum schaffen oder
- nicht von ihm zu vertreten und keine Erhaltungsmaßnahmen sind.

08

Der Neueinbau eines Badezimmers, einer Gegensprechanlage, die erstmalige Verfliesung des Badezimmers, der Austausch von Einfachfenstern durch Isolierglasfenster und der Ersatz von Kohlebeheizung durch eine Zentralheizung sind klassische wohnwertverbessernde Maßnahmen. Allerdings sind die konkreten Umstände entscheidend: Zwar ist ein nachträglicher Balkonanbau eine Modernisierung (LG Berlin GE 2010, 908). Dies gilt jedoch nicht, wenn dieser auf der Nordseite angebaut wird, die Lichtverhältnisse der Wohnung verschlechtert und der Zugang vom Abstellraum aus erfolgt (AG Hannover WuM 1996, 282) oder bereits ein ausreichend großer Balkon vorhanden ist (AG Schöneberg MM 2005, 191; LG Berlin GE 2006, 190). Auch der Umbau in einen Wintergarten ist keine Modernisierung (LG Berlin GE 1997, 1031; AG Hamburg-Altona WuM 2008, 27).

Duldungspflichtige Modernisierungen

Zielen Maßnahmen allein auf die Wohnwertverbesserung, ist entscheidend, dass die Verbesserungen den Mietern zugutekommen, also nicht nur den Wert für den Vermieter erhöhen (LG Paderborn WuM 1993, 360). Dies beurteilen die Gerichte allerdings nicht danach, ob die Mieter die Maßnahme als Verbesserung empfinden oder aktuell nutzen können, sondern nach der »allgemeinen Verkehrsanschauung« (KG RE NJW 1985, 2031). Dabei wird auch berücksichtigt, ob zukünftige Mietinteressenten eine Wohnung mit entsprechender Ausstattung, etwa mit einer rückkanalfähigen Breitbandkabelanlage, eher anmieten werden (BGH, VIII ZR 253/04). Den Tausch der Erfassungsgeräte für Heizwärme, Warm- und Kaltwasser gegen ein zur Funkablesung außerhalb der Wohnung geeignetes System müssen Mieter dulden (BGH, VIII ZR 326/10). Gleiches gilt für die Errichtung eines

Entscheidend: Wird der Wohnwert verbessert?

eingezäunten, abschließbaren Müllplatzes, selbst wenn er etwas weiter entfernt ist als der bisherige Standort (BGH, VIII ZR 88/13).

Wird nur der den Mietern zustehende Mindeststandard (siehe S. 44) hergestellt, handelt es sich um (duldungspflichtige) Erhaltungsmaßnahmen, die keine Mieterhöhung rechtfertigen (BGH, VIII ZR 88/13). Werden also Gegensprechanlage oder Elektroinstallation erneuert, sind dies nur dann Modernisierungen, wenn sie den Wohnwert, etwa durch größeren Komfort erhöhen. Der Ausbau des mitvermieteten, bislang unbewohnbaren Dachbodens steigert wegen des neuen Wohnraums den Wohnwert. Dagegen ist ein die Wohnfläche vergrößernder Anbau keine duldungspflichtige Modernisierung, sondern eine von der Zustimmung der Mieter abhängige Umgestaltung der Wohnung (LG Köln WuM 1993, 40). Davon zu unterscheiden sind Ausbauten, die (für andere) neuen Wohnraum schaffen. Diese sind zwar zu dulden, rechtfertigen jedoch keine Mieterhöhung. Dies gilt auch für Maßnahmen, durch die nur andere Wohnungen modernisiert werden, etwa das Durchziehen von Heizungsrohren (LG Berlin GE 2012, 205).

Grundrissänderungen der Wohnung müssen nur geduldet werden, wenn der Nutzungsgewinn den -nachteil übertrifft. Zumindest in größeren Altbauwohnungen rechtfertigt der Einbau eines Bades meist, dass kleinere Nebenräume wegfallen. Ein nachträglicher Balkonanbau gilt als Modernisierung (LG Berlin GE 2010, 908), es sei denn, ein ausreichend großer Balkon existiert bereits (LG Berlin GE 2006, 190). Verringert der Einbau von Isolierglasfenstern den Lichteinfall erheblich oder wird der architektonische Gesamteindruck eines durch Jugendstilfenster geprägten Raums zerstört, kann dies der Duldung entgegenstehen (LG Berlin MM 2008, 370). Wird die Gasversorgung modernisierungsbedingt stillgelegt, kann der Gasherd durch einen modernen Ceranherd ersetzt werden (LG Berlin GE 2006, 1616; MM 5/2012, 29; a.A. AG Pankow/Weißensee WuM 2015, 357). Maßnahmen, die die Wohnverhältnisse oder die Sicherheit dauerhaft verbessern, etwa die Anlage oder der Ausbau von Kinderspielplätzen, Grünanlagen etc. auf dem Grundstück, der Einbau eines Aufzuges, einer Sicherheitsschließanlage oder von Rauchwarnmeldern (BGH, VIII ZR 216/14) sind Modernisierungen.

Wird die Energieversorgung umgestellt, ist dies nur dann eine Modernisierung, wenn sich dadurch der Gebrauchswert steigert oder Energie eingespart wird. Bei Maßnahmen zur Einsparung von Energie oder Wasser reicht es, dass diese nachhaltig, also messbar sind und dauerhaft wirken. Für die Duldungspflicht der Mieter ist nicht entscheidend, ob sie zugleich den Wohnwert verbessern. So verbessert es nicht zwingend den Wohnwert, spart aber jedenfalls Energie, wenn die Hausfassade neu gedämmt wird. Allein deren Renovierung ist hingegen keine Modernisierung, sondern eine Instandsetzungsmaßnahme (AG Köln WuM 1987, 31). Der Ersteinbau von Geräten, die, wie etwa Wasser- und Heizkostenzähler, den Wasser- oder Energieverbrauch erfassen, dient der Einsparung.

Maßnahmen zur Einsparung von Energie oder Wasser

08

Bei Modernisierungen, die Energie einsparen, ist auch rechtlich zwischen jenen zu unterscheiden, von denen die Mieter potenziell durch geringere Energiekosten direkt profitieren und solchen, die (nur) dem Ressourcen- und Klimaschutz dienen: Nur Energiesparmaßnahmen, die nachhaltig Endenergie in der Wohnung oder im Hause einsparen, rechtfertigen als sogenannte energetische Modernisierung eine anschließende Modernisierungsmieterhöhung (§§ 555 b Ziff. 1, 559 Abs. 1 BGB). Dagegen sind Maßnahmen, die aus fossilen Brennstoffen gewonnene Primärenergie einsparen oder, wie etwa Sonnenenergie- oder Windkraftanlagen, das Klima nachhaltig schützen, zwar duldungspflichtig, rechtfertigen allerdings keine Mieterhöhung, es sei denn, durch sie wird zugleich Endenergie eingespart (§§ 555 b Ziff. 1 und 2, 559 Abs. 1 BGB). Endenergie ist die Energie, die vor Ort ankommen muss, um dort einen bestimmten energetischen Nutzen, etwa Licht oder Wärme zu erzielen. Endenergie wird also zum Beispiel eingespart, wenn die Erneuerung einer Heizanlage dazu führt, dass für eine Kilowattstunde Wärme, die in die gute Stube abgegeben wird (Nutzenergie), nicht mehr,

Einsparung von End- und Primärenergie

wie bisher 1,2 Kilowattstunden Gas, Öl, Strom oder Fernwärme (Endenergie), sondern nur noch 1,1 Kilowattstunden bezogen und folglich auch bezahlt werden müssen. Vor Ort entstehende energetische Verluste werden also verringert. Primärenergie setzt sich zusammen aus der Endenergie und der zusätzlichen Energie, die erforderlich ist, um Endenergie vor Ort bereitzustellen. Hinzuzurechnen ist also der Energiebedarf, den man für Förderung, Herstellung, Transport und Aufbereitung von Gas, Öl, Strom oder Fernwärme benötigt. Die günstigste Primärenergiebilanz bietet in der Regel die Energieerzeugung aus Sonne und Wind, danach folgen Holzpellets, Fernwärme aus Kohle oder Gas mit Kraft-Wärme-Kopplung, dann Kohle, Öl und Gas und anschließend Fernwärme aus Kohle oder Gas. Am ungünstigsten ist die Wärmeversorgung durch Strom. Nachhaltig ist die Energieeinsparung, wenn sie messbar und dauerhaft ist, selbst wenn sie geringfügig bleibt (BGH, VIII ARZ 3/01).

Austausch von Kastendoppelfenstern

Werden Kastendoppelfenstern durch Isolierglasfenster ersetzt, ist dies eine Modernisierung, wenn damit dauerhaft und wesentlich Energie eingespart wird (BGH GE 2004, 407). Ob dies zutrifft, hängt also vom Vergleich der Werte der alten und neuen Ausstattung ab. Da der Vermieter die Mieträume instandhalten muss, ist nicht auf die Werte der altersbedingt reparaturbedürftigen mangelhaften vorhandenen Ausstattung, sondern auf jene nach fachgerechter Instandsetzung abzustellen.

Mietereinbauten

Ob eine Baumaßnahme den Wohnwert verbessert und deshalb als Modernisierung geduldet werden muss, richtet sich nach dem gegenwärtigen Zustand der Wohnung, nicht etwa dem bei Beginn der Mietzeit. Dies gilt auch, wenn die Mieter die Wohnung modernisiert oder vom Vormieter eine Modernisierung erworben haben (BGH, VIII ZR 110/11), es sei denn, der Einbau war vertragswidrig, etwa weil der Vermieter diesem nicht zugestimmt hatte. Haben also die Mieter mit Genehmigung des Vermieters Kohleöfen durch eine Zentralheizung ersetzt, müssen sie den Einbau einer neuen Heizanlage durch den Vermieter nur dulden, wenn dies noch mehr Energie sparen würde.

Duldungspflichtige Modernisierungen sind auch Arbeiten, die der Vermieter gezwungenermaßen, etwa aufgrund öffentlich-rechtlicher Vorschriften oder behördlicher Anordnungen durchführen muss, sofern sie nicht der Instandhaltung oder der Mängelbeseitigung (siehe S. 80 ff.) dienen (§ 555 b Ziff. 6 BGB). Häufige Fälle sind Denkmalschutzmaßnahmen, die Umstellung von Stadt- auf Erdgas, der Einbau von Thermostatventilen (§ 7 Heizanlagenverordnung), von Wärmezählern in Warmwasserbereitungsanlagen (§ 9 Abs. 2 HeizkVO) und die Installation von Rauchwarnmeldern. Diesen können Mieter nicht ihre eigene Ausstattung entgegenhalten, wenn die betreffende Bauordnung den Eigentümer und Vermieter dazu verpflichtet (BGH, VIII ZR 290/14).

08

HÄRTEEINWÄNDE GEGEN MODERNISIERUNG UND MIETERHÖHUNG

Mieter können Modernisierungen entgegentreten, wenn Härtegründe vorliegen, die diese Maßnahmen unzumutbar machen. Bei der Entscheidung, ob ein Härtefall vorliegt, müssen die Interessen des Vermieters und anderer Mieter im Gebäude sowie die Belange der Energieeinsparung und des Klimaschutzes berücksichtigt werden (§ 555 d Abs. 2 Satz 1 BGB). Deren Interessen sind gegen die Interessen der Mieter, ihrer Familie und anderer Haushaltsangehörigen, welche die Wohnung berechtigterweise mitbewohnen, abzuwägen. Ob ausreichende Härtegründe vorlagen, hängt also vor allem davon ab, ob die Arbeiten oder deren bauliche Folgen zu unzumutbaren Beeinträchtigungen führen oder ob sie Aufwendungen, die die Mieter mit Einverständnis des Vermieters in der Wohnung vorgenommen hatten, entwerten oder beseitigen. Haben diese etwa eine Zentralheizung eingebaut, kann der Vermieter diese nur ersetzen, wenn die Kosten als abgewohnt gelten können. Bislang gehen Gerichte oft davon aus, dass Investitionskosten in Höhe einer Jahresmiete in vier Jahren abgewohnt sind (LG Hamburg MDR 1983, 1026; LG Berlin NZM 1999, 1036).

Unzumutbare Beeinträchtigung

Mit dem oft zentralen Einwand, dass sie die Modernisierungs-mieterhöhung nach ihren Einkommensverhältnissen nicht tragen können, können Mieter nicht – wie bei anderen Härtegründen – die Modernisierung selbst, sondern nur die anschließende Modernisierungsmieterhöhung verhindern (§ 555 d Abs. 2 Satz 2 BGB). Nach Modernisierungen können Vermieter wegen der verbesserten Ausstattung oft auch die Miete an die ortsübliche Vergleichsmiete anpassen (siehe S. 159). Gegen diese greift kein Härteeinwand, was die Verdrängung ärmerer Mieter aus begehrten Wohnlagen begünstigt.

Mitteilungsfrist

Sämtliche Härtegründe müssen Mieter sehr schnell geltend machen: Spätestens am Ende des Folgemonats, nachdem ihnen die Modernisierungsankündigung des Vermieters zugegangen ist, müssen sie diesem die Umstände, mit denen sie ihre Einwände begründen, in Textform mitteilen. Ging ihnen also die Modernisierungsankündigung im Laufe des Mai 2016 zu, muss die Mietermitteilung mit den Einwänden spätestens am 30. Juni 2016 beim Vermieter eingehen. Es empfiehlt sich, dabei möglichst präzise Angaben zu machen. Auch sollten Sie darauf achten, dass Sie den Zugang notfalls beweisen können (siehe S. 362). Bei Einwänden gegen die zukünftige Miethöhe sollten Sie nicht nur ihr aktuelles und zukünftiges Einkommen und das ihrer Haushaltsmitglieder, sondern auch Ihnen etwaig zustehendes Wohngeld thematisieren, ebenso bei ALG-II-Bezug (Hartz IV) den Höchstbetrag, bis zu dem das Jobcenter die Miet- und Betriebskosten übernimmt.

Die Frist ist eine Ausschlussfrist. Spätere Mitteilungen und Einwände werden also nicht berücksichtigt (§ 559 Abs. 5 Satz 1 BGB n.F.). Ausnahmen bestehen in vier Fällen, nämlich wenn

- die Mieter die Frist unverschuldet versäumt haben,
- sie nicht in der Ankündigung auf die Form und Frist des Härteeinwands hingewiesen wurden,
- die Modernisierungsankündigung nicht den gesetzlichen Anforderungen entsprach oder

- die spätere Modernisierungsmieterhöhung den angekündigten Erhöhungsbetrag um mehr als zehn Prozent überschreitet.

Dazu Folgendes: Haben die Mieter die Frist unverschuldet versäumt, werden ihre Einwände nur berücksichtigt, wenn sie die Verzögerungsgründe dem Vermieter nach deren Wegfall unverzüglich – ebenfalls in Textform – zusammen mit den Härteeinwänden mitteilen (§ 555 d Abs. 5 BGB).

08

Auf Form und Frist des Härteeinwands muss der Vermieter in seiner Ankündigung hinweisen, zwar nicht unbedingt in drucktechnisch hervorgehobener Form, aber doch nicht versteckt unter unübersichtlichen sonstigen Ausführungen (LG Berlin GE 2015, 323). Hat er den Hinweis versäumt (oder, wie soeben beschrieben, verborgen), können die Mieter ihre Einwände auch später noch mitteilen, ohne die Textform wahren zu müssen (§ 555 d Abs. 5 BGB). Im eigenen Interesse sollten sie dies jedoch schriftlich und in nachweisbarer Form tun. Einwände gegen die angekündigte Miethöhe nach der Modernisierung müssen die Mieter in beiden Fällen spätestens bis zum Beginn der Modernisierungsarbeiten mitteilen.

Deutlicher Fristhinweis

Entsprach die Modernisierungsankündigung nicht den gesetzlichen Regelungen (siehe S. 212), dann müssen auch spätere Einwände der Mieter noch berücksichtigt werden (§ 555 d Abs. 3 Satz 2 BGB). Gleiches gilt, wenn die Modernisierungsmieterhöhung mehr als zehn Prozent über der Erhöhung liegt, die der Vermieter in seiner Modernisierungsankündigung mitgeteilt hat (559 Abs. 5 Satz 2 BGB).

Vor allem bei umfassenden Sanierungsarbeiten kommen als Härtegründe Gebrechlichkeit, Krankheit und hohes Alter der Mieter und ihrer Mitbewohner in Betracht, wenn die Arbeiten den Gesundheitszustand verschlechtern oder gefährden können. Auch kann eine Modernisierung aus Härtegründen zeitweise ausgeschlossen sein, etwa wenn die Geburt eines Kindes oder wichtige Prüfungen kurz bevorstehen und ein Ausweichen für die Dauer der Arbeiten unzumutbar erscheint. Unzulässig ist in der Regel auch die Ausführung von Arbeiten zur Unzeit, etwa ein Austausch von Fenstern und Türen (AG Köln WuM 1975, 225; AG Dortmund WuM 1980, 246) oder der Heizung im Winter. Eine unzumutbare Härte kann sich auch aus der langen Dauer und Intensität der Maßnahmen ergeben. Sind diese anders nicht durchführbar, müssen Mieter zwar die Wohnung zeitweilig verlassen. Ein längerer Zeitraum, etwa der Umzug für ein Jahr, kann jedoch unzumutbar sein (LG Berlin GE 2016, 725). Teilweise wird vertreten, dass dies für jeden Zeitraum gilt, der einen üblichen Jahresurlaub, also maximal vier Wochen, überschreitet.

Mieterhöhung: Finanzielle Härtegründe

Ob finanzielle Gründe eine unzumutbare Härte darstellen, die einer Modernisierungsmieterhöhung entgegensteht, ist nicht einfach zu beurteilen, da es keine objektive Grenze gibt (BGH, VIII ZR 174/13). Als Faustregel kann zumindest bei niedrigen bis mittleren Einkommen gelten, dass die Problemzone spätestens ab einer Nettokaltmiete, die 30 Prozent des gesamten Nettoeinkommens des Haushalts überschreitet, beginnt. Das Einkommen der Haushaltsangehörigen ist bei der Berechnung miteinzubeziehen, ebenso etwaige Wohngeldansprüche (LG Berlin GE 2005, 1491).

Mieterhöhung: Allgemein üblicher Zustand

Die spätere Mieterhöhung wird nicht als Härtegrund berücksichtigt, wenn der Vermieter die Modernisierung aus Gründen durchführen musste, die er nicht zu vertreten hat (siehe S. 203) oder wenn die Mietsache durch die Modernisierung lediglich in einen allgemein üblichen Zustand versetzt wird (§ 559 Abs. 4 Satz 2 BGB). Ein allgemein üblicher Zustand besteht, wenn in der Region mindestens zwei Drittel aller Wohnmieträume des betreffenden Baualters über diese Ausstattung verfügen (BGH RE NJW 1992, 1386). Also können sich in einer Gegend, in der fast alle in der Nachkriegszeit erbauten Wohnungen mittlerweile über einen Aufzug verfügen, Mieter nicht darauf berufen, dass sie nach einem Aufzugseinbau die Modernisierungsmieterhöhung nicht tragen können. Haben sie selbst eine moderne, gleichwertige Ausstattung geschaffen, etwa eine Zentralheizung eingebaut oder von den Vormietern erworben, kann der Vermieter ihren Härteeinwand nicht mit dem Argument entkräften, durch seine Maßnahme werde der ursprüngliche, von ihm gestellte Zustand zu einem allgemein üblichen. Abzustellen ist auf den gegenwärtigen Zustand der Wohnung, es sei denn, der Mietereinbau war vertragswidrig, etwa weil der Vermieter diesem nicht zugestimmt hatte (BGH, VIII ZR 25/12).

Ein Schreiben zum Einwand sozialer Härte könnte folgendermaßen aussehen (legt man die Daten im Schreiben zugrunde, müsste dieses dem Vermieter spätestens am 31.10.2016 zugehen):

(Name und Anschrift aller im Mietvertrag als Mieter aufgeführten Personen)

Per Einschreiben/Rückschein! [Besser: Zustellung per Gerichtsvollzieher, siehe S. 363]

An (Vermieter bzw. Hausverwaltung Name und Anschrift)　　　(Ort, Datum)

Ihre Modernisierungsankündigung vom 14.9.2016

Sehr geehrte(r) Herr/Frau .../Damen und Herren,

Ihrer Modernisierungsankündigung vom 14.9.2016, uns zugegangen am 17.9.2016, halten wir entgegen, dass die Mieterhöhung für uns eine gravierende soziale Härte darstellt, die unzumutbar ist. Auch ohne Berücksichtigung der Kosten für die Zentralheizung erhöht sich die Miete nach Ihrem Ansatz um 343 Euro auf 877 Euro nettokalt und mit den voraussichtlichen Betriebskostenerhöhungen sogar um weitere 190 Euro auf 1.067 Euro. Wir verfügen aber inklusive Kindergeld nur über ein monatliches Nettoeinkommen von 2.212 Euro. Die Miete würde also fast 50 Prozent unseres Einkommens, mit dem zwei Erwachsene und ein siebenjähriges, schulpflichtiges Kind auskommen müssen, aufzehren. Auf den Bezug von Wohngeld besteht auch nach Ihrer Mieterhöhung kein Anspruch.

Bitte bestätigen Sie uns den Erhalt dieses Schreibens.

Mit Dank im Voraus und freundlichen Grüßen
(Unterschriften aller Mieter)

WIE DER VERMIETER SEINE MODERNISIERUNG ANKÜNDIGEN MUSS

Rechtzeitige Ankündigung

Dulden müssen Mieter eine Modernisierung nur, wenn der Vermieter ihnen diese rechtzeitig angekündigt hat. Er muss spätestens drei Monate vor Baubeginn in Textform mitteilen, welche Maßnahmen wann und wo genau beginnen, in welchem Umfang sie stattfinden, wie lange sie dauern werden und wie hoch die darauf beruhende voraussichtliche Mieterhöhung sein wird (§ 555 c Abs. 1 BGB). Lediglich bei Bagatellmaßnahmen, die mit nur unerheblichen Einwirkungen auf die Wohnung verbunden sind, etwa beim Einbau von Wasserzählern, und nur zu einer geringen Mieterhöhung führen, ist eine solche Modernisierungsankündigung entbehrlich (§ 555 c Abs. 4 BGB). Gerichte ziehen die Bagatellgrenze meist bei fünf Prozent der Grundmiete (LG Berlin WuM 1991, 482; LG Köln NZM 2005, 741).

Baubeginn bei umfangreichen Maßnahmen ist der »erste Hammerschlag«. Verschiebt sich der Beginn der Arbeiten oder ändert sich die Ablaufplanung erheblich, so ist die Ankündigung jedenfalls bei umfangreichen Maßnahmen unter Einhaltung der dreimonatigen Ankündigungsfrist zu wiederholen. Kleine Verzögerungen sind hingegen hinzunehmen. Haben die Mieter den Maßnahmen bereits zugestimmt, soll es ausreichen, wenn der Vermieter bei Verzögerungen den Beginn zwei Wochen vorher mitteilt (LG Berlin MM 2002, 141).

Konkrete Angaben erforderlich!

Die Ankündigung muss nicht jede Einzelheit der geplanten Modernisierung und nicht jede mögliche Auswirkung beschreiben (BGH, VIII ZR 242/10), sondern nur deren Art und Umfang in wesentlichen Zügen (§ 555 c Abs. 1 BGB). Sie muss aber erkennen lassen, welche Maßnahmen durchgeführt werden, wie diese die Wohnung verändern und wie sie sich auf die Wohnungsnutzung sowie die Miete auswirken. So muss der Vermieter bei energiesparenden Maßnahmen Fakten nennen, anhand derer man beurteilen kann, ob diese eine nachhaltige Energieeinsparung bewirken. Beim Fensteraustausch gehören hierzu Angaben zur Beschaffenheit der alten und neuen Fenster, etwa durch Nennung ihres Wärmedurchgangskoeffizienten (BGH GE 2006, 319; LG Berlin GE 2015, 189). Letzterer wird in W/m^2K angegeben; je niedriger dieser U-Wert, desto besser ist die Dämmeigenschaft. Bei energiesparenden Maßnahmen darf der Vermieter zur energetischen Beschaffenheit einzelner Bauteile allgemein anerkannte Pauschalwerte nennen, muss also nicht unbedingt konkrete Werte ermitteln. Eine Wärmebedarfsberechnung braucht bei Wärmedämmmaßnahmen nicht beigefügt werden (BGH, VIII ARZ 3/01).

08

Bei umfangreichen Sanierungen in der Wohnung muss nicht nur der genaue Beginn der Gesamtarbeiten, sondern auch zumindest hinsichtlich der unterschiedlichen Bauabschnitte der ungefähre Beginn und die voraussichtliche Dauer angekündigt werden (LG Berlin GE 1996, 1115; LG Hamburg WuM 2005, 60). Auch muss der Vermieter mitteilen, welche Modernisierungsmieterhöhung (siehe S. 217) erfolgen soll. Dies erfordert, wenn mehrere Modernisierungen angekündigt werden, dass für jede Maßnahme die Mietsteigerung mitgeteilt wird (AG Mitte MM 09/2011, 30; LG Berlin GE 2013, 747), wozu reicht, dass sich diese aus den mitgeteilten Angaben errechnen lässt (LG Berlin GE 2015, 189). Angaben zu einer unter Umständen ebenfalls möglichen Anpassung an die ortsübliche Vergleichsmiete (siehe S. 159) schuldet der Vermieter jedoch nicht (BGH, VIII ZR 275/07).

Maßnahmenzeitraum anzugeben

Wie bei einer Mieterhöhung muss die Erklärung von allen Vermietern an alle Mieter des konkreten Mietverhältnisses gerichtet sein, wobei eine Vertretung natürlich möglich ist (siehe S. 33 ff., 244 ff.). Umfangreiche Modernisierungen erfolgen häufig im Kontext eines Eigentümer- und Vermieterwechsels. In einem solchen Fall sollten Sie unbedingt prüfen, ob der Ankündigende überhaupt Vermieter oder von diesem bevollmächtigt oder ermächtigt ist. Der Vermieter muss die Modernisierung auch dann ankündigen, wenn er keine Modernisierungsmieterhöhung plant (LG Berlin GE 1990, 763).

Nicht jede Modernisie-
rungsvereinbarung ist
wirksam

Verzichten Vermieter auf die Ankündigung zukünftiger Modernisierungsmaßnahmen ist dies, außer bei Bagatellmaßnahmen
(siehe S. 212), unwirksam (§ 555 c Abs. 5 BGB), kann also mietvertraglich nicht wirksam vereinbart werden. Nach Mietvertragsschluss können die Mietparteien jedoch Modernisierungsver-
einbarungen treffen, in denen insbesondere die Durchführung
der Maßnahmen, die Minderung und Aufwendungsersatzansprüche der Mieter sowie die künftige Miethöhe geregelt werden (§ 555 f BGB). Was zu sogenannten Haustürgeschäften bei
Mieterhöhungen ausgeführt wurde (siehe S. 158) gilt auch hier.

Fehlt eine Modernisierungsankündigung oder entspricht diese
nicht den gesetzlichen, vorstehend dargestellten Anforderungen,
müssen die Mieter die Arbeiten nicht dulden. Gegen ihren Willen
kann der Vermieter dann zumindest in der Wohnung selbst keine
Arbeiten durchführen (BGH, VIII ZR 164/10). Führen Arbeiten außerhalb der Wohnung dort zu erheblichen Beeinträchtigungen,
etwa durch Baulärm oder Verschattungen, können Mieter diese,
sofern sie umgehend reagieren, durch einstweilige Verfügung
stoppen (LG Berlin WuM 2012, 213; GE 2015, 256; GE 2015, 325),
jedenfalls solange keine ordnungsgemäße Modernisierungsankündigung erfolgt ist. Nicht oder nicht ordnungsgemäß angekündigte Maßnahmen in der Wohnung selbst sollten Sie nicht
zulassen, also keine Handwerker zu Arbeiten in die Wohnung
lassen, es sei denn, Sie selbst haben daran ein Interesse. Denn
werden die Arbeiten durchgeführt, haben Fehler der Ankündigung nicht etwa zur Folge, dass die Mieterhöhung entfällt, vielmehr wird diese später wirksam (siehe S. 220).

Zustimmung der Mieter

Oft ist die Modernisierungsankündigung mit der Aufforderung
verknüpft, der Modernisierung binnen eines gewissen Zeitraums
zuzustimmen. Sofern der Vermieter die Modernisierung ordnungsgemäß angekündigt hat und der Duldung der Arbeiten keine Härtegründe entgegenstehen (siehe S. 207), kann er verlangen, dass die Mieter innerhalb von ein bis zwei Monaten
zustimmen. Erhält er die erbetene Zustimmung nicht fristgerecht, kann er die Mieter auf Duldung verklagen. Die Duldung zu

verweigern, kann eine derart schwere Vertragsverletzung sein, dass auch eine ordentliche Kündigung gerechtfertigt ist (BGH, VIII ZR 281/13). Diese Rechtsprechung ist hochproblematisch, hat sie doch zur Folge, dass die Mieter bei Strafe des Wohnungsverlustes das Risiko unklarer Rechtslagen tragen. Daher ist derzeit dringend anzuraten, die Duldung als Modernisierung angekündigter Arbeiten nur zu verweigern, wenn gesichert ist, dass es sich um keine solche handelt oder die Fehler der Modernisierungsankündigung eindeutig sind.

Tipp

Bringen Sie Ihre Einwände sinnvollerweise innerhalb der Zustimmungsfrist vor und verhandeln Sie gegebenenfalls darüber, es sei denn, es handelt sich um erhebliche Einwände gegen die bei der Ankündigung einzuhaltenden Formalitäten. Hier kann Zuwarten sinnvoll sein, um kurz vor Beginn der Arbeiten oder im Prozess einen akzeptablen Vergleich zu erzielen.

Der Aufforderung, der Modernisierung zuzustimmen, sind oft vorformulierte Mieterantworten beigefügt, die häufig auch Zustimmungen zur angekündigten Mieterhöhung enthalten. Einer Mieterhöhung müssen und sollten Sie zu diesem Zeitpunkt aber nicht zustimmen.

WAS TUN, WENN DIE MODERNISIERUNG GEDULDET WERDEN MUSS?

Eine Modernisierung zu dulden bedeutet in erster Linie, sie hinzunehmen und, soweit notwendig, den Zugang zur Wohnung und den zu bebauenden Stellen zu ermöglichen. Die Mieter müssen nicht aktiv bei Arbeiten mithelfen (LG Berlin GE 1996, 187) oder diese gar übernehmen, etwa Baufreiheit durch Abbau einer Einbauküche zu schaffen oder im Fall eines vorübergehenden Auszugs Ersatzwohnraum beschaffen (LG Berlin GE 2016, 725). Solche Arbeiten wie auch die Beseitigung von Schäden an den Mieträumen muss der Vermieter selbst übernehmen. Kommt er dieser Verpflichtung nicht nach, so können die Mieter die allgemeinen Mängelbeseitigungsansprüche (siehe S. 80) oder die Kosten selbst übernommener Maßnahmen als Aufwendungsersatz (§§ 555 d Abs. 6 BGB, 555 a Abs. 3 BGB) geltend machen,

Sie brauchen nicht mitzuhelfen

und zwar auch als Vorschuss. Allerdings kann es sinnvoll sein, solche Arbeiten auf eigene Kosten vorzunehmen. Denn den Aufwendungsersatz dafür kann der Vermieter den die Modernisierungsmieterhöhung bestimmenden Kosten zuschlagen (BGH, VIII ZR 173/10).

Vorübergehender Auszug

Beim vorübergehenden Auszug aus Ihrer Wohnung sollten Sie aufpassen, dass Sie Mieter Ihrer bisherigen Wohnung bleiben. Zwar wird allein durch den Umzug in eine Ersatzwohnung desselben Vermieters kein neuer Mietvertrag geschlossen (BGH, VIII ZR 50/12). Aber in jedem Fall ist es sinnvoll, sich mit dem Vermieter im Detail und schriftlich über die Bedingungen der Umzüge, der Miete für die Umsetzwohnung, die Minderung und die Kostenübernahme zu verständigen. Auch sollte man in jedem Fall die Schlüssel behalten, für die Dauer der Arbeiten allenfalls einen davon dem Vermieter aushändigen und darauf achten, dass nicht die Schlösser ausgetauscht werden. Denn wenn Sie die Schlüsselgewalt (siehe S. 48) und damit den Besitz an Ihrer Wohnung verlieren, kann deren Veräußerung zur Folge haben, dass der Erwerber nicht als Vermieter in den Mietvertrag eintritt (BGH, VIII ZR 31/15) und Ihnen ein Rückzug versagt bleibt.

Beeinträchtigen die Modernisierungsarbeiten die Nutzbarkeit der Wohnung, können die Mieter die Miete mindern (siehe S. 84). Lediglich in Fällen, in denen der Vermieter energetische Modernisierungen vornimmt, die Endenergie nachhaltig einsparen (siehe S. 205), sind Minderungen für drei Monate ausgeschlossen (§ 536 Abs. 1a BGB). Wann genau diese Zeit beginnt, ob sie bei umfangreichen Sanierungen für sämtliche Arbeiten einheitlich oder jede einzelne Maßnahme gesondert läuft, wurde gesetzlich nicht geregelt und auch bislang nicht durch die Rechtsprechung präzisiert, sodass Zurückhaltung geboten ist. Dieser Minderungsausschluss gilt nur für energetische, nicht für andere Modernisierungen.

Sonderkündigungsrecht

Unabhängig davon, ob die Ankündigung wirksam oder unwirksam ist, können die Mieter ein Sonderkündigungsrecht

(§ 555 e BGB) geltend machen, es sei denn, es handelt sich um eine Bagatellmaßnahme (siehe S. 212). Die Frist dazu ist recht kurz: Nach Erhalt der Modernisierungsankündigung muss die Kündigung dem Vermieter zum Ende des nächsten Monats zugehen und zum Ende des darauffolgenden Monats ausgesprochen werden. Ist Ihnen also die Ankündigung am 29. Mai zugegangen, muss Ihre Kündigung den Vermieter spätestens am 30. Juni erreichen und beendet das Mietverhältnis zum 31. Juli. Sofern Sie Ihr Sonderkündigungsrecht nutzen, darf vor Ende des Mietverhältnisses mit den Modernisierungsarbeiten nicht begonnen werden. Solch eine Kündigung ist auch dann zulässig, wenn eine ordentliche Kündigung dies nicht wäre. Dieses Recht kann nicht durch Vereinbarung ausgeschlossen werden (§ 555 e Abs. 3 BGB). Achten Sie auf einen beweisbaren Zugang des Kündigungsschreibens (siehe S. 362). Beim Text können Sie sich am Musterbrief auf S. 175 orientieren; der Kernsatz sollte lauten: »kündigen wir unter Berufung auf das uns nach § 555 e Abs. 1 BGB zustehende Sonderkündigungsrecht zum ...«.

MIETERHÖHUNGEN NACH DER MODERNISIERUNG

Nach der Modernisierung kann der Vermieter im freien Wohnungsbau – für den Sonderfall des preisgebundenen Wohnungsbaus gelten andere Regeln – auf Basis der ihm entstandenen Kosten einseitig, also ohne Zustimmung der Mieter, die Miete erhöhen (§§ 559 bis 559 b BGB). Bei Maßnahmen, die sich auf die Einsparung von Primärenergie oder die Schaffung neuen Wohnraums beschränken, ist keine Modernisierungsmieterhöhung zulässig. Gleiches gilt, wenn die Mieterhöhung zu einer sozialen Härte führen würde, wenn die auf den Seiten 207 genannten Voraussetzungen vorliegen. Für Zeiträume, in denen mietvertraglich eine Staffelmiete oder eine Indexmiete vereinbart ist, sind Modernisierungsmieterhöhungen unzulässig (§§ 557 a Abs. 2 Satz 2, 557b Abs. 2 Satz 2 BGB); nur bei der Indexmiete berechtigen

Möglichkeiten der Mieterhöhung

08

Modernisierungen, die der Vermieter nicht zu vertreten hat (siehe S. 203), zu einer Erhöhung.

Der Vermieter kann sich nach der Modernisierung aber – außer bei Staffel- und Indexmieten – auch dafür entscheiden, von den Mietern zu verlangen, einem Mieterhöhungsverlangen zuzustimmen (siehe S. 159). Der Härteeinwand greift hier nicht. Basis des Erhöhungsverlangens ist die ortsübliche Vergleichsmiete, die sich aufgrund der im Vergleich zum Altzustand verbesserten Ausstattung der Wohnung bzw. des Gebäudes in der Regel erhöht haben wird. Sofern die Mieter zustimmen, kann der Vermieter dann keine Modernisierungsmieterhöhung mehr aussprechen (OLG Hamm RE NJW 1983, 289; AG Kerpen GE 2012, 133), jedenfalls dann nicht, wenn aus dem Erhöhungsverlangen hervorging, dass dessen Grundlage die durch die Modernisierung verbesserte Ausstattung war (LG Berlin WuM 2015, 551). Nur wenn seinem Erhöhungsverlangen deutlich zu entnehmen war, dass es durch den vor der Modernisierung bestehenden Ausstattungszustand gerechtfertigt wird, kann der Vermieter – zeitgleich oder danach – eine Modernisierungsmieterhöhung aussprechen (LG Berlin WuM 2016, 105).

Vorsicht

Die Modernisierungsmieterhöhung ist zulässig, sobald die Arbeiten beendet sind und die Rechnungen vorliegen (BGH, VIII ZR 294/11). Für mehrere trennbare Maßnahmen können nach dem jeweiligen Abschluss separate Mieterhöhungen erfolgen (BGH, VIII ZR 88/13). Nur wenn Ihr Vermieter Bauherr der Arbeiten war, können er (OLG Hamm RE WuM 1983, 287), bei anschließender Veräußerung der Wohnung auch der Erwerber (KG RE WuM 2000, 482), die Erhöhung verlangen. Maßnahmen Dritter berechtigen dazu nicht, selbst wenn der Vermieter die Kosten erstatten muss.

WIE HOCH DARF EINE MODERNISIERUNGS-MIETERHÖHUNG SEIN?

Durch die Mieterhöhung darf die Jahresmiete um elf Prozent der Modernisierungskosten gesteigert werden (§ 559 Abs. 1 BGB). Die monatliche Mietsteigerung ergibt sich, wenn man diesen Betrag durch zwölf teilt. Wurden mehrere Wohnungen modernisiert, ist der anteilig auf die Wohnung entfallende Betrag umzulegen (§ 559 Abs. 3 BGB). Umlagemaßstab kann das Wohnflächenverhältnis zwischen Gebäude und Wohnung, aber auch der konkret auf die Einzelwohnung entfallende Aufwand, etwa bei Fenstersanierung die Anzahl der Wohnungsfenster sein.

Von den Modernisierungskosten muss der Vermieter etwaige Kosten abziehen, die er aufgrund der Modernisierung für fällige Instandsetzungsmaßnahmen erspart hat, etwa beim Austausch maroder Einfachfenster durch Isolierglasfenster. Im Falle eines Rechtsstreits ist es hilfreich, wenn sich die Mieter nicht mit pauschalen Angaben begnügen müssen, sondern die Schäden konkret darlegen und beweisen können. Auch Drittmittel, etwa Zinseinsparungen aufgrund günstiger Darlehen oder Kostenzuschüsse öffentlicher Haushalte oder der Mieter, muss der Vermieter von den Kosten abziehen (§ 559 a BGB).

Tipp

Zumindest gravierende Mängel sollten Sie vor Beginn von Modernisierungsarbeiten so dokumentieren, dass Sie deren Umfang notfalls beweisen können. Hilfreich kann es bei Mängeln in der Wohnung sein, einen Kostenvoranschlag einzuholen.

08

WIE MUSS EINE MODERNISIERUNGSMIET-ERHÖHUNG AUSSEHEN?

Die Mieterhöhung muss der Textform (siehe S. 161) entsprechen (§ 559 b Abs. 1 Satz 1 BGB) und von allen Vermietern gegenüber allen Mietern des konkreten Mietverhältnisses erklärt werden. Sie ist nur wirksam, wenn sie eingehend erläutert wird (§ 559 b Abs. 1 Satz 1 BGB). Dazu muss der Vermieter genau und nachvollziehbar die Kosten aufschlüsseln, also sämtliche auf die einzelnen Baumaßnahmen entfallenden Kostenpositionen und etwaige Abzüge (Drittmittel, Instandsetzung). Ersparten Instandsetzungsaufwand muss er entweder konkret oder zumindest als Quote an den aufgewendeten Gesamtkosten darlegen (BGH, VIII ZR 88/13), sonst ist die Erhöhung bereits ungeachtet ihres Inhalts formal unwirksam. Die sich aus der Modernisierung ergebende Wohnwertverbesserung bzw. das Einsparpotenzial muss, sofern für technische Laien nicht unmittelbar erkennbar, erläutert werden. Wie bereits bei der Modernisierungsankündigung muss der Vermieter bei energiesparenden Maßnahmen Fakten nennen, anhand derer man beurteilen kann, ob diese eine nachhaltige Energieeinsparung bewirken (siehe S. 212). Dies gilt

Grundsätze

jedenfalls, wenn die Mieter selbst über keine weiteren Erkenntnisse verfügen. Bezugnahmen auf entsprechende Angaben der Modernisierungsankündigung reichen aus. Verstöße gegen diese Grundsätze machen die Mieterhöhung unwirksam, doch kann diese jederzeit in verbesserter Form wiederholt werden. Nicht zwingend erforderlich ist, dass der Vermieter die Rechnungen und Belege beifügt, doch können die Mieter Einsicht in die Unterlagen verlangen (LG Hamburg WuM 1976, 236; LG Kassel MDR 1965, 140).

FOLGEN DER MODERNISIERUNGSMIETERHÖHUNG

Beginn der Mieterhöhung

Eine wirksame Modernisierungsmieterhöhung gilt ab Beginn des dritten Monats, nachdem sie den Mietern zugegangen ist (§ 559 b Abs. 2 Satz 1 BGB). Eine im März zugegangene Erhöhung gilt also ab dem 1. Juni. Sie verschiebt sich in drei Fällen komplett um sechs Monate (§ 559 b Abs. 2 BGB), wenn

- die Modernisierungsankündigung fehlerhaft war, etwa keine oder unvollständige Angaben zur voraussichtlichen Höhe der neuen Miete enthielt (BGH, VIII ZR 6/07), oder die dreimonatige Ankündigungsfrist nicht eingehalten wurde;
- die Mieter eine gar nicht angekündigte Modernisierung geduldet haben (BGH, VIII ZR 164/10) oder
- die Mieterhöhung den in der Ankündigung mitgeteilten Erhöhungsbetrag um mehr als zehn Prozent übersteigt (BGH, VIII ZR 76/15).

Ankündigungsfehler führen also nicht dazu, dass der Vermieter auf die Erhöhung verzichten muss. Handelte es sich bei den Arbeiten allerdings gar nicht um Modernisierungen, ist auch keine Modernisierungsmieterhöhung möglich. Weil Bagatellmaßnahmen nicht angekündigt werden müssen (siehe S. 212), verschieben Ankündigungsfehler in solchen Fällen nicht den Beginn der Modernisierungsmieterhöhung (BGH, VIII ZR 173/10).

Mietern, die eine Modernisierungsmieterhöhung erhalten, steht ein Sonderkündigungsrecht zu (§ 561 BGB; S. 174 f.). Machen sie von diesem Gebrauch, erhöht sich die Miete nicht.

MODERNISIERUNGSMIETERHÖHUNGEN DURCH ABSPRACHE

08

Eine Modernisierungsmieterhöhung kann von Mietern und Vermieter auch vereinbart werden, jedoch erst nach Mietvertragsschluss (§ 555 f Abs. 1 Nr. 3 BGB; siehe S. 214). Sie sollte schriftlich erfolgen (siehe S. 21). Von den vorstehend dargestellten Regeln darf dabei nicht zum Nachteil der Mieter abgewichen werden (§§ 559 Abs. 6, 559 a Abs. 5, 559 b Abs. 3 BGB). Sie ist also nur wirksam, wenn sie sich an der gesetzlich vorgesehenen Umlage (siehe S. 218) ausrichtet oder diese unterschreitet, erst drei Monate nach Ende der Modernisierungsmaßnahmen wirksam wird und die Modernisierungskosten vom Vermieter nachvollziehbar gemacht wurden. Was zu sogenannten Haustürgeschäften ausgeführt wurde (siehe S. 158) gilt auch hier.

Einvernehmliche Mieterhöhung

Oft verändern Modernisierungen den Ausstattungszustand der Wohnung, sodass auch eine Erhöhung durch Anpassung an die ortsübliche Vergleichsmiete (siehe S. 159 ff.) höher als zuvor ausfallen kann. Eine solche Erhöhung wird durch Vereinbarungen, die eine Modernisierungsmieterhöhung ausschließen oder begrenzen, nicht ausgeschlossen (LG Berlin GE 2012, 616), es sei denn, etwas anderes wurde ausdrücklich vereinbart.

MIETERMODERNISIERUNG

Oft wollen Mieter ihre Mietwohnungen selbst durch bauliche Maßnahmen verbessern, etwa durch Verfliesung des Bades, Einbau einer Zentralheizung oder Modernisierung der Warmwasserversorgung. Dabei gibt es mehrere Problemebenen: Zum einen muss der Vermieter solche Maßnahmen in aller Regel nicht dulden. Zum anderen haben die Mieter das Interesse, dass sich ihre Investitionen lohnen und nicht durch frühzeitigen Auszug, spätere Rückbauverpflichtungen oder Modernisierungen des Vermieters entwertet werden.

VOR MIETERMODERNISIERUNG UNBEDINGT DIE ERLAUBNIS DES VERMIETERS EINHOLEN

Ohne die ausdrückliche Erlaubnis des Vermieters sollten Sie bauliche Maßnahmen in keinem Fall durchführen, ansonsten drohen Schadensersatzforderungen, unter Umständen sogar die fristlose Kündigung. Zudem müssen Sie ohne Vermietererlaubnis vorgenommene Um- und Einbauten bei Auszug auf Verlangen entschädigungslos zurückbauen. Die Übergänge zwischen erlaubter Nutzung und erlaubnispflichtiger baulicher Veränderung sind fließend (siehe S. 59 ff.). Daher sollten Sie im Zweifel vor Durchführung der Maßnahmen rechtlichen Rat einholen.

Tipp

Ein gewisses Druckpotenzial können Mieter entfalten, wenn die alte Ausstattung erhebliche Mängel aufweist und sie den Vermieter darauf hinweisen, dass er diese beseitigen müsste (siehe Kapitel »Ihre Rechte bei Mietmängeln« ab S. 83 ff.), wenn er seine Zustimmung zur Mietermodernisierung versagt.

Da durch Modernisierungen der Ausstattungszustand der Wohnung auch für spätere Mietverhältnisse gewinnbringend gesteigert wird, kann man viele Vermieter für Modernisierungen gewinnen. Gelingt dies nicht, so müssen die Mieter auf die betreffende Maßnahme meist verzichten.

Nur selten haben Mieter einen einklagbaren Anspruch, dass der Vermieter einer baulichen Veränderung der Mietsache zustimmt. Gesetzlich vorgesehen ist dies nur für die Barrierefreiheit des Wohnraums Behinderter (§ 554 a BGB; siehe S. 61 f.). Für einen Sonderfall, die Installation von Einrichtungen zum Fernsehempfang, gibt es eine ausdifferenzierte Rechtsprechung (siehe S. 60 f.). Darüber hinaus ist der Vermieter allenfalls dann verpflichtet Mietermodernisierungen zu dulden, wenn jede andere Entscheidung rechtsmissbräuchlich wäre oder mit den Mietern etwas Entsprechendes bereits vereinbart wurde. Andernfalls kann er allein bestimmen, ob und wie die Wohnung baulich verändert wird, muss also beispielsweise den Einbau einer modernen Heizanlage nicht gestatten (BGH, VIII ZR 10/11).

Daher sollten Sie, wenn eine Einigung mit Ihrem Vermieter miss- | Die Erlaubnis erzwingen
lingt, nur dann versuchen, eine Duldung zu erzwingen, wenn
Sie die Wohnung voraussichtlich noch lange bewohnen und die
Maßnahme für Sie extrem wichtig ist. Selbst dann ist angesichts
der sehr restriktiven BGH-Rechtsprechung Vorsicht geboten.
Rechtsmissbrauch liegt allenfalls dann vor, wenn der Vermieter für seine Position keine schutzwürdigen Interessen geltend
machen kann, die Mieter auf die Modernisierung existenziell angewiesen sind und ihnen zumutbare Alternativen ausscheiden.
Sind Sie dennoch überzeugt, dass der Vermieter rechtsmissbräuchlich handelt, weil er Ihnen die gewünschte Mietermodernisierung verweigert, sollten Sie nicht etwa auf eigene Faust
modernisieren, sondern Rechtsrat einholen und die Duldung
gegebenenfalls einklagen. Wegen des in solchen Fällen meist
hohen Prozesskostenrisikos sollte möglichst die Deckung durch
eine Rechtsschutzversicherung vorliegen. Dies wird am ehesten
gelingen, wenn es eine aktuelle, möglichst örtliche Rechtsprechung gibt, wonach der Vermieter die Maßnahme dulden muss.

Vor einer rechtlichen Auseinandersetzung sollten Sie den Vermieter schriftlich zur Duldung der Modernisierung auffordern.
Die Aufforderung sollte die Voraussetzungen einer Modernisierungsankündigung von Vermieterseite erfüllen (siehe S. 212).
Sie muss von allen Mietern an alle Vermieter gerichtet sein und
Letzteren drei Monate vor Beginn der Baumaßnahmen zugehen.
Sie sollten in Ihrer Ankündigung die geplanten Maßnahmen genau beschreiben und mitteilen, wann die Arbeiten beginnen und
wie lange sie dauern. Die Kosten der Maßnahmen müssen Sie
nicht unbedingt darlegen, aber dem Vermieter unter Vorlage eines Kostenvoranschlags für die Rückbauarbeiten eine Kaution
in entsprechender Höhe anbieten. Ob Letzteres im konkreten
Fall entfallen kann, weil keinerlei Grund ersichtlich ist, aus dem
heraus ein Rückbauinteresse des Vermieters bestehen könnte,
sollten Sie nur nach juristischer Beratung entscheiden. Auch
sollten Sie dem Vermieter anbieten, eine Haftpflichtversicherung
für etwaige Bau- und Betriebsschäden abzuschließen. Am Ende
des Aufforderungsschreibens sollten Sie ihn auffordern, die

08

Maßnahme zu erlauben und ihm dafür eine zweimonatige Frist (Datum nennen!) setzen. Bleibt die Erlaubnis aus, dann können Sie nicht etwa mit der Maßnahme beginnen, sondern müssen die Duldung einklagen. Der Vermieter kann seine Zustimmung davon abhängig machen, dass Sie die Arbeiten durch Fachhandwerker durchführen lassen. Wegen des Haftungsrisikos empfiehlt sich dies ohnehin.

DIE MODERNISIERUNGSVEREINBARUNG

Erlaubt Ihr Vermieter die beabsichtigte Modernisierung, so sollten Sie unbedingt auf eine schriftliche Genehmigung bestehen. Schließlich wollen Sie weder bei Auszug (siehe S. 328 ff.) noch im Falle eines Vermieterwechsels (siehe S. 244 ff.) Ärger. Die Genehmigung sollte ausdrücklich beinhalten, dass Sie bei Auszug den neu geschaffenen Zustand nicht zurückbauen müssen.

Tipp

Rechnen Sie die unterschiedlichen Modelle genau durch! Achten Sie darauf, dass die Vereinbarung vorsieht, dass etwaige öffentliche Förderungsgelder, die Sie für die Modernisierung erhalten, nicht auf die Abwohnzeit und die Entschädigung angerechnet werden.

Jedenfalls bei kostenaufwendigen Maßnahmen empfiehlt es sich, eine darüber hinausgehende Modernisierungsvereinbarung abzuschließen, und zwar bevor Sie mit den Arbeiten beginnen. Diese sollte als Ergänzung zum geschlossenen Mietvertrag gehalten sein und neben dem Rückbauverzicht des Vermieters vorsehen, dass die Mieter eine möglichst präzise bezifferte Entschädigung erhalten, wenn das Mietverhältnis endet, bevor die Investition abgewohnt ist. Schließlich sollte vereinbart werden, dass der Vermieter auf Mieterhöhungen und ordentliche Kündigungen während der Abwohnzeit verzichtet. Eine Kündigung ist dann nur möglich, wenn die Mieter ihre vertraglichen Pflichten schwer verletzten. Üblicherweise wird die Abwohnzeit nach den Modernisierungskosten der Mieter berechnet. Oft orientiert man sich dabei an einer Regelung, die sich in älteren Rechtsvorschriften (§ 19 Abs. 1 Bundesmietengesetz) und der vom Bundesjustizministerium herausgegebenen Mustervereinbarung für Mietermodernisierungen findet: Die Investitionskosten in Höhe einer Jahresmiete (Grundmiete ohne Betriebskosten) werden in vier Jahren abgewohnt. Für die Entschädigung bei vorzeitigem Auszug sieht die Mustervereinbarung ein anderes Modell vor:

Im ersten Jahr nach der Modernisierung verfallen 20 Prozent der Kosten, danach in jedem weiteren Jahr zehn Prozent. Ebenfalls üblich und für die Mieter oft günstiger sind Vereinbarungen, wonach durch jedes der Modernisierung folgende Jahr zehn Prozent der Investitionskosten abgewohnt werden.

08

Wenn Sie Arbeiten in Eigenleistung erbringen, sollten Sie deren Wert vertraglich vereinbaren. Davon ging die Rechtsprechung bislang zwar auch mehrheitlich ohne besondere Vereinbarung aus, aber es gibt auch neuere, abweichende Entscheidungen. Ebenso empfiehlt sich eine Regelung darüber, wer zur Instandhaltung des Einbaus verpflichtet sein soll (ohne entsprechende Regelung ist dies in der Regel Sache der Mieter). Weil die genauen Kosten meist erst nach Abschluss der Arbeiten feststehen, sollten Sie Belege und Rechnungen sorgfältig aufbewahren und mit dem Vermieter von vornherein eine Ergänzung der Modernisierungsvereinbarung vorsehen, in die die Investitionskosten und das Fertigstellungsdatum, mit dem die Abwohnzeit beginnt, eingetragen werden. Schließlich sollten Sie möglichst vereinbaren, dass auch nach Ende der Abwohnzeit Modernisierungen des Vermieters, durch die Ihr Einbau beseitigt, ersetzt oder überflüssig wird, nur mit Ihrer Zustimmung erfolgen dürfen.

Arbeiten in Eigenleistung

09

UNTERVERMIETUNG UND WEITERE MÖGLICHKEITEN, DIE WOHNUNG ANDEREN ZU ÜBERLASSEN

Unter Umständen haben Mieter den Wunsch, Mitbewohner oder Untermieter in die gemietete Wohnung aufzunehmen. In diesem Kapitel erfahren Sie, ob und unter welchen Voraussetzungen das möglich ist und welche mietrechtlichen Folgen damit verbunden sind.

KURZ & BÜNDIG

- **Untervermietung:** Will der Mieter die Wohnung oder einen Teil der Wohnung untervermieten, bedarf er hierfür der Erlaubnis des Vermieters. Unter Umständen ist der Vermieter verpflichtet, diese Erlaubnis zu erteilen.

- **Klage auf Genehmigung:** Versagt der Vermieter die Untervermietung, kann der Mieter auf Erteilung der Genehmigung klagen. Unter Umständen kann der Vermieter vom Mieter Schadensersatz in Höhe der entgangenen Untermiete verlangen.

- **Untermietzuschlag:** Der Vermieter darf seine Genehmigung von der Zahlung eines Untermietzuschlags abhängig machen, wenn ihm die Untervermietung sonst nicht zuzumuten wäre. Das ist insbesondere der Fall, wenn der Vermieter durch die Untervermietung stärker belastet wird (z. B. durch die Wohnungsabnutzung).

- **Beziehungen zwischen Mieter und Untermieter:** Die Untermiete ist ein normales Mietverhältnis zwischen dem Mieter (als Vermieter) und dem Untermieter (als Mieter). Es gelten also grundsätzlich uneingeschränkt die mietrechtlichen Vorschriften.

- **Haftung des Mieters:** Der Mieter haftet, wenn Mitbewohner oder Untermieter schuldhaft mietvertragliche Pflichten verletzen.

- **Beendigung des Mietverhältnisses:** Bei Kündigung des Mietvertrags müssen nicht nur der Mieter, sondern auch der Untermieter und andere Mitbewohner die Wohnung räumen.

Wollen Sie die rechtlichen Zusammenhänge verstehen, wenn Sie Mitbewohner oder Untermieter in die gemietete Wohnung aufnehmen, dann sollten Sie sich vor Augen halten, dass stets mindestens ein Dreipersonenstück gespielt wird. Die Besetzungsliste besteht aus dem Vermieter, dem (Haupt-)Mieter und dem Mitbewohner/Untermieter. Dabei geht es um Beziehungen

- zwischen Vermieter und Mieter,
- Mieter und Mitbewohner sowie
- zwischen Vermieter und Mitbewohnern.

Haupt- und Untermietverhältnis unterscheiden

Vertragsbeziehungen bestehen meist nur zwischen Vermieter und Mietern einerseits (Hauptmietverhältnis), im Falle der Untermiete auch noch zwischen (Haupt-)Mietern und Untermietern (Untermietverhältnis). Ob man als Mieter mit einem Mitbewohner, der selbst nicht Mieter ist, einen Untermietvertrag schließt, ist im Verhältnis zum Vermieter unerheblich. Zwischen diesem und dem Mitbewohner besteht keine rechtliche Bindung. Von Interesse ist lediglich, ob der Vermieter dem Mieter erlaubt hat, den Mitbewohner aufzunehmen. Ist dies nicht der Fall oder endet das Hauptmietverhältnis, kann er, sofern ihm die Wohnung gehört, diesen direkt zur Räumung zwingen (§ 985 BGB).

IHR RECHT, NEUE MITBEWOHNER IN DIE MIETWOHNUNG AUFZUNEHMEN

Zustimmung des Vermieters einholen!

Wen Mieter ohne gesonderte Vermietererlaubnis in ihrer Wohnung aufnehmen dürfen, wurde bereits ausgeführt (siehe S. 70). Andere Personen dürfen nur mit Zustimmung des Vermieters in die Wohnung einziehen (§ 540 Abs. 1 BGB). Andernfalls kann dieser nach vorheriger Abmahnung (siehe S. 45) fristlos kündigen (§ 543 Abs. 2 Nr. 2 BGB) oder auf Unterlassung klagen (§ 541 BGB), und zwar selbst dann, wenn die Mieter einen Anspruch auf eine Erlaubnis haben (BGH, VIII ZR 74/10). Auf die fehlende Erlaubnis kann der Vermieter allerdings keine Kündigung stützen, wenn die Mieter rechtzeitig um Erlaubnis gebeten haben und er zur Genehmigung verpflichtet war (BGH, VIII ZR 74/10).

Wird die Erlaubnis versagt, dann ist zu prüfen, ob der Vermieter verpflichtet ist, diese zu erteilen. Dies ist nach § 553 Abs. 1 BGB der Fall, wenn

Muss Erlaubnis erteilt werden?

09

- nur ein Teil der Wohnung dem zukünftigen Mitbewohner überlassen werden soll,
- daran ein berechtigtes Interesse der Mieter nach Vertragsschluss entstanden ist,
- die Wohnung dadurch nicht übermäßig belegt wird (siehe S. 73) und
- nicht Gründe in der Person des Mitbewohners vorliegen, die die Erlaubnis unzumutbar machen.

Vereinbarungen, mit denen das Recht zur Untervermietung ausgeschlossen wird, sind unwirksam (§ 553 Abs. 3 BGB). Allein dass der Mieter weitgehend woanders wohnt und dort seinen Lebensmittelpunkt hat, beseitigt nicht sein Recht auf eine Teiluntermieterlaubnis (BGH, VIII ZR 4/05), solange er die Wohnung nicht vollständig aufgibt, etwa indem er ein Zimmer behält, darin Einrichtungsgegenstände lagert und/oder darin gelegentlich übernachtet (BGH, VIII ZR 349/13). Der Vermieter muss lediglich die Aufnahme einer konkreten Person gestatten. Eine generelle Untermietgenehmigung steht Mietern nicht zu (BGH, VIII ZR 74/10). Für ein berechtigtes Interesse reichen nachvollziehbare persönliche und finanzielle Gründe, etwa der Wunsch, mit bestimmten Personen zusammenzuwohnen, erhebliche Einnahmeausfälle oder der Auszug eines bisherigen Mieters. Erkrankt der Mieter, kann er verlangen, dass die Aufnahme einer Pflegeperson gestattet wird. Das berechtigte Interesse am Einzug der Drittperson muss nach Abschluss des Mietvertrages entstanden sein. Dies kann zweifelhaft sein, wenn der zeitliche Abstand zum Vertragsschluss gering und deshalb zu vermuten ist, dass die Aufnahme von vornherein geplant war. Zerfällt eine Wohngemeinschaft, wird teilweise vertreten, dass die Zurückbleiben-

Personengebundene Erlaubnis

den kein berechtigtes Interesse an einer Untervermietung haben, weil sie das Risiko kannten. Zumindest bei studentischen Wohngemeinschaften wird dies meist anders gesehen und ein berechtigtes Interesse bejaht (LG München WuM 1982, 189; LG Karlsruhe WuM 1985, 83; LG Frankfurt a.M. WuM 1991, 33).

Untervermietung der ganzen Wohnung?

Die Überlassung der gesamten Wohnung muss der Vermieter nur ausnahmsweise genehmigen, nämlich dann, wenn der Mieter seinen Lebensmittelpunkt in der Wohnung behält, diese selbst oder durch einen Vertreter beaufsichtigt und die Überlassung nur für kurze Zeit, also wenige Monate erfolgt (LG Hamburg WuM 1994, 535; LG Berlin GE 1994, 703 und GE 1994, 931). Typischer Fall ist das studentische Auslandssemester. Aber auch eine einjährige Abwesenheit wurde bereits akzeptiert, weil der Mieter seine Möbel und persönliche Dinge in der Wohnung ließ (AG Tempelhof-Kreuzberg GE 2012, 66).

Unzumutbarkeit

Die Unzumutbarkeit kann sich unter anderem daraus ergeben, dass der Aufnahmekandidat Alkoholiker ist oder sich schwerwiegender Verfehlungen schuldig gemacht hat, etwa schwerer Verletzungen des Hausfriedens durch Beleidigungen, Sachbeschädigungen oder Körperverletzungen. Hier wird im Streitfall zwischen den Nutzungsinteressen des Mieters und den Interessen des Vermieters und der Hausgemeinschaft abgewogen. Weltanschauliche Vorstellungen des Vermieters, etwa zu homosexuellen oder nichtehelichen Partnerschaften, werden von den Gerichten kaum noch als Ausschlussgrund akzeptiert. Im Streitfall muss der Vermieter die Ausschlussgründe beweisen (siehe S. 367 ff.).

Weder die Höhe der geplanten Untermiete (LG Berlin MM 2005, 39) noch die fehlende Zahlungsfähigkeit des Untermieters (LG Berlin MM 2002, 141) berechtigen den Vermieter dazu, die Untermietgenehmigung zu versagen, weil ihn die Gestaltung und die Risiken des Untermietverhältnisses nichts angehen.

Häufiger Streitpunkt ist der Untermietzuschlag, von dem der Vermieter seine Genehmigung abhängig machen kann, wenn ihm die Untervermietung sonst nicht zuzumuten wäre (§ 553 Abs. 2 BGB). Meist wird ein Zuschlag gerichtlich nur akzeptiert, wenn der Vermieter durch die Untervermietung stärker belastet wird, etwa durch die Wohnungsabnutzung, weil die Zahl der Wohnungsbewohner steigt, oder durch eine höhere Belastung mit Betriebskosten (AG Langenfeld WM 1992, 477; LG Berlin MM 2004, 46). Steigt die Bewohnerzahl, so kann in der Regel ein Betrag von bis zu 20 Prozent der erzielten Untermiete verlangt werden (AG Hamburg ZMR 2008, 213). Im preisgebundenen Wohnungsbau ist, soweit dort noch Bundesrecht gilt, der Zuschlag auf monatlich 2,50 Euro bei einem Untermieter, bei mehreren auf 5,00 Euro beschränkt (§ 26 Abs. 3 Neubaumietenverordnung). Ob bereits im Mietvertrag ein fester Untermietzuschlag vereinbart werden darf, ist umstritten.

Untermietzuschlag

09

Da für die Untermieterlaubnis keine Formerfordernisse gelten, kann sie auch mündlich oder stillschweigend (siehe S. 23) erteilt werden. Eine Formularklausel, die eine schriftliche Zustimmung vorschreibt, ist unwirksam (BGH WuM 1991, 381). Dennoch sollte man sich aus Beweisgründen stets um eine schriftliche Genehmigung bemühen. Weiß der Vermieter längere Zeit von der ungenehmigten Gebrauchsüberlassung oder Untervermietung ohne dagegen vorzugehen, darf man meist eine stillschweigende Zustimmung unterstellen, etwa wenn der Name des Untermieters an der Wohnungstür angebracht wurde und der Vermieter die Gebrauchsüberlassung rügelos duldete (OLG Hamburg NJW-RR 1988, 1481: drei Jahre reichen aus; LG Hamburg WuM 1977, 184: 18 Monate reichen aus). Zumindest sind dann Abmahnung oder Kündigung treuwidrig und damit unwirksam (AG Tempelhof-Kreuzberg GE 2012, 448 – acht Monate Kenntnis). Das Wissen seiner Hausverwaltung (siehe S. 36) ist dem Vermieter zuzurechnen (§ 166 Abs. 1 BGB). Wird die Wohnung veräußert, ist der Erwerber an die Genehmigung gebunden, auch wenn er davon bei Kaufvertragsabschluss nichts wusste (LG Frankfurt a.M. DWW 1992, 84; LG Hamburg WuM 1977, 184). Einen durch

Schriftliche Genehmigung einholen

unberechtigte Untervermietung erzielten, die Hauptmiete übersteigenden Mehrerlös kann der Vermieter vom Mieter während des laufenden Hauptmietverhältnisses nicht verlangen (BGH WuM 1996, 216), wohl aber danach (BGH, XII ZR 76/08). Allerdings kann die vom Hauptmieter vereinnahmte Untermiete nicht gepfändet werden (BGH, VII ZB 65/12).

Widerruf der Untermietererlaubnis

Seine Untermieterlaubnis kann der Vermieter widerrufen, wenn der Grund der Genehmigung wegfällt oder wenn er sich bei einer ohne Rechtsanspruch erteilten Erlaubnis den Widerruf vorbehalten hatte und ein wichtiger Grund vorliegt, etwa erhebliche Hausfriedensstörungen des Untermieters. Der Hauptmieter muss dann alles rechtlich Erforderliche tun, um den Untermieter zum Verlassen der Wohnung zu bewegen; allerdings muss ihm der Vermieter dafür ausreichend Zeit lassen, bevor er den Hauptmietvertrag kündigen darf (BGH, VIII ZR 5/13). Da eine normale Untermieterlaubnis nicht umfasst, die Wohnung tageweise an Touristen zu vermieten, können Mieter dafür, jedenfalls nach vorheriger Abmahnung, fristlos gekündigt werden (BGH, VIII ZR 210/13).

> Versagt der Vermieter die begehrte Untervermietung, bleibt nur, den Vermieter auf Genehmigung der Aufnahme zu verklagen. Hatten die Mieter beantragt, ihnen die Untervermietung zu genehmigen, so können sie vom Vermieter auch Schadensersatz in Höhe der entgangenen Untermiete verlangen (BGH, VIII ZR 349/13).

Sonderkündigungsrecht

Ist der Vermieter nicht zur Zustimmung verpflichtet, bleibt den Mietern nur, von ihrem Sonderkündigungsrecht Gebrauch zu machen und das Mietverhältnis mit Dreimonatsfrist zu kündigen (§ 540 Abs.1 Satz 2 BGB). Dieses Sonderkündigungsrecht kann zumindest in einem Formularmietvertrag (siehe S. 30 ff.) nicht wirksam ausgeschlossen werden. Wichtig ist es vor allem in Fällen, in denen die Mieter laut Mietvertrag längere Zeit nicht ordentlich kündigen dürfen (siehe S. 310). Gewarnt sei allerdings davor, einen Freund pro forma als Untermietinteressenten zu benennen, der von vornherein nicht in die Wohnung einziehen will. In solchen Fällen ist die Kündigung rechtsmissbräuchlich und daher unwirksam (BGH, VIII ZR 249/08). Von der moralischen Problematik abgesehen sind Sie im Prozess möglicherweise auf eine Zeugenaussage über die ernsthafte Planung der Untervermietung angewiesen. Freunden sollte man keine strafbare Falschaussage zumuten, zumal man sich damit selbst strafbar macht.

Um Ihre Rechte erfolgreich durchzusetzen, sollten Sie Ihren Vermieter in nachweisbarer Form (siehe S. 362 ff.) auffordern, Ihnen die Aufnahme des zukünftigen Mitbewohners bzw. Untermieters zu gestatten. Dieser Untermieter muss konkret mit Adresse benannt werden. Ist Ihnen in erster Linie daran gelegen, dass eine Genehmigung verweigert wird, damit Sie das Sonderkündigungsrecht geltend machen können, sollte das Schreiben möglichst unverbindlich und knapp formuliert sein. Eine Aufforderung, die Aufnahme eines Mitbewohners/Untermieters zu genehmigen, kann folgendermaßen aussehen:

Nachweisbare Aufforderung

(Name und Anschrift
aller im Mietvertrag als Mieter
aufgeführten Personen)

Per Einschreiben/Rückschein!

An
(Vermieter bzw. Hausverwaltung
Name und Anschrift)   (Ort, 3.10.2016)

Bitte um Erlaubnis, den Einzug eines Mitbewohners zu genehmigen

Sehr geehrte(r) Herr/Frau .../Damen und Herren,

[Alternative: Aufnahme eines Lebensgefährten] nachdem ich am ... die Wohnung ... [genaue Angabe der Mietwohnung] angemietet habe, hat sich meine persönliche Situation geändert. Ich möchte mit meinem Lebensgefährten, Herrn ... [vollen Namen angeben], derzeit wohnhaft ... [Adresse angeben], zusammenziehen und bitte Sie daher, dessen Aufnahme in die vorstehend bezeichnete Wohnung bis zum 19.10.2016 schriftlich zu genehmigen. Ich weise höflich darauf hin, dass Sie zur Zustimmung verpflichtet sind (BGH WuM 2003, 688).

[Alternative: Aufnahme eines Untermieters] nachdem ich am ... die Wohnung ... [genaue Angabe der Mietwohnung] angemietet habe, hat sich meine persönliche und finanzielle Situation geändert, weil meine Mitbewohnerin, Frau ..., ausgezogen ist/ich arbeitslos geworden bin. Daher kann ich die Miete nicht mehr allein aufbringen und bin zur Untervermietung einer der drei Wohnräume gezwungen. Als Untermieter/in möchte ich Herrn/ Frau ..., derzeit wohnhaft ... [Adresse angeben] in die Wohnung aufnehmen. Sofern Sie dies wünschen, können ich oder die/der Genannte weitere Auskünfte über ihre/seine persönlichen Verhältnisse erteilen. Da ich somit gemäß § 553 Abs. 1 BGB ein berechtigtes Interesse an der Teiluntervermietung der Wohnung habe, fordere ich Sie hiermit höflich auf, mir die Teiluntervermietung an Frau/Herrn ... bis zum 19.10.2016 schriftlich zu genehmigen. [Zusatz bei unwilligen Vermietern:] Bitte haben Sie Verständnis, dass ich bereits jetzt darauf hinweise, dass ich angesichts meiner prekären finanziellen Situation gezwungen wäre, auf Genehmigung der Untervermietung und Schadensersatz in Höhe der entgangenen Untermiete zu klagen, wenn ich die Genehmigung nicht fristgemäß erhalte.

[Alternative: Versuch, ein Sonderkündigungsrecht zu erreichen] Hiermit fordere ich Sie höflich auf, mir die Untervermietung meiner Wohnung ... [genaue Angabe der Mietwohnung] bis zum 12.10.2016 schriftlich zu genehmigen.

Mit freundlichen Grüßen
(Unterschriften der Mieter)

|||||||||||||||||||||||||||||||||||||||||||||||||||||||||||||||||||||||||||||||||||||||||||||||||||

Erlaubt der Vermieter die Untervermietung nicht, könnte der Kernsatz Ihrer außerordentlichen Kündigung lauten (die Daten orientieren sich an vorstehendem Musterbrief): ».... leider sind Sie unserer Bitte vom 3.10.2016, uns die Untervermietung zu gestatten, nicht nachgekommen, sodass wir unseren Mietvertrag unter Berufung auf das uns nach § 540 Abs. 1 Satz 2 BGB zustehende Sonderkündigungsrecht fristgemäß zum 31.1.2017 kündigen.« Der Zugang des Kündigungsschreibens sollte beweisbar sein (siehe S. 362). Hinsichtlich des übrigen Textes können Sie sich am Musterbrief auf S. 175 orientieren.

BEZIEHUNGEN ZWISCHEN VERMIETER UND MITBEWOHNERN, DIE NICHT MIETER SIND

09

Nur die Mieter können an den Vermieter aus dem Mietvertrag resultierende Forderungen, etwa solche auf Mängelbeseitigung, stellen. Untermieter oder andere in die Wohnung aufgenommene Personen können dies nicht, da zwischen ihnen und dem Vermieter keine vertragliche Bindung besteht. Daher können sie Mieterrechte gegenüber dem Vermieter allenfalls als Vertreter der Mieter mit deren Vollmacht geltend machen. Umgekehrt hat der Vermieter gegen sie keine Ansprüche aus dem Mietvertrag.

Allerdings gelten Mitbewohner und Untermieter als Erfüllungsgehilfen der Mieter (§§ 278, 540 Abs. 2 BGB). Verstoßen sie schuldhaft gegen die Hausordnung oder andere Pflichten der Mieter, haften diese dafür dem Vermieter in vollem Umfang (BGH, XII ZR 149/98). Bei gravierenden Pflichtverletzungen kann der Vermieter sogar den Hauptmietvertrag kündigen, etwa wenn der Untermieter die Wohnung an Touristen weitervermietet hat (LG Berlin GE 2016, 67). Ansprüche, die der Vermieter unabhängig von vertraglichen Bindungen, etwa bei Körperverletzung oder Sachbeschädigung, gegen jedermann hat, hat er natürlich auch gegen die Mitbewohner der Mieter.

> Für Mitbewohner und Untermieter haften die Mieter

Dies gilt auch umgekehrt. Nur indirekt sind Untermieter oder andere im Haushalt der Mieter lebende Personen etwas besser gestellt als beliebige dritte Personen, weil man bei der Frage, in welchem Umfang der Vermieter Rücksicht auf ihre Rechte, wie Eigentum, körperliche Unversehrtheit und Persönlichkeitsrechte nehmen muss, davon ausgeht, dass der Mietvertrag Schutzwirkung für sie entfaltet und sie insoweit den Mietern gleichgestellt sind. Wesentliche, bei Tod des Mieters und Kündigung des Vermieters geltende Mieterschutzvorschriften (§§ 563, 563 a, 574, 577 Abs. 4 BGB) haben für Ehen, eheähnliche Gemeinschaften, gleichgeschlechtliche Partnerschaften und Partnerschaften ohne sexuellen Bezug Schutzwirkung.

Konsequenzen der Kündigung

Wurde der Mietvertrag wirksam gekündigt, so hat dies folgende Konsequenzen: Nicht nur die Mieter, sondern auch deren Untermieter und andere Mitbewohner müssen die Wohnung räumen. Gegen die Mieter kann der Vermieter insofern aus seinem mietrechtlichen Rückgabeanspruch (§ 546 Abs. 2 BGB) vorgehen. Sofern der Vermieter selbst Eigentümer der Mietsache ist, kann er gegen die Mitbewohner, die ihm gegenüber über kein eigenes Besitzrecht verfügen, aus seinem sachenrechtlichen Besitzrecht (§ 985 BGB) vorgehen.

Besteht ein Untermietvertrag, so gelten zwei Ausnahmen:

Gewerbliche Zwischenvermietung

1. Waren die Wohnräume einem gewerblichen Zwischenvermieter vermietet, der diese weiter-, also untervermietet hat, so gehen Untermietverträge, soweit das Hauptmietverhältnis während deren Laufzeit endet, auf den Vermieter über (§ 565 Abs. 1 BGB). Dieser kann als neuer Vertragspartner der Untermieter die Untermietverträge dann – wie jeder andere Vermieter von Wohnraum – nur kündigen, wenn er über einen Kündigungsgrund verfügt (§ 573 BGB). Etwaige soziale Härtegründe (siehe S. 286) muss er gegen sich gelten lassen. Diese Regelung kann zulasten der Untermieter nicht ausgeschlossen werden (§ 565 Abs. 3 BGB), gilt allerdings nur für gewerbliche Zwischenvermieter mit Gewinnerzielungsabsicht, nicht etwa solche, die aus sozialen oder karitativen Gründen an ihre Schützlinge untervermieten (BGH, VIII ZR 311/14).

2. Dies gilt auch im Falle der zweiten Ausnahme: Die Untermieter können auch gegenüber dem Hauptvermieter die Kündigungsschutzvorschriften geltend machen, wenn dieser gemeinsam mit dem Mieter durch Beendigung des Hauptmietverhältnisses darauf hingearbeitet hat, ihren gegenüber dem Mieter bestehenden Kündigungsschutz zu unterlaufen (AG Helmstedt WuM 1989, 19).

Ausnahmsweise kann der Tod des Mieters zu vertraglichen Beziehungen zwischen Vermieter und Mitbewohnern führen. Bei einem Mietvertrag mit mehreren Mietern wird dieser mit den überlebenden Mietern fortgeführt (§ 563a BGB). Gibt es jedoch keinen überlebenden Mieter, so werden im Haushalt des Verstorbenen lebende Mitbewohner automatisch Mieter (§ 563 BGB), sofern sie nicht innerhalb eines Monats, nachdem sie von dem Todesfall erfahren haben, dem Vermieter mitteilen, dass sie nicht in den Mietvertrag eintreten wollen (§ 563 Abs. 3 BGB). Dabei gelten allerdings gewisse Abstufungen (§ 563 Abs. 1 und 2 BGB): Der im Haushalt lebende Ehegatte wird alleiniger Mieter, der eingetragene Lebenspartner wird dies neben den gleichfalls eintretenden, im Haushalt des verstorbenen Mieters lebenden Kindern. Die übrigen Familienangehörigen und Personen (etwa nicht eingetragene Lebensgefährten), sofern sie mit dem verstorbenen Mieter einen gemeinsamen Haushalt führten, treten als Mieter nur dann in den Mietvertrag ein, wenn kein Ehegatte oder eingetragener Lebenspartner diesen fortführen. Weder die Erben noch der Vermieter können den Eintritt von Haushaltsangehörigen verhindern. Den Mietvertrag kann der Vermieter nur dann kündigen, wenn die Fortführung des Mietverhältnisses mit den Eintretenden für ihn unzumutbar ist, z.B. weil diese fortgesetzt den Hausfrieden stören oder davon auszugehen ist, dass die Miete nicht bezahlt wird (§ 564 BGB).

Tod des Hauptmieters

09

Sind die Mitbewohner zugleich Erben des verstorbenen Mieters, müssen sie, wenn sie nicht in den Vertrag als Mitbewohner eintreten, darauf achten, dass sie zusammen mit ihrer Mitteilung, dass sie nicht in das Mietverhältnis eintreten wollen, jedenfalls aber innerhalb einer Frist von drei Monaten ab Kenntnis vom Todesfall, eine schriftliche, handschriftlich unterschriebene Kündigung aussprechen, weil sie ansonsten als Erben den Vertrag fortsetzen (§ 564 BGB). War der Verstorbene überschuldet, empfiehlt sich gegebenenfalls auch die Ausschlagung der Erbschaft, um dem Vermieter gegenüber jede Haftung zu vermeiden.

Nur selten wird nach Ende des Hauptmietverhältnisses zwischen Vermieter und vormaligen Mitbewohnern bzw. Untermietern stillschweigend ein Mietvertrag geschlossen (siehe S. 23). Für den Wechsel eines oder aller Mieter ist ein von allen Parteien (Vermieter, ein- und ausscheidende Mieter) unterschriebener Nachtrag zum Mietvertrag am sichersten. Zumindest wenn der Vertrag länger als ein Jahr läuft, sollte die gesetzliche Schriftform (siehe S. 21) eingehalten werden. Diese wird allerdings auch durch schriftliche Vereinbarung zwischen bisherigen und neuen Mietern gewahrt, die deutlich auf den Mietvertrag und etwaige Nachträge Bezug nimmt. Die erforderliche Zustimmung des Vermieters ist formlos möglich (BGH, XII ZR 38/12), sollte aber aus Beweisgründen schriftlich erfolgen.

BEZIEHUNGEN ZWISCHEN MIETERN UND IHREN MITBEWOHNERN OHNE UNTERMIETVERTRAG

Oft wurden zwischen Mietern und ihren Mitbewohnern weder ein Untermietvertrag noch andere vertragliche Regelungen vereinbart. Dennoch bestehen rechtliche Beziehungen, etwa zwischen Ehepartnern sowie Eltern und ihren Kindern familienrechtliche Verpflichtungen. Partner einer eingetragenen Lebenspartnerschaft gelten als Familienangehörige (§ 11 Abs. 1 Lebenspartnerschaftsgesetz). Bei Scheidung und Aufhebung eingetragener Lebenspartnerschaften gelten besondere Vorschriften (siehe S. 306).

Regeln einer BGB-Gesellschaft

Bestehen zwischen Mietern und ihren Mitbewohnern keine familienrechtlichen Bindungen, geht man davon aus, dass sich das Verhältnis zwischen Mietern und ihren Mitbewohnern nach den Regeln einer BGB-Gesellschaft richtet, deren Zweck im Unterhalten einer gemeinsamen Unterkunft oder eines gemeinsamen Haushalts besteht und die, soweit keine anderen Absprachen getroffen wurden, jederzeit von jedem Mitglied einseitig gekündigt werden kann (§ 723 Abs. 1 BGB). Dies gilt auch für Lebensgemeinschaften, die keine eingetragene Lebenspartnerschaft sind. Das hat bei Streit und Trennung schwerwiegende Konsequenzen, denn wer Mieter ist, kann, wenn ihn kein Untermietvertrag bindet, vom Nichtmieter verlangen, dass er sofort auszieht. Allenfalls eine kurze Frist wird er nach Treu und Glauben einhalten müssen. Weigert sich der Mitbewohner, dann wird es schwierig, denn eine Räumung per »Faustrecht« ist nicht zulässig, sondern kann nur durch Räumungsklage und anschließende Zwangsvollstreckung durchgesetzt werden. Daher ist eine gütliche Übergangslösung, die den Interessen beider Seiten Rechnung trägt, oftmals die beste Lösung.

Tipp

Da erfahrungsgemäß die emotionalen Verstrickungen in solchen Fällen eine sachliche Lösung oft erschweren, kann hier die Vermittlung durch beiden Streitparteien nicht allzu sehr und gleichermaßen verbundene Personen oder einen professionellen Mediator weiterhelfen.

09

Oft ist streitig, ob ein mündlicher oder stillschweigend (siehe S. 23) geschlossener Untermietvertrag besteht. Allein dass regelmäßig ein Teil der Miete gezahlt wird, reicht dazu nicht, ist aber ein wesentliches Indiz dafür. Enge persönliche Bindungen, etwa eine Partnerschaft, können, aber müssen nicht dagegen sprechen, auch wenn teilweise vertreten wird, ein Untermietverhältnis sei unter anderem dadurch gekennzeichnet, dass Untermieter einen vom Haushalt der Hauptmieter unabhängigen Haushalt führen, auch wenn einige Räume gemeinsam benutzt werden. Im Prozess muss derjenige, der sich darauf beruft, dass er ein Recht zur Weiternutzung der Wohnung oder Einhaltung einer Kündigungsfrist hat, beweisen, dass ein Untermietvertrag bestand.

Stillschweigend geschlossene Mietverträge

BEZIEHUNGEN ZWISCHEN MIETERN UND IHREN UNTERMIETERN

Für beide Seiten ist es im Allgemeinen besser, wenn wenigstens für den Streitfall bereits detaillierte Regelungen bestehen und nicht alles ausgehandelt werden muss.

Kündigung

Da die Untermiete ein ganz normales Mietverhältnis ist, gelten dafür vom Grundsatz her auch die mietrechtlichen Vorschriften uneingeschränkt. Ausnahmen bestehen für typischerweise kurzfristige Mietverhältnisse (§ 549 Abs. 2 und 3 BGB) und für Untermietverhältnisse, in denen der Mieter (und Untervermieter) die Wohnung selbst bewohnt und die Einrichtung überwiegend stellt (§ 549 Abs. 2 Nr. 2 BGB). In diesen Fällen gelten unter anderem wesentliche Kündigungsschutzvorschriften und die Regeln zur Mieterhöhung nicht (siehe S. 289 ff.). Wenn jemand allein ein möbliertes Zimmer zur Untermiete bewohnt, kann ihm daher, ohne dass der Untervermieter einen Kündigungsgrund (z.B. Eigenbedarf) benötigt, zum Ende jeden Monats gekündigt werden, wobei ihm die Kündigung bis zum 15. des Monats zugegangen sein muss (§§ 549 Abs. 2 Nr. 2, 573 c Abs. 3 BGB), es sei denn, der Untermietvertrag enthält eine für ihn günstigere Regelung. Wurden die Räume dagegen den Untermietern gemeinsam mit ihren Familienmitgliedern oder Haushaltsangehörigen dauerhaft überlassen, dann gelten die allgemeinen Kündigungsvorschriften. Aber auch hier ist Vorsicht geboten, wenn der Hauptmieter die Wohnung mitbewohnt, weil er dann ebenfalls ohne Kündigungsgrund, wenn auch mit einer um drei Monate verlängerten Kündigungsfrist, kündigen kann (KG RE WuM 1981, 154).

Tipp

Als Untermieter sollten Sie vor Vertragsschluss all das beachten, was Mieter generell beachten sollten (siehe S. 38 ff.), vor allem aber, ob Ihr (Unter-) Vermieter von seinem Vermieter eine Untermietgenehmigung erhalten hat. Erhält der Hauptmieter wegen unbefugter Gebrauchsüberlassung eine fristlose Kündigung (§ 543 Abs. 2 Nr. 3 BGB), dann stehen auch Sie ohne Wohnung da (siehe S. 235 f.).

Worauf Sie als Untermieter achten sollten

Als Untervermieter sollten Sie vor allem beachten, dass die Miete ausreichend hoch kalkuliert ist, um Ihre eigenen Kosten, besonders die Betriebskosten und etwaige Betriebskostennachzahlungen, abzudecken. Auch darauf, dass Ihnen eine (getrennt von Ihrem Vermögen anzulegende) Mietkaution in Höhe von drei Nettokaltmieten gezahlt wird, haben Sie einen Anspruch. Achten Sie darauf, dass Mietverträge mit einer festen Laufzeit in der Regel nur noch sehr eingeschränkt zulässig sind (§ 575 BGB).

Vor allem aber: Achten Sie genau darauf, an wen Sie untervermieten, denn Sie haften gegenüber dem Vermieter für die Miete, sämtliche Schäden und andere Vertragsverletzungen, die Ihr Untermieter zu vertreten hat (§§ 278, 540 Abs. 2 BGB).

09

10

WENN IHR VERMIETER WECHSELT: VERKAUF UND VERSTEIGERUNG

Veräußert der Vermieter im laufenden Mietverhältnis die Mieträume, so bleibt dieses trotz Eigentumswechsels wirksam. Es gilt der Grundsatz »Kauf bricht nicht Miete«. Der neue Eigentümer tritt an die Stelle des alten Vermieters mit allen Rechten und Pflichten. Einzelheiten dazu erfahren Sie in diesem Kapitel, ferner Besonderheiten, wenn der Vermieter, wie beispielsweise bei einer Zwangsversteigerung, ohne Kaufvertrag wechselt.

KURZ & BÜNDIG

- **»Kauf bricht nicht Miete«:** Veräußert der Vermieter nach Abschluss des Mietvertrags die Mieträume, bleibt das Mietverhältnis bestehen. Der Erwerber tritt anstelle des bisherigen Vermieters in die Rechte und Pflichten des Mietvertrags ein.

- **Kein neuer Mietvertrag erforderlich:** Im Falle der Veräußerung der Mieträume sollte der Mieter keinen neuen Mietvertrag akzeptieren. Häufig verschlechtert sich durch einen Neuabschluss die Rechtsposition des Mieters.

- **Eintragung des Erwerbers ins Grundbuch erforderlich:** Erst wenn der Erwerber ins Grundbuch eingetragen worden ist, wird er auch Vermieter und kann vom Mieter verlangen, dass dieser die Miete an ihn zahlt.

- **Hinterlegung:** Wenn sich nicht feststellen lässt, wer zurzeit berechtigt ist, die Miete und andere Zahlungen aus dem Mietverhältnis zu fordern, kann ein drohender Verzug durch Hinterlegung des Geldbetrags vermieden werden.

- **Zeitpunkt des Forderungsübergangs:** Dem neuen Vermieter stehen grundsätzlich nur Forderungen aus dem Mietverhältnis zu, die nach dem Eigentumsübergang entstanden sind. Alle vorher entstandenen und fällig gewordenen Ansprüche (z. B. wegen rückständiger Miete) bleiben beim bisherigen Vermieter.

- **Tod des Vermieters:** Stirbt der Vermieter, treten zum Zeitpunkt des Todes die Erben als Gesamtrechtsnachfolger in die Rechte und Pflichten des verstorbenen Vermieters ein und übernehmen diese.

Es kann vorkommen, dass Ihr bisheriger Vermieter während des laufenden Mietverhältnisses als Vertragspartner endgültig oder vorübergehend ausscheidet, ohne dass Ihre Zustimmung erforderlich wäre. Ihre Wohnung kann veräußert oder kann unter Zwangs- oder Insolvenzverwaltung gestellt werden.

DIE VERÄUSSERUNG DER MIETRÄUME

Veräußert Ihr Vermieter nach Abschluss des Mietvertrags die Mieträume, so ändert sich gewöhnlich außer der Person des Vermieters nichts am Fortbestand des Mietverhältnisses.

»KAUF BRICHT NICHT MIETE«

Trotz des Eigentumswechsels bleibt Ihr Mietvertrag wirksam. Es gilt der Grundsatz »Kauf bricht nicht Miete« (§ 566 BGB), sodass der neue Eigentümer Vermieter und damit Ihr Vertragspartner wird. Sie müssen also, um Mieter zu bleiben, keinen neuen Mietvertrag abschließen oder Ergänzungen vereinbaren. Dennoch bieten neue Eigentümer Mietern oft einen neuen Mietvertrag an. Meist verschlechtert ein solcher nur die Rechtsposition der Mieter. Sinnvoll ist ein Neuabschluss meist nur gegen Zugeständnisse, etwa einen Kündigungsverzicht des Vermieters oder eine Mietreduzierung, in Einzelfällen aber auch, um rechtliche Risiken zu reduzieren. Denn der Grundsatz »Kauf bricht nicht Miete« gilt nur unter zwei Voraussetzungen, nämlich

- wenn die Mieter beim Eigentumswechsel den unmittelbaren Besitz an der Wohnung hatten
- und der veräußernde Alteigentümer und der bisherige Vermieter identisch sind.

Waren die Mieträume im Zeitpunkt des Eigentumswechsels den Mietern noch nicht übergeben worden, wird der Mietvertrag mit dem Erwerber nur fortgesetzt, wenn dieser dessen Erfüllung übernimmt (§ 567 a BGB). Hatten die Mieter den unmittelbaren Besitz an der Mietsache (siehe S. 48) im Zeitpunkt des Eigentumswechsels verloren, wird der Erwerber ebenfalls nicht Vermieter, selbst wenn sie die Wohnung aufgrund einer unberechtigten Kündigung zurückgegeben hatten (BGH, VIII ZR 313/08) oder ihnen diese weggenommen wurde (BGH, VIII ZR 31/15). Also Vorsicht bei vorübergehenden Auszügen anlässlich von Sanierungen!

10

Auch wenn der die Mieträume veräußernde Alteigentümer und Ihr bisheriger Vermieter nicht vollständig identisch sind (siehe S. 34), etwa weil Letzterer nur einer von mehreren Eigentümern war oder ihm die Mieträumlichkeiten gar nicht gehören, wird der Erwerber nicht ohne Weiteres neuer Vermieter. Nur in Einzelfällen wird der Grundsatz »Kauf bricht nicht Miete« dennoch angewandt, beispielsweise dann, wenn die (Mit-)Eigentümer der Vermietung zugestimmt hatten (OLG Karlsruhe GE 1981, 1013, für den Fall des Miteigentums). Auch durch schlüssiges Verhalten (siehe S. 23) können Mieter Vertragspartner des Erwerbers geworden sein, etwa wenn sie in Kenntnis des Eigentumswechsels diesen auffordern, Mängel zu beseitigen (BGH, VIII ZR 84/09) oder an ihn über Jahre hinweg Miete zahlen (KG GE 2003, 1276; BGH, XII ZR 18/00) und dieser dies akzeptiert. An die unverändert gleiche Hausverwaltung zu zahlen, reicht dazu nicht (LG Berlin GE 2011, 268).

Tipp
Greift der Grundsatz »Kauf bricht nicht Miete« nicht, sollten Sie darauf drängen, dass Ihr Mietvertrag den veränderten Eigentumsverhältnissen durch eine schriftliche Vereinbarung angepasst wird. Diese muss von allen Mietern und allen Vermietern und Erwerbern unterschrieben sein.

WANN WIRD DER ERWERBER VERMIETER?

Durch Abschluss des Kaufvertrags wird man weder Eigentümer noch Vermieter, denn dazu müssen die verkauften Räumlichkeiten erst übereignet werden. Erst wenn der Erwerber als Eigentümer ins Grundbuch eingetragen worden ist, wird er auch Vermieter (§ 566 BGB) und kann verlangen, dass Sie die Miete an ihn zahlen und andere Vermieterrechte ausüben, etwa eine Mieterhöhung vornehmen. Die üblicherweise zeitnah zum Kaufvertrag vorgenommene Eintragung als Vormerkungsberechtigter reicht nicht aus (BGH, NZM 2003, 476).

Entscheidend: der Grundbucheintrag

Keine verfrühte Zahlung an den Erwerber

Die Aufforderung des Erwerbers oder seiner Hausverwaltung, die Miete an ihn zu zahlen oder sonstige Aufforderungen von dieser Seite sollten Sie keinesfalls umstandslos akzeptieren. Zahlen Sie Ihre Miete bereits vor dem Eigentumswechsel an den zukünftigen Vermieter, dann liegt darin keine Erfüllung, sodass Sie Ihrem bisherigen Vermieter gegenüber weiter zur Zahlung verpflichtet bleiben. Sie riskieren damit doppelt zu zahlen und unter Umständen sogar wegen Zahlungsverzugs (siehe S. 145 ff.) eine Kündigung zu bekommen. Zwar können Sie den Betrag vom (noch) unberechtigten Erwerber zurückverlangen. Lästig ist dies aber in jedem Fall. Außerdem kann die Rückforderung aus unterschiedlichen Gründen, etwa Insolvenz, Unerreichbarkeit oder Anwaltsfehler im Prozess, scheitern.

Tipp

Verlangen Sie in Zweifelsfällen stets einen Nachweis über den Eigentumserwerb und seinen Zeitpunkt. Wenn Ihnen Ihr bisheriger Vermieter schriftlich bestätigt, dass die Zahlungen an den Erwerber erfolgen sollen, können Sie dem ebenfalls beruhigt Folge leisten.

Spätestens wenn Sie positiv wissen, dass das Mietverhältnis auf den Erwerber übergegangen ist, müssen Sie die Miete an diesen zahlen. Haben Sie in Unkenntnis des Vermieterwechsels die aktuelle Monatsmiete an den bisherigen Vermieter gezahlt, kann der Erwerber nicht die nochmalige Zahlung an sich verlangen (§ 566 c Satz 1 und 3 BGB). Dies gilt sogar, wenn Sie aus dieser Unkenntnis heraus bereits die Miete des folgenden Monats gezahlt haben und vom Vermieterwechsel erst nach dem 15. des laufenden Monats erfahren (§ 566 c Satz 2 und 3 BGB). Da im Zweifel der Erwerber Ihre Kenntnis vom Eigentumserwerb beweisen (siehe S. 367 ff.) muss, ist er gut beraten, Sie selbst zu informieren. Eine einfache Mitteilung reicht dazu nicht, es sei denn, den beigefügten Unterlagen, etwa einem Grundbuchauszug, ist die Rechtsänderung deutlich zu entnehmen (OLG Hamm VersR 1985, 582).

Bei Zweifel: Einsicht ins Grundbuch nehmen!

Wenn Sie keine zuverlässigen Angaben erhalten, sollten Sie unbedingt den genauen Zeitpunkt des Eigentumsübergangs in Erfahrung bringen, indem Sie selbst Einsicht ins Grundbuch nehmen. Dies kann verlangen, wer ein berechtigtes Interesse daran hat (§ 12 Grundbuchordnung). Um dieses glaubhaft zu machen, sollten Sie das Original Ihres Mietvertrags zur Einsichtnahme mitbringen oder andere Dokumente, die belegen, dass Sie Mieter der betreffenden Wohnung sind, etwa Schreiben über Mieterhöhungen, Betriebskostenabrechnungen oder ein entsprechendes Anschreiben des Erwerbers. Für jedes Grundstück gibt es ein Grundbuchblatt. Gebäude und Wohnungen sind Bestandteile des Grundstücks und daher nicht gesondert im Grundbuch aufgeführt. Nur Eigentumswohnungen verfügen über ein gesondertes Grundbuchblatt. Um die richtigen Auskünfte zu erhalten, sollten Sie sich jedenfalls bei größeren Gemeinden darum bemühen, vor dem Gang ins Grundbuchamt die Nummer des Grundbuchblatts, zur Not auch Gemarkung, Flur und Flurstück zu erfragen, beim Vermieter, Nachbarn oder notfalls auch beim örtlichen Katasteramt. Einsicht erhalten Sie als Mieter in der Regel nur in das Bestandsverzeichnis, in dem die genaue Lage des Grundstücks aufgeführt ist, und in die Abteilung 1 des jeweiligen Grundbuchblatts. Dort ist eingetragen, wer wann genau Eigentümer des Grundstücks geworden ist. Entscheidend ist das Datum der Eintragung, nicht der Auflassung. Beachten Sie, dass in alten, nicht automatisiert geführten Grundbüchern rote Unterstreichungen nicht etwa bedeuten, dass der Eintrag besonders wichtig ist, sondern dass er gestrichen wurde.

10

Tipp

Die veraltete Adresse und das Geburtsdatum des Eigentümers aus dem Grundbuch zu notieren hilft dabei, beim Einwohnermeldeamt dessen aktuelle Adresse zu erfahren.

Zwischen dem Abschluss des Kaufvertrags und der Eintragung ins Grundbuch vergeht oft viel Zeit. Meist enthalten Grundstückskaufverträge daher die Formulierung, dass »Nutzungen und Lasten« an dem Grundstück bzw. der Wohnung zu einem bestimmten Stichtag übergehen. Oft gehen Erwerber und Hausverwalter davon aus, dass ihnen schon deshalb Vermieterrechte zustehen, vor allem das Recht, die Miete zu verlangen. Dies trifft jedoch nicht zu. Ein Kaufvertrag, der diese Formulierung enthält, reicht nicht aus, die Mieter zu verpflichten (BGH, XII ZR 34/02), vielmehr muss eine eindeutige Abtretung vorliegen.

Nutzen- und Lastenübergang

Zwar kann auch der Vermieter Ansprüche, also auch solche auf Mietzahlung, abtreten, aber die Forderungen müssen präzise bezeichnet werden. Für Mieter ist eine solche Abtretung nicht nachteilig. Sie können sämtliche Gegenrechte, die ihnen gegen den abtretenden Altvermieter zustehen, etwa solche auf Min-

Vorsicht bei Abtretungserklärungen

derung (siehe S. 48 ff.), dem neuen Gläubiger entgegenhalten (§ 404 BGB). Außerdem müssen Sie die Abtretung nur akzeptieren, wenn Ihnen diese nachgewiesen wird (§ 410 BGB), etwa durch schriftliche Mitteilung des Alteigentümers oder Vorlage der Abtretungsurkunde (meist des notariellen Kaufvertrags). Wegen der Gefahr doppelter Inanspruchnahme sollten Sie unbedingt darauf bestehen, dass Ihnen die Abtretung zuverlässig nachgewiesen wird. Verlangen Sie vom Erwerber, bevor Sie zahlen, die Abtretungsurkunde zur Einsicht oder verlangen Sie von Ihrem Vermieter eine entsprechende Bestätigung.

Keine Abtretung möglich

Nicht abgetreten werden kann die Befugnis zu kündigen, Modernisierungen anzukündigen und Mieterhöhungen abzugeben. Aber der Altvermieter kann den Erwerber bevollmächtigen, als sein Vertreter solche Erklärungen abzugeben (siehe S. 36 f.). Er kann ihn sogar ermächtigen (§ 185 Abs. 1 BGB), diese im eigenen Namen abzugeben (BGH, VIII ZR 105/07; KG WuM 1998, 99; LG Berlin MM 2005, 191).

Eine solche Ermächtigung muss – anders als eine Vollmacht – den Mietern gegenüber nicht offengelegt werden und kann im Kaufvertrag erfolgen, etwa durch die Vereinbarung, der Erwerber trete ab einem Stichtag mit allen Rechten und Pflichten in den Mietvertrag ein (BGH, VIII ZR 203/13). Erklärungen der oben genannten Art, denen keine Ermächtigung als Originalurkunde beilag, sollten Sie, wie bei einer fehlenden Vollmacht (siehe S. 271), unverzüglich (siehe S. 37) zurückweisen (§§ 182 Abs. 3, 111 BGB). Der folgende Musterbrief soll dafür wie für andere Fälle, in denen geklärt werden muss, ob jemand Vermieterrechte unbefugt geltend macht, als Orientierung dienen:

(Name und Anschrift
aller im Mietvertrag als Mieter
aufgeführten Personen)

Per Einschreiben/Rückschein!

An
(Vermieter bzw. Hausverwaltung
Name und Anschrift) (Ort, Datum)

Mietwohnung ... (Straße), ... (Ort), ... (Geschossangabe, rechts/links)

Sehr geehrte(r) Herr/Frau .../Damen und Herren,

Ihre Kündigung und Ihre Aufforderung im Schreiben vom 14.1.2017, unsere Miete zukünftig an Sie zu überweisen, weisen wir hiermit zurück.

Wir können Ihrem Schreiben leider nicht entnehmen, ob und aus welchem Grund Sie zur Abgabe solcher Erklärungen berechtigt sind. Sie geben lediglich an, als Hausverwaltung der Grashüpfer AG zu handeln. Ob und von wem Sie oder die Grashüpfer AG dazu bevollmächtigt oder ermächtigt wurden oder eine Abtretung vorliegt, ist nicht erkennbar.

Ihre Mitteilung, zum 1.1.2017 habe ein Eigentümerwechsel stattgefunden, trifft nicht zu. Unsere heutige Grundbucheinsicht hat ergeben, dass nach wie vor Herr ... und die ...-GmbH Eigentümer sind. Der Vermieterwechsel erfolgt bei Grundstücksverkäufen erst, wenn der Erwerber als Eigentümer im Grundbuch eingetragen worden ist. Die Vereinbarung über den Übergang von Lasten und Nutzungen reicht dazu aus (BGH, XII ZR 34/02). Nach den uns zugänglichen Informationen müssen wir die Miete daher, jedenfalls vorerst, weiter an unsere bisherigen Vermieter zahlen.

Sollten unsere bisherigen Vermieter Sie oder die Grashüpfer AG zur Abgabe der oben genannten Erklärungen bevollmächtigt, ermächtigt oder Mietforderungen abgetreten haben, ist es Ihnen unbenommen, uns dies durch Vorlage entsprechender Originalschriftstücke (Vollmacht, Ermächtigung, Abtretungserklärung) nachzuweisen. Solange uns entsprechende Belege nicht vorliegen, werden wir die von Ihnen erhobenen Forderungen nicht begleichen. Wir bitten außerdem darum, uns eine etwaige spätere Eintragung der Erwerber als Eigentümer unter Vorlage eines Grundbuchauszugs mitzuteilen.

Wir bitten darum, unser Schreiben als Bitte um bessere Information zu verstehen. Konkreteren Informationen und Nachweisen sehen wir gerne entgegen und verbleiben

mit freundlichen Grüßen
(Unterschriften aller Mieter)

IM NOTFALL: ZAHLUNGSVERZUG DURCH HINTERLEGUNG VERHINDERN

Lässt sich trotz sorgfältiger Nachfragen und Einsicht ins Grundbuch nicht feststellen, wer zurzeit berechtigt ist, die Miete und andere Forderungen aus dem Mietverhältnis zu fordern, sollten Sie prüfen (lassen), ob Sie Ihren drohenden Zahlungsverzug durch Hinterlegung vermeiden können.

Viele Mieter meinen es reiche aus, den Betrag auf ein gesondertes »Sperrkonto« einzuzahlen. Einen zur Kündigung berechtigenden Zahlungsverzug vermeiden Sie jedoch nur, wenn Sie den Betrag beim zuständigen Amtsgericht hinterlegen. Denn eine solche Hinterlegung stellt Sie so, als hätten Sie den Betrag an den Berechtigten gezahlt (§ 378 BGB).

Pflicht zur Recherche

Nicht jede Schwierigkeit, den berechtigten Vermieter ausfindig zu machen, berechtigt zur Hinterlegung. Die Mieter müssen alle ihnen zumutbaren Anstrengungen unternommen haben, um dies zu klären. Nicht nur die Amtsgerichte verlangen vor Hinterlegung entsprechende Nachweise. Verzugsfolgen (siehe S. 145 ff.) vermeiden Sie nur, wenn Sie Bemühungen (Grundbucheinsicht, möglichst schriftliche Anfragen bei Hausverwaltung und anderen Stellen, die Informationen haben könnten) nachweisen können (siehe S. 367 f.). Zudem muss mit der Hinterlegung ein Rücknahmeverzicht ausgesprochen werden, der nicht unter Vorbehalt erfolgen kann. Hinterlegtes Geld können Sie daher in der Regel nicht mehr vom Amtsgericht herausverlangen. Wann eine Hinterlegung im Einzelfall zulässig und sinnvoll ist, ist meist eine ausgesprochen komplexe juristische Frage, sodass Sie vorher rechtlichen Rat einholen sollten.

Welche Rechte und Pflichten wechseln?

DER ERWERBER ALS NEUER VERMIETER

Nach dem Eigentumswechsel hat Ihr neuer Vermieter alle Vermieterrechte und -pflichten. So kann er die Miete verlangen, muss aber auch die Mietsache instandhalten. Allerdings bestehen viele Ansprüche der Mieter nur dann gegen den Erwerber, wenn sie nach dem Eigentumswechsel entstanden und fällig geworden sind. Für Schadensersatzansprüche, die der Mieter vor dem Eigentumswechsel gegen den Altvermieter erworben hatte, haftet der Erwerber in der Regel nicht. Überzahlte Miete kann er nur von dem Vermieter zurückfordern, der sie erhalten hat. Für Betriebskostenabrechnungen und daraus entstehende Guthaben und Nachforderungen ist entscheidend, wann die betreffende Abrechnungsperiode endete. Welche Ansprüche der Erwerber hat, entscheidet sich ebenso: Üblicherweise stehen ihm nur Forderungen zu, die nach Eigentumsübergang entstanden und fällig geworden sind. Alle vorher entstandenen und fällig gewordenen Ansprüche, etwa wegen rückständiger Miete, Schönheitsreparaturen oder Beschädigungen der Mietsache, bleiben beim bisherigen Vermieter (BGH, VIII ZR 219/06). Daher wird auch vertreten, dass Mietrückstände, die davor aufgelaufen sind, den Erwerber nur dann zu einer Kündigung wegen Zahlungsverzugs (siehe S. 145 f.) berechtigen, wenn sie ihm vom Altvermieter abgetreten worden sind (LG Berlin GE 2005, 487). Dies ist allerdings umstritten! Zurückbehaltungsrechte, die gegen den Altvermieter bestanden, erlöschen, sobald der Erwerber Vermieter wird (BGH, VIII ZR 284/05). Haben Sie also Miete einbehalten, um Druck auf Ihren bisherigen Vermieter auszuüben, etwa um ihn zur Mängelbeseitigung (siehe S. 91 f.) oder zur Abrechnung der Betriebskosten zu zwingen, dann müssen Sie ihm diese Beträge erstatten, sobald der Erwerber als Eigentümer ins Grundbuch eingetragen wird.

Vorsicht

Mieter, die gegen ihren bisherigen Vermieter Aufwendungsersatzansprüche geltend machen wollen, etwa für Leistungen, die sie trotz nichtiger Schönheitsreparaturenklausel erbracht haben (siehe S. 135), oder für Mängelbeseitigungsarbeiten (siehe S. 92), sollten sich im Falle eines Eigentumswechsels beeilen. Die sechsmonatige Verjährungsfrist für solche Ansprüche (§ 548 Abs. 2 BGB; siehe S. 340) beginnt zu laufen, sobald den Mietern die Eintragung des Erwerbers im Grundbuch bekannt wird (BGH, VIII ZR 133/07).

Tipp

Erfahren Sie, dass Ihre Wohnung verkauft werden soll oder verkauft worden ist, so bitten Sie Ihren (bisherigen) Vermieter, bereits getroffene mündliche Absprachen als Ergänzung zum Mietvertrag schriftlich, von beiden Seiten unterschrieben und entsprechend rückdatiert zu fixieren.

Von einzelnen Ansprüchen müssen vertragliche Vereinbarungen zwischen Altvermieter und Mieter, durch die diese das Mietverhältnis als solches gestaltet haben, z.B. über Mietereinbauten, Mieterhöhungen oder Mieterhöhungsbegrenzungen, sorgsam unterschieden werden. Denn an solche Vereinbarungen ist der Erwerber gebunden. Haben also Mieter und Altvermieter noch vor dem Eigentumswechsel eine neue Miete vereinbart, so stehen dem Erwerber danach zwar die daran zu bemessenden Mietzahlungen zu, doch kann er die Vereinbarung nur mit Zustimmung der Mieter oder im Rahmen weiterer, gesetzlich zulässiger Mieterhöhungen ändern. Daher ist es wichtig, dass solche Übereinkommen schriftlich erfolgen. Dies gilt insbesondere für Vereinbarungen über Mietermodernisierungen (siehe S. 224 f.). Der Versuch, später eine entsprechende Bestätigung vom Altvermieter zu erhalten, scheitert meist.

Hatte Ihr bisheriger Vermieter zu Ihren Gunsten mit Dritten Vereinbarungen getroffen, dann ist der Erwerber daran nur gebunden, wenn sie in den Mietvertrag aufgenommen wurden (BGH, VIII ZR 58/03, für eine Mietpreisbegrenzungsvereinbarung). Mieterdarlehen, die Mieter ihrem bisherigen Vermieter eingeräumt hatten, verpflichten nur diesen selbst, nicht etwa den Erwerber, es sei denn, es war vereinbart worden, dass der Darlehensbetrag als Mietvorauszahlung gilt oder die Darlehensrückzahlung durch Verrechnung mit zukünftigen Mieten erfolgt (LG Berlin GE 2010, 909).

Mieterhöhungen

Bereits wirksam gewordene Mieterhöhungen des bisherigen Vermieters gelten auch nach dem Eigentums- und Vermieterwechsel weiter. Mieterhöhungsverlangen (siehe S. 159) des alten Vermieters, die dieser bei Eigentumswechsel noch nicht eingeklagt hatte, wirken nur fort, wenn die Mieter diesen zugestimmt hatten oder der Erwerber während der Zustimmungsfrist Eigentümer wurde und die Zustimmung innerhalb der Klagefrist (siehe S. 159) einklagt (LG Kassel WuM 1996, 417). Modernisierungsmieterhöhungen (siehe S. 217) kann der Erwerber jedenfalls dann vornehmen, wenn der ursprüngliche Vermieter die Modernisierungsarbeiten durchgeführt hatte (KG RE WuM 2000,

300; KG RE WuM 2000, 482). Kurioserweise ist umstritten, ob dies auch gilt, wenn der Erwerber selbst die Arbeiten komplett ausführen ließ, bevor er als Eigentümer ins Grundbuch eingetragen und damit Vermieter wurde. Denn eine Modernisierungsmieterhöhung setzt grundsätzlich voraus, dass Bauherr der jeweilige Vermieter war (siehe S. 218). Jedenfalls dann, wenn seine Arbeiten erst nach der Umschreibung im Grundbuch endeten, kann der Erwerber die Modernisierungsmieterhöhung geltend machen (§ 559 Abs. 1 BGB). Mietbegrenzungen, die der bisherige Vermieter beachten musste, weil er öffentliche Fördergelder erhalten hatte (§§ 558 Abs. 5, 559 a BGB; siehe S. 219), muss der Erwerber bei seinen Mieterhöhungen nicht berücksichtigen, es sei denn, der Veräußerer hatte ihm die Verpflichtung vertraglich übertragen (BGH NJW 1998, 445). Für Mieterhöhungen, die der Erwerber auf Grundlage von Modernisierungsmaßnahmen vornimmt, die noch der bisherige Vermieter ausgeführt hatte, dürfte dies allerdings nicht gelten.

Besondere Regeln gelten für Mietsicherheiten: Wurde der Erwerber bis zum 30.8.2001 als Eigentümer ins Grundbuch eingetragen, so muss er die Kaution den Mietern nach Mietende nur erstatten, wenn er sie selbst erhalten hat, was im Streitfall die Mieter beweisen müssen. Wurde der Erwerber nach dem Stichtag eingetragen, haftet er für die Mietsicherheit auch dann, wenn er diese vom ehemaligen Vermieter nicht erhalten hat (§ 566 a Satz 1 BGB) und sie nicht getrennt von dessen Vermögen angelegt war (BGH, XII ZR 13/10). Scheitern die Mieter mit ihrer Rückforderung beim Erwerber, so haftet der ehemalige Vermieter (§ 566 a Satz 2 BGB; BGHZ 141, 160). Da die Kaution kraft Gesetzes auf den Erwerber übergeht, müssen Mieter dem Übergang nicht zustimmen, es sei denn, dies ist zum Übergang ausnahmsweise erforderlich, etwa weil die Kaution dem ehemaligen Vermieter persönlich verpfändet wurde (BGH, VIII ZR 206/10). Ohnehin schadet Mietern eine solche Zustimmung auch nicht, weil sie damit nicht auf die Haftung ihres ursprünglichen Vermieters verzichten (BGH, VIII ZR 206/10).

Mietsicherheit

WENN IHR VERMIETER OHNE KAUF-VERTRAG WECHSELT

Zwangsversteigerung

Auch wenn die Mieträume den Eigentümer anders als durch Verkauf wechseln, wird dies im Grundbuch eingetragen, doch ist dann für den Zeitpunkt des Eigentums- und Vermieterwechsels nicht der Grundbucheintrag entscheidend. Im Falle der Zwangsversteigerung ist der Zuschlag maßgeblich. Haben Sie die aktuelle Miete an Ihren bisherigen Vermieter gezahlt, weil Sie von der Zwangsversteigerung nicht wussten, so stellt dies in der Regel kein Problem dar. Der Ersteigerer kann nicht verlangen, dass Sie noch mal an ihn zahlen. Denn die zum Eigentumswechsel nach Grundstücksverkäufen getroffenen Aussagen gelten auch für die Zwangsversteigerung (§ 57 Gesetz über die Zwangsversteigerung und Zwangsverwaltung – Zwangsversteigerungsgesetz –, § 566 c BGB). Manchmal berufen sich Ersteigerer auf ihr Sonderkündigungsrecht nach § 157 a Zwangsversteigerungsgesetz. Die Vorschrift verkürzt aber nur die von ihnen einzuhaltende Kündigungsfrist auf drei Monate, und dies nur für den ersten möglichen Kündigungszeitpunkt nach Ersteigerung. Wie der alte Vermieter müssen auch sie einen Kündigungsgrund, etwa Eigenbedarf geltend machen.

Rückübertragung

Wurde das Eigentum im Beitrittsgebiet wieder auf den restitutionsberechtigten Alteigentümer übertragen, so geschah dies nicht erst mit dem Grundbucheintrag, sondern, wenn der Rückgabebescheid bestandskräftig wurde (BGH WuM 2000, 609), also nicht mehr vor den Verwaltungsgerichten angefochten werden konnte.

Eigentumswechsel durch Gesetz

Auch bei Eigentümerwechseln, die direkt durch Gesetz erfolgen, wird der Neueigentümer Vermieter (BGH, VIII ZR 280/07 zur Übertragung bundeseigener Grundstücke auf die Bundesagentur für Immobilienaufgaben).

Tod des Vermieters

Wenn der Vermieter stirbt, richtet sich der Eigentumsübergang nicht nach miet-, sondern nach erbrechtlichen Vorschriften. Eigentums- und Vermieterstellung wechseln bereits im Zeitpunkt des Todes (sogenannter Erbfall). Da Erben Gesamtrechtsnachfolger sind und damit vollständig an die Stelle des verstorbenen Vermieters treten, übernehmen sie von diesem alle Rechte und Pflichten (§§ 1922, 1967 BGB), egal, wann diese entstanden sind. Das bedeutet im Unterschied zu anderen Eigentumswechseln vor allem, dass Erben unabhängig vom Zeitpunkt des Rechtsübergangs rückständige Betriebskostenabrechnungen vornehmen müssen und für Schulden des verstorbenen Vermieters haften. Forderungen, die diesem gegenüber bestanden, können daher auch mit aktuellen Mietzahlungen aufgerechnet werden.

Solange der neue Vermieter den Mietern seine Erbenstellung nicht sicher nachgewiesen hat, können diese, sofern sie nicht anderweitig sichere Informationen über seine Erbenstellung erhalten haben, nicht in Zahlungsverzug geraten (BGH, VIII ZR 24/05). Bei bestehenden Zweifeln wird die Hinterlegung (siehe S. 250), der sicherste Weg sein. Bis ein Erbschein erteilt wird, kann allerdings einige Zeit vergehen. Seine Vorlage dient der Glaubhaftmachung, ist aber nicht Voraussetzung dafür, dass der Erbe Ihnen gegenüber rechtlich verbindlich handeln kann. Daher empfiehlt es sich, rechtliche Erklärungen unter Vorbehalt zu erteilen, bis die Erbenstellung sicher feststeht. Dies gilt natürlich nicht für solche Erklärungen, die nur wirksam sind, wenn sie ohne Bedingung oder Vorbehalt erfolgen, etwa Kündigungen oder Zustimmungen zur Mieterhöhung. Jedenfalls Kündigungen sollten Mieter, um Risiken zu vermeiden, gegenüber jedem erklären, der als Vermieter überhaupt in Betracht kommt (siehe S. 269).

Tipp

Leisten Sie keinesfalls umstandslos Miete oder sonstige Zahlungen an die (vorgeblichen) Erben. Fordern Sie die Vorlage eines Erbscheins. Nach einigen Monaten hilft meist auch die Einsicht ins Grundbuch (siehe S. 246 f.).

11

WAS MIETER EINER EIGENTUMSWOHNUNG WISSEN SOLLTEN

Wer Mieter einer Eigentumswohnung ist, muss auf einige mietrechtliche Besonderheiten achten. Dazu gehört insbesondere auch die Betriebskostenabrechnung. Darüber und über das Vorkaufsrecht des Mieters bei Umwandlung der Mietwohnung in eine Eigentumswohnung und den Kündigungsschutz informiert dieses Kapitel.

KURZ & BÜNDIG

- **Keine Sonderregelungen für Eigentumswohnungen:** Wenn eine Wohnung bereits bei Abschluss des Mietvertrags eine Eigentumswohnung war, gibt es rechtlich keine Unterschiede zu anderen Mietverhältnissen.

- **Vorkaufsrecht des Mieters:** Wird eine Mietwohnung in eine Eigentumswohnung umgewandelt, steht dem Mieter beim ersten Verkauf ein Vorkaufsrecht zu. Der Mieter kann in diesem Fall verlangen, anstelle des Käufers in den Kaufvertrag einzutreten.

- **Informationspflicht des Vermieters:** Der Vermieter muss dem Mieter den Inhalt des Kaufvertrags unverzüglich mitteilen und ihn über sein Vorkaufsrecht informieren, sobald der Vertrag wirksam abgeschlossen wurde.

- **Ausübung des Vorkaufsrechts:** Die Ausübung des Vorkaufsrechts erfolgt durch schriftliche Erklärung des Mieters gegenüber dem Verkäufer. Die Ausübung des Vorkaufsrechts muss innerhalb von zwei Monaten nach dem Empfang der Mitteilung erfolgen.

- **Kündigungsschutz bei Umwandlung:** Bei einer Wohnung, die nach Mietbeginn und Einzug des Mieters in eine Eigentumswohnung umgewandelt und anschließend verkauft wird, besteht für den Mieter ein weitgehender Kündigungsschutz. Die Kündigung des Mietvertrags ist dann erst nach Ablauf der Sperrfrist zulässig.

- **Umlegung des Wohngelds auf Mieter:** Beim Wohnungseigentum dürfen Mieter nicht alle Positionen des Wohngelds auf den Mieter umlegen. Umlagefähig sind nur die in der Betriebskostenverordnung aufgeführten Kostenarten.

VERMIETERWECHSEL OHNE KAUFVERTRAG

Einzelne Wohnungen oder Gebäude gehören zum Grundstück und können daher in der Regel nur mit diesem zusammen, nicht jedoch einzeln veräußert werden. Der Eigentümer kann dies ändern, indem er das Gebäude in Eigentumswohnungen aufteilen und das Grundstück entsprechend umwandeln lässt. Dazu muss er bei der zuständigen Bauaufsichtsbehörde eine Bescheinigung beantragen, dass die betreffenden Wohnungen und sonstigen Räume des Gebäudes in sich abgeschlossen sind. Da dazu alle wesentlichen Räume zusammenhängen und gegenüber anderen Wohnungen und Gemeinschaftsräumen abgeschlossen sein müssen, können Einzelzimmer oder Wohnungen ohne Sanitärausstattung nicht in Eigentumswohnungen umgewandelt werden. Weder durch die Umwandlung in eine Eigentumswohnung noch durch deren Veräußerung wird Ihr Mietvertrag beendet oder kann allein aus diesen Gründen gekündigt werden. Es gelten vielmehr die allgemeinen Regeln für den Eigentümerwechsel (siehe S. 244).

Sondereigentum

Mit der Umwandlung wird jede Eigentumswohnung im Grundbuch als Sondereigentum durch ein gesondertes Grundbuchblatt ausgewiesen und kann damit auch unabhängig von den anderen Wohnungen veräußert werden. Zu jeder Eigentumswohnung gehört ein Miteigentumsanteil am Grundstück und an den Gemeinschaftsflächen (z.B. Außenfassaden, Treppenhaus, Fahrstuhl, Zentralheizung und nicht gesondert zugewiesene Nebenräume und Gartenflächen), die allen Miteigentümern gemeinsam gehören. Dieses Gemeinschaftseigentum wird gemeinsam verwaltet. Daher bilden die Wohnungseigentümer eines umgewandelten Grundstücks eine Miteigentümergemeinschaft, deren Rechtsverhältnisse durch die Vorschriften des Wohnungseigentumsgesetzes (WEG) und die im Grundbuch eingetragene sogenannte Teilungserklärung geregelt werden. Letztere ist, ähnlich wie der Mietvertrag im Mietverhältnis, quasi die »Verfassung« der Eigentümergemeinschaft. In der Teilungserklärung sind neben der Größe der Eigentumsanteile unter anderem die Rechte und Pflichten der Wohnungseigentümer, Stimmrechte, die zulässigen Nutzungen und Nutzungsbefugnisse des Gebäudes sowie etwaige Haftungsverpflichtungen neuer Eigentümer für die Schulden ihrer Voreigentümer geregelt. Die Eigentümergemeinschaft bestellt für die Verwaltung des Gemeinschaftseigentums einen Verwalter, der sie vertritt.

Nur ausnahmsweise können die Wohnungseigentümergemeinschaft oder deren Mitglieder Ansprüche direkt gegen die Mieter geltend machen. Wurde deren Vermieter rechtskräftig zur Duldung bestimmter Maßnahmen in der Mietwohnung verurteilt, etwa zum Rückbau einer Balkonverglasung, dann müssen auch die Mieter die Maßnahme dulden (BGH, V ZR 112/06), weil die Mieter ihr Besitzrecht von ihrem Vermieter ableiten. Den Mietern

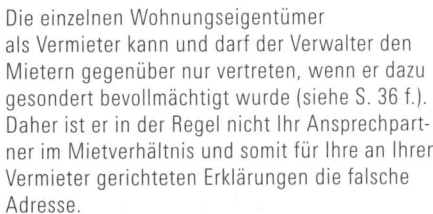

Tipp
Die einzelnen Wohnungseigentümer als Vermieter kann und darf der Verwalter den Mietern gegenüber nur vertreten, wenn er dazu gesondert bevollmächtigt wurde (siehe S. 36 f.). Daher ist er in der Regel nicht Ihr Ansprechpartner im Mietverhältnis und somit für Ihre an Ihren Vermieter gerichteten Erklärungen die falsche Adresse.

stehen dann aber gegenüber ihrem Vermieter unter Umständen Mängelgewährleistungsansprüche zu (siehe S. 80 ff.). Nutzen Mieter ihre Mieträume entgegen den Regelungen der Teilungserklärung, müssen sich andere Wohnungseigentümer nicht direkt an den Vermieter halten, sondern können direkt gegen die Mieter vorgehen (AG Kerpen MM 1+2/2012, 38). An Beschlüsse der Eigentümergemeinschaft, etwa Änderungen der Hausordnung, sind diese dagegen nicht gebunden, es sei denn, im Mietvertrag ist anderes geregelt.

Tipp
Nehmen Sie Informationstermine der Vermieter und Erwerber nur wahr, wenn Sie sich diesen gewachsen fühlen, und auch dann nur in Anwesenheit von Zeugen. Unterschreiben Sie bei solchen Gelegenheiten nichts!

Für Besichtigungen gelten die allgemeinen Regeln (siehe S. 49 ff.), das heißt, nur Ihr Vermieter kann diese verlangen, nicht zukünftige Erwerber. Kaufinteressenten sollten Sie nicht drohen, dürfen aber in höflicher und sachlicher Form durchaus deutlich machen, dass Sie auf jeden Fall weiterhin dort wohnen wollen und Ihre Rechte kennen (LG Schweinfurt WuM 1988, 58). Sollten Sie trotz Ihrer vergleichsweise guten Rechtsposition erwägen, die Wohnung gegen Abfindung aufzugeben, sollten Sie in der Regel nicht gleich das erstbeste Angebot annehmen. Mit Zuwarten setzen Sie die Gegenseite unter Druck und können das Für und Wider in Ruhe abwägen, die markt- und situationsangemessene Abfindung ermitteln und den erforderlichen Expertenrat einholen und prüfen, welche Sanierungsmaßnahmen überhaupt zulässig (siehe S. 108, 202), welche Mieterhöhungen (siehe S. 156, 217) durchsetzbar sind und welchen Inhalt ein möglicher Aufhebungsvertrag haben sollte.

Sonderregeln

Wenn Ihre Wohnung bereits eine Eigentumswohnung war, als Sie den Mietvertrag abgeschlossen haben, gibt es rechtlich keinen Unterschied zu anderen Mietverhältnissen. Bei Wohnungen, die während der Mietzeit umgewandelt und anschließend verkauft werden, gelten dagegen einige Sonderregeln.

VOM MIETER ZUM WOHNUNGS-EIGENTÜMER: DAS VORKAUFSRECHT

Beim ersten Verkauf nach erfolgter Umwandlung haben die Mieter ein Vorkaufsrecht, können also verlangen, anstelle des Käufers in den Kaufvertrag einzutreten (§ 577 BGB). Voraussetzung ist, dass die Mietwohnung zunächst den Mietern überlassen, dann in Wohnungseigentum umgewandelt und danach verkauft wurde (BGH, VIII ZR 143/15). Gleiches gilt, wenn die Wohnung vor dem Verkauf zwar noch nicht umgewandelt wurde, der Vermieter aber, nachdem er diese den Mietern überlassen hatte, die Absicht gefasst hat, sie umzuwandeln. Allerdings muss diese Absicht nach außen hinreichend deutlich geworden sein (BGH, VIII ZR 143/15), etwa durch notarielle Beurkundung der Teilungserklärung (siehe S. 258). Erfolgte diese bereits, bevor die Wohnung den Mietern überlassen wurde, haben diese auch kein Vorkaufsrecht (BGH, VIII ZR 143/15). Voraussetzung für das Vorkaufsrecht ist also stets die Abfolge:

1. Überlassung der Wohnung an die Mieter
2. Umwandlung bzw. dokumentierte Absicht zur Umwandlung
3. Verkauf.

Das Vorkaufsrecht für den ersten Verkauf erlischt nicht, wenn die Wohnung zuvor verschenkt wurde (BGH, VIII ZR 51/14). Üben Mieter ihr Vorkaufsrecht aus, wird der Mietvertrag unwirksam, sobald sie als Eigentümer ins Grundbuch eingetragen werden (BGH, VIII ZR 323/14).

11

Damit das Vorkaufsrecht nicht ins Leere läuft, muss der Vermieter, ersatzweise der Erwerber, den Mietern den genauen Inhalt des Kaufvertrags unverzüglich mitteilen und sie über ihr Vorkaufsrecht informieren, sobald der Vertrag wirksam geschlossen wurde (§ 469 Abs. 1 BGB). Die Mitteilung muss detaillierte Angaben über die mit dem Drittkäufer vereinbarten Gegenleistungen, also insbesondere den Kaufpreis, enthalten und angeben, wem gegenüber die Erklärung des Vorkaufs abzugeben ist. Auch die zweimonatige Ausübungsfrist für das Vorkaufsrecht muss angegeben werden. Fehlt eine dieser Angaben, so beginnt die Ausübungsfrist nicht zu laufen, sodass die Mieter auch später noch ihr Vorkaufsrecht ausüben können. Außerdem schuldet der Vermieter den Mietern Schadensersatz, wenn er sie nicht, falsch oder ungenau unterrichtet oder anderweitig ihr Vorkaufsrecht vereitelt hat (BGH, VIII ZR 271/04; VIII ZR 51/14). Wird der Kaufvertrag geändert, muss der Vermieter die Mieter auch darüber unterrichten; ihre Ausübungsfrist beginnt dann erneut zu laufen (OLG Karlsruhe WuM 1996, 325).

Informationspflicht des Eigentümers

Kein Vorkaufsrecht steht den Mietern zu, wenn die Wohnung an Familien- oder Haushaltsangehörige des Vermieters verkauft wird (§ 577 Abs. 1 Satz 2 BGB) oder die Veräußerung im Rahmen eines Insolvenzverfahrens oder Zwangsvollstreckung (§ 471 BGB), durch Schenkung (BGH, VIII ZR 51/14), Tausch oder Erbteilsverkauf an zukünftige gesetzliche Erben (§ 470 BGB) erfolgt. Während aber nach einem Verkauf an Familien- oder Haushaltsangehörige (BGH, V ZR 269/06) und Veräußerungen im Wege der Zwangsvollstreckung bzw. aus der Insolvenzmasse auch für anschließende Verkäufe kein Vorkaufsrecht besteht (BGH, VIII ZR 51/14), bleibt bei unentgeltlichen Veräußerungen, etwa einer

Ausnahmsweise kein Vorkaufsrecht

Schenkung, das Vorkaufsrecht der Mieter für einen späteren Verkauf an einen Dritten erhalten (BGH, VIII ZR 51/14).

Vorkaufsrecht bei Realteilung

Wird das Gesamtgrundstück nicht in Wohnungseigentum umgewandelt, sondern geteilt (sogenannte Realteilung), etwa in Grundstücksteile mit diversen vermieteten Ein- oder Zweifamilienhäusern, gelten die Regelungen über das Vorkaufsrecht der Mieter entsprechend (BGH, VIII ZR 126/07; VIII ZR 325/09). Dies gilt auch dann, wenn die Realteilung bei Veräußerung noch nicht im Grundbuch vollzogen war, sofern der Verkäufer im abgeschlossenen Kaufvertrag die Verpflichtung zur Aufteilung übernommen hat (BGH, VIII ZR 61/15). Eine Kündigungssperre wie bei Umwandlungen (siehe nachstehenden Abschnitt) wird durch eine Realteilung allerdings nicht ausgelöst (BGH, VIII ZR 325/09).

KÜNDIGUNGSSCHUTZ NACH UMWANDLUNGEN

Sperrfrist

Bei Wohnungen, die nach Mietbeginn und Einzug der Mieter umgewandelt und anschließend veräußert werden, kann der Neuerwerber drei Jahre lang, gerechnet vom ersten Eigentumswechsel nach Umwandlung, nicht wegen Eigenbedarfs oder Hinderung an einer wirtschaftlichen Verwertung (siehe S. 281, 284) kündigen (§ 577 a Abs. 1 BGB). Solche Kündigungen kann der neue Vermieter erst nach Ablauf der Sperrfrist wieder aussprechen (BGH, VIII ZR 26/03), vorher sind sie nichtig. Maßgeblich für den Beginn der Sperrfrist ist die Eintragung des Erwerbers als Eigentümer ins Grundbuch (siehe S. 245). Durch Verordnung können die Bundesländer die dreijährige Sperrfrist auf bis zu zehn Jahre verlängern. Erwerben mehrere Personen oder eine Personengesellschaft, etwa eine Gesellschaft bürgerlichen Rechts, noch vor Umwandlung die Wohnung oder ein Nießbrauch- oder Erbbaurecht daran, beginnt die Sperrfrist bereits mit der Eintragung des Erwerbs der Gesellschaft, also noch vor der Umwandlung (§ 577 a Abs. 1 a und 2 a BGB). Auch ein mehrmaliger Eigentümerwechsel unterbricht oder beendet die Sperrfrist nicht. Diese gilt auch, wenn die

Wohnung im Wege der Zwangsversteigerung veräußert wurde (Bayerisches Oberstes Landesgericht RE WuM 1992, 424). Geschützt ist nicht nur, wer zu Beginn des Mietvertrags bereits Mieter war, sondern auch, wer während des laufenden Mietverhältnisses in dieses kraft Gesetzes als Mieter eingetreten ist (BGH, VIII ZR 26/03). Vereinbarungen, durch die eine Kündigungssperrfrist zum Nachteil der Mieter ausgeschlossen oder eingeschränkt wird, sind nichtig (§ 577 a Abs. 3 BGB). Kündigungen, die nicht mit Eigenbedarf oder Hinderung an einer wirtschaftlichen Verwertung begründet werden, etwa solche wegen Wohnbedarfs für ein Au-pair-Mädchen, sind nicht von der Sperrfrist erfasst (BGH, VIII ZR 127/08).

BETRIEBSKOSTENABRECHNUNGEN IN EIGENTUMSWOHNUNGEN

Betriebskosten in vermieteten Eigentumswohnungen weisen einige Besonderheiten auf. Dies gilt weniger für Kostenpositionen, die dem Vermieter für seine Wohnung als alleinigem Sondereigentum entstehen, also für ausschließlich zur Wohnung gehörende Einrichtungen (z.B. Etagenheizung, Therme etc.) sowie die Grundsteuer. Kosten, die auf mehrere Wohnungen oder das ganze Haus entfallen und daher unter mehreren Nutzern aufzuteilen sind (z.B. Wasser-, Hausstrom- und Müllkosten sowie die Kosten von Aufzug und Zentralheizung), führen hingegen häufiger zu Problemen.

So versuchen nicht wenige Eigentümer, das Wohngeld, das sie jährlich an die Eigentümergemeinschaft zu entrichten haben, vollständig als Betriebskosten auf ihre Mieter umzulegen. Im Wohngeld sind jedoch neben den Betriebskosten auch Kosten enthalten, die nicht auf Mieter umgelegt werden dürfen (siehe S. 178 ff.), nämlich Verwaltungskosten, Instandhaltungskosten und -rücklagen sowie Bankgebühren. Die Umlage solcher Kostenpositionen als Betriebskosten kann im Wohnraummietrecht nicht wirksam vereinbart werden (OLG Koblenz NJW 1998, 995;

Umlegung des Wohngelds

OLG Karlsruhe WuM 1988, 204). Darauf gezahlte Beträge können die Mieter zurückfordern.

Abrechnungsmaßstab

Häufig sind Fehler beim Abrechnungsmaßstab, nach dem die Gesamtkosten auf die Mieter umgelegt werden. Selbst wenn die Wohnungseigentümergemeinschaft eine verbrauchsunabhängige Abrechnung vereinbart hat, können die Mieter verlangen, dass über die Heiz- und Warmwasserkosten verbrauchsabhängig abgerechnet wird und die dazu erforderlichen Messgeräte installiert werden (§ 3 HeizkVO). Solange dies nicht geschieht, können sie die umgelegten Kosten um 15 Prozent kürzen.

Die auf die einzelnen Mitglieder der Eigentümergemeinschaft entfallenden Kostenanteile werden in Wohngeldabrechnungen nach Miteigentumsanteilen und dem Abflussprinzip (siehe S. 192) umgelegt. Betriebskosten können auf Mieter jedoch allenfalls dann nach Miteigentumsanteilen abgerechnet werden, wenn dies mietvertraglich vereinbart wurde oder die Mieter dem nachträglich zustimmen. Fehlt es daran, muss der Vermieter die auf ihn entfallenden Kosten nach dem mietvertraglich vereinbarten Maßstab umlegen, oder, falls es einen solchen nicht gibt, nach der Wohnfläche (§ 556 a Abs. 1 Satz 1 BGB). Auch ansonsten ist der mietvertraglich vereinbarte Verteilerschlüssel vorrangig. Fallen die Kosten allerdings, wie bei der Grundsteuer, nicht bei der Eigentümergemeinschaft, sondern direkt beim Vermieter auf die einzelne Wohnung bezogen an, kann er diese direkt auf die Mieter umlegen (BGH, VIII ZR 252/12).

Beschluss der Eigentümergemeinschaft

Ob bzw. in welchem Umfang in Wohnraummietverhältnissen nach dem Abflussprinzip abgerechnet werden darf, ist höchst umstritten (siehe S. 192). Rechnet der Vermieter dennoch nach diesem Umlagemodus ab, dann darf dies keinesfalls dazu führen, dass Mieter höhere Zahlungen leisten als er an die Eigentümergemeinschaft abführen muss. Dazu kann es z.B. kommen, wenn die Eigentümergemeinschaft die Abrechnung für das betreffende Wirtschaftsjahr beschlossen hat (§ 28 Abs. 5 WEG), dieser Beschluss jedoch nachträglich gerichtlich korrigiert wird.

Verringern sich die auf den Vermieter entfallenden Kosten dadurch nachträglich, so muss dieser seinen Mietern den Betrag erstatten.

Der Beschluss der Eigentümergemeinschaft nach § 28 Abs. 5 WEG ist für Betriebskostenabrechnungen auch deshalb von Bedeutung, weil der Vermieter die auf ihn entfallenden Betriebskosten des jeweiligen Wirtschaftsjahres erst dann wirksam gegenüber den Mietern abrechnen kann, wenn dieser Beschluss vorliegt und rechtskräftig geworden ist. Erst dann nämlich steht verbindlich fest, dass ihm diese Kosten entstanden sind. Rechtskräftig sind solche Beschlüsse unter anderem dann, wenn sie nicht innerhalb von einem Monat angefochten wurden. Haben Mitglieder der Eigentümergemeinschaft einen Beschluss nach § 28 Abs. 5 WEG jedoch rechtzeitig angefochten, ist dieser vorerst nicht rechtskräftig. Ob der Vermieter dennoch wirksam abrechnen kann, ist umstritten.

Tipp

Die Auseinandersetzung sollten Mieter in solchen Fällen nur dann suchen, wenn es um hohe Beträge geht. Ansonsten empfiehlt sich eine gütliche Einigung, weil sonst bis zum Ende der gerichtlichen Auseinandersetzung zwischen den Eigentümern und damit unter Umständen über Jahre hinweg Unsicherheit besteht.

Bei Eigentumswohnungen können Mieter hinsichtlich der auf sie umgelegten Kosten vom Vermieter neben der Einsicht in dessen Rechnungen und Kostenbelege auch verlangen, dass er ihnen ermöglicht, die Belege der Eigentümergemeinschaft bei deren Hausverwalter einzusehen. Allerdings umfasst das Einsichtsrecht nicht Beschlüsse der Wohnungseigentümergemeinschaft (BGH, VIII ZR 45/11).

12

DIE BEENDIGUNG DES MIET-VERHÄLTNISSES

Im Wesentlichen gibt es drei Möglichkeiten, einen Mietvertrag zu beenden: durch Kündigung, durch Ablauf der in einem Zeitmietvertrag fest vereinbarten Mietzeit und durch Mietaufhebungsvertrag. In aller Regel endet das Mietverhältnis durch Kündigung. Seltener sind die Fälle, dass das Mietverhältnis aufgrund einer Vereinbarung im Mietvertrag zu einem bestimmten Zeitpunkt automatisch endet oder dass die Vertragsparteien es einvernehmlich durch Abschluss eines entsprechenden Vertrages beenden.

KURZ & BÜNDIG

- **Erfordernis der Schriftform:** Die Kündigung des Wohnungsmietverhältnisses bedarf der Schriftform. Die Kündigung muss schriftlich erklärt und vom Kündigenden oder dessen Vertreter handschriftlich unterschrieben werden. Andernfalls ist sie unwirksam.

- **Kündigungsgründe bei ordentlicher Kündigung des Vermieters:** Für die ordentliche Kündigung des Mietverhältnisses benötigt der Mieter keinen Kündigungsgrund. Dagegen benötigt der Vermieter ein sogenanntes berechtigtes Interesse an der Kündigung. Den Kündigungsgrund muss der Vermieter im Kündigungsschreiben angeben.

- **Sozialklausel:** Der Mieter kann der Kündigung durch den Vermieter widersprechen, wenn diese für ihn oder einen seiner Haushaltsangehörigen eine Härte bedeutet, gegen die die vom Vermieter mit seiner Kündigung geltend gemachten Interessen zurückstehen müssen.

- **Außerordentliche Kündigung:** Nur ausnahmsweise kann ohne Einhaltung einer Kündigungsfrist gekündigt werden. Das ist in der Regel dann der Fall, wenn dem zur Kündigung Berechtigten nicht zugemutet werden kann, dass er eine ordentliche Kündigung ausspricht und damit das Mietverhältnis bis zum Ende der Kündigungsfrist fortsetzt.

- **Kündigung von Zeitmietverträgen:** Mietverträge, die befristet, also für eine bestimmte Zeit eingegangen wurden, enden automatisch am vereinbarten Endzeitpunkt, wenn sie nicht außerordentlich gekündigt oder verlängert wurden.

- **Mietaufhebungsvertrag:** Ohne Kündigungsgrund und auch ohne Beachtung von Kündigungsfristen und Formvorschriften können Vermieter und Mieter jederzeit einvernehmlich die Beendigung des Mietverhältnisses vereinbaren.

DIE KÜNDIGUNG VON MIETVERTRÄGEN

Tipp

Sind Sie nicht einverstanden, dass der Vermieter kündigt, sollten Sie schnellstmöglich kompetenten Rechtsrat einholen. Manchmal ist schnelles Handeln, oft Zuwarten taktisch geboten. Das kann in der Regel nur ein Experte zuverlässig beurteilen. Aus Empörung oder Panik heraus dem Vermieter sofort zu antworten, ist meist die schlechteste Alternative und kann unter Umständen Ihre Erfolgsaussichten bei einer Räumungsklage verschlechtern oder gar vereiteln.

Weder Mieter noch Vermieter können beliebig kündigen. Wann, unter welchen Voraussetzungen und mit welchen Fristen dies möglich ist, ist gesetzlich geregelt. Da die Folgen einer Kündigung gravierend sein können, kann zum Nachteil der Mieter von diesen Regelungen nur sehr eingeschränkt abgewichen werden.

Bei einer normalen Kündigung – Juristen sprechen von »ordentlicher Kündigung« – müssen Kündigungsfristen eingehalten werden. Von wenigen Ausnahmen abgesehen benötigen Vermieter, damit sie eine solche Kündigung wirksam aussprechen können, einen Kündigungsgrund (§ 573 BGB), z. B. Eigenbedarf. Mieter hingegen dürfen ohne Kündigungsgrund ordentlich kündigen.

Außerordentliche Kündigung

Neben der ordentlichen Kündigung gibt es gesetzlich geregelte Sonderfälle, in denen bestimmte Ereignisse, etwa eine Mieterhöhung oder der Tod des Mieters, eine außerordentliche Kündigung rechtfertigen. Auch hier muss meist eine Kündigungsfrist eingehalten werden, die allerdings manchmal kürzer als bei ordentlichen Kündigungen ist. In gravierenden Fällen kann sogar fristlos, also ohne eine Kündigungsfrist einzuhalten, gekündigt werden.

Teilkündigungen sind unzulässig

Der Mietvertrag kann nur einheitlich hinsichtlich aller durch ihn gemieteten Räume, Nebenräume und -flächen gekündigt werden. Teilkündigungen sind also grundsätzlich unzulässig. Im Einzelfall kann ein einheitliches Mietverhältnis sogar dann bestehen, wenn ein Nebenraum, etwa eine Garage, nicht mit dem Wohnungsmietvertrag, sondern mit einem anderen Vertrag gemietet wurde (siehe S. 66). Bei auf unbestimmte Zeit geschlossenen Wohnraummietverträgen darf der Vermieter ausnahmsweise mitvermietete Nebenräume oder Grundstücksteile gesondert kündigen, wenn er sie benötigt, um damit neue Mietwohnräume zu schaffen oder um solche oder andere Mietwohnräume mit Nebenräumen oder Grundstücksteilen auszustatten (§ 573 b BGB). Allerdings können die Mieter dann verlangen, dass die Miete anteilig reduziert wird (§ 573 b Abs. 4 BGB). Wurde vertraglich vereinbart, dass Teilkündigungen zulässig sein sollen, ohne dass diese Voraussetzungen vorliegen, gilt dies nur zugunsten der Mieter, nicht aber für Vermieterkündigungen (§ 573 b Abs. 5 BGB).

12

FORMALIEN, DIE FÜR ALLE KÜNDIGUNGEN GELTEN

Gibt es mehrere Vermieter oder mehrere Mieter, dann ist die Kündigung nur wirksam, wenn sie von allen Personen der kündigenden Seite gegenüber allen Personen der anderen Seite erklärt wurde (BGHZ 26, 102). Es gilt: Alle Mieter kündigen allen Vermietern – und umgekehrt. Ist die Kündigung Ihres Vermieters nur an einen von mehreren Mietern gerichtet, ist die Kündigung also in der Regel schon deshalb unwirksam (Ausnahmen siehe S. 303 ff.). Kündigen die Mieter selbst, stellt sich oft erstmals die Frage, wer genau ihr Vermieter ist (siehe S. 34 f.). Wurde Ihre Mietwohnung veräußert, achten Sie darauf, dass Ihre Kündigung gegenüber dem richtigen Vermieter bzw. den richtigen Vermietern erfolgt (siehe S. 244 f.).

Alle müssen allen kündigen

Kündigen Mieter, muss bei mehreren von Vermietern jedem eine Kündigung zugehen. Eine Kündigung reicht, wenn alle Vermieter von ein und derselben Person vertreten werden. Das kann einer der Vermieter sein oder auch die Hausverwaltung. Doch sollten Sie darauf achten, dass dem Schreiben eindeutig entnommen werden kann, dass die Kündigung gegenüber allen Vermietern ausgesprochen wird (»... kündige ich das Mietverhältnis hiermit gegenüber den von Ihnen vertretenen Vermietern Klaas und Klara Klabund«).

Mehrere Vermieter

Mehrere Mieter

Auch bei mehreren Mietern muss unbedingt darauf geachtet werden, dass alle Mieter des Mietverhältnisses kündigen bzw. allen Mietern gekündigt wird. Im Einzelfall kann klärungsbedürftig sein, wer aktuell Mieter ist (siehe S. 33, 303). Da es nicht schadet, dass auch jemand, der rechtlich nicht (mehr) Mieter ist, mit kündigt, sollten im Zweifel alle kündigen, die als Mieter in Betracht kommen. Unterschreibt nur einer von mehreren Mietern die Kündigung, muss er deutlich machen, dass er dabei auch alle anderen Mieter vertritt und sollte dem Schreiben möglichst eine von diesen unterschriebene Originalvollmacht beifügen. Sonst riskiert man eine Zurückweisung (siehe S. 36 f.) durch den Vermieter, muss die Kündigung wiederholen und zahlt unter Umständen länger Miete. Dies gilt auch für Ehegatten, deren Vollmacht für alltägliche Geschäfte (siehe S. 32) wesentliche, im Mietverhältnis abgegebene Erklärungen wie Kündigungen und Zustimmungen zu Mieterhöhungen nicht umfasst (LG Berlin GE 03, 1210).

Vollmachtsfragen

Vermieter (siehe S. 33), manchmal auch Mieter (siehe S. 34), lassen sich bei Kündigungen teilweise vertreten. Dazu muss der Vertreter über eine Vollmacht aller von ihm vertretenen Mieter bzw. Vermieter, bei einer Vermieter-GbR (siehe S. 36) aller Gesellschafter (OLG Brandenburg MietRB 2013, 42) verfügen und sollte diese nachweisen. Die allgemeine Vollmacht zur Hausverwaltung umfasst nicht unbedingt das Recht, für den bzw. die Vermieter zu kündigen (siehe S. 36). Bestehen Zweifel, so können Sie die Kündigung erst einmal unwirksam machen, indem Sie diese unverzüglich zurückweisen (siehe S. 36 f.). Zwei Gefahren bestehen allerdings: Zum einen machen Sie damit deutlich, dass Sie die Kündigung nicht akzeptieren. Sie geben damit frühzeitig Anlass zu einer Räumungsklage. Erweist sich die Kündigung doch als wirksam, kann dies erhebliche Kosten verursachen. Zum anderen riskieren Sie, dass der Vermieter die Kündigung überprüft und Ihnen eine verbesserte Version zusendet, die anders als die erste wirksam ist. War der oder die Kündigende überhaupt nicht zur Kündigung bevollmächtigt, wird diese wirksam, wenn der Vermieter sie nachträglich genehmigt

(§§ 180 Satz 2, 177 Abs. 1 BGB), etwa indem er die Mieter unter Berufung auf die Kündigung auf Räumung verklagt (OLG Düsseldorf ZMR 2006, 927). Davor kann man sich schützen, indem man den Vermieter auffordert zu erklären, ob er die Kündigung genehmigt. Kommt er dem nicht binnen zwei Wochen nach, bleibt die Kündigung unwirksam (§§ 180 Satz 2, 177 Abs. 2 BGB).

12

Ob der Erwerber selbst in eigenem Namen kündigen kann, bevor er Eigentümer und Vermieter geworden ist, wenn der aktuelle Vermieter ihn dazu ermächtigt hat (siehe S. 248), wird teilweise verneint (LG München I WuM 1999, 161), dürfte aber zulässig sein (BGH, XII ZR 187/00; VIII ZR 203/13). Unter Umständen können die Mieter auch in solchen Fällen die Kündigung zurückweisen (siehe S. 248).

Ermächtigung

Manchmal verlieren Vermieter ihre Befugnis, über die Mieträume zu verfügen, weil sie zahlungsunfähig geworden sind oder dies droht. Zwei Konstellationen kommen in Betracht: die Zwangsverwaltung und die Insolvenzverwaltung. Durch eine Zwangsverwaltung wird dem Vermieter seine Befugnis, die Immobilie zu nutzen, vom Gericht entzogen und auf einen Zwangsverwalter übertragen. Von da an tritt dieser in laufenden Mietverhältnissen an die Stelle des Vermieters (§ 152 Zwangsversteigerungsgesetz), es sei denn, die Mieträume waren den Mietern zu diesem Zeitpunkt noch nicht überlassen worden. Für die Dauer der Zwangsverwaltung ist nur der Zwangsverwalter berechtigt zu kündigen. Nur ihm gegenüber können die Mieter während dieser Zeit kündigen. An ihn ist die Wohnung zurückzugeben. Gleiches gilt für den Fall der Insolvenzverwaltung. Bei dieser wird dem Vermieter gerichtlich nicht nur die Verfügungsbefugnis über die Immobilie, sondern über sein gesamtes bisheriges Vermögen entzogen und auf den Insolvenzverwalter übertragen. Nur dieser kann kündigen und nur ihm gegenüber kann, solange er die Insolvenzverwaltung wahrnimmt, gekündigt werden (§§ 80, 108 Insolvenzordnung). Mit Wirkung für die Mieter geht die Vermieterstellung bei Zwangsverwaltung und Insolvenzverwaltung in dem Moment über, in dem das Gericht die Zwangsverwaltung

Zwangsverwaltung und Insolvenzverwaltung

anordnet und den Zwangsverwalter bestellt bzw. die Insolvenz eröffnet und den Insolvenzverwalter ernennt.

Zwangsverwalter und Insolvenzverwalter sind immer nur »Partei kraft Amtes«. Das bedeutet, dass sie für die Dauer ihrer Bestellung in eigenem Namen, aber kraft ihres Amtes für den Zwangsverwaltungs- bzw. Insolvenzschuldner, in unserem Falle den Vermieter, handeln. Für den Fall der Insolvenzverwaltung sollte man zweierlei wissen: Der vom Gericht bestellte Insolvenzverwalter kann für gewisse Zeit abgewählt werden (§ 57 Insolvenzordnung) und das Gericht kann auch einen sogenannten »schwachen vorläufigen Insolvenzverwalter« bestellen (§ 21 Abs. 2 Insolvenzordnung), der nicht an die Stelle des Vermieters tritt, weil diesem die Verfügungsbefugnis über sein Vermögen nicht entzogen wurde. Daher ist es wichtig, sich im Zweifel vom Insolvenzverwalter seine Bestallungsurkunde vorlegen zu lassen oder sich beim Amtsgericht, das den Eröffnungsbeschluss erlassen hat, genauer nach seiner Bestellung zu erkundigen. Gleiches gilt bei Zweifeln auch für den Zwangsverwalter.

Kündigungszeitpunkt muss eindeutig genannt werden

Der Zeitpunkt, zu dem gekündigt, zu dem also das Mietverhältnis beendet werden soll, muss klar erkennbar sein (z. B. »fristlos«, »zum 31.3.2017«). Eine Kündigung »zu dem Zeitpunkt, zu dem wir die neue Wohnung beziehen können« wäre demnach unwirksam, zumal Kündigungen an keine Bedingungen geknüpft werden dürfen (BGH, XII ZR 112/02). Allenfalls eine Bedingung, deren Erfüllung vom Empfänger abhängt (»... sofern Sie den genannten Mangel bis zum 31.12.2016 nicht beseitigt haben ...«), ist zulässig (KG GE 2003, 740), sollte aber wegen der damit verbundenen Unsicherheiten vermieden werden. Bei ordentlichen Kündigungen geht man, sofern dem Schreiben selbst kein Kündigungszeitpunkt zu entnehmen ist, in der Regel davon aus, dass zum nächstmöglichen Zeitpunkt gekündigt wird.

Natürlich muss der Kündigung auch zu entnehmen sein, welcher Mietvertrag gekündigt werden soll. Meist kann dies durch Auslegung ermittelt werden, sofern zwischen Absendern und

Empfängern nur ein einziges Mietverhältnis besteht. Sicherer ist aber, wenn Sie im Betreff des Kündigungsschreibens die konkrete Wohnung angeben (siehe Musterschreiben, S. 275).

Kündigungen von Wohnraum müssen der gesetzlichen Schriftform entsprechen (§ 568 Abs. 1 BGB), müssen also schriftlich erklärt werden und vom Kündigenden oder seinem Vertreter handschriftlich unterschrieben sein (§ 126 Abs. 1 BGB). Kündigungen, die dies nicht berücksichtigen, sind unwirksam (§ 125 Satz 1 BGB). Ausnahmen gibt es nur wenige; insbesondere können solche nicht vertraglich vereinbart werden. Anstelle der eigenhändigen Namensunterschrift kann durch notariell beglaubigtes Handzeichen unterschrieben werden (§ 126 Abs. 1 BGB). Mündlich, per Fax, Telegramm oder einfacher E-Mail kann nicht wirksam gekündigt werden. Die Kündigung durch ein »elektronisches Dokument«, etwa E-Mail, setzt voraus, dass der Kündigende darin seinen Namen angibt und das Dokument mit einer qualifizierten elektronischen Signatur nach dem Signaturgesetz versieht (§§ 126 Abs. 3, 126 a Abs. 1 BGB). Ist im Vertrag vereinbart, dass per Einschreiben gekündigt werden muss, so dient dies im Zweifel nur Beweiszwecken (BGH, XII ZR 214/00), sodass in der Regel auch jede andere der Schriftform entsprechende Kündigung wirksam ist.

Schriftform erforderlich

12

Wer fristlos kündigt, muss im Kündigungsschreiben die Gründe dafür angeben (§ 569 Abs. 4 BGB). Vermieter müssen auch ihre ordentliche Kündigung im Kündigungsschreiben meist begründen (§ 573 Abs. 3 BGB). Kündigen Mieter dagegen unter Einhaltung der ordentlichen Kündigungsfrist, bedarf es keiner Begründung, weil sie keinen Kündigungsgrund benötigen.

Tipp

Sprechen Sie eine fristlose oder außerordentliche Kündigung aus, so sollten Sie sicherheitshalber stets zugleich hilfsweise ordentlich kündigen (»Zugleich kündige ich/kündigen wir vorsorglich hilfsweise ordentlich zum nächstmöglichen Termin.«). Dadurch begrenzen Sie den Schaden für den Fall, dass sich später herausstellt, dass Sie gar nicht fristlos bzw. außerordentlich hätten kündigen dürfen.

Zugang der Kündigung beweisen

Achten Sie unbedingt darauf, dass Sie beweisen können, dass und wann Ihr Kündigungsschreiben allen Vermietern zugegangen ist (siehe S. 362). Wegen des Schriftformerfordernisses sollten Sie möglichst vom unterschriebenen Schreiben eine Kopie behalten. Das lässt es im Streitfall plausibler erscheinen, dass korrekt unterzeichnet wurde.

Sechs Merkposten für eine Kündigung:

- Kündigung aller Personen der Mieterseite gegenüber allen Personen der Vermieterseite
- Schriftform beachten (handschriftliche Unterschrift aller Mieter bzw. Vermieter)
- Klarstellen, welches Mietverhältnis gekündigt werden soll
- Klarstellen, zu welchem Termin das Mietverhältnis gekündigt werden soll
- Soweit erforderlich, den Kündigungsgrund angeben
- Kündigung sicher und nachweisbar zugehen lassen

DAS NORMALE ENDE DES MIET-VERTRAGS: DIE ORDENTLICHE KÜNDIGUNG

Wurden keine feste Mietzeit, kein Kündigungsausschluss oder ein Vertrag auf Lebenszeit des Vermieters oder des Mieters vereinbart, so kann das Mietverhältnis von jeder Vertragspartei ordentlich, also unter Beachtung der ordentlichen Kündigungsfristen gekündigt werden.

Da Mieter hierzu keinen Kündigungsgrund benötigen, müssen sie ihre Kündigung auch nicht begründen, sondern lediglich die allgemeinen Formalien beachten (siehe oben). Ihre ordentliche Kündigung kann wie folgt aussehen:

(Name und Anschrift aller im Mietvertrag als Mieter aufgeführten Personen)

Per Einschreiben/Rückschein!

An (Vermieter bzw. Hausverwaltung Name und Anschrift)   (Ort, Datum)

Kündigung unseres Mietvertrags über die Wohnung Goethestraße 17, 00000 Wolkenkuckucksheim, rechtes Obergeschoss links

Sehr geehrte(r) Herr/Frau .../Damen und Herren,

hiermit kündige ich/kündigen wir den oben bezeichneten Mietvertrag fristgerecht zum 31.3.2017.

[Mögliche, aber für die Wirksamkeit nicht notwendige weitere Inhalte:] Wir bitten um Rücksprache wegen eines Termins zur Vorabnahme, die aus unserer Sicht nicht vor dem ... (Datum), aber spätestens bis zum ... (Datum) stattfinden sollte. Bitte veranlassen Sie möglichst zeitnah zum Übergabetermin eine Zwischenablesung der Zählerstände (Kalt- und Warmwasser) sowie der Heizkostenverteiler.

Wir sind an einer vorzeitigen Entlassung aus dem Mietverhältnis interessiert und werden Sie daher in den nächsten Tagen anrufen, um einen persönlichen Gesprächstermin zu vereinbaren. Sollten Sie Einwände gegen den Kündigungszeitpunkt haben, wären wir Ihnen dankbar, wenn Sie uns dies frühzeitig wissen lassen. Bitte bestätigen Sie uns kurz den Eingang unserer Kündigung.

Mit freundlichen Grüßen
(Unterschriften aller Mieter)

KÜNDIGUNGSFRISTEN UND WIE SIE BERECHNET WERDEN

Außer bei fristlosen Kündigungen muss zwischen dem Zeitpunkt, zu dem die Kündigung zugeht, und dem Vertragsende, dem sogenannten Kündigungstermin, eine Mindestfrist liegen. Diese sogenannte Kündigungsfrist ist gesetzlich geregelt.

Für ordentliche Kündigungen der Mieter gilt generell eine um drei Werktage verkürzte Dreimonatsfrist, und zwar unabhängig von der Mietdauer (§ 573 c Abs. 1 BGB). Welche Kündigungsfrist für Vermieterkündigungen gilt, hängt davon ab, wie viel Zeit – vom Zugang der Kündigung aus zurückgerechnet – verstrichen ist, seit die Mieträume aufgrund des Mietvertrages den Mietern

Welche Kündigungsfristen gelten

überlassen wurden. Dabei gelten – ebenfalls stets um drei Werktage verkürzt – folgende Fristen (§ 573 c Abs. 1 Satz 2 BGB):

- in den ersten 5 Jahren: 3 Monate
- nach Vollendung des 5. Jahres bis zu 8 Jahren: 6 Monate
- nach Vollendung des 8. Jahres: 9 Monate.

Entscheidend ist, wann die Wohnung den Mietern vom Vermieter übergeben wurde. Dabei spielt keine Rolle, ob seitdem Mieter oder Vermieter gewechselt haben (siehe S. 244), etwa weil die Mieträume veräußert wurden (§ 566 BGB), ein Mieter in den Mietvertrag eingetreten (BGH, VIII ZR 145/06) oder der ursprüngliche Mieter verstorben ist (siehe S. 294). Vorangegangene Wohnzeiten des Mieters als Mitbewohner des Vermieters werden nicht hinzugerechnet (BGH, VIII ZR 10/14). Waren Mieter lediglich Mitbewohner der (Vor-)Mieter, etwa deren Untermieter, ist streitig, ob diese Wohnzeiten hinzugerechnet werden; verlassen sollte man sich darauf nicht.

Wohnungswechsel

Ebenfalls umstritten ist, ob bei einem Umzug innerhalb desselben Hauses die Laufzeit des Mietvertrags für die alte Wohnung mitzählt. Dies ist nicht der Fall, wenn mit dem Wohnungswechsel zugleich der Vermieter wechselte. Bleibt der Vermieter, sind bei Berechnung seiner Kündigungsfrist beide Mietzeiten zu addieren, wenn der Wohnungswechsel auf seine Initiative oder in seinem Interesse erfolgte (LG Aachen ZMR 1970, 216; AG Kerpen WuM 1994, 77). In den übrigen Fällen ist dies umstritten (für Anrechnung des alten Mietverhältnisses: LG Mannheim WuM 1976, 207; LG Bonn WuM 1987, 322; dagegen: LG Düsseldorf ZMR 1969, 243 und 310). Wurde im neuen Mietvertrag vereinbart, dass die Mietdauer des alten Mietverhältnisses angerechnet werden solle, ist die Gesamtmietzeit verbindlich (BGH, VIII ZR 326/04). Als Mieter sind Sie daher gut beraten, bei einem Wohnungswechsel innerhalb des Wohnungsbestandes des Vermieters eine solche Vereinbarung in den Mietvertrag aufnehmen zu lassen. Vom Gesetz abweichende Kündigungsfristen können vertraglich nur wirksam vereinbart werden, wenn die Regelung nicht zuungunsten der Mieter ausfällt (§ 573 c Abs. 4 BGB). Vermieter können sich also wirksam zu längeren Fristen ihrer eigenen Kündigungen verpflichten und Mietern kürzere Kündigungsfristen einräumen. Wird für beide Seiten eine verkürzte Kündigungsfrist, etwa von vier Wochen, vereinbart, gilt diese in der Regel nur für Mieter-, nicht aber für Vermieterkündigungen (OLG Zweibrücken WuM 1990, 8).

12

Da die jeweiligen Monatsfristen um eine Karenzzeit von drei Werktagen verkürzt sind, müssen Kündigungsschreiben ihrem Empfänger spätestens am dritten Werktag eines Kalendermonats zugehen. Auch Samstage zählen dabei zu den Werktagen (BGH, VIII ZR 206/04). Ist also der Monatserste ein Freitag, gilt der Montag als dritter Werktag des Monats. Dies gilt auch, wenn der dritte Werktag auf einen Samstag fällt (BGH, III ZR 172/04). In der Regel kann ordentlich nur zum Monatsende gekündigt werden (»zum 31. März 2017«), selbst wenn im Mietvertrag nur die Dreimonatsfrist erwähnt ist (BGH, VIII ZR 235/02). Kündigungen, die verspätet zugehen, sind nicht gegenstandslos, sondern werden zum nächstzulässigen Termin wirksam (OLG Hamm MDR 1994, 56), also dem nächsten Monatsende. Läuft der dritte Werktag bereits, so sollte man jedenfalls nach 13 Uhr Kündigungsschreiben besser persönlich übergeben. Denn diese gelten erst dann als zugegangen, wenn der Empfänger nach dem gewöhnlichen Lauf der Dinge davon Kenntnis nehmen konnte. Beim Einwurf in den Briefkasten hängt dies davon ab, wann dort üblicherweise die Post eingeworfen wird und folglich damit gerechnet werden darf, dass mit dieser die Kündigung entnommen wird. Wo branchenüblich an einem Werktag, etwa Silvester, nachmittags nicht mehr gearbeitet wird, geht eine am Nachmittag eingeworfene Kündigung erst am nächsten Werktag zu (BGH, XII ZR 148/05).

Auch für vor dem 3.10.1990 geschlossene DDR-Altmietverträge gelten grundsätzlich die normalen Kündigungsfristen, es sei denn, im Mietvertrag selbst ist für ordentliche Kündigungen eine Zweiwochenfrist vorgesehen. Nach ganz überwiegender

DDR-Altmietverträge

Ansicht gilt diese für Mieter weiterhin (KG RE WuM 1998, 149), während für Vermieterkündigungen die regulären Kündigungsfristen gelten (§ 573 c Abs. 1 BGB).

Kündigungsfristen bei anderen Altmietverträgen

Auch für vor dem 1.9.2001, also vor der Mietrechtsreform geschlossene Altmietverträge gelten für Vermieter und Mieter grundsätzlich die heutigen gesetzlichen Kündigungsfristen (siehe oben). Viele dieser Verträge sehen aber entsprechend der alten gesetzlichen Regelung (§ 565 Abs. 2 BGB a. F.) vor, dass spätestens am dritten Werktag eines Kalendermonats zum Ablauf des übernächsten Monats gekündigt werden kann und sich die Kündigungsfrist für Mieter wie Vermieter nach fünf, acht und zehn Jahren um jeweils drei Monate verlängert. Wurden diese Fristen durch allgemeine Geschäftsbedingungen (siehe S. 29) vereinbart, dann gilt heute zugunsten der Mieter die dreimonatige Kündigungsfrist (Art. 229 § 3 Abs. 10 Satz 2 EGBGB), während für die Vermieter heute eine Kündigungsfrist von einem Jahr gilt (BGH, VIII ZR 71/07). In manchen Altmietverträgen wurden die »derzeit« geltenden Kündigungsfristen vereinbart. Damit wurde nur auf das im Kündigungszeitpunkt geltende Gesetz verwiesen, mit der Folge, dass dann die heutigen Kündigungsfristen gelten.

VERTRAGLICHE EINSCHRÄNKUNGEN, WANN ORDENTLICH GEKÜNDIGT WERDEN DARF

Nicht jede ordentliche Kündigung beendet den Vertrag zum Ablauf der Kündigungsfrist. Die Kündigungsfrist legt nur die Zeit fest, die mindestens zwischen Kündigungszugang und Vertragsende liegen muss. Daher wird das Verbot, Kündigungsfristen zulasten der Mieter zu ändern (§ 573 c Abs. 4 BGB), durch Vereinbarungen, wonach die ordentliche Kündigung nur zu einem bestimmten Zeitpunkt zulässig oder für eine Mindestmietzeit ausgeschlossen ist, nicht verletzt (BGH, VIII ZR 81/03).

Mietverträge mit Verlängerungsklausel

Manche vor dem 1.9.2001 geschlossene Altverträge enthalten sogenannte Verlängerungsklauseln, wonach sich der Mietvertrag nach einer fest vereinbarten Anfangslaufzeit (meist ein Jahr) jeweils um einen weiteren Zeitraum (meist ebenfalls ein Jahr) verlängert, sofern er nicht zuvor gekündigt wurde. Bei Mietverträgen, die seit dem 1.9.2001 geschlossen wurden, sind solche Klauseln unwirksam (BGH, VIII ZR 155/04), nicht aber bei davor geschlossenen Verträgen. Bei diesen kann immer nur zum vertraglich vorgegebenen Ablauftermin gekündigt werden (BGH, VIII ZR 257/06; VIII ZR 230/06), selbst wenn durch allgemeine Geschäftsbedingungen eine Verlängerung um jeweils fünf Jahre vereinbart wurde (BGH, VIII ZR 230/09). Lautet die entsprechende Klausel: »Der Mietvertrag läuft zunächst bis zum 31.7.1998 und verlängert sich jeweils um ein weiteres Jahr, wenn er nicht fristgemäß vor Ablauf gekündigt wurde«, kann stets nur zum 31.7. gekündigt werden, wenn auch mit der Regelkündigungsfrist, sodass eine Mieterkündigung spätestens am dritten Werktag des Monats Mai zugehen müsste.

Da es vertraglich grundsätzlich einer Mindestmietzeit bedarf, während der die ordentliche Kündigung ausgeschlossen ist, sollten Sie bei Vertragsschluss unbedingt auf solche Klauseln [»Das Recht, ordentlich zu kündigen, ist bis zum ... ausgeschlossen« oder »Vor dem ... können die Mieter nicht ordentlich kündigen«] achten. Nur das Recht zur ordentlichen Kündigung kann eingeschränkt werden, nicht jedoch das Recht zu außerordentlichen Kündigungen. Allerdings beziehen sich Kündigungsausschlüsse selbst dann, wenn ihre Formulierung offen lässt, ob auch außerordentliche Kündigungen gemeint sind, nur auf ordentliche Kündigungen (BGH, VIII ZR 3/05). Ein Kündigungsausschluss, der länger als ein Jahr gelten soll, muss in gesetzlicher Schriftform (siehe 21 f.) vereinbart werden (BGH, VIII ZR 223/06). Wird diese Form nicht eingehalten, so ist der Kündigungsausschluss unwirksam; allerdings kann der Vertrag dann frühestens zum Ablauf eines Jahres nach Überlassung der Räume ordentlich gekündigt werden (§ 550 Satz 2 BGB).

Wie lange ein solcher Kündigungsausschluss dauern darf, hängt vor allem davon ab, ob er durch allgemeine Geschäftsbedingungen (siehe S. 29) und zusammen mit einer Staffelmiete verein-

Ausschluss der ordentlichen Kündigung

bart wurde. Länger als vier Jahre, gerechnet vom Vertragsabschluss bis zum Vertragsende, darf nicht durch Formularvertrag vorgegeben werden, dass keiner das Mietverhältnis ordentlich kündigen darf (BGH, VIII ZR 27/04; VIII ZR 86/10). Allein den Mietern darf dies auch unterhalb dieser Schwelle, außer bei einem Staffelmietvertrag, nicht formularvertraglich verboten werden (BGH, VIII ZR 30/08). Unterhalb der Vierjahresgrenze kann ein beidseitiger formularvertraglicher Kündigungsausschluss zu lang und damit unwirksam sein, wenn bei Vertragsschluss bekannt war, dass der Mieter besonders auf Mobilität und Flexibilität angewiesen ist, etwa bei Vermietung von Studentenzimmern (BGH WuM 2009, 587). Sollen solche Absprachen wirksam sein, muss der Vermieter diese offen aushandeln und dies im Streitfall auch beweisen können. Ein individuell ausgehandelter, nur für die Mieter geltender Ausschluss ist jedenfalls bis zu fünf Jahren wirksam (BGH, VIII ZR 81/03), ein beidseitiger sogar für die Dauer von zehn Jahren (BGH, VIII ZR 98/10).

Regeln bei Staffelmietvertrag

Bei einem Staffelmietvertrag (siehe S. 172) gelten besondere Regeln: Ein Kündigungsausschluss ist für maximal vier Jahre (§ 557 a Abs. 3 BGB), gerechnet vom Abschluss des Vertrages an (BGH, VIII ZR 344/04) zulässig, selbst wenn er formularvertraglich nur für die Mieter vereinbart wurde (BGH VIII ZR 154/04; VIII ZR 270/07). Bei längeren Ausschlusszeiten gilt Folgendes: Wurde der Kündigungsausschluss formularvertraglich vor dem 1.9.2001 vereinbart, dann ist er nur bis zum Ablauf der ersten vier Jahre wirksam (BGH, VIII ZR 344/04). Von da an kann mit ordentlicher Frist gekündigt werden. Gleiches gilt für zwischen Vermieter und Mietern individuell ausgehandelte Vereinbarungen (BGH, VIII ZR 257/04), unabhängig davon, wann sie geschlossen wurden. Wurde der Kündigungsausschluss hingegen nach dem 31.8.2001 formularvertraglich vereinbart, dann ist er komplett unwirksam (BGH, VIII ZR 3/05) und die Mieter können jederzeit mit ordentlicher Frist kündigen. Ob dies auch für den Vermieter gilt, hängt vom Einzelfall ab. In der Regel muss er sich als Verwender an seinen Kündigungsausschluss halten, weil er selbst die allgemeinen Geschäftsbedingungen vorgegeben hat (siehe S. 30).

KÜNDIGUNGSGRÜNDE BEI ORDENTLICHER KÜNDIGUNG DES VERMIETERS

Nur Mieter benötigen für ihre ordentliche Kündigung keinen Kündigungsgrund, müssen einen solchen also auch nicht im Kündigungsschreiben angeben. Vermieter hingegen benötigen in der Regel für ihre ordentliche Kündigung ein sogenanntes »berechtigtes Interesse« (§ 573 Abs. 1 Satz 1 BGB). Sie müssen diesen Kündigungsgrund folglich auch im Kündigungsschreiben angeben (§ 573 Abs. 3 BGB), und zwar so, dass die Mieter erkennen können, wozu der Vermieter die Wohnräume konkret benötigt (BVerfG WuM 1989, 483). Sonst ist die Kündigung unwirksam.

Die Eigenbedarfskündigung

Häufig kündigen Vermieter wegen Eigenbedarfs. Dies ist nur zulässig, wenn der Vermieter die Mieträume als Wohnung für sich selbst, seine Familienangehörigen oder andere Angehörige seines Haushalts ernsthaft benötigt (§ 573 Abs. 1 und 2 Nr. 2 BGB). Als Familienangehörige gelten Eltern, Großeltern, Geschwister und Kinder, aber auch Ehegatten und eingetragene Lebenspartner sowie leibliche Nichten und Neffen (BGH, VIII ZR 159/09), bei engen sozialen Bindungen auch andere Familienmitglieder, etwa Schwägerin und Schwager (BGH, VIII ZR 247/08). Gesellschaften wie KG, GmbH, OHG und GmbH & Co. KG können sich nicht auf Eigenbedarf ihrer Gesellschafter berufen (BGH VIII ZR 113/06; VIII ZR 122/06; VIII ZR 210/10), wohl aber können dies Gesellschaften bürgerlichen Rechts (BGH, VIII ZR 271/06; VIII ZR 231/08; a.A.: LG München I ZMR 2016, 39; AG Pankow-Weißensee MM 3/2016, 30). Da das Besitzrecht der Mieter an ihrer Mietwohnung dem Eigentum des Vermieters im Wesentlichen gleichgestellt ist (BVerfG WuM 2004, 80), ist eine Eigenbedarfskündigung nur wirksam, wenn die Gründe des Vermieters ernsthaft, vernünftig und nachvollziehbar sind (BGHZ 103, 91). Notlagen sind nicht erforderlich, es reichen Gründe der beruflichen oder privaten Le-

Ernsthafte, vernünftige und nachvollziehbare Gründe

bensplanung, etwa der Wunsch, durch den eigenen Einzug oder den der Kinder die Nähe zu diesen zu fördern, einen Alterswohnsitz zu begründen, einem Kind eine eigene oder größere Wohnung zu Studienzwecken oder zwecks Familiengründung zu verschaffen. Bei einem Räumungsrechtsstreit müssen die Gerichte prüfen, ob der Nutzungswunsch ernsthaft, die Wohnung dafür geeignet ist und ob die Eigenbedarfspersonen die Wohnung beziehen können und wollen. Es muss ein konkretes Interesse an der baldigen Nutzung bestehen, auf Vorrat kann nicht gekündigt werden (BGH, VIII ZR 297/14). Ob der Wohnbedarf, etwa eine Vierzimmerwohnung für einen 22-jährigen Studenten, überhöht ist, ist dabei nicht von Bedeutung; nur bei Rechtsmissbrauch, also in deutlich extremeren Fällen, können Gerichte Eigenbedarf verneinen (BGH, VIII ZR 166/14). Dieser muss sich auf die gesamte Wohnung erstrecken, jedoch bei Mischmietverhältnissen, für die Wohnraummietrecht gilt (siehe S. 16), nicht auch auf die Gewerberäume (BGH, VIII ZR 14/15). Entfällt der Eigenbedarf des Vermieters vor Ablauf der Kündigungsfrist, wird seine Eigenbedarfskündigung nachträglich unwirksam (BGH, VIII ZR 339/04).

Alternativwohnungen

Vermieter mehrerer Wohnungen sind nicht verpflichtet, das Mietverhältnis mit den Mietern zu kündigen, die dadurch am geringsten beeinträchtigt werden (BGH RE NJW 1994, 554). Doch ist eine Eigenbedarfskündigung rechtsmissbräuchlich und damit unwirksam, wenn der Vermieter seinen Wohnbedarf ohne wesentliche Abstriche durch eine nach Lage und Standard gleichwertige Wohnung befriedigen kann, die nicht bewohnt ist oder demnächst frei wird (vgl. BVerfGE 79, 292). Selbst eine Alternativwohnung, die nicht völlig gleichwertig ist und seinem Wohnbedarf nicht entspricht, muss der Vermieter zumindest den gekündigten Mietern anbieten, wenn ihm diese im selben Haus oder in derselben Wohnanlage (BGH, VIII ZR 276/02) bis zum Ablauf der Kündigungsfrist zur Verfügung steht (BGH, VIII ZR 311/02). Andere Wohnungen, etwa solche, die erst danach frei werden, muss er nicht anbieten (BGH, VIII ZR 292/07). Auch größere oder kleinere Wohnungen im Haus muss der Vermieter anbieten (BGH, VIII ZR 78/10). Ob die Mieter diese für geeignet halten, ist ihre Sache. Die orts- oder hausübliche Miete darf der Vermieter für die Alternativwohnung verlangen (OLG Karlsruhe RE GE 1993, 369), muss allerdings bei seinem Angebot die wesentlichen Bedingungen (Ausstattung, Größe, Miethöhe etc.) nennen (BGH, VIII ZR 78/10). Verstößt er gegen diese Pflichten, ist die Kündigung rechtsmissbräuchlich und deshalb unwirksam.

War der Vermieter beim Abschluss eines Mietvertrags auf unbestimmte Zeit entschlossen oder erwog ernsthaft, die Wohnung in absehbarer Zeit wegen Eigenbedarfs zu kündigen, ohne die Mieter darauf hinzuweisen, ist eine auf diesen Eigenbedarf gestützte Kündigung innerhalb dieses Zeitraums treuwidrig und daher unwirksam (BGH, VIII ZR 180/09; VIII ZR 154/14). Absehbar sind vier bis fünf Jahre (LG Gießen WuM 1996, 416; LG Berlin MM 1998, 79). Für Fälle, in denen die Mieter die Wohnung bereits bewohnten, gilt dies unter Umständen nicht (BGH, VIII ZR 62/08), ebenso bei einem kurz nach Einzug entstandenen, aber nicht vorhersehbaren Eigenbedarf (BGH, VIII ZR 233/12).

Tipp

Verfügt Ihr Vermieter über mehrere Wohnungen im Haus oder in der Anlage, sollten Sie sich durch Nachfrage bei anderen Mietern, bei Maklern und Sichtung der Wohnungsinserate informieren, ob Alternativwohnungen frei werden. Läuft eine längere Kündigungsfrist, empfiehlt sich die mehrfache Prüfung im Monatstakt.

Wurde der Kündigungsgrund nur vorgetäuscht, ist die Kündigung unwirksam und die Mieter können vom Vermieter Schadensersatz verlangen (BGH, VIII ZR 368/03). Ist kein Rückzug möglich, können anwalts- und umzugsbedingte Kosten sowie die Mehrbelastung durch eine höhere Miete verlangt werden. Keine Ansprüche bestehen, wenn die Mieter die Täuschung erkennen und sich dennoch mit dem Vermieter auf einen Auszug einigen, oder wenn sie mit diesem einen Räumungsvergleich schließen, mit dem solche Ansprüche erkennbar, etwa durch einen namhaften Abstand abgegolten werden (BGH, VIII ZR 99/14). Sind die Mieter gewichen, obwohl die Kündigung nicht begründet wurde, also erkennbar unwirksam war, können sie keinen Ersatz fordern

Schadenersatz bei vorgetäuschtem Eigenbedarf

Tipp

Bei Zweifeln, ob der behauptete Eigenbedarf wirklich besteht, sollten Sie den zeitlichen und arbeitsmäßigen Aufwand von Wohnungssuche und Umzug – möglichst durch Zeugen – sorgfältig dokumentieren und Rechnungen sammeln.

(BGH, VIII ZR 9/10), es sei denn, der Vermieter hat ihnen rechtlich tragfähige Kündigungsgründe außerhalb des Kündigungsschreibens so plausibel geschildert, dass sie daran nicht zweifeln mussten und deshalb ausgezogen sind (BGH, VIII ZR 231/07).

Die Verwertungskündigung

Wichtig, wenn auch wesentlich seltener als die Eigenbedarfskündigung, ist die sogenannte Verwertungskündigung (§ 573 Abs. 2 Nr. 3 BGB), die auch bei in der ehemaligen DDR vor dem 3.10.1990 geschlossenen Mietverträgen möglich ist (Art. 232 § 2 EGBGB). Zulässig ist eine solche Kündigung, wenn

- der Vermieter die Mietsache anderweitig verwerten will,
- dazu erforderlich ist, das Mietverhältnis zu beenden,
- die beabsichtigte Verwertung angemessen ist und
- ihm bei Hinderung der Verwertung ein erheblicher Nachteil entstehen würde.

Anderweitige Verwertung

Typische Formen anderweitiger Verwertung sind Verkauf, Umbau, Sanierung, Abriss mit anschließendem Neubau und die Vermietung zu gewerblichen Zwecken. Angemessen ist eine wirtschaftliche Verwertung nur, wenn sie auf vernünftigen, nachvollziehbaren Erwägungen beruht (BGH, VIII ZR 8/08). Allerdings rechtfertigt allein der Zweck, eine höhere Miete zu erzielen, nie eine ordentliche Kündigung (§ 573 Abs. 1 Satz 2 BGB). Ob dem Eigentümer erhebliche Nachteile entstehen, ist durch Abwägung des Bestandsinteresses der Mieter und der konkreten Situation des Vermieters vorzunehmen (BGH, VIII ZR 8/08; VIII ZR 226/09; VIII ZR 84/11). Zu diesen Voraussetzungen und den Begründungserfordernissen einer solchen Kündigung besteht eine unübersichtliche, teils widersprüchliche Einzelfallrechtsprechung mit regionalen Unterschieden. Sie sollten daher, wenn Sie eine solche Kündigung erhalten, frühzeitig fachkundigen Rat einholen.

Andere zur Kündigung berechtigende Interessen

Neben Eigenbedarfs- und Verwertungskündigung können auch andere berechtigte Interessen des Vermieters eine Kündigung rechtfertigen (§ 573 Abs. 1 Satz 1 BGB). Voraussetzung ist, dass er vergleichbar gewichtige, vernünftige und nachvollziehbare Gründe hat (BGH, VIII ZR 127/05; VIII ZR 113/06; VIII ZR 127/08), etwa dass er die Wohnung als Büro für eigene gewerbliche Tätigkeiten nutzen will, diese für eine Pflegeperson nahestehender Angehöriger benötigt oder für einen Unternehmensmitarbeiter, weil dies erhebliche Vorteile für den Betriebsablauf hat.

Ordentliche Kündigungen wegen Vertragsverletzungen der Mieter

Zulässig ist eine ordentliche Kündigung des Vermieters auch dann, wenn ein Mieter seine vertraglichen Pflichten nicht unerheblich und schuldhaft – Letzteres bedeutet fahrlässig oder vorsätzlich – verletzt hat (§ 573 Abs. 2 Nr. 1 BGB). Die wichtigsten Fälle werden hier im Zusammenhang mit den jeweiligen Mieterpflichten abgehandelt. Von Bedeutung sind vor allem drei Fallgruppen: Störungen des Hausfriedens (siehe S. 73, 230), der vertragswidrige Gebrauch der Mietsache (siehe S. 51 ff.) und die unpünktliche bzw. Nichtzahlung der Miete (siehe S. 145). In jedem Fall müssen die Mieter eine mietvertragliche Pflicht durch aktives Tun oder Unterlassen verletzt haben. Im Falle eines Rechtsstreits muss der Vermieter die seiner Kündigung zugrunde gelegte Pflichtverletzung beweisen, die Mieter, dass sie daran kein Verschulden trifft (BGH, VIII ZR 39/15). Dabei haften die Mieter nicht nur für eigene Handlungen, sondern auch für die ihrer Familien- und Haushaltsangehörigen (§ 540 Abs. 2 BGB; OLG RE WuM 1982, 318; LG Düsseldorf WuM 1982, 142) sowie etwaiger Erfüllungsgehilfen (§ 278 BGB). So haften sie für die Fehlberatung sie beratender Personen bzw. Organisationen, etwa ihres Mietervereins (BGH, VIII ZR 102/06).

Abmahnung meist nicht erforderlich

In vielen Fällen, die eine ordentliche Kündigung rechtfertigen, wäre grundsätzlich auch eine fristlose Kündigung (siehe S. 292) aus wichtigem Grund zulässig (§§ 543, 569 BGB). Solchen Kündigungen muss allerdings in aller Regel eine Abmahnung (siehe S. 45) vorangehen (§ 543 Abs. 1). Für ordentliche Kündigungen ist dies nicht erforderlich, es sei denn, die beanstandete Verhaltensweise ist so geringfügig, dass eine nicht unerhebliche, schuldhafte Pflichtverletzung erst vorliegt, wenn sie nach einer Abmahnung fortgesetzt oder wiederholt wird (BGH, VIII ZR 145/07). Zu denken ist an Lärmbelästigungen, bislang vom Vermieter hingenommene unpünktliche Mietzahlungen, Unterlassungen und leichtere Vergehen, etwa geringfügige Verstöße gegen die Hausordnung. Nach einer Abmahnung berechtigt in der Regel bereits eine einzige weitere Pflichtverletzung zur ordentlichen Kündigung (BGH, VIII ZR 364/04).

KÜNDIGUNGSWIDERSPRUCH: IN HÄRTEFÄLLEN RETTET DIE SOZIALKLAUSEL

Widerspruch gegen die Kündigung

Vermieterkündigungen können die Mieter widersprechen, indem sie sich auf die Sozialklausel (§§ 574 bis 574 c BGB) berufen, wenn die Kündigung für sie oder eines ihrer Haushaltsmitglieder eine Härte bedeutet, gegen die die vom Vermieter mit seiner Kündigung geltend gemachten Interessen zurückstehen müssen. Kommt es dann zum Räumungsprozess, ordnet das Gericht selbst bei einer sonst wirksamen Kündigung an, dass das Mietverhältnis befristet oder unbefristet fortgesetzt wird, sofern die Härtegründe gewichtiger sind als das Vermieterinteresse am Vertragsende. Die Sozialklausel gilt nicht für fristlose Kündigungen sowie die meisten Wohnraummietverhältnisse ohne Kündigungsschutz (siehe S. 288 ff.). Selbst wenn der Vermieter gar keine fristlose Kündigung erklärt hat, haben die Mieter kein Widerspruchsrecht, wenn er einen Grund geltend machen kann, der auch eine fristlose Kündigung rechtfertigen würde (§ 574 Abs. 1 Satz 2 BGB).

Die Härtegründe müssen in der Person zumindest eines der Mieter und/oder ihrer die Wohnung dauerhaft mitbewohnenden Familienmitglieder und sonstigen Haushaltsangehörigen vorliegen. Dazu zählen auch Partner der Mieter, die mit ihnen dauerhaft in Lebensgemeinschaft (mit oder ohne sexuellen Bezug) zusammenleben. Voraussetzung ist, dass ein auf Dauer angelegter gemeinsamer Haushalt besteht und die Beziehung sich durch eine innere Bindung auszeichnet. Letzteres erfordert, dass die Beteiligten füreinander einstehen und ihre Beziehung über eine reine Haushalts- oder Wirtschaftsgemeinschaft hinausgeht. Härtegründe können darin liegen, dass ein oder mehrere Mieter/Mitbewohner schwanger, besonders hinfällig, krank oder behindert und somit durch den Wohnungswechsel besonders beeinträchtigt oder gefährdet sind, wichtige Prüfungen nahe bevorstehen oder ein Wechsel während des laufenden Schuljahrs gravierende Nachteile hätte. Auch schlechte Einkommensverhältnisse der Mieter oder deren mit Einverständnis des Vermieters erfolgten hohen Investitionen in die Wohnung können Härtegründe sein, jedenfalls soweit diese nicht abgewohnt wurden. Als Härtegrund gilt auch, wenn angemessener Ersatzwohnraum nicht zu zumutbaren Bedingungen beschafft werden kann (§ 574 Abs. 2 BGB). Dieser Härtegrund muss von den Mietern erarbeitet werden. Nach herrschender Meinung müssen diese mit ihrer Suche bei Zugang der Kündigung beginnen, alle zumutbaren Anstrengungen unternehmen, um eine Ersatzwohnung zu erlangen, und dies im Rechtsstreit darlegen und beweisen.

Härtegründe

Tipp

Nachfragen bei größeren Wohnungsunternehmen, städtischen Wohnungsbehörden und Maklern und etwaige Wohnungsbesichtigungen sollten Sie detailliert dokumentieren (mit wem genau haben Sie wann gesprochen, welche Auskunft haben Sie erhalten, woran ist ein Vertragsschluss gescheitert?). Korrespondenz sollten Sie unbedingt aufheben.

Die Gerichte müssen die Sozialklausel nur beachten, wenn die Mieter ihren Widerspruch hierzu schriftlich, das heißt von allen Mietern unterschrieben (siehe S. 97), erklärt haben (§ 574 b Abs. 1 Satz 1 BGB). Der Widerspruch muss dem Vermieter spätestens

Schriftlicher Widerspruch erforderlich

zwei Monate, bevor das Mietverhältnis aufgrund der Kündigung enden soll, zugehen, sonst kann dieser den Widerspruch zurückweisen, indem er die Fortsetzung des Mietverhältnisses ablehnt (§ 574 b Abs. 2 Satz 1 BGB). Zu früh sollten Sie Ihren Widerspruch allerdings nicht erklären, denn Sie provozieren damit schon zu einem frühen Zeitpunkt eine Räumungsklage. Bei Kündigungen, für die ein Widerspruchsrecht nach der Sozialklausel besteht, soll der Vermieter die Mieter in der Kündigungserklärung darauf hinweisen (§ 568 Abs. 2 BGB). Ohne diesen Hinweis ist die Kündigung zwar wirksam. Wird er jedoch nicht spätestens 14 Tage vor Ablauf der Widerspruchsfrist nachgeholt, dann können die Mieter ihren Widerspruch noch bis zum ersten Gerichtstermin im Räumungsrechtsstreit erklären (§ 574 b Abs. 2 Satz 2 BGB).

Fortsetzung des Mietverhältnisses

Entscheidet das Gericht zugunsten der Mieter, ist damit die Kündigung nicht automatisch dauerhaft vom Tisch. Das Mietverhältnis wird nur solange fortgesetzt, bis die Härtegründe wegfallen (§ 574 a Abs. 1 Satz 1, Abs. 2 Satz 2 BGB), sodass die Mieter dann ausziehen müssen, ohne dass eine weitere Kündigung erforderlich ist. Besteht der Härtegrund über diese Frist hinaus, kann unter Umständen mit einem weiteren Widerspruch eine weitere Fortsetzung erreicht werden, prinzipiell sogar mehrmals. Nur wenn dem Gericht keine Prognose möglich ist, wann die Härtegründe wegfallen, kann es anordnen, dass das Mietverhältnis dauerhaft fortgesetzt wird (§ 574 a Abs. 2 Satz 2 BGB).

WICHTIGE AUSNAHMEFÄLLE, IN DENEN DER KÜNDIGUNGSSCHUTZ ENTFÄLLT ODER REDUZIERT IST

Wohnraummietverträge zu kündigen ist für Vermieter wegen des gesetzlichen Kündigungsschutzes nicht ganz einfach. Bei manchen Mietverträgen ist der Kündigungsschutz reduziert oder gilt gar nicht. Hier die in der Praxis wichtigsten Fälle:

Einliegerwohnungen

Für ordentliche Kündigungen sogenannter Einliegerwohnungen benötigt der Vermieter keinen Kündigungsgrund, muss dafür aber eine um drei Monate verlängerte Kündigungsfrist einhalten (§ 573 a Abs. 1 BGB). Dieses Sonderkündigungsrecht besteht, wenn die Mietwohnung in einem Gebäude mit nicht mehr als zwei Wohnungen liegt und die andere Wohnung vom Vermieter selbst bewohnt wird. Ob er zugezogen ist, ist unerheblich; er muss dort spätestens wohnen, wenn den Mietern seine Kündigung zugeht (Bayerisches Oberstes Landesgericht WuM 1991, 249; OLG Karlsruhe WuM 1992, 49). Nur wenn das Gebäude bereits bei Vertragsschluss zwei Wohnungen aufwies, besteht das Sonderkündigungsrecht (OLG Hamburg WuM 1982, 151), es sei denn, der Vermieter hat die Mieter bereits bei Vertragsschluss über seine Umbaupläne informiert (LG Memmingen NJW-RR 1992, 523). Der Vermieter kann sich die Kündigung nicht erleichtern, indem er die Mietwohnung durch Anbau oder Beseitigung von Wohnraum nachträglich zur Einliegerwohnung macht oder zwei von drei Wohnungen im Gebäude selbst bewohnt (BGH, VIII ZR 90/10). Zusätzliche, als Wohnraum geeignete, aber gewerblich genutzte Räume zählen als dritte Wohnung, die das Sonderkündigungsrecht ausschließt, es sei denn, die Räume wurden bereits gewerblich genutzt, als die Wohnraummieter ihren Mietvertrag abschlossen (BGH, VIII ZR 307/07; VIII ZR 127/14).

Der Vermieter einer Einliegerwohnung kann wählen: Begründet er seine Kündigung mit einem der üblichen Kündigungsgründe, gilt die reguläre Kündigungsfrist. Nutzt er sein Sonderkündigungsrecht, benötigt er keinen Kündigungsgrund, sondern muss sich nur in der Kündigung ausdrücklich auf dieses besondere Kündigungsrecht berufen (§ 573 a Abs. 3 BGB). Dann gilt die verlängerte Kündigungsfrist von – je nach Mietdauer (siehe S. 275 f.) – sechs, neun oder zwölf Monaten. Mieter können sich auch in diesem Fall auf die Sozialklausel (siehe S. 286) berufen, nicht aber auf die für Eigentumswohnungen nach Umwandlung geltende Kündigungssperre (BGH, VIII ZR 325/09; siehe S. 262).

Vermieter kann wählen

Die vorstehenden Ausführungen zur Einliegerwohnung gelten in der Regel auch für Wohnungen, die der Vermieter selbst mitbewohnt (§ 573 a Abs. 2 BGB). Ob die Wohnung in einem

Vom Vermieter mitbewohnter Wohnraum

12

Ein-, Zwei- oder Mehrfamilienhaus liegt, spielt dabei keine Rolle. Wichtig ist dieser reduzierte Mieterschutz vor allem für Mieter, die selbst teiluntervermietet (siehe S. 240) haben.

Keinerlei Kündigungsschutz genießen Mieter von Wohnraum, den der Vermieter teilweise selbst, also persönlich bewohnt und überwiegend mit Einrichtungsgegenständen ausgestattet hat. Typischer Fall ist die Studentenbude in der Vermieterwohnung. Hier können beide Seiten spätestens am 15. eines Monats zum Ablauf des Monats kündigen und der Vermieter benötigt für seine ordentliche Kündigung auch keinen Kündigungsgrund (§§ 573 c Abs. 2, 549 Abs. 2 Nr. 2 BGB). Die Sozialklausel (siehe S. 286) findet auf diese Mietverhältnisse keine Anwendung (§ 549 Abs. 2 Nr. 2 BGB). Wurde der so möblierte Wohnraum dem Mieter allerdings überlassen, damit er dort mit seiner Familie oder anderen Haushaltsmitgliedern dauerhaft wohnt, gelten die oben beschriebenen Regeln zur Einliegerwohnung (§§ 573 a Abs. 2, 549 Abs. 2 Nr. 2 BGB).

Vorübergehend vermieteter Wohnraum

Wurde der Wohnraum nur zum vorübergehenden Gebrauch vermietet, können Mieter und Vermieter eine kürzere Kündigungsfrist vereinbaren (§ 573 c Abs. 2 Satz 3 BGB). Ansonsten gelten die üblichen Kündigungsfristen (siehe S. 275 f.). Typische Fälle vorübergehenden Gebrauchs sind der zeitlich begrenzte Aufenthalt in einer Ferienwohnung, einem Hotelzimmer und sonstige Fälle des Kurzaufenthalts (Messe, Bed & Breakfast etc.). Nicht nur die Mieter, sondern auch Vermieter können in diesen Fällen ordentlich kündigen, ohne dafür einen Grund zu benötigen (§ 549 Abs. 2 Ziffer 1 BGB). Auch die Sozialklausel (siehe S. 286) gilt nicht (§ 549 Abs. 2 Nr. 2 BGB).

Wohnungen in Studenten- und Jugendwohnheimen

Auch für Wohnräume, die in Studenten- und Jugendwohnheimen vermietet wurden, benötigen Vermieter keinen Kündigungsgrund (§ 549 Abs. 3 BGB). Allerdings gelten für diese Räumlichkeiten die normalen Kündigungsfristen (siehe S. 275 f.). Auch können sich Mieter auf die Sozialklausel (siehe S. 286) berufen, etwa wenn der Kündigungszeitpunkt in eine Prüfungsphase des Mieters fällt. Der Wohnraum befindet sich dann in einem Studenten- und Jugendwohnheim, wenn das Gebäude Heimcharakter hat und die Vermietung vorwiegend an Studierende bzw. Jugendliche und nicht zur Gewinnerzielung, sondern fremdnützig erfolgt, also in der Regel zu Preisen deutlich unterhalb der ortsüblichen Miete (vgl. AG München WuM 1992, 133; LG Konstanz WuM 1995, 539).

12

Mieten juristische Personen des öffentlichen Rechts, etwa Kommunen, oder anerkannte Träger der Sozialhilfe die Wohnung als Zwischenvermieter an, um sie an Wohnungssuchende mit dringendem Wohnbedarf (Alleinerziehende, Alte, kinderreiche Familien, Obdachlose, Flüchtlinge, etc.) weiterzuvermieten, können diese als Zwischenvermieter die mit ihren Untermietern geschlossenen Mietverträge ohne Kündigungsgrund kündigen (§ 549 Abs. 2 Nr. 3). Auch die Sozialklausel (siehe S. 286) wird nicht angewandt. Voraussetzung ist allerdings, dass die Mieter bei Vertragsabschluss ausdrücklich auf den fehlenden Kündigungsschutz hingewiesen wurden (§ 549 Abs. 2 Nr. 3). Anders als bei Untervermietungen zu gewerblichen Zwecken (siehe S. 236) übernimmt der Hauptvermieter nicht die Untermietverhältnisse, wenn der Mietvertrag mit dem Zwischenmieter endet, sodass die Untermieter dann auch gegenüber dem Hauptvermieter keinen Kündigungsschutz genießen (BGH WuM 1996, 537; KG MDR 2014, 645).

An Personen mit dringendem Wohnbedarf vermietete Wohnungen

Werden eine vermietete Wohnung oder das Haus, in dem sich eine solche Wohnung befindet, zwangsversteigert, dann wird der Ersteigerer mit Zuschlag nicht nur Eigentümer, sondern Vermieter (§§ 57 Zwangsversteigerungsgesetz, 566 BGB) und kann das Mietverhältnis auch bei längeren Mietverhältnissen mit gesetzlicher Frist kündigen (siehe S. 292). Allerdings benötigt er dazu zusätzlich einen Kündigungsgrund. All dies gilt auch für den Erwerber, der die Mieträume vom Insolvenzverwalter (siehe S. 271 f.) erstanden hat (§ 111 Insolvenzordnung).

Veräußerung bei Zwangsversteigerung oder Insolvenzverwaltung

AUSSERORDENTLICHE KÜNDIGUNGEN VON MIETERN UND VERMIETERN

Neben der ordentlichen Kündigung gibt es eine Vielzahl von Gründen, die eine außerordentliche Kündigung rechtfertigen. Neben fristlosen Kündigungen wegen Pflichtverletzungen oder Mietmängeln steht Mietern eine Reihe anderer Sonderkündigungsrechte zu, etwa bei Modernisierungen (siehe S. 217) und Mieterhöhungen (siehe S. 174 f.). Die praktisch wichtigsten Fälle werden themenbezogen in den jeweiligen Kapiteln dieses Ratgebers abgehandelt.

Außerordentliche Kündigungen sind, sofern ihre Voraussetzungen vorliegen, auch bei Ausschluss des ordentlichen Kündigungsrechts (siehe S. 279 f.) und Zeitmietverträgen (siehe S. 295) zulässig. Sie sind gesetzlich geregelt und können, sofern sie nicht fristlos zulässig sind, nur mit einer Kündigungsfrist ausgesprochen werden. Teilweise sind diese detailliert in konkreten Gesetzesvorschriften geregelt, sonst ist dort angeordnet, dass »mit gesetzlicher Frist« gekündigt werden könne. Dies bedeutet, dass die gleiche Dreimonatsfrist wie bei ordentlichen Mieterkündigungen (siehe S. 275) gilt (§ 573 d Abs. 2 Satz 1 BGB). Bei Mietverträgen über möblierte Zimmer in der Vermieterwohnung (siehe S. 289 f.) kann zum Monatsende gekündigt werden, wobei die Kündigung spätestens am 15. des Monats zugehen muss. Bei Einliegerwohnungen (siehe S. 288 f.) gelten keine längeren Fristen (§ 573 d Abs. 2 Satz 2 BGB).

AUSSERORDENTLICHE FRISTLOSE KÜNDIGUNGEN WEGEN VERTRAGSVERLETZUNGEN

Fristlose Kündigung nur im Ausnahmefall zulässig

Nur ausnahmsweise kann ohne Einhaltung einer Kündigungsfrist gekündigt werden. Dies ist in der Regel der Fall, wenn dem zur Kündigung Berechtigten nicht zugemutet werden kann, das Mietverhältnis bis zum Ende der ordentlichen Kündigungsfrist fortzuführen. Wartet er ohne nachvollziehbaren Grund allzu lange, widerlegt er diese Vermutung. Mehr als zwei bis drei Monate sollte man daher in der Regel mit einer fristlosen Kündigung nicht warten, auch wenn der BGH kürzlich hinsichtlich sieben Monate zurückliegender Mietrückstände entschieden hat, bei fristlosen Kündigungen sei der reine Zeitablauf seit dem Vertragsverstoß unbeachtlich (BGH, VIII ZR 296/15). Es dürfte stets von den Umständen des jeweiligen Einzelfalls abhängen, welcher zeitliche Rahmen gilt (BGH, VIII ZR 206/09).

12

Außerordentliche fristlose Kündigungen wegen Vertragsverletzungen lassen sich mit einer Vielzahl von Gründen rechtfertigen. Häufigster Grund für außerordentliche fristlose Kündigungen des Vermieters sind rückständige Mieten (siehe S. 145) und unerlaubte Untervermietungen (siehe S. 228), die wichtigsten Gründe für fristlose Mieterkündigungen sind Mängel der Mietsache (siehe S. 94).

Bei Mietmängeln kann manchmal auch wegen einer erheblichen Gesundheitsgefährdung gekündigt werden (§ 543 Abs. 1, § 569 Abs. 1 BGB). Dabei kommt es nach herrschender Meinung nicht auf den individuellen Gesundheitszustand und damit auch nicht auf besondere Empfindlichkeiten der Mieter an, sondern darauf, ob bei Nutzung der Mieträume objektiv, also für jedermann die Gefahr besteht, dass demnächst Gesundheitsstörungen auftreten. Auch hier ist es wichtig, frühzeitig Beweise (siehe S. 367) zu sichern, vor allem aussagekräftige ärztliche Atteste oder Gutachten, die einen solchen konkreten Zusammenhang belegen.

Kündigung wegen Gesundheitsgefährdung

Wird außerordentlich gekündigt, müssen nicht nur Vermieter, sondern auch Mieter im Kündigungsschreiben den Kündigungsgrund angeben (§ 569 Abs. 4 BGB). Die Beweislast für dessen Bestehen trägt stets der Kündigende. Mit der Verletzung mietvertraglicher Pflichten begründete fristlose Kündigungen sind, von wenigen Ausnahmen

Tipp

Daher sollte man sich beim Vermieter nie über die fehlende Präzision solcher Schreiben beschweren, damit dieser möglichst nicht nachbessert. Bei eigenen Abmahnungen und Kündigungen orientieren Sie sich bei Ihrer Schilderung der maßgeblichen Umstände und Geschehnisse am besten an den drei Fragen »Was? Wo? Wann?«.

abgesehen, erst nach erfolglosem Ablauf einer zur Abhilfe bestimmten angemessenen Frist oder erfolgloser Abmahnung (siehe S. 45) zulässig (§ 543 Abs. 3 Satz 1 BGB; BGH VIII ZR 182/06; VIII ZR 206/09). Die Angaben zu den beanstandeten Pflichtverstößen müssen in Abmahnung wie Kündigung möglichst konkret sein; sind die Angaben zu pauschal, ist die Kündigung unwirksam (LG Berlin GE 2015, 323).

Wird das pflichtwidrige Verhalten nach einer Abmahnung beendet, entfällt das Kündigungsrecht (BGH, XII ZR 23/15; zum Sonderfall unpünktlicher Mietzahlung siehe S. 147). Nur in extremen Fällen, wenn Abmahnung oder Abhilfeverlangen offensichtlich erfolglos wären oder ein Zuwarten unzumutbar ist, kann darauf verzichtet und sofort gekündigt werden. Dies gilt etwa bei gravierenden Gefahrenlagen, massiven Beleidigungen, anderen Störungen des Hausfriedens oder Straftaten von Mietern, ihren Mitbewohnern, des Vermieters oder seiner Vertreter, aber auch, wenn der Betreffende zu erkennen gibt, dass er sein Verhalten keinesfalls ändern wird.

»Ziehfrist« bei Wohnungswechsel

Die fristlose Kündigung beendet das Mietverhältnis, sobald sie dem Adressaten zugegangen ist. Für Mieter bedeutet dies allerdings nicht, dass sie sofort ausziehen müssen. Bevor der Vermieter auf Räumung klagen kann, steht ihnen in der Regel eine etwa ein- bis zweiwöchige sogenannte »Ziehfrist« für den Wohnungswechsel zu (LG Berlin GE 1994, 707: 1 Woche; LG Baden-Baden WuM 1996, 472: 1 bis 2 Wochen; LG Hannover NJW-RR 1992, 659: mehr als 2 Wochen, wenn noch keine neue Wohnung vorhanden ist), während der sie zwar keine Miete mehr, aber dafür Nutzungsentgelt in etwa gleicher Höhe (siehe S. 354) zahlen müssen.

TOD DES MIETERS

Stirbt ein Mieter, wird das Mietverhältnis mit den überlebenden Hauptmietern (nicht den Untermietern) fortgesetzt (§ 563 a BGB), sofern diese nicht innerhalb eines Monats, nachdem sie von seinem Tod erfahren haben, mit gesetzlicher Frist (siehe S. 292) kündigen. Gibt es keine überlebenden Mieter, so treten mit unterschiedlichem Vorrang die im Haushalt des Verstorbenen lebenden Personen in den Mietvertrag ein (§ 563 Abs. 1 und 2 BGB), es sei denn, diese teilen dem Vermieter innerhalb eines Monats, nachdem sie von dem Todesfall erfahren haben, mit, dass sie dies nicht wollen (§ 563 Abs. 3 BGB). Anders als bei anderen Angehörigen ist bei Kindern des Verstorbenen nicht Voraussetzung für die Mietvertragsübernahme, dass sie den Haushalt mit diesem zusammen geführt haben; es reicht aus, dass sie in dessen Haushalt gelebt haben (BGH, VIII ZR 25/14).

Führen keine Mitmieter oder sonstigen Personen den Mietvertrag weiter, werden die Erben Mieter (§ 1922 BGB) und haften mit dem eigenen Vermögen für sich daraus ergebende Verpflichtungen (§ 1967 Abs. 1 BGB), sofern sie die Erbschaft nicht ausschlagen. Sie können das Mietverhältnis gemäß § 564 Satz 2 BGB innerhalb eines Monats, nachdem sie erfahren haben, dass der Mieter gestorben und kein Angehöriger in den Mietvertrag eingetreten ist, mit gesetzlicher Frist kündigen. Das gleiche Recht steht dem Vermieter zu mit der Besonderheit, dass er dabei ausnahmsweise kein berechtigtes Interesse für seine Kündigung benötigt (§§ 564 Satz 2, 573 d Abs. 1 BGB) und diese gegenüber allen Erben erfolgen muss (BGH, VIII ZR 25/14). Wird das Mietverhältnis mit dem Ehegatten, Partner oder Haushaltsangehörigen fortgesetzt, so kann der Vermieter diesen seinerseits mit gesetzlicher Frist kündigen, wenn in der Person des bzw. eines der Eintretenden ein wichtiger Grund besteht, der ihm die Fortsetzung des Mietverhältnisses unzumutbar macht (§ 563 Abs. 4 BGB). Die Gekündigten können sich in diesen Fällen auf die Sozialklausel (siehe S. 286) berufen, was allerdings bei Erben, die über eine andere Wohnung verfügen, selten erfolgreich sein wird.

WENN DER MIETVERTRAG AUTOMATISCH ENDET: DER ZEITMIETVERTRAG

Mietende festlegen

Von einem Zeitmietvertrag spricht man, wenn vertraglich festgelegt ist, wann das Mietverhältnis enden soll. Der Mietvertrag endet also automatisch zu einem festgelegten Zeitpunkt, ohne dass der Vertrag gekündigt werden muss (§ 542 Abs. 2 BGB). Vorher können Zeitmietverträge – auch »befristete Verträge« genannt – außerordentlich gekündigt (siehe S. 291 ff.) werden, wenn ein entsprechender Grund vorliegt.

Keine ordentliche Kündigung

Eine ordentliche Kündigung (siehe S. 274) ist ausgeschlossen (BGH, VIII ZR 182/06), es sei denn, diese Möglichkeit wurde ausdrücklich vereinbart. Zwar sind Zeitmietverträge bei Wohnraum nur unter sehr strengen Bedingungen zulässig. Oft ist ihre Befristung daher unwirksam, sodass sie auf unbestimmte Zeit laufen (§ 575 Abs. 1 Satz 2 BGB). Das Verbot, ordentlich zu kündigen, bleibt aber auch dann oft bestehen. Anstelle der unwirksamen Befristung tritt jedenfalls dann, wenn diese – wie meist bei Zeitmietverträgen – von Mietern und Vermietern frei ausgehandelt wurde, ein beidseitiger Kündigungsverzicht (siehe S. 279), sodass eine ordentliche Kündigung frühestens zum Ablauf der vereinbarten Mietzeit möglich ist (BGH, VIII ZR 388/12). Daher sollten Mieter, wenn der Vermieter auf einer Befristung besteht, bereits bei Mietvertragsschluss darauf achten, dass ihnen ein Recht zur ordentlichen Kündigung eingeräumt wird [»Das Mietverhältnis kann von den Mietern jederzeit mit ordentlicher Frist gekündigt werden«], wenigstens aber ein Recht zur Kündigung in bestimmten Fällen, etwa beruflicher Veränderung, oder ein Recht zur Nachmieterstellung (siehe S. 311).

All dies gilt auch für einen Sonderfall des Zeitmietvertrages, dessen Befristung darin besteht, dass er auf Lebenszeit des Vermieters oder des Mieters geschlossen wurde. Für solche Verträge besteht nach 30 Jahren Laufzeit ein Sonderkündigungsrecht (§ 544 BGB). Bei Zeitmietverträgen, die vor dem 1.9.2001 abgeschlossen wurden, steht Beamten, Bundeswehrsoldaten, Lehrern an öffentlichen Schulen und Universitäten (entscheidend ist dort die Lehrtätigkeit), Angestellten und Arbeitern des öffentlichen Dienstes und Geistlichen ein Sonderkündigungsrecht zu, aufgrund dessen sie im Falle ihrer Versetzung mit gesetzlicher Frist (siehe S. 292) kündigen können (§ 570 BGB a. F., Art. 229 § 3 Abs. 3 EGBGB).

12

Zeitmietverträge mit einer Laufzeit von mehr als einem Jahr, aber auch nach Vertragsschluss vereinbarte Befristungen, die diese Zeit überschreiten, laufen unbefristet, wenn bei ihnen die Schriftform nicht eingehalten wurde. Sie können damit jederzeit, frühestens allerdings zum Ablauf eines Jahres nach Wohnungsübergabe (§ 550 BGB) bzw. bei Vertragsänderung zum Ablauf eines Jahres nach dem Änderungszeitpunkt (BGH NJW 1987, 948) ordentlich gekündigt werden.

Schriftform beachten

Je nachdem, wann der Mietvertrag bzw. die Befristungsvereinbarung geschlossen wurde, sind drei Arten zulässiger Zeitmietverträge zu unterscheiden:

- Zeitmietverträge, die seit dem 1.9.2001 geschlossen wurden,
- Zeitmietverträge, die ohne Angabe eines Befristungsgrundes vor dem 1.9.2001 geschlossen wurden,
- Zeitmietverträge mit geringerem Mieterschutz, für die keine Beschränkungen gelten.

Seit dem 1.9.2001 können Zeitmietverträge für Wohnraum nur noch wirksam vereinbart werden, wenn der Vermieter nach Ablauf der Mietzeit die Räume als Wohnung für sich, seine Familienangehörigen oder Angehörige seines Haushalts nutzen will, in zulässiger Weise die Räume beseitigt oder so wesentlich verändern oder instandsetzen will, dass dies bei Fortsetzung des Mietverhältnisses erheblich erschwert würde, oder die Räume an einen zur Dienstleistung Verpflichteten vermieten will (§ 575 Abs. 1 BGB). Diese Nutzungsabsicht muss der Vermieter ernsthaft haben, sie darf also nicht vorgeschoben sein (BGH, VIII ZR 182/06). Außerdem muss er diese den Mietern

Seit dem 1.9.2001 geschlossene Zeitmietverträge

schon bei Vertragsabschluss (nicht unbedingt im Vertrag selbst) schriftlich, konkret und nachvollziehbar mitgeteilt haben (§ 575 Abs. 1 Satz 1 BGB). Schlagwortartige Angaben oder die Wiedergabe des Gesetzestextes reichen nicht. Zukünftige Nutzer aus dem Kreise seiner Angehörigen – infrage kommen nur solche, zu deren Gunsten bei unbefristetem Mietvertrag eine Eigenbedarfskündigung ausgesprochen werden könnte (siehe S. 281) – müssen präzise benannt werden. Sind Baumaßnahmen der Befristungsgrund, muss der Vermieter diese so genau angeben, dass die Mieter beurteilen können, ob das Vorhaben zulässig ist (LG Köln WuM 2000, 330) und durch das fortbestehende Mietverhältnis erheblich erschwert würde (BGH, VIII ZR 182/06). Bei einem Abriss des Gebäudes bedarf es keiner näheren Angaben (BGH, VIII ZR 182/06).

Wurden diese Voraussetzungen erfüllt, können die Mieter das Vertragsende nicht gegen den Willen des Vermieters verhindern. Die Sozialklausel (siehe S. 286) gilt nicht; auch Räumungsfristen (siehe S. 302) werden nicht gewährt.

Ändern sich die Planungen des Vermieters während der Vertragslaufzeit, darf er den ursprünglichen Befristungsgrund nicht durch einen völlig anderen ersetzen. Die Mieter können vom Vermieter verlangen, dass dieser mitteilt, ob der Befristungsgrund noch besteht (§ 575 Abs. 2 BGB). Nur Anfragen, die frühestens vier Monate vor Ende der vereinbarten Mietzeit erfolgen, müssen beantwortet werden, und zwar innerhalb eines Monats. Bei Verspätung können die Mieter eine entsprechende Verlängerung des Mietverhältnisses verlangen. Verzögert sich der Eintritt des Befristungsgrundes, verlängert sich die Mietzeit entsprechend (§ 575 Abs. 3 Satz 1 BGB), entfällt er, können die Mieter die Umwandlung des Vertrags in einen unbefristeten Mietvertrag verlangen (§ 575 Abs. 3 Satz 2 BGB).

Vor dem 1.9.2001 geschlossene Zeitmietverträge

Bis zum 31.8.2001 – danach nicht mehr (§ 575 Abs. 1 und 4 BGB) – konnten einfache Zeitmietverträge auch ohne Befristungsgrund geschlossen werden. Solche Verträge sind weiterhin wirksam (Art. 229 § 3 Abs. 3 EGBGB), enden also automatisch bei Vertragsende. Allerdings können die Mieter vom Vermieter verlangen, dass dieser der Fortsetzung des Mietverhältnisses auf unbestimmte Zeit zustimmt (§ 564 c Abs. 1 BGB a.F.). Das Fortsetzungsverlangen muss diesem schriftlich spätestens zwei Monate vor dem vereinbarten Vertragsende zugehen. Er kann die Fortsetzung nur verweigern, wenn ihm ein gesetzlich zugelassener Kündigungsgrund (siehe S. 281), etwa Eigenbedarf, zusteht. In diesen Fällen findet die Sozialklausel (siehe S. 286) Anwendung (OLG Hamm RE WuM 1991, 423). Stimmt der Vermieter der Verlängerung nicht zu, so sollten ihn Mieter unbedingt auf Zustimmung verklagen, weil der Vertrag sonst trotz der Verpflichtung des Vermieters, einer Fortsetzung zuzustimmen, mit Ablauf der Befristung endet.

Vor dem 1.9.2001 konnten auch nach altem Recht bereits sogenannte »qualifizierte Zeitmietverträge« geschlossen werden, die ähnlich wie in § 575 BGB vorgesehen, nicht gegen den Willen des Vermieters verlängert werden konnten, weil ein besonderer Befristungsgrund bestand (§ 564 c Abs. 2 BGB a.F.). Allerdings durften diese nur für maximal fünf Jahre befristet werden, sodass es trotz Verlängerungsmöglichkeiten kaum noch Verträge dieser Art geben dürfte, bei denen noch eine Befristung gilt.

Die vorstehend genannten gesetzlichen Einschränkungen (§ 575 BGB und § 564 c BGB a.F.) gelten nicht für die in § 549 BGB aufgeführten Mietverhältnisse (siehe S. 290 f.), für die bei unbefristeten Mietverträgen kein oder lediglich ein stark reduzierter Kündigungsschutz bestünde. Hier können problemlos Zeitmietverträge geschlossen werden. Dies gilt insbesondere für Untermietverhältnisse, in denen der Vermieter die Wohnung mitbewohnt und den Wohnraum überwiegend selbst möbliert hat, es sei denn, er hat die Wohnung dauerhaft, also nicht nur für kurze Zeit und damit vorübergehend dem Mieter zur Nutzung mit seinen Familien- oder anderen Haushaltsangehörigen überlassen (siehe S. 289 f.; § 549 Abs. 2 Nr. 2 BGB). In keinem Fall kann der den Wohnraum mitbewohnende Vermieter bei Zeitmietver-

Zeitmietverträge bei reduziertem Kündigungsschutz

trägen sein für unbefristete Mietverträge erleichtertes Kündigungsrecht (siehe S. 290) geltend machen. Auch bei vor dem 1.9.2001 geschlossenen Zeitmietverträgen über Wohnräume in Studenten- und Jugendwohnheimen können die Mieter durch ein Fortsetzungsverlangen (siehe S. 298) keine Verlängerung des Zeitmietvertrages erzwingen (LG Konstanz WuM 1995, 539).

WEITERNUTZUNG DER MIETSACHE NACH VERTRAGSENDE

Nutzen Mieter die Wohnung nach Vertragsende weiter, verlängert sich das Mietverhältnis dadurch auf unbestimmte Zeit, es sei denn, eine Vertragspartei widerspricht dem innerhalb von zwei Wochen (§ 545 BGB). Für die Mieter beginnt die Frist, sobald sie über das Vertragsende hinaus die Wohnung weiternutzen (in der Regel am Tag danach), für den Vermieter, sobald er davon Kenntnis erhält. Weshalb der Mietvertrag vorher endete, durch Zeitablauf, außerordentliche, fristlose oder ordentliche Kündigung, ist unerheblich. Lediglich wenn Mieter die Wohnung nach behördlicher Einweisung wegen Obdachlosigkeit oder aufgrund einer gerichtlich festgelegten Räumungsfrist weiternutzen, gilt diese Regelung nicht.

Oft teilen Vermieter oder deren Anwälte bereits in der Kündigung mit, dass sie für den Fall, dass die Mieter nach Mietende nicht ausziehen, einer Verlängerung des Mietverhältnisses widersprechen. Ein solcher Widerspruch ist selbst dann wirksam, wenn zwischen Kündigung und Vertragsende ein längerer Zeitraum liegt (BGH, VIII ZR 184/09). Auch Mieter sollten ihrer

Tipp

Wollen Mieter die Wohnung nur kurze Zeit weiternutzen, sollten sie, um nicht erneut kündigen und während der Kündigungsfrist weiter Miete zahlen zu müssen, innerhalb dieser zwei Wochen dem Vermieter in nachweisbarer Form mitteilen, dass sie damit das Mietverhältnis nicht fortsetzen wollen. Wollen sie dagegen das Mietverhältnis fortsetzen, sollten sie dafür sorgen, dass der Vermieter möglichst bald ebenfalls in nachweisbarer Form Kenntnis davon erhält, dass sie die Wohnung weiternutzen. Erklärt dieser dann nicht binnen zwei Wochen, dass er das Mietverhältnis nicht fortsetzen will, wird der alte Mietvertrag zu den bisherigen Konditionen auf unbestimmte Zeit fortgesetzt.

Kündigungserklärung einen solchen Fortsetzungswiderspruch hinzufügen, wenn sie sicher sind, dass sie das Mietverhältnis keinesfalls fortsetzen wollen, und damit rechnen, dass sie nicht ganz pünktlich ausziehen können. Allerdings kann § 545 BGB vertraglich ausgeschlossen werden. Ob dies durch Formularmietverträge, die nicht den Inhalt der Regelung, sondern lediglich den Paragrafen nennen, möglich ist, ist umstritten (Klausel unwirksam: OLG Schleswig GE 1995, 1409; AG Charlottenburg MM 2007, 335; Klausel wirksam: LG Erfurt WuM 2008, 283). Allerdings wurde obergerichtlich schon die Nennung einer abgelegeneren Rechtsnorm für wirksam gehalten (BGH, VIII ZR 167/03). Ist eine Fortsetzung nach § 545 BGB wirksam ausgeschlossen oder bestehen insoweit Zweifel, sollten Sie möglichst nicht untätig bleiben, weil Sie sonst eine Räumungsklage provozieren.

WENN MIETER NICHT FREIWILLIG WEICHEN: DIE RÄUMUNGSKLAGE

Auch wenn das Mietverhältnis wirksam beendet wurde, kann der Vermieter die Mieter nicht gegen deren Willen vor die Tür setzen. Wird die Wohnung bei Vertragsende nicht geräumt übergeben, muss er die Räumung mit einer Räumungsklage erzwingen. Für die Räumung benötigt der Vermieter einen vollstreckungsfähigen Titel, in der Regel ein Urteil, mit dem er den Gerichtsvollzieher mit der Räumung beauftragen kann. Dieser muss die Räumung den Mietern dann drei Wochen vorher ankündigen und kann sie notfalls mithilfe der Polizei erzwingen. Vereinzelt versuchen Vermieter trotzdem, die Wohnung ohne Urteil zu räumen. Für sämtliche den Mietern dadurch ent-

Tipp

Weichen Sie in solchen Fällen keinesfalls freiwillig, sondern verweigern Sie den Zutritt. Nutzen Sie Ihr Hausrecht, das Ihnen als Mieter zusteht, solange Sie nicht freiwillig räumen oder auf Basis eines entsprechenden Urteils durch den Gerichtsvollzieher geräumt werden. Wird Gewalt ausgeübt oder angedroht, sollten Sie umstandslos die Polizei holen und Strafanzeige und Strafantrag wegen Hausfriedensbruchs (§ 123 Strafgesetzbuch) stellen. Gegen Gewalt ist in diesen Fällen auch – maßvolle – Notwehr zulässig. Maßnahmen, mit denen der Vermieter Ihnen den Zugang zur Wohnung verwehrt, etwa durch Austausch des Schlosses oder Anbringung eines vorgesetzten Riegelschlosses, dürfen Sie, sofern Sie unmittelbar im Anschluss daran handeln, selbst rückgängig machen (§ 859 Abs. 3 BGB). Achten Sie aber auf Zeugen.

stehende Schäden haften sie streng, auch wenn sie diese nicht verschuldet haben (BGH, VIII ZR 326/02; VIII ZR 45/09).

Sind solche Notmaßnahmen nicht (mehr) möglich, sollten Sie den Zutritt zur Wohnung so schnell wie möglich durch eine einstweilige Verfügung erzwingen. Notfalls können Sie diese selbst beantragen, und zwar bei dem Amtsgericht, in dessen Bezirk Ihre Wohnung liegt (§ 23 Ziffer 2. a) Gerichtsverfassungsgesetz). Dies gilt auch für »kalte Räumungen« durch Sperrung der Energie-, Heiz- oder Wasserversorgung, die bei Wohnraum unzulässig sein dürften (vgl. BGH, XII ZR 137/07).

Der Räumungsprozess

Auf eine anstehende Räumungsklage sollten Sie sich vorbereiten. Zwar benötigen Privatpersonen bei den erstinstanzlich zuständigen Amtsgerichten keinen Anwalt, sondern dürfen dort selbst auftreten. Bei Räumungsklagen ist dies jedoch in der Regel zu riskant. Zwar gehen Räumungsklagen oft in die zweite Instanz zum Landgericht, aber Versäumnisse der ersten Instanz lassen sich oft nicht mehr korrigieren. Spätestens vor dem Landgericht müssen Sie einen Anwalt beauftragen. Kontaktieren Sie also möglichst frühzeitig einen Anwalt, sortieren Sie Ihre Unterlagen und sprechen Sie etwaige Zeugen an. Sichten Sie unbedingt regelmäßig den Briefkasten. Denn das Gericht setzt für die Reaktion auf die Klage enge Fristen, die in jedem Fall eingehalten werden müssen. Gewinnt der Vermieter in der ersten Instanz, kann er unter Umständen aus dem Urteil vollstrecken, bevor dieses rechtskräftig ist (§ 708 Nr. 7 ZPO), muss allerdings Schadensersatz leisten, falls dieses letztinstanzlich aufgehoben wird (§ 717 Abs. 2 ZPO). Sprechen Sie frühzeitig mit Ihrem Anwalt darüber, wie eine solche Vollstreckung abgewendet werden kann (§§ 711, 712 ZPO), damit Sie die eventuell erforderliche Sicherheitsleistung rechtzeitig organisieren können. Grundsätzlich steht Mietern, gegen die ein Räumungsurteil ergangen ist, die Einräumung einer angemessenen Räumungsfrist durch das Gericht zu (§ 721 ZPO). Ihre Chancen darauf steigern Sie erheblich, wenn Sie Ihre Wohnungssuchbemühungen sorgfältig dokumentieren. Falls Sie der Kündigung nach der Sozialklausel widersprechen, kann dies ohnehin geboten sein (siehe S. 287).

MIETERWECHSEL: WENN MIETER BEI FORTLAUFENDEM MIETVERHÄLTNIS AUSSCHEIDEN

12

Auch auf der Mieterseite können sich während der Mietzeit Änderungen ergeben, und zwar kraft Gesetzes, etwa wenn Haushaltsangehörige des Mieters nach dessen Tod Mieter werden (siehe S. 294), oder durch Änderung des Mietvertrages.

Eine solche Vertragsänderung muss zwischen Vermieter, Mieter und dem neu in das Mietverhältnis Eintretenden vereinbart werden. Auch das Ausscheiden eines einzelnen Mieters ist möglich. Allerdings muss der Vermieter einer solchen Änderung nicht zustimmen. Bei Mietverträgen, die für längere Zeit als ein Jahr geschlossen wurden, sollten solche Vereinbarungen der gesetzlichen Schriftform (siehe S. 21) entsprechen. Andernfalls besteht neben Beweisschwierigkeiten das Problem, dass für Altmieter uneingeschränkt der bisherige Altvertrag gilt, neue Mieter aber – davon möglicherweise abweichend – den für sie ohne Einschränkungen auf unbestimmte Zeit laufenden Mietvertrag frühestens nach einem Jahr kündigen können (BGH NJW 1975, 1653; OLG Düsseldorf GE 2003, 47). Die Schriftform ist auch gewahrt, wenn nur die bisherigen Mieter mit dem neuen Mieter über den Wechsel eine schriftliche, von allen unterschriebene, deutlich auf den Mietvertrag Bezug nehmende Vereinbarung schließen, und der Vermieter nur formlos zustimmt (BGH, XII ZR 38/12).

Vertraglicher Mieterwechsel

Allein der Auszug eines Mitmieters oder seine Kündigung beenden den Mietvertrag in der Regel nicht. Haben die Partner einer Lebens- oder Wohngemeinschaft gemeinsam eine Wohnung gemietet, stehen sie bei Auszug eines Partners vor drei Alternativen: Sie können

Auszug eines Mitmieters

- den Vertrag unverändert weiterführen,
- den Mietvertrag gemeinsam kündigen,
- den Mietvertrag mit dem Vermieter dahin gehend ändern, dass nur der verbleibende Mitmieter Vertragspartner bleibt und der andere ausscheidet.

Die erste Lösung hat den Nachteil, dass der ausziehende Mieter im Verhältnis zum Vermieter weiter für alle Mietschulden des verbleibenden Mieters haftet. Dass er vom anderen Mieter in der Regel verlangen kann, freigestellt zu werden, wird ihn wenig trösten, wenn jener zahlungsunfähig wird oder nicht freiwillig zahlt. Immerhin kann dies bei ungetrübtem Verhältnis zueinander oder dann, wenn gemeinsame Kinder in der Wohnung wohnen, eine akzeptable Lösung sein, weil man sich nicht vom Vermieter abhängig macht. In einem solchen Fall sollten Sie bei späteren Kündigungen darauf achten, dass auch der ausgezogene Mieter die Kündigung unterschreibt oder Sie auch in seinem Namen kündigen (siehe S. 270) und der Kündigung eine entsprechende Vollmacht im Original beifügen. Ein weiteres Originalexemplar sollten Sie zu Ihren Akten nehmen, um die Vollmacht im Zweifel auch nachweisen zu können. Der Text einer solchen Vollmacht sollte etwa wie folgt lauten:

»Hiermit bevollmächtige ich, Hans Vogel, (Adresse), meine Mitmieterin, Hannah Strauß, (Adresse), mich bei allen des mit (Name Vermieter) geschlossenen Mietvertrags über die Wohnung (genaue Adresse der Mietwohnung und Lage im Haus) betreffenden Angelegenheiten inklusive der Kündigung und der Abwicklung des Mietvertrages sowie der Wohnungsrückgabe zu vertreten.«

Wenn diese Lösung nicht sinnvoll erscheint und der Vermieter auch zu einer Entlassung des ausziehenden Mieters durch Änderung des Mietvertrags nicht oder nicht zu akzeptablen Konditionen bereit ist, bleibt nur die gemeinsame Kündigung. Denn zu einer entsprechenden Vertragsänderung kann der Vermieter nicht gezwungen werden (LG Gießen WuM 1996, 273; LG Konstanz WuM 2000, 675). Für diesen Fall sind beide Mieter einander verpflichtet, an der gemeinsamen Kündigung mitzuwirken, sofern nicht berechtigte Interessen des anderen Mieters dem entgegenstehen (OLG Köln WuM 1999, 521; KG WuM 1992; 323; zustimmend BGH, VIII ZR 14/04). Denn der endgültige Auszug aus der gemeinsamen Wohnung stellt eine konkludente Kündigung der bis dahin zwischen den Mietern bestehenden Gesellschaft bürgerlichen Rechts dar (vgl. LG Köln WuM 1993, 613; OLG München ZMR 1994, 216; LG München II WuM 1993, 611; BGH, VIII ZR 14/04). Notfalls muss die Unterschrift unter die gemeinsame Kündigung gerichtlich erzwungen werden. Verlangt werden kann die ordentliche Kündigung zum nächstmöglichen Zeitpunkt, der nach dem konkreten Mietvertrag zulässig ist (LG Gießen WuM 1996, 273).

12

Tipp

Da sich ein solcher Rechtsstreit lange hinziehen kann, sollte man sich um gütliche Lösungen bemühen und notfalls einen professionellen Mediator oder jemanden, der beiden Betroffenen in gleicher Weise verbunden ist und sich im aktuellen Streit noch nicht positioniert hat, als Vermittler einschalten.

In Ausnahmefällen haben Gerichte auch andere Lösungen als eine gemeinsame Kündigung oder eine einvernehmliche Mietvertragsänderung anerkannt. Gemeinsam ist diesen, dass sich alle Beteiligten, Vermieter, ausgezogener und verbleibender Mieter über Jahre hinweg so verhalten haben, als hätten sie gemeinsam die Entlassung des Ausgezogenen aus dem Mietvertrag vereinbart (BGH, VIII ZR 124/03; VIII ZR 14/04; OLG Frankfurt WuM 1991, 76). Die zitierten Entscheidungen sind alle zu Kündigungen bzw. Mieterhöhungen des Vermieters ergangen, doch kann sich wohl auch dieser in einer solchen Konstellation nicht darauf berufen, dass der ausgezogene Mieter die Kündigung hätte mitunterschreiben müssen. Dennoch sollten Sie auf eindeutige Regelungen hinwirken. Denn diese sind sicherer und lassen sich besser beweisen.

Wohngemeinschaften

Auch für Wohngemeinschaften gelten diese Grundsätze hinsichtlich der Hauptmieter (siehe S. 230 f.). Ausnahmen gibt es für studentische oder andere Wohngemeinschaften, deren Mitglieder erklärtermaßen permanent wechseln. Unter Umständen ist hier – möglicherweise auch stillschweigend – vereinbart, dass bei gleichbleibender Mitgliederzahl die ausziehenden Mitglieder aus dem Vertrag ausscheiden und die einziehenden an ihrer Stelle eintreten (LG Frankfurt WuM 2012, 192), sodass eine entsprechende Anzeige des Wechsels beim Vermieter für die Vertragsänderung ausreicht. Ob ein solcher Vertrag vorliegt, hängt allerdings von den Umständen des Einzelfalls ab und sollte, bevor man sich darauf verlässt, juristisch überprüft werden.

Bei Scheidung auf Mietvertragsänderung achten

Bei Scheidungen kann einer der Geschiedenen alleiniger Mieter der bisherigen Ehewohnung werden, selbst wenn er nicht Mieter war. Dies kann durch Änderungsvertrag, aber auch gegen den Willen des Vermieters geschehen. Dazu müssen ihm beide Ex-Partner mitteilen, dass das Mietverhältnis mit einem allein fortgesetzt werden soll (§ 1568 a Abs. 3 Satz 1 BGB). Dies sollte möglichst schriftlich in nachweisbarer Form geschehen (siehe S. 362). Die Ex-Partner können voneinander verlangen, dass der jeweils andere an der Erklärung mitwirkt. Können sie sich nicht einigen, wer die Wohnung behalten soll, ist ausschlaggebend, wer auf diese wegen seiner Lebensverhältnisse (Wohl mitwohnender Kinder, Alter, Gesundheit, Einkommen, Vermögen, Arbeitsplatzentfernung) stärker angewiesen ist (§ 1568 a Abs. 1 BGB). Notfalls entscheidet, was allerdings beantragt werden muss, das Familiengericht. Die Erklärung gegenüber dem Vermieter muss innerhalb eines Jahres nach rechtskräftiger Scheidung zugehen (§ 1568 a Abs. 6). Gleiches gilt für den Zuweisungsantrag beim Familiengericht. Bei Wohnungen, die Mietern wegen eines Arbeits- oder Dienstverhältnisses überlassen wurden, bestehen diese Möglichkeiten nur in Härtefällen (§ 1568 a Abs. 4 BGB). Der Vermieter kann die Vertragsänderung nur durch Kündigung mit gesetzlicher Frist (siehe S. 292) verhindern, wenn in der Person des verbleibenden Mieters wichtige Gründe, etwa vorangegangene Störungen des Hausfriedens, vorliegen (§ 1568 a Abs. 3 Satz 2 BGB). Mangelnde Zahlungsfähigkeit kann ein Grund sein, wenn Unterhalt, Sozialhilfe, Arbeitslosen- oder Wohngeld zur Zahlung der Miete nicht ausreichen. Diese Regelungen gelten auch für die Aufhebung eingetragener Lebenspartnerschaften (§ 17 Lebenspartnerschaftsgesetz).

12

Bei vertraglich vereinbarten und scheidungsbedingten Mieterwechseln stellt sich oft die Frage, wer für Vermieterforderungen (Miete, Betriebskostennachzahlungen, Schadensersatzansprüche etc.) haftet. Wurde nichts anderes vereinbart, haftet für vor dem Wechsel aufgelaufene Forderungen nur, wer bisher Mieter war. Für Ansprüche, die erst danach fällig werden, muss der neue Alleinmieter einstehen. Eine etwaig geleistete Mietkaution wird durch den Wechsel nicht zur Rückzahlung fällig. Hier müssen die Ex-Partner intern einen Ausgleich herbeiführen.

Wer haftet bei Mieterwechsel?

DEN MIETVERTRAG EINVERNEHMLICH BEENDEN: DER MIETAUFHEBUNGS-VERTRAG

Ohne Kündigungsgrund und auch ohne Beachtung von Kündigungsfristen oder Formvorschriften können Vermieter und Mieter jederzeit einvernehmlich die Beendigung des Mietvertrags vereinbaren. Solch ein Mietaufhebungsvertrag kann auch mündlich, sogar stillschweigend (siehe S. 23) geschlossen werden. Es muss aber deutlich zum Ausdruck kommen, dass beide Seiten den Mietvertrag beenden wollten. Dazu reichen weder die Zusendung der Schlüssel an den Vermieter und dessen kommentarlose Annahme (OLG Köln ZMR 1998, 91) noch die vorzeitige Abnahme der Wohnung nach einer Kündigung (LG Wuppertal DW 2016, Nr. 4, 85; OLG Düsseldorf MietRB 2005, 317) aus, selbst dann nicht, wenn dabei ein Übergabeprotokoll gefertigt wurde (AG Hamburg WuM 2006, 90). Eine unwirksame Kündigung kann nicht als Angebot zu einem Mietaufhebungsvertrag (BGH NJW 1984, 1028) und die Rückgabe der Mieträume unter dem Druck einer nicht als unwirksam erkannten Kündigung nicht als Zustimmung dazu (VerfGH Berlin WuM 2015, 231) interpretiert werden. Man sollte also auf schriftliche und auch möglichst eindeutige Regelungen achten.

Auch ein Mietaufhebungsvertrag muss von allen am Mietvertrag beteiligten Mietern und Vermietern vereinbart werden. Ob ein solcher Vertrag, der nur das Ausscheiden eines Mieters regelt, auch der Zustimmung des verbleibenden Mieters bedarf, ist bislang offen (BGH, VIII ZR 14/04), sodass auch in einer solchen Konstellation unbedingt alle am Mietvertrag aktuell Beteiligten unterschreiben sollten.

Inhalt

Die Vereinbarung sollte so präzise wie möglich gefasst werden: Leistungen, Zahlungen, wie gezahlt werden soll (bar, durch Überweisung, auf welches Konto) sowie Zahlungs- und andere Fälligkeitstermine sollten eindeutig bezeichnet sein. Typische Streitpunkte bei der Wohnungsübergabe sollten geregelt werden: Schönheitsreparaturen, Schäden an den Mieträumen, Einbauten der Mieter, Ersatz von Aufwendungen, die diese bei Erhalt oder Verbesserung der Mieträume gehabt haben, etc. Hat der Vermieter die Mieter zum Mietaufhebungsvertrag veranlasst, schulden diese bei Auszug in der Regel keine Schönheitsreparaturen (LG Nürnberg-Fürth WuM 1981, 159; LG Stuttgart WuM 1995, 392). Gleiches gilt bei einem wegen anschließenden Umbaus geschlossenen Mietaufhebungsvertrag (OLG Karlsruhe RE WuM 1984, 51). Sicherer ist es, dies eindeutig zu vereinbaren.

Man kann sich auch – insbesondere wenn der Vermieter den Mietern für den Auszug eine hohe Abfindung zahlt – damit begnügen, nur die wichtigen Kernpunkte zu regeln und für sämtliche übrigen Ansprüche eine Abgeltungsklausel in den Vertrag aufnehmen. Eine solche kann beispielsweise folgendermaßen lauten: »Die Parteien sind sich einig, dass mit Ausnahme der in den vorstehenden Regelungen vereinbarten Verpflichtungen sämtliche wechselseitigen Forderungen der Parteien aus dem Mietvertrag und aus Anlass seiner Beendigung unabhängig vom Rechtsgrund, seien sie den Parteien bekannt oder unbekannt, ausgeglichen und abgegolten sind.« Verfährt man so, sollte man allerdings sorgfältig nachdenken, welche Forderungen man noch haben könnte (Betriebskostenguthaben, Aufwendungsersatz- oder Wegnahmeansprüche, die Mietkaution), weil man auf diese, sofern man sie nicht explizit von der Abgeltung ausschließt, verzichtet. Vorteil der Abgeltungsklausel ist, dass man weitere Forderungen des Vermieters damit weitgehend ausschließt. Ansprüche, die nachträglich entstehen, sind allerdings in der Regel von einer solchen Klausel nicht erfasst. Aber das dürfte im beiderseitigen Interesse liegen.

12

Ist eine Abfindung vereinbart, sollte man bedenken, dass sich manche Vermieter gern um die Zahlung drücken oder insolvent werden. Dagegen sollte man sich absichern, etwa indem man vereinbart, dass der Vermieter die Abfindungssumme frühzeitig auf ein Notaranderkonto zahlt und der Notar angewiesen wird, diese nach Wohnungsübergabe an die Mieter auszuschütten. Eine gängige Alternative ist, dass die Mieter die Hälfte der Abfindung kurz nach Vertragsschluss erhalten und die andere Hälfte bei Übergabe der geräumten Wohnung. Auch kann man feste Fristen, Rücktritts- und Sonderkündigungsrechte oder Vertragsstrafen vorsehen; Letzteres allerdings nicht wirksam zulasten der Mieter (§ 555 BGB).

Abfindung

Manche Vermieter verweigern die Auszahlung der Abfindung, indem sie gegen diese (unter Umständen fiktive) Ansprüche aufrechnen. Deshalb sollte der Aufhebungsvertrag ein Aufrechnungsverbot enthalten, das etwa folgendermaßen formuliert sein kann: »Eine Aufrechnung mit Forderungen außerhalb dieser Vereinbarung wird ausgeschlossen.« Sofern die Mieter daran interessiert sind, selbst mit der Abfindung gegen Forderungen des Vermieters aufzurechnen, ist folgende Formulierung günstiger: »Der/Die Vermieter/in ist/sind nicht berechtigt, mit Forderungen außerhalb dieser Vereinbarung aufzurechnen.«

Aufrechnungsverbot

Wird neben dem Aufhebungsvertrag auch ein neuer Mietvertrag über eine andere Wohnung des Vermieters geschlossen, sollte man vereinbaren, dass bei Berechnung der Kündigungsfristen des Vermieters (siehe S. 275 f.) die bisherige Mietzeit anzurechnen ist, und darauf achten, dass beide Verträge zeitgleich unterzeichnet werden. Sonst wird der neue Mietvertrag leicht zum Druckmittel, den Aufhebungsvertrag zu ungünstigeren Bedingungen zu schließen oder umgekehrt.

Rücktritts- und Widerrufsrecht

Auch von einem Aufhebungsvertrag kann man, sofern dies nicht ausdrücklich vereinbart wurde, in der Regel nicht zurücktreten. In Ausnahmefällen, etwa wenn der Vermieter die Mieter bei einem Besuch in der Wohnung überrumpelt hat, kann aber ein Widerrufsrecht bestehen, und zwar unter denselben Voraussetzungen wie bei einer Mieterhöhung (siehe S. 158 f.).

WIE MAN DEN MIETVERTRAG TROTZ LANGER VERTRAGSBINDUNG BEENDET

Alte Mietverträge mit Verlängerungsklausel (siehe S. 278), Kündigungsausschlussvereinbarungen (siehe S. 279) und Zeitmietverträge ohne Kündigungsrecht (siehe 296) können für Mieter verheerende finanzielle Konsequenzen haben, wenn eine schnelle Kündigung aus persönlichen oder beruflichen Gründen erforderlich ist. Was also tun, damit Sie so schnell kündigen können, wie es erforderlich ist?

Bestehen Sonderkündigungsrechte?

Zunächst stellt sich natürlich stets die Frage, ob es Sonderkündigungsrechte gibt, die eine frühzeitige Lösung des Mietvertrags ermöglichen. An erster Stelle sollten Sie prüfen, ob Ihnen eine kürzlich zugegangene Modernisierungsankündigung oder ein Mieterhöhungsschreiben des Vermieters eine kurzfristige Kündigung ermöglicht (siehe S. 174). Eine praktikable Lösung ist häufig die Kündigung, wenn der Vermieter eine erbetene Untervermietung verweigert (siehe S. 132). Notfalls sollten Sie ausloten, ob der Vermieter bereit ist, das Mietverhältnis durch einen Aufhebungsvertrag zu beenden. Lässt sich der Vermieter darauf nicht oder nur zu indiskutablen Bedingungen ein, dann sollten Sie prüfen bzw. prüfen lassen, ob Sie ausnahmsweise ein Recht zur Kündigung aus wichtigem Grund haben. In seltenen Fällen lassen die Gerichte eine solche Kündigung bei Dauerschuldverhältnissen, zu denen auch Wohnraummietverhältnisse zählen, ausnahmsweise zu, wenn gravierende, unvorhersehbare Ereignisse ein Festhalten am Mietvertrag unzumutbar machen (§§ 242, 626, 723 BGB analog). In der Regel kann in einem solchen Fall mit gesetzlicher Frist (siehe S. 292) gekündigt werden. So haben Gerichte vereinzelt Mietern, die pflegebedürftig wurden oder in ein Pflegeheim umziehen mussten, ein Sonderkündigungsrecht eingeräumt (vgl. AG Altötting NJW-RR 1997, 1098; AG Calw WuM 1999, 463; LG Hannover WuM 2000, 436). Dies ist jedoch höchst umstritten.

Der Volksglaube, der Vermieter sei verpflichtet, das Mietverhältnis zu beenden, wenn Mieter ihm drei Nachmieter präsentieren, ist leider falsch. Nur wenige Mietverträge enthalten eine Nachmieterklausel, die den Vermieter verpflichtet, den Mietvertrag mit einem von den Mietern vorgeschlagenen Mietinteressenten an deren Stelle fortzusetzen oder die Mieter berechtigt, den Mietvertrag zu beenden, wenn der Vermieter den Interessenten nicht akzeptiert. In bestimmten Härtefällen besteht aber ein Recht zur Nachmieterstellung auch ohne vertragliche Vereinbarung (OLG Karlsruhe RE WuM 1981, 173; OLG Hamm RE WuM 1995, 577; BGH, VIII ZR 182/06; VIII ZR 247/14). Voraussetzung ist, dass die Mieter das Mietverhältnis noch längere Zeit (mindestens sechs Monate) nicht durch ordentliche Kündigung beenden können (eine Kündigungsfrist von nur drei Monaten reicht nicht; OLG Oldenburg RE WuM 1982, 124) und ihnen das Festhalten am Mietvertrag aus schwerwiegenden Gründen unzumutbar ist. Schwere gesundheitliche Probleme der Mieter oder eines Haushaltsangehörigen, insbesondere Pflegebedürftigkeit (LG Hildesheim ZMR 2000, 679), zählen ebenso dazu wie Familienzuwachs, der eine größere Wohnung erforderlich macht (LG Landshut WuM 1996, 542), oder eine geplante Heirat (LG Hannover WuM 1988, 12). Berufliche Gründe kommen ebenfalls in Betracht, jedenfalls dann, wenn die Annahme eines Arbeitsplatzes in einer

Recht zur Nachmieterstellung

12

anderen, weiter entfernten Stadt erforderlich war (LG Bielefeld WuM 1993, 118). Je weniger, von Heirats- und Familienplanung abgesehen, die konkreten Gründe für den Auszugswunsch von den Mietern beeinflusst werden konnten, desto eher rechtfertigen sie ein Recht zur Nachmieterstellung. Allein finanzielle oder mutwillig selbst verursachte Notstände berechtigen dazu nicht.

Ausreichende Informationen

Den Nachmieter – ein Interessent reicht aus (LG Saarbrücken WuM 1995, 313) – müssen die Mieter selbst suchen und diesen dem Vermieter unter Angabe der Personendaten und ausreichender Informationen zur persönlichen Zuverlässigkeit und wirtschaftlichen Leistungsfähigkeit vorschlagen (BGH, VIII ZR 247/14). Dies sollte schon aus Beweisgründen möglichst schriftlich geschehen. Zwar muss der Mieter selbst dafür sorgen, dass sich der Nachmieter beim Vermieter bewirbt und vorstellt (AG Schöneberg MM 2004, 127), doch darf dieser die Vorstellung nicht vereiteln (LG Bielefeld WuM 1993, 118).

Erfolgte ein diesen Anforderungen entsprechender Vorschlag, muss der Vermieter innerhalb einer Überlegungsfrist von maximal drei Monaten entscheiden, ob er den Mietvertrag mit dem Interessenten zu den bisherigen Konditionen fortsetzt oder nicht. Eine höhere Miete darf er nicht verlangen (OLG Düsseldorf DWW 1992, 242; LG Wiesbaden WuM 2002, 115); allerdings ist dies umstritten.

Ablehnungsgründe

Die Ablehnung bestimmter Ethnien (AG Wetzlar WuM 2006, 374), anderer Mieterkreise oder persönliche Antipathien, etwa gegen Kinderlärm (BGH, VIII ZR 244/02), rechtfertigen keine Ablehnung. Dagegen sind die fehlende Bonität des Nachmieters oder Gründe, die mangelnde persönliche Zuverlässigkeit nahelegen, zulässige Ablehnungsgründe (BGH, VIII ZR 247/14). Akzeptiert der Vermieter den Vorschlag der Mieter, endet deren Mietvertrag, wann genau, hängt von den Umständen des Einzelfalls ab (BGH, VIII ZR 117/11), in der Regel spätestens mit Abschluss (LG Saarbrücken, WuM 1997, 37) bzw. Umsetzung (LG Gießen, WuM 1997, 370) der Vereinbarung mit dem Nachmieter. Sinnvollerweise sollten Mieter eine schriftliche Vereinbarung mit dem Vermieter schließen. Entscheidet sich dieser ohne zulässigen Ablehnungsgrund gegen den Nachmieter, endet ihre Mietzahlungspflicht in dem Zeitpunkt, in dem sonst der Mieterwechsel erfolgt wäre. Mieter sollten in solchen Fällen den Vermieter aber auffordern, ihnen die Entlassung aus dem Mietverhältnis zu diesem Zeitpunkt zu bestätigen, und hilfsweise außerordentlich mit gesetzlicher Frist (siehe S. 292) kündigen.

12

13

DIE MIETSICHERHEIT

Meist verlangen Vermieter, dass Mieter sie für den Fall absichern, dass sie die Miete nicht zahlen oder andere mietvertragliche Pflichten nicht erfüllen. Im Mietvertrag werden Mieter deshalb im Regelfall verpflichtet, eine Mietsicherheit zu leisten. Nach Beendigung des Mietverhältnisses und dem Auszug der Mieter gehört die Rückerstattung der Mietsicherheit zu den häufigsten Streitpunkten.

KURZ & BÜNDIG

- **Vereinbarung zwischen Vermieter und Mieter:** Der Mieter muss nur dann eine Mietsicherheit leisten, wenn dies im Mietvertrag ausdrücklich vereinbart ist. Gesetzlich ist der Mieter nicht zur Sicherheitsleistung verpflichtet.

- **Art der Sicherheitsleistung:** In welcher Form der Mieter die Mietsicherheit zu erbringen hat, richtet sich nach dem Mietvertrag. Als Formen der Mietkaution kommen insbesondere die Barkaution, die Übergabe eines Mietersparbuchs und die Bürgschaft in Betracht.

- **Höhe der Mietsicherheit:** Der Vermieter darf eine Mietsicherheit in Höhe von höchstens drei Monatsmieten verlangen. Andernfalls bleibt die Vereinbarung nur in Höhe von drei Monatsmieten wirksam; den überbezahlten Betrag kann der Mieter zurückfordern.

- **Inanspruchnahme der Mietsicherheit:** Hat der Mieter die vom Vermieter geltend gemachte Forderung ausdrücklich bestritten, ist die Inanspruchnahme der Mietsicherheit vor Beendigung des Mietverhältnisses grundsätzlich nicht zulässig.

- **Abrechnung nach Beendigung des Mietverhältnisses:** Nach Beendigung des Mietverhältnisses muss der Vermieter über die Mietsicherheit und die angefallenen Zinsen nachvollziehbar abrechnen, wobei er nur Ansprüche gegen die Mieter, deren Sicherung die Kaution diente, verrechnen und vereinnahmen darf. Den verbleibenden Betrag muss er den Mietern bzw. dem Sicherungsgeber erstatten.

- **Rückzahlung der Kaution am Ende des Mietverhältnisses:** Dem Vermieter steht für die Rückzahlung der Kaution eine angemessene Überlegungsfrist zu. Maßgebend sind jeweils die konkreten Umstände des Einzelfalls. Im Regelfall ist von einer Frist von sechs Monaten ab Rückgabe der Wohnung auszugehen.

Vorsicht

Erwerben Mieter ihre Wohnung, etwa durch Ausübung eines Vorkaufsrechts oder Ersteigerung, wird der Mietvertrag unwirksam (BGH, VIII ZR 323/14), sodass sie ihren Anspruch auf Rückerstattung der Kaution verlieren (BGH, VIII ZR 189/09).

Um sich dagegen abzusichern, dass Mieter ihre Zahlungspflichten nicht erfüllen, verlangen Vermieter von diesen meist bei Mietbeginn eine Mietsicherheit, die durch eine Kaution, Verpfändung eines Kautionssparbuchs oder eine Bürgschaft, aber (seit 1.9.2001) auch durch andere Anlageformen erbracht werden kann (§ 551 Abs. 3 Satz 2 BGB). Nur Forderungen, die aus dem Mietverhältnis stammen, dürfen Vermieter aus der Mietsicherheit befriedigen (BGH, VIII ZR 36/12), und dies während der Mietzeit auch nur, wenn diese unstreitig oder gerichtlich zuerkannt wurden (BGH, VIII ZR 234/13). Bei öffentlich geförderten Wohnungen darf die Mietkaution oft nur zur Sicherung von Ansprüchen wegen Beschädigung der Mietsache und Schönheitsreparaturen verlangt werden (§ 9 Abs. 5 WoBindG); andernfalls ist die Kautionsabrede insgesamt unwirksam (LG Aachen WuM 2006, 101). Nach Ende des Mietverhältnisses wird die Kaution, soweit sie nicht mit Forderungen des Vermieters verrechnet werden darf, erstattet.

WAS BEI MIETBEGINN ZU BEACHTEN IST

Maximal drei Monatsmieten

Mehr als drei Monatsmieten darf die Mietsicherheit nicht betragen (§ 551 Abs. 1 BGB). Der Betrag bestimmt sich nach der Grundmiete (siehe S. 140); Mietanteile für Betriebskosten bleiben unberücksichtigt, es sei denn, diese sind Bestandteil der Grundmiete (siehe S. 141). Wird die Sicherheit als Geldbetrag gezahlt, dürfen die Mieter diesen in drei Monatsraten ab Mietbeginn entrichten (§ 551 Abs. 2 BGB). Die Kaution ist mindestens mit dem für Spareinlagen mit dreimonatiger Kündigungsfrist üblichen Zinssatz anzulegen (§ 551 Abs. 3 Satz 1 BGB). Dies gilt nicht für vor dem 1.1.1983 geschlossene Mietverträge, in denen die Verzinsung ausgeschlossen wurde (BGH, VIII ZR 184/08) und für Räume in Studenten- oder Jugendwohnheimen (§ 551 Abs. 3 Satz 5 BGB). Eine höhere Verzinsung kann vereinbart werden. Die Zinsen fließen der Kaution zu und sind später mit dieser zurückzuzahlen. Pauschalen für die Anlage, Auflösung oder Verwaltung von Kautionen sind unzulässig (LG München I ZMR 1998, 295). Soweit Kautionsvereinbarungen zulasten der

Mieter gegen diese Grundsätze verstoßen, sind sie nichtig (§ 551 Abs. 4 BGB), sodass an ihrer Stelle die gesetzliche Regelung sowie der übrige Teil der Vereinbarung gelten. Steht also im Vertrag, dass sechs Monatsmieten vollständig bei Mietbeginn zu zahlen sind, müssen die Mieter nur die zulässigen drei Monatsmieten in drei gleichen Raten zahlen (BGH, VIII ZR 344/02; VIII ZR 86/03). Haben sie die Kaution bereits entrichtet, können sie den die drei Monatsmieten überschreitenden Betrag zurückfordern und der Vermieter darf gegen diesen Anteil auch keine Forderungen aufrechnen.

Geldbeträge muss der Vermieter gesondert von seinem Vermögen anlegen (§ 551 Abs. 3 Satz 3 BGB), denn nur dann können Mieter im Falle seiner Insolvenz vom Insolvenzverwalter deren Aussonderung verlangen (BGH, IX ZR 132/06) und nicht nur eine anteilige Quote. Solange ihnen der Vermieter die insolvenzsichere Anlage nicht nachweist, müssen Mieter die Kaution nicht zahlen (BGH, VIII ZR 98/10) bzw. können bereits entrichtete Beträge zurückfordern (§ 321 BGB). Bis zur Erfüllung dieser Pflicht können sie die laufende Miete in Höhe des Kautionsbetrages einbehalten (BGH, VIII ZR 324/14), selbst dann, wenn eine Zwangsverwaltung (siehe S. 271) besteht (BGH, VIII ZR 336/08). Allerdings sollten sie den Betrag bereithalten und dem Vermieter erstatten, sobald dieser nachgewiesen hat, dass und wo die Kaution insolvenzsicher angelegt wurde. Andernfalls kann der Vermieter nach Abmahnung (siehe S. 45) sogar fristlos kündigen, wenn die Kaution unberechtigt nicht gezahlt wird (LG Berlin ZMR 2012, 350). Ob das Zurückbehaltungsrecht an den einbehaltenen Mieten mit Beginn einer Insolvenzverwaltung entfällt (BGH, IX ZR 9/12 zur Gewerbemiete), ist streitig.

Insolvenzsichere Anlage der Kaution

Tipp

Mieter können den Kautionsbetrag in solchen Fällen auch auf ein an den Vermieter verpfändetes Kautionskonto (siehe S. 319) einzahlen, ihm dies mitteilen und dabei den Anspruch auf Rückerstattung der ursprünglichen Kautionszahlung gegen die anstehenden Mieten aufrechnen.

Auch der Zwangsverwalter muss die Kaution insolvenzsicher anlegen (BGH, VIII ZR 336/08) und bei Mietende erstatten, selbst wenn sie ihm nicht ausgehändigt wurde (BGH, VIII ZR 11/03; VIII ZR 330/03), es sei denn, das Mietverhältnis war vor der Zwangsverwaltung bereits beendet und die Wohnung geräumt (BGH, VIII ZR 210/05) oder der Vermieter ist vor dem 1.9.2001 Eigentümer der Mieträume geworden und hat die Mietsicherheit nicht erhalten (BGH, VIII ZR 381/03).

Bürgschaften

Als Mietsicherheit kann auch eine auf drei Monatsmieten (ohne Betriebskosten) beschränkte Bürgschaft Dritter vereinbart werden. Meist wird diese zulässigerweise selbstschuldnerisch erteilt. Das bedeutet, dass der Vermieter etwaige Forderungen gleich vom Bürgen verlangen kann, also nicht erst die Mieter verklagen muss. Eine Bürgschaftsabrede im Mietvertrag wird dadurch erfüllt, dass der Vermieter eine Bürgschaftserklärung erhält, in der sich der Bürge schriftlich verpflichtet hat, für die Mietschulden zu haften (§ 766 BGB). Begleicht der Bürge eine Forderung des Vermieters, kann er diese von den Mietern fordern (§ 774 Satz 1 BGB). Verpflichten sich Mieter nach Erteilung der Bürgschaft zusätzlich, etwa zu einer Endrenovierung, haftet der Bürge dafür nicht (OLG Frankfurt NZM 2006, 900). Zulässig ist auch eine Bürgschaft »auf erstes Anfordern«, allerdings in der Regel nur, wenn der Bürge ein Kreditinstitut ist (BGH NJW 1998, 2280), weil dieser, anders als sonst, gegen Forderungen nicht Einwände erheben kann, die den Mietern zustehen, sondern die Bürgschaftssumme auf erstes Anfordern auszahlen muss. Bei unberechtigter Inanspruchnahme müssen die Mieter folglich den Betrag zurückklagen.

Übersicherung

Häufig verlangen Vermieter eine Bürgschaft in unbegrenzter Höhe oder ergänzend zur Kaution. Auch in Fällen einer solchen Übersicherung ist die Vereinbarung nicht insgesamt, sondern nur insoweit unwirksam, als sie die zulässigen drei Grundmieten überschreitet (BGH, VIII ZR 243/03). Zulässig ist eine solche Bürgschaft aber, wenn sie unaufgefordert angeboten wird, etwa von den Eltern eines noch einkommenslosen Mieters (BGHZ 111,

361), was im Streitfall der Vermieter beweisen muss. Hat dieser die Übersicherung gefordert, ist sie unwirksam (BGHZ 107, 210; LG Berlin GE 2014, 1529).

Wird jemand einzig zum Zweck, den Vermieter zusätzlich zu sichern, formell als weiterer Mieter in den Mietvertrag aufgenommen, ist dies unwirksam (LG Leipzig NZM 2006, 175). Auf diese nicht zwingende Auffassung sollte man sich allerdings nicht verlassen.

13

Tipp

Von sich aus sollte man eine übersichernde Bürgschaft also möglichst nicht anbieten. Fordert der Vermieter eine solche, sollten Sie etwaigen Schriftverkehr aufheben, um im Streitfall belegen zu können, dass die Initiative dazu nicht von Ihnen oder dem Bürgen ausging.

Keine unzulässige Übersicherung liegt vor, wenn sich jemand freiwillig und unbeschränkt für künftige Zahlungsrückstände verbürgt, um zu verhindern, dass die Mieter wegen Zahlungsverzugs gekündigt werden (BGH, VIII ZR 379/12). Zulässig sind auch zweckgebundene Sonderkautionen, etwa damit der Vermieter Einbauten (siehe S. 223) oder Maßnahmen gestattet, durch die Räume behindertengerecht gestaltet werden (siehe S. 61). Solche Kautionen darf dieser nur mit durch die Maßnahmen verursachten Kosten, nicht mit anderen Forderungen verrechnen (AG Köln WuM 2008, 556).

Ein eigenes Kautionssparbuch oder -konto, das dem Vermieter verpfändet wird, hat den Vorteil, dass die Bank den Kontoinhaber informiert, wenn der Vermieter Auszahlung verlangt, sodass die Rückäußerungsfrist dazu genutzt werden kann, um Rechtsrat einzuholen und zu reagieren. Der Bank die rechtlichen Einwände darzulegen ist allerdings selten erfolgreich, weil diese die Sache weder rechtlich prüft noch dazu verpflichtet ist. Bei guten Kunden lassen sich Banken manchmal darauf ein, die Auszahlung zu verweigern, wenn man sich verpflichtet, für ihr Prozessrisiko einzustehen, wenn der Vermieter sie verklagt. Man sollte also das Kautionskonto nicht bei der Hausbank des Vermieters einrichten. Notfalls kann man versuchen, die Auszahlung zu verhindern, wenn die Insolvenz des Vermieters droht. Dies ist nach

Kaution auf den Namen des Mieters anlegen

herrschender Meinung (LG Berlin GE 2003, 742; AG Tiergarten MM 2003, 298; AG Lichtenberg MM 2004, 266; a.A. LG Berlin GE 2007, 449) möglich, indem man gegen den Vermieter (nicht gegen die Bank) beim zuständigen Amtsgericht (siehe S. 302) eine einstweilige Verfügung erwirkt. Für diese Anlageform spricht auch, dass die Mieter selbst die Freistellung von der Zinsertragsteuer veranlassen können. Bei einer Anlage auf einem Konto des Vermieters muss ihnen dieser den Zinsverlust bescheinigen (LG Berlin, MM 1999, 440; AG Tiergarten GE 2002, 998; BMF-Schreiben vom 9.5.1994, NJW 1994, 2600). Dem Vermieter ein normales Sparbuch zu überlassen, ist nicht sinnvoll, weil dies als Sicherungsabtretung gilt (LG Dortmund WuM 2007, 73), sodass der Vermieter das Guthaben jederzeit abheben kann.

WAS BEI RÜCKFORDERUNG DER MIET-SICHERHEIT BEACHTET WERDEN MUSS

Angemessene Prüfungsfrist

Nach Ende des Mietverhältnisses muss der Vermieter über die Mietsicherheit und die angefallenen Zinsen nachvollziehbar abrechnen, wobei er nur Ansprüche gegen die Mieter, deren Sicherung die Kaution diente (siehe S. 316), verrechnen und vereinnahmen darf. Den verbleibenden Betrag muss er den Mietern bzw. dem Sicherungsgeber erstatten. Dies muss nicht sofort nach Mietende geschehen. Vielmehr darf der Vermieter innerhalb einer angemessenen Frist prüfen, ob ihm noch Forderungen zustehen. Sofern im Mietvertrag keine Prüfungsfrist vereinbart ist, hängt deren Dauer von den Umständen des Einzelfalls ab (BGHZ 101, 244), etwa davon, in welchem Zustand die Wohnung zurückgegeben wurde, ob Einbauten der Mieter vorhanden waren und ob Handwerker oder Sachverständige herangezogen werden müssen. Gerichte gehen in der Regel von einer ab Rückgabe der Wohnung laufenden Frist von sechs Monaten aus (OLG Hamm NJW-RR 1992, 1036). Kann der Vermieter problemlos feststellen, welche Ansprüche ihm zustehen, kann die Frist auch kürzer sein (OLG Köln WuM 1998, 154; OLG Düsseldorf WuM 2003, 621). Zwei Jahre kann er sich keinesfalls Zeit lassen (OLG Düsseldorf ZMR 1992, 191).

Auch nach Ablauf der Prüfungsfrist darf der Vermieter bereits verjährte Forderungen (siehe S. 148) gegen den Erstattungsanspruch der Mieter aufrechnen (§ 215 BGB; BGH RE WuM 1987, 310), es sei denn, seine Ansprüche waren vor Mietende verjährt (OLG Düsseldorf WuM 2002, 495). Vor Mietende verjährte Vermieteransprüche können in der Regel auch nicht mehr gegen eine Mietbürgschaft aufgerechnet werden (BGH WuM 1998, 224).

13

Meist endet die Prüfungsfrist früher als die Abrechnungsfrist für Betriebskosten (siehe S. 185). Beispielsweise endet die Prüfungsfrist bei Rückgabe der Wohnung am 31.5.2016 in der Regel am 30.11.2016. Entspricht der Abrechnungszeitraum dem Kalenderjahr, muss der Vermieter über die Betriebskosten des Jahres 2015 bis zum 31.12.2016 abrechnen, für jene des Jahres 2016 darf er sich bis zum 31.12.2017 Zeit lassen. Darf er aufgrund der Vorjahresergebnisse oder der Preissteigerungen davon ausgehen, dass die Abrechnungen Nachforderungen zulasten der Mieter ergeben, kann er die entsprechenden Beträge über die Prüfungsfrist hinaus bis zum Ablauf der Abrechnungsfrist(en) zurückbehalten (BGH, VIII ZR 71/05). Eine Bürgschaft kann er nicht einbehalten, wenn die zu erwartenden Betriebskostennachzahlungen nur einen vergleichsweise geringen Anteil der Bürgschaftssumme ausmachen (AG Hamburg MM 2001, 359; AG Köln WuM 2000, 674; a.A. LG Berlin GE 1990, 657).

Kaution und Betriebskostennachforderungen

Vor Ende des Mietverhältnisses dürfen die Mieter ihren – ohnehin erst nach Ende der Prüfungsfrist fälligen – Anspruch auf Rückerstattung der Kaution nicht gegen etwaige Zahlungsansprüche des Vermieters aufrechnen (BGH WuM 1972, 335). Die beliebte Praxis, die letzten drei Monate vor Mietende keine Miete zu zahlen, ist also rechtswidrig. Klagt der Vermieter die Rückstände ein, tragen die Mieter die Prozesskosten.

Aufrechnungsverbot für Mieter vor Ende des Mietverhältnisses

Behält der Vermieter nach Ende der Prüfungsfrist unberechtigterweise die Mietsicherheit ein, können die Mieter diese zurückfordern und einklagen. Haben sie die Kaution bei Mietbeginn bar ausgehändigt oder überwiesen, können sie auch ihren Rückfor-

Was tun, wenn der Vermieter die Mietsicherheit einbehält?

derungsanspruch gegen Forderungen aufrechnen, die dem Vermieter gegen sie zustehen, etwa Betriebskostennachforderungen oder Mietrückstände. Wurde dem Vermieter ein Sparbuch ausgehändigt und/oder verpfändet, ist dies erst möglich, wenn sich dieser die Kaution hat auszahlen lassen.

Tipp

Die Mietsicherheit sollte man nicht zu früh zurückfordern. Denn für viele Vermieterforderungen, etwa auf Schönheitsreparaturen oder Rückbau, gilt eine kurze, ab Rückgabe der Mietsache laufende, sechsmonatige Verjährungsfrist (§ 548 Abs. 1 BGB; siehe S. 336). Oft sind diese Forderungen deutlich höher als die Mietsicherheit. Fordert man diese zurück, macht man den Vermieter frühzeitig darauf aufmerksam. Dies sollte möglichst erst nach Ablauf der Verjährungsfrist geschehen.

Gibt es mehrere Mieter, kann die Mietsicherheit nur gemeinsam gefordert und eingeklagt werden (LG Berlin GE 1997, 1029; LG Flensburg GE 2009, 717; AG Köpenick GE 2010, 1275), selbst wenn die Mietsicherheit nur von einem Teil der Mieter gestellt wurde (OLG Düsseldorf GE 2003, 183). Auch Aufrechnungen können nur gemeinsam erfolgen. Wechseln die Mieter während der Mietzeit (siehe S. 303), geht der Rückforderungsanspruch auf die verbleibenden Mieter über. Ob mehrere Mitmieter ihre Anteile an der gemeinsamen Kaution einem der Mitmieter abtreten können, damit dieser die Rückzahlung allein einklagen kann, ist umstritten (dafür: LG Gießen NJW-RR 1996, 1162; a.A. LG Berlin GE 2002, 596). Hat das Sozialamt die Kaution gezahlt, steht diese nach Mietende in der Regel nicht den Mietern, sondern dem Sozialamt zu (LG Aachen NZM 2000, 1179).

Mietbürgschaft

Bürgschaften werden zurückgegeben, indem dem Bürgen die Urkunde mit seiner Bürgschaftserklärung ausgehändigt wird. Die Mieter – und auch der Bürge selbst – können nach Ablauf der Überlegungsfrist die Aushändigung der Urkunde an diesen verlangen und notfalls einklagen (LG Düsseldorf DWW 2000, 26), allerdings nicht die Herausgabe an sich selbst (OLG Celle ZMR 2002, 813; BGH, XII ZR 352/00). Macht der Vermieter seine Forderungen erst nach Ablauf der Überlegungsfrist geltend, ist dies zu spät (OLG Hamm NJW-RR 92, 1036); er muss dann die Bürgschaftsurkunde herausgeben.

Ein an ihn ausgehändigtes Kautionssparbuch muss der Vermieter den Mietern nach Ablauf der Überlegungsfrist zurückgeben.
Wurden ihm dieses oder ein Kautionskonto verpfändet, wird die
Sicherheit zurückgefordert, indem man ihn auffordert, die Urkunde mit der Verpfändungserklärung zurückzugeben und der
kontoführenden Bank gegenüber zu erklären, dass er sein Pfand
freigibt. Wenn Sie den Vermieter auf Freigabe der Kaution verklagen, sollten Sie unmittelbar davor bei der Bank nachfragen,
ob die Freigabeerklärung nicht schon vorliegt. Hat er das Spar-
guthaben bereits ausgezahlt erhalten, wird der Geldbetrag selbst
eingefordert.

Sparbuch

Bevor Sie die Rückerstattung der Mietsicherheit einklagen,
sollten Sie dem Vermieter eine entsprechende Aufforderung in
nachweisbarer Form zugehen lassen (siehe 362). Erst nach Ablauf der darin gesetzten Frist empfiehlt es sich, Klage zu erheben.
Eine solche Aufforderung sollte etwa wie folgt formuliert sein:

(Name und Anschrift aller rückforderungsberechtigten Mieter)

Per Einschreiben/Rückschein!

(Name und Anschrift des Vermieters bzw. der Hausverwaltung)   (Ort, Datum)

Rückerstattung meiner/unserer Mietsicherheit

Sehr geehrte(r) Herr/Frau .../Damen und Herren,

die bis zum ... (Datum Mietende) gemieteten Wohnräume in der ...straße ...,
... (Adresse der Wohnung) haben wir Ihnen am ... (Auszugsdatum) vollständig
geräumt und in ordnungsgemäßem Zustand übergeben.

[Nur falls zutreffend:] Sie haben uns die ordnungsgemäße Übergabe mit
Schreiben vom ... (Datum des Schreibens)/im Rückgabeprotokoll vom ...
(Datum des Rückgabeprotokolls) bestätigt.

[Nur falls zutreffend:] Dennoch und trotz mündlicher/telefonischer Zusage
und/sowie mehrfacher Mahnung haben Sie bislang weder über die Kaution
abgerechnet noch diese zurückerstattet.

Wir fordern Sie/[falls das Schreiben an die Hausverwaltung (siehe S. 36)
gerichtet wird hiermit den/die durch Sie vertretenen Vermieter/in der oben
bezeichneten Wohnung] daher auf, ordnungsgemäß über die Mietsicherheit
abzurechnen und [Alternative 1: Rückforderung einer bar, per Scheck oder

Überweisung gezahlten Kaution/Alternative 2: Rückforderung eines verpfändeten Sparguthabens, das die Bank an den Vermieter ausgeschüttet hat] mir/ uns den Kautionsbetrag von ... Euro [Summe der dem Vermieter gezahlten Kaution] nebst Zinsen auf mein/unser Konto mit der IBAN: ... bei ... (Name der Bank) zu erstatten/einzuzahlen/zu überweisen.

[Alternative 3: Sparbuch/Sparkonto wurde dem Vermieter verpfändet] das als Mietsicherheit verpfändete, bei ... (Name des kontoführenden Kreditinstituts) eingerichtete Sparbuch/Sparkonto ... IBAN ..., freizugeben, indem Sie ... (Name und Adresse der betreffenden Filiale des kontoführenden Kreditinstituts) eine entsprechende Freigabeerklärung erteilen und mir/uns die Verpfändungserklärung vom ... (Datum der Verpfändungserklärung) [Zusatz bei verpfändetem Sparbuch:] sowie das zugehörige Sparbuch aushändigen.

[Alternative 4: Bürgschaft wurde als Bürgschaft gestellt] die erteilte Bürgschaft freizugeben, indem Sie die Ihnen von ... (Name des Bürgen) ausgehändigte Bürgschaftsurkunde vom ... (Unterzeichnungsdatum der Bürgschaftsurkunde) an ... (Name und Adresse des Bürgen/der Bürgin) aushändigen.

[Alle Alternativen:] Hierfür setzen wir/setze ich eine Frist bis ... (Datum Fristende, ausreichend ist eine Frist von 14 Tagen).

[Für den Fall, dass der Vermieter zuvor bereits erfolglos zur Rückerstattung aufgefordert wurde:] Sollte innerhalb der genannten Frist kein Eingang zu verzeichnen sein, werden wir unsere Ansprüche gerichtlich geltend machen.

Mit freundlichen Grüßen
(Unterschriften aller rückforderungsberechtigten Mieter)

||||||||||||||||||||||||||||||||||||||||||||||||||||||||||||||||||||||||||||||||||||||||||||||||||||||

Die Kaution vom Richtigen zurückverlangen

Sind die Adresse des Vermieters oder gar sein Name unbekannt, weil im Mietvertrag als Vermieter nur »Der Eigentümer« genannt ist, stehen bei Mietende unter Umständen mühsame Recherchen an. Daher sollten Sie keinen Mietvertrag ohne Kenntnis der Vermieterdaten unterzeichnen. Die Hausverwaltung kann nicht verklagt werden, weil sie in der Regel nur den Vermieter vertritt, selbst wenn die Kaution auf eines ihrer Konten gezahlt wurde (LG Kaiserslautern WuM 2003, 630; AG Zossen GE 2010, 206). Allerdings muss diese Mietern im Konfliktfall die ladungsfähige Anschrift des von ihr vertretenen Vermieters nennen (AG Köln NJW-RR 1989, 269; AG Aachen WuM 2009, 650; OLG Köln GE 2010, 484). Auch kann man versuchen, über eine Grundbucheinsicht (siehe S. 246) Eigentümerdaten zu ermitteln, um mit diesen Informationen eine Meldeanfrage bei der Meldebehörde zu veranlassen. Wurde die Mietwohnung während der Mietzeit veräußert, übernimmt der Erwerber die hinsichtlich der Mietsicherheit bestehenden Vermieterrechte und -pflichten (siehe S. 253). Erfolgte der Wechsel nach Mietende und Auszug der Mieter, kann der Erwerber weder Forderungen aus dem Mietverhältnis erheben noch die Mietkaution vereinnahmen, haftet aber auch nicht für deren Rückerstattung (BGH, VIII ZR 219/06).

13

Der Anspruch auf Rückerstattung der Mietsicherheit verjährt (siehe S. 148) nach drei Jahren (§ 195 BGB; LG Duisburg WuM 2006, 250; AG Wedding MM 2009, 111). Die dreijährige Verjährungsfrist (siehe S. 148) beginnt in der Regel mit dem Ende des Jahres, in dem die Prüfungsfrist (siehe S. 320) abgelaufen ist (Beispiel: Auszug 31.11.2016, Ende Prüfungsfrist: 1.5.2017, Ablauf dieses Jahres: 31.12.2017, Ablauf Verjährungsfrist: 31.12.2020, Eintritt der Verjährung 1.1.2021). Der bei Übersicherungen (siehe S. 318) entstehende Anspruch auf Erstattung des die drei Monatsmieten übersteigenden Kautionsanteils verjährt binnen drei Jahren seit Ablauf des Jahres, in dem dieser ge-

Wann der Rückforderungsanspruch verjährt

Tipp

Zumindest bis zum Ablauf der Verjährung ihrer Rückforderungsansprüche sollten Mieter stets ihre gesamten Mietunterlagen einschließlich der Kontoauszüge über die das Mietverhältnis betreffenden Zahlungen sicherheitshalber aufbewahren.

zahlt wurde (BGH, VIII ZR 91/10). Versäumen Mieter, diesen rechtzeitig zurückzufordern, müssen sie warten, bis nach Mietende die gesamte Kaution zur Rückzahlung fällig wird.

Wurde die Mietsicherheit vorbehaltlos ganz oder teilweise erstattet, so verzichtet der Vermieter damit in der Regel stillschweigend auf in seiner Abrechnung nicht berücksichtigte Forderungen (OLG München NJW-RR 1990, 20; OLG Düsseldorf NZM 2001, 893), deren Sicherung die Kaution diente. Er kann diese Forderungen also – unabhängig von der Frage der Verjährung – nicht mehr geltend machen.

Forderungsverzicht

14

DIE RÜCKGABE DER WOHNUNG

Unabhängig davon, aus welchem Grund das Mietverhältnis endete, müssen die Mieter die Mieträume danach geräumt an den Vermieter zurückgeben. Danach trägt der Vermieter allein das Risiko, wenn dort Schäden entstehen. Die Mieter kommen ihrer Rückgabeverpflichtung nur dann vollständig nach, wenn sie die Wohnung nach Ende der Mietzeit komplett geräumt und »besenrein« an den Vermieter übergeben.

KURZ & BÜNDIG

- **Rückgabe der Wohnung:** Nach Beendigung des Mietverhältnisses muss der Mieter die Mieträume vollständig geräumt und besenrein an den Vermieter zurückgeben. Mehrere Mieter haften gemeinsam für die ordnungsgemäße Rückgabe.

- **Wegnahmerecht des Mieters:** Wertsteigernde Einbauten (z. B. Einbauküchen oder Badinstallationen) darf der Mieter unabhängig von der Eigentumslage bei Auszug ausbauen und mitnehmen. Eine Vereinbarung, durch die dem Mieter die Wegnahme untersagt wird, muss eine angemessene Entschädigung vorsehen.

- **Rückbaupflichten:** Der Mieter muss die von ihm vorgenommenen oder auf seine Kosten veranlassten baulichen Veränderungen der Mieträume, Einbauten, Einrichtungen oder Installationen beseitigen. Die Rückbaupflicht besteht in der Regel selbst dann, wenn der Vermieter die Veränderungen ausdrücklich genehmigt hat.

- **Rückgabe aller Wohnungsschlüssel:** Der Mieter muss dem Vermieter alle Schlüssel zurückgeben, die er von diesem erhalten hat, daneben auch Schlüssel, die der Mieter auf eigene Kosten zusätzlich hat nachfertigen lassen.

- **Wohnungsübergabeprotokoll:** In einem Wohnungsübergabeprotokoll wird der aktuelle Zustand der Wohnung festgehalten. Wird ein solches Protokoll beidseitig vom Mieter und vom Vermieter unterzeichnet, ist der darin beschriebene Zustand der Mieträume bei späteren Auseinandersetzungen verbindlich festgeschrieben.

- **Annahmeverzug des Vermieters:** Nimmt der Vermieter einen vereinbarten Übergabetermin nicht wahr, gerät er in Annahmeverzug. Er hat dann keinen Anspruch auf Nutzungsentschädigung trotz verspäteter Rückgabe.

WER RÄUMEN MUSS

Mehrere Mieter

Gibt es mehrere Mieter (siehe S. 33), haften diese gemeinsam für die ordnungsgemäße Rückgabe (§§ 427, 431 BGB). Dies gilt in der Regel auch für bereits ausgezogene Mitmieter (BGH RE NJW 1996, 515), sofern sie nicht aus dem Mietvertrag ausgeschieden sind (siehe S. 303). Kommen die Mieter ihren Pflichten nicht nach, kann der Vermieter jeden von ihnen für den gesamten Schaden in Anspruch nehmen (§ 421 BGB). Untereinander sind die Mieter einander natürlich zum Ausgleich verpflichtet, wenn nicht alle vom Vermieter in Anspruch genommen wurden (§ 426 BGB).

Untermieter und andere Bewohner

Gegen andere Mitbewohner (siehe S. 235) hat der Vermieter nach Mietende zwar in der Regel eigene Herausgabeansprüche (§§ 546 Abs. 2, 985 BGB), dies ändert aber nichts an der umfassenden Rückgabepflicht der Mieter. Diese können sich nicht damit begnügen, eigene Räumungsansprüche gegen diese Bewohner abzutreten (BGHZ 56, 308) oder dem Vermieter zu versichern, dass sie selbst die Wohnung nicht mehr nutzen wollen.

Wegen der sie sonst treffenden Ersatzpflichten (KG NJW 2006, 2561) sollten Mieter in solchen Fällen also alle Anstrengungen unternehmen, dass alle Mitmieter und -bewohner die Wohnung räumen und herausgeben. Zudem müssen sie aufpassen, dass das Mietverhältnis nicht dadurch wieder auflebt, dass die Wohnung nach Vertragsende nicht zurückgegeben wird (siehe S. 300).

WAS UND WIE GERÄUMT WERDEN MUSS

Die Räumung der Wohnung erfordert zum einen, dass die Mieter ihr gesamtes Inventar (Hausrat, Möbel und sonstige Gegenstände) entfernen. Zum anderen müssen sie – von einer Reihe von Ausnahmen abgesehen – aus der Wohnung sämtliche Einbauten entfernen und bauliche Veränderungen beseitigen, die sie selbst während der Mietzeit eingebaut bzw. vorgenommen (siehe S. 59) oder von Vormietern (siehe S. 58) erworben haben, und den zuvor bestehenden Zustand wiederherstellen.

Achten Sie darauf, Ihre Einbauten und Ihren anlässlich des Umzugs aussortierten Hausrat ordnungsgemäß zu entsorgen. In den Hausmülltonnen hat dieser Abfall nichts zu suchen, es sei denn, die Mengen sind gering und führen nicht dazu, dass die übrigen Mieter ihren normalen Abfall nicht in die hauseigenen Mülltonnen bzw. -container werfen können.

Hausrat ordnungsgemäß entsorgen

14

Wesentlich konfliktträchtiger ist die Frage, in welchem Zustand die Mieter die Mieträume zurückgeben müssen. Vom Grundsatz her gilt, dass dies in dem Zustand geschehen muss, in dem sich diese bei Vertragsende befinden (BGH NJW 1983, 1049/1050; a.A. OLG Düsseldorf GE 2004, 815). Die Rückgabepflicht beinhaltet jedoch, dass die Mieter jedenfalls dann, wenn der Vermieter darauf nicht verzichtet hat, von ihnen vorgenommene Veränderungen des Ausstattungszustands und Einbauten beseitigen (BGHZ 96, 141; LG Berlin GE 1989, 999) und den vor ihren Maßnahmen bestehenden ursprünglichen Ausstattungszustand der Räume wiederherstellen müssen. Ob die Mieter darüber hinaus verpflichtet sind, die mit der gewöhnlichen Wohnraumnutzung verbundene Abnutzung der Mieträume durch Renovierung zu beseitigen, richtet sich allein danach, ob sie dazu vertraglich verpflichtet sind (siehe Kapitel 4). Beseitigen müssen die Mieter jedoch, sofern nichts anderes vereinbart wurde,

Wiederherstellung des ursprünglichen Ausstattungszustandes

- Abnutzungen, die durch übermäßigen oder nicht vertragsgemäßen Gebrauch der Mieträume verursacht wurden,
- von den Mietern, ihren Mitbewohnern oder Besuchern fahrlässig oder vorsätzlich verursachte Schäden,
- Veränderungen der Dekoration (Tapete und Anstriche), die eine Weitervermietung erschweren,

- eigene bauliche Veränderungen, insbesondere Einbauten, Einrichtungen und Installationen und
- von den Vormietern durch Vereinbarung übernommene bauliche Veränderungen.

Änderungen im Rahmen vertragsgemäßen Gebrauchs

Im Rahmen normaler Wohnraumnutzung vorgenommene (Ver-) Änderungen und Abnutzungserscheinungen sind durch den »vertragsgemäßen Gebrauch« gedeckt (siehe S. 110 f.). Für die damit verbundenen Veränderungen oder Schäden haften die Mieter nicht (§ 538 BGB), müssen diese also auch bei Mietende nicht beseitigen (BGH NJW 2002, 3234; OLG Düsseldorf GE 2004, 815). Vom vertragsgemäßen Gebrauch gedeckt sind alle Maßnahmen, die für die Wohnraumnutzung typisch sind. Dazu zählen neben starkem Rauchen (siehe S. 55 f.) auch gebrauchstypische Abnutzungserscheinungen (siehe S. 110 f.). Schäden müssen dagegen vor dem Auszug beseitigt werden, andernfalls schulden die Mieter Schadensersatz. Während der Mietzeit entfernte Vermieterausstattungen (Innentüren, Herd, Spüle oder Einbauküche) sind fachgerecht zu lagern und bei Auszug wieder zu installieren.

Schönheitsreparaturen

Qualitative Verschlechterungen, die auf normaler Abnutzung beruhen, müssen die Mieter nur beseitigen, wenn sie die Schönheitsreparaturen wirksam übernommen haben (siehe Kapitel 4). Sie müssen keinen vom Vermieter geschaffenen Ausstattungs- oder Dekorationszustand ändern und sind im Regelfall auch nicht verpflichtet, Veränderungen zu beseitigen, die sie im Rahmen regulärer Schönheitsreparaturen vorgenommen haben (BGH, VIII ZR 152/05). Die Rückgabe in hellen, gedämpften und dezenten Farben ist daher zulässig. Allerdings dürfen Mieter, selbst wenn sie keine Schönheitsreparaturen schulden, die Wohnung nicht in jedem beliebigen Anstrich zurückgeben. Jedenfalls wenn ihnen die Wohnung in neutraler Dekoration überlassen wurde, darf sie nicht in einem ausgefallenen farblichen Zustand (Schockfarben, Blümchen- oder andere ausgefallene Tapeten) zurückgegeben werden, der von vielen Mietinteressenten nicht akzeptiert wird; ansonsten schulden die Mieter Schadensersatz (BGH, VIII ZR

416/12). Dieser kann allerdings im Einzelfall gegen Null tendieren, wenn der Vermieter ohnehin Arbeiten, etwa aktuell fällige Schönheitsreparaturen ausführen muss, durch die ein die Weitervermietung ermöglichender Zustand ohne Mehraufwand wiederhergestellt werden kann (siehe S. 127). Dies gilt auch für Fälle, in denen Mieter, obwohl sie dazu verpflichtet gewesen wären, nicht ordnungsgemäß renoviert haben (siehe S. 135).

14

Bei Mietende müssen die Mieter von ihnen vorgenommene oder auf ihre Kosten veranlasste bauliche Veränderungen der Mieträume, Einbauten, Einrichtungen oder Installationen (siehe S. 59, 222) beseitigen, wozu gehört, die Mieträume in den ursprünglichen Zustand zu versetzen (§ 258 Satz 1 BGB). Von ihnen eingebrachte Laminatfußböden und Teppichböden sind also – rückstandslos – zu entfernen, es sei denn, der Vermieter hat deren Verbleib ausdrücklich genehmigt. Mieter sollten sich dies möglichst schriftlich bestätigen lassen. Die Rückbaupflicht besteht in der Regel selbst dann, wenn der Vermieter die Veränderungen ausdrücklich genehmigt hat (vgl. BGH NJW 1981, 2564; OLG Düsseldorf ZMR 1990, 218; LG Berlin GE 1994, 583), weil er damit normalerweise nicht zugleich erklärt hat, auf einen Rückbau zu verzichten.

Rückbaupflichten

Nur in seltenen Fällen sind Rückbauforderungen des Vermieters ausgeschlossen, nämlich dann, wenn die Einbauten

Ausnahmen von der Rückbaupflicht

- mit seiner Erlaubnis fachgerecht vorgenommen wurden,
- den Wert der Mieträume dauerhaft steigern,
- der allgemein üblichen Ausstattung entsprechen und
- keinerlei nachvollziehbares Interesse des Vermieters an ihrer Entfernung ersichtlich ist.

Daher schulden Mieter meist keinen Rückbau, wenn die Mieträume dadurch nach allgemein geltenden Maßstäben deutlich verschlechtert würden (vgl. LG Hamburg WuM 1988, 305; OLG Frankfurt WuM 1992, 57; LG Münster WuM 1999, 515), etwa weil sie erstmals Badfliesen fachgerecht verlegt (LG Berlin GE

1999, 316) oder eine instandsetzungsbedürftige Elektroinstallation ersetzt (LG Berlin GE 2010, 1269) hatten. Bei der Frage, ob Vermieter an der Wiederherstellung des ursprünglichen Zustands ein nachvollziehbares Interesse haben, sind Gerichte meist zu deren Gunsten großzügig. Änderungen, die speziellen Bedürfnissen der Mieter dienten und nicht der allgemein üblichen Ausstattung entsprechen, etwa der behindertengerechte Umbau eines Bades, sind rückbaupflichtig, sofern der Vermieter darauf nicht verzichtet. In einzelnen Fällen scheitern Rückbauforderungen des Vermieters auch daran, dass sie rechtsmissbräuchlich sind (§§ 226, 242 BGB), etwa weil die Nachmieter die Einbauten übernehmen und sich verpflichten wollen, diese nach Ende ihrer eigenen Mietzeit zu beseitigen (OLG Frankfurt WuM 1992, 57) oder anschließende, vom Vermieter genehmigte Sanierungs- oder Baumaßnahmen des Nachmieters die Rückbauarbeiten zunichtemachen würden (KG GE 1998, 354). Dies gilt natürlich erst recht für anschließende Baumaßnahmen des Vermieters, der dann von den Mietern auch keinen finanziellen Ausgleich verlangen kann (BGH WuM 1986, 57). Auch wenn die Baumaßnahmen der Mieter erfolgten, weil sie dazu mietvertraglich verpflichtet waren oder um einen mit dem Vermieter vereinbarten Zustand der Mieträume herzustellen, ist kein Rückbau geschuldet (OLG Düsseldorf MDR 1990, 551; ZMR 2012, 438).

Einbauten der Vormieter

Diese Grundsätze gelten auch, wenn Mieter vom Vormieter Einbauten oder Ausstattungsgegenstände durch Vertrag gekauft oder unentgeltlich erworben haben (vgl. OLG Hamburg WuM 1990, 390; OLG Düsseldorf GE 2007, 222), was im Streitfall vom Vermieter zu beweisen ist. Selbst wenn dieser mit der Übernahme einverstanden war, sind Mieter dann zum Rückbau verpflichtet (LG Berlin GE 1987, 39; OLG Hamburg WuM 1990, 390). Für Schäden, die der Vormieter durch seine Einbauten verursacht hatte, haften sie jedoch nicht, wenn sie selbst daran keine Schuld trifft (AG Charlottenburg GE 1998, 1403; LG Berlin NZM 1999, 839). Ebenso wenig umfasst die Rückbaupflicht die Beseitigung von Schäden, die durch die übernommene Einrichtung verdeckt waren, etwa Styropor- und Klebereste sowie ab-

14

blätternde Farbe, sofern die Mieter damit nicht rechnen mussten (AG Köln WuM 2008, 216). Ansonsten gilt, dass Einrichtungen und Gegenstände, die bei Mietbeginn in der Wohnung vorhanden, eingebaut und verlegt waren, auch wenn sie vom Vormieter stammen, stets uneingeschränkt Bestandteile der Mietsache sind, also nicht zurückgebaut werden müssen, es sei denn, dem Mietvertrag ist das Gegenteil zu entnehmen (vgl. LG Berlin GE 1989, 999).

Nicht selten vereinbaren Mieter mit ihren Nachmietern, dass diese Einbauten oder Einrichtungsgegenstände übernehmen. Trotz solcher Vereinbarungen kann der Vermieter darauf bestehen, dass die Mieter diese beim Auszug mitnehmen. Will man das verhindern, sollte man dafür sorgen, dass dieser der Übernahme zustimmt. Einbauten müssen dann nicht etwa aus- und wieder eingebaut werden, vielmehr treten die Mieter – meist stillschweigend (siehe S. 23) ihren gegen den Vermieter bestehenden Wegnahmeanspruch an die Nachmieter ab (BGH NJW 1991, 3031). Oft bezahlen diese für die Übernahme. Solche Verträge sind, sofern nichts anderes vereinbart ist, nur wirksam, wenn der Vermieter mit den Nachmietern einen wirksamen Mietvertrag schließt (§ 4 a Abs. 2 Satz 1 WoVermG). Die Vereinbarung über den Kaufpreis gilt nur, soweit zwischen dem vereinbarten Entgelt und dem Wert der verkauften Gegenstände kein auffälliges Missverhältnis besteht (§ 4 a Abs. 2 Satz 2 WoVermG). Die Rechtsprechung hält ein auffälliges Missverhältnis ab einer Wertabweichung von mehr als 50 Prozent für gegeben (BGH WuM 1997, 380; KG GE 2004, 814; OLG Köln GE 2007, 758). Bis zu diesem Betrag bleibt der Vertrag wirksam. Für solche Ansprüche gilt die dreijährige Regelverjährungsfrist (§§ 195, 199 BGB; siehe S. 148). Bei der Übernahme sollten die Nachmieter auch die rechtlichen Konsequenzen bedenken, insbesondere die von den Vormietern übernommene Rückbauverpflichtung, aber auch, dass sie selbst für die Instandhaltung aufkommen müssen. Dafür kann sich der Vermieter bei Mieterhöhungen nicht auf die sich aus den übernommenen Einrichtungen oder Einbauten ergebende Wohnwerterhöhung berufen (BGH, VIII ZR 315/09).

Abstandsvereinbarungen mit Nachmietern

Beweise sichern

Fordert der Vermieter Schadensersatz für Beschädigungen der Mietsache, muss er deren ordnungsgemäßen Zustand bei Übergabe beweisen (OLG Stuttgart WuM 1987, 250; OLG Düsseldorf WuM 2003, 621 und GE 2003, 1080; LG Berlin MM 2002, 481). Gleiches gilt für Einbauten. Sind dagegen nach Einzug Schäden in den Mieträumen entstanden, müssen die Mieter im Streitfall beweisen, dass nicht sie oder ihre Mitbewohner Verursacher waren (LG Berlin GE 2015, 1462) bzw. dass der Schaden durch vertragsgemäßen Gebrauch (siehe S. 110 f.) entstanden ist (BGH, XII ZR 107/99). Kommen erkennbar auch andere Verursacher oder Schadensursachen in Betracht, muss der Vermieter nachweisen, dass die Schäden weder von ihm noch von anderen Hausbewohnern oder unbeteiligten Dritten verursacht wurden (OLG Karlsruhe RE NJW 1985, 141; BGH, VIII ZR 28/04) und aus der Mietersphäre, nicht aber aus seiner Risikosphäre, etwa der baulichen und technischen Gebäudeausstattung stammen (BGH WuM 1994, 466; KG MM 2004, 409). Es schadet also nicht, wenn man später beweisen kann, was sich bereits bei Einzug in welchem Zustand in der Wohnung befand, sei es durch Zeugen oder durch einen Eintrag im Übergabeprotokoll (siehe S. 350). Bei Letzterem wird in der Regel vermutet, dass es vollständig und zutreffend ausgefüllt ist. Sind bereits beim Einzug bestehende Mängel im beidseitig unterzeichneten Protokoll nicht aufgeführt, müssen die Mieter beweisen, dass diese bestanden (LG Berlin MM 2002, 481; OLG Düsseldorf GE 2003, 1080), etwa durch Zeugen, die sich präzise an den Zustand bei Übergabe erinnern können. Dies wird am besten gelingen, wenn diese ihr Erinnerungsvermögen durch Gedächtnisprotokolle und Fotos verstetigt haben. Hilfreich kann auch sein, sich Namen und Adresse der Vormieter zu besorgen. Diese sind in aller Regel schon ein halbes Jahr nach ihrem Auszug wegen der dann eingetretenen Verjährung (§ 548 BGB) nicht mehr Vermieteransprüchen auf Rückbau ausgesetzt. Sofern man sie entsprechend informiert, sind sie Zeugen, die sich nicht aus Eigenschutz ins Nichterinnern flüchten müssen.

Mieter, die in den neuen Bundesländern vor dem 3.10.1990 Installationsmaßnahmen, Um- oder Ausbauten an einer Wohnung oder einem Einfamilienhaus fertiggestellt haben, stellen sich oft günstiger, weil sich ihre Rechte und Pflichten nach dem alten Recht der DDR (BGH WuM 1999, 334) richten. Einrichtungsgegenstände, die vor dem Stichtag ohne bauliche Veränderungen installiert wurden, etwa Auslegware, Küchenherde und -spülen oder Boiler, können in der Regel in den Mieträumen bleiben. Nehmen die Mieter allerdings ihr Recht wahr, die Gegenstände auszubauen und mitzunehmen, so müssen sie den ursprünglichen Zustand wiederherstellen (§ 113 Abs. 1 ZGB). Bei Baumaßnahmen, zu denen auch die Bepflanzung zugehöriger Freiflächen zählt (BGH, VIII ZR 387/04), besteht keine Rückbaupflicht, wenn

Einbauten bei DDR-Altmietverträgen

14

- der Vermieter diesen zugestimmt hatte oder
- sie zu einer im gesellschaftlichen Interesse liegenden Verbesserung führten (§ 112 ZGB).

Im gesellschaftlichen Interesse liegende Verbesserungen wurden etwa bejaht bei der fachgerechten Verfliesung des Bades (AG Zwickau WuM 1999, 217), dem Bau einer Garage und der Vergrößerung einer Gartenterrasse (LG Potsdam WuM 2000, 605), der fachgerechten Verlegung eines Linoleumbodens (LG Berlin MM 1999, 394) und dem Einbau von Gasaußenwandheizern (AG Köpenick MM 2000, 333), nicht dagegen beim Einbau eines Kamins, einer Sauna und Loggia-Verglasung (LG Berlin GE 2002, 1566) oder von Deckenplatten (AG Zwickau NZM 2000, 239).

Einer Rückgabe steht nicht entgegen, dass die Mieter nur einzelne, kleinere und vergleichsweise wertlose Gegenstände in der Wohnung (BGHZ 104, 285; KG GE 2011,690; LG Frankfurt/Oder MM 2002, 335) oder wertlosen Sperrmüll im Keller (KG WuM 2015, 524) zurückgelassen haben. In diesen Fällen kann der Vermieter Schadensersatz für die Entfernung des zurückgelassenen Inventars fordern, die Rücknahme der Wohnräume jedoch nicht verweigern (LG Berlin GE 2003, 880). Gleiches gilt, wenn die Mieter Reparaturen nicht ausgeführt haben, die sie zur Beseitigung

Folgen unvollständiger Räumung

von Schäden schuldeten. Nimmt der Vermieter die Räume dennoch nicht zurück, gerät er in Annahmeverzug (OLG Düsseldorf MDR 1987, 499; OLG Hamburg ZMR 1990, 141), kann also insbesondere kein Nutzungsentgelt (siehe S. 354) verlangen. Auch eine unrenovierte Wohnung muss er selbst dann zurücknehmen, wenn die Mieter zur Renovierung verpflichtet waren (BGH NJW 1983, 1049; OLG Düsseldorf WuM 2002, 494 und NZM 2005, 823). Lassen die Mieter dagegen umfangreiche Gegenstände zurück, die nur mit größerem Kostenaufwand fortgeschafft werden können, genügen sie ihrer Räumungspflicht nicht (KG Berlin GE 2001, 1059). Daher muss der Vermieter die Mieträume in solchen Fällen nicht zurücknehmen (BGH WuM 1988, 270; OLG Hamm ZMR 1996, 372; LG Frankfurt/Oder MM 2002, 335). Auch eine Teilrückgabe muss er nicht akzeptieren (§ 266 BGB), es sei denn, es wurde vertraglich etwas anderes vereinbart. Wurden die Räume teilweise geräumt, ihm aber insgesamt übergeben, schulden die Mieter bis zur Beseitigung dieses Zustandes Nutzungsentschädigung (BGH WuM 1988, 270; siehe S. 354). Hinzu kommt Schadensersatz für etwaig erforderliche Rückbau-, Ausbau- und Entsorgungsarbeiten (siehe S. 331).

Verjährung der Rückbaupflicht

Nicht nur die Rückbaupflicht selbst verjährt bereits ein halbes Jahr nach Wohnungsrückgabe, sondern auch der entsprechende Schadensersatzanspruch (§ 548 Abs. 2 BGB). Das kann ein Rettungsanker sein. Denn – was Vermieter häufig vergessen – erst, wenn die Mieter ausreichend präzise zu den Rückbauarbeiten aufgefordert wurden und die dabei gesetzte Frist haben verstreichen lassen, kann Schadensersatz verlangt werden. Verweigern die Mieter die Rückbauarbeiten allerdings ernsthaft und endgültig, ist eine solche Aufforderung entbehrlich (§ 281 Abs. 2 BGB; KG GE 2007, 512; BGH, XII ZR 107/99). Aus diesem Grund sollten Sie vermeiden, über Rückbauarbeiten, die Sie nicht ohnehin ausführen wollen, mit dem Vermieter zu debattieren oder gar die Durchführung der Arbeiten abzulehnen.

Wohnung besenrein zurückgeben

Die Verpflichtung, die Mieträume »besenrein« zurückzugeben, bedeutet lediglich, dass die Mieter grobe Verschmutzungen beseitigen müssen (BGH, VIII ZR 124/05). Die Mieträume dürfen nicht verdreckt zurückgegeben werden. Allerdings muss nicht alles blitzen und blinken. Die Fenster müssen nicht frisch geputzt, aber von groben Verunreinigungen gereinigt werden. Herd und Toilette sind zumindest von hygienisch bedenklichen und optisch abstoßenden Verschmutzungen zu befreien. Insbesondere gehört dazu, die Böden zu fegen, Teppichböden mit dem Staubsauger zu reinigen (LG Görlitz WuM 2000, 570) und Staubablagerungen sowie Spinnweben zu entfernen. Diese Verpflichtung zur Rückgabe in gemäßigt sauberem Zustand besteht auch dann, wenn der Mietvertrag die »besenreine« Rückgabe nicht erwähnt. Sie umfasst keine Pflicht zu Schönheitsreparaturen (siehe Kapitel 4).

14

Darüber hinausgehende Säuberungspflichten können mietvertraglich vereinbart werden, etwa durch Teppichreinigungsklauseln. Die Grundreinigung vom Vermieter gestellter Teppiche und Teppichböden ist dessen Angelegenheit. Ob sie zu den Schönheitsreparaturen zählt, ist streitig (siehe S. 130). Zur gründlichen Reinigung können Mieter aber verpflichtet werden, nicht jedoch durch allgemeine Geschäftsbedingung (siehe S. 29) zur Reinigung durch eine Fachfirma (OLG Stuttgart RE WuM 1993, 528).

Teppichreinigungsklauseln

Tipp

Bei knapper Zeit und/oder knappen Mitteln sollte man zunächst das eigene Inventar vollständig entfernen, danach die Rückbauten und anschließend etwaig erforderliche Reparaturen möglichst vollständig erledigen und schließlich die Wohnung reinigen. Die Verpflichtungen in dieser Reihenfolge abzuarbeiten empfiehlt sich, damit man möglichst schnell den Bereich erreicht, in dem die Übergabe nicht verweigert und keine Nutzungsentschädigung verlangt werden kann.

Die Entfernung des Inventars ist vorrangig, weil der Vermieter an diesem sein Vermieterpfandrecht (§ 562 Abs. 1) geltend machen kann, solange es sich in den Mieträumen befindet. Hat er der Mitnahme erst einmal widersprochen (§ 562 a Satz 2 BGB), dürfen die Mieter in der Regel einen wesentlichen Teil ihrer Sachen nicht mehr aus den Mieträumen entfernen und müssen eine Verwertung befürchten. Missachten sie seinen Widerspruch, kann sich der Vermieter dagegen direkt wehren (§ 562 b Abs. 1 BGB), sofern unbedingt erforderlich (§ 230 Abs. 1 BGB), sogar mit Gewalt. Die Wohnung darf er zu Sicherungszwecken jedoch nicht betreten. Das Pfandrecht besteht an den Gegenständen (auch Geld) der Mieter, die diese während der Mietzeit in die Mieträume gebracht haben. Es sichert dem Vermieter aufgrund des Mietverhältnisses zustehende Ansprüche. Allerdings unterliegen dem Pfandrecht keine unpfändbaren Gegenstände wie etwa normale Haustiere, (pro Haushalt ein) Radio- bzw. Fernsehgerät sowie Waschmaschine, Betten, Wäsche, Haus- und Küchengeräte, soweit die Mieter diese für ihre Berufstätigkeit und eine bescheidene Lebens- und Haushaltsführung benötigen. Ferner die für vier Wochen erforderlichen Nahrungsmittel oder, soweit nicht vorhanden, der dafür erforderliche Geldbetrag (§§ 562 Abs. 1 Satz 2 BGB, 811, 811 c, 812 ZPO).

Vorsicht

Darüber hinaus kann der Vermieter keine Verwertung erzwingen, soweit die Gegenstände normalen Lebensverhältnissen entsprechen oder die pfändbaren Sachen in den Mieträumen ausreichen, um seine Forderungen zu sichern (§ 562 a Satz 2 BGB).

Die gepfändeten Gegenstände muss der Vermieter bis zur Versteigerung bzw. Rückgabe sorgfältig verwahren (§ 1215 BGB) und haftet dafür (§ 717 Abs. 2 ZPO), nicht allerdings für Fehler des Gerichtsvollziehers (BGH, IX ZR 36/08). Schon während der Mietzeit kann der Vermieter, wenn ihm entsprechende Forderungen zustehen, von Mietern verlangen, die Gegenstände herauszugeben (§§ 1227, 985, 1004 BGB). Entfernen die Mieter diese aus den Mieträumen, erlischt das Pfandrecht (§ 562 a Satz 1 BGB). Wusste der Vermieter nichts davon oder hatte er der Entfernung widersprochen, erlischt das Pfandrecht einen Monat, nachdem er davon erfahren hat, es sei denn, er macht seinen Besitzanspruch bis dahin gerichtlich geltend (§ 562 b Abs. 2 BGB).

WEGNAHMERECHTE UND ERSATZ-ANSPRÜCHE DER MIETER

Wertsteigernde Einbauten, etwa Einbauküchen, Fußboden-beläge, Heizungen oder Badinstallationen dürfen Mieter unab-hängig von der Eigentumslage bei Auszug ausbauen und mit-nehmen (§ 539 Abs. 2 BGB). Auch nach Auszug ist der Vermieter verpflichtet, den Ausbau und die Wegnahme zu dulden (BGHZ 81, 146; 101, 37). Er kann die Wegnahme allerdings durch eine angemessene Entschädigung abwenden (§ 552 Abs. 1 BGB). Bis er sich äußert und die Übernahme anbietet, müssen die Mie-ter nicht warten (OLG Köln WuM 1995, 268). Sie müssen den Ausbau auch nicht ankündigen. Zur Abwendung der Wegnah-me reicht weder die Ankündigung noch die Hinterlegung eines angemessenen Entschädigungsbetrages; vielmehr muss eine konkrete Zahlung erfolgen oder unmittelbar angeboten werden (KG GE 2001, 850; a.A. AG Aachen WuM 1987, 123). Das Abwen-dungsrecht des Vermieters kann man durch Ausbau während der Mietzeit umgehen. Dieses besteht nur, solange die Einrich-tung mit den Mieträumen fest verbunden ist. Einen Wiederan-schluss kann der Vermieter selbst dann nicht verlangen, wenn sich die Gegenstände noch in der Mietwohnung befinden.

Das Wegnahmerecht der Mieter

14

Vereinbarungen, durch die den Mietern die Wegnahme unter-sagt wird, müssen eine angemessene Entschädigung vorsehen, sonst sind sie unwirksam (§ 552 Abs. 2 BGB). Trotz eines ange-messenen Abfindungsangebots können die Mieter ihre Einbau-ten entfernen und mitnehmen, wenn sie daran ein berechtigtes Interesse haben (§ 552 Abs. 1 BGB), etwa bei Gegenständen aus dem Familienbesitz oder aufgrund der Ersparnis gegenüber Neuanschaffungen. Für Einbauten, die Mieter in den neuen Bun-desländern vor dem 3.10.1990 an einer Wohnung oder einem Einfamilienhaus vorgenommen haben (siehe S. 63), kann der Vermieter die Wegnahme nicht abwenden, indem er eine Ent-schädigung anbietet (§§ 112, 113 ZGB).

Berechtigte Mieter-interessen

Einbau dauerhaft oder vorübergehend?

Das Wegnahmerecht besteht nur für Gegenstände, die von den Mietern – entscheidend ist deren Wille – nur vorübergehend mit den Mieträumlichkeiten verbunden wurden (BGHZ 101, 37/41). Erfolgte der Einbau auf Dauer zum endgültigen Verbleib in den Mieträumen, darf die Einrichtung nicht weggenommen werden; vielmehr können die Mieter dafür unter Umständen Ersatz verlangen (§§ 536 a Abs. 2 BGB; 539 Abs. 1). Ein Wegnahmerecht besteht daher an von den Mietern eingebauten Einbauküchen (OLG München WuM 1985, 90, 91; OLG Düsseldorf WuM 2000, 21), Waschbecken, Badewannen, Badeöfen, Toiletten (BGH WuM 1969, 1114), Kücheneinrichtungen, Heizungsanlagen (BGH NJW 1958, 2109), Sanitärinstallationen, die im Austausch gegen vorhandene Einrichtungen des Vermieters eingebaut wurden (KG MM 1987, 181), im Garten gepflanzte Sträucher und Bäume (OLG Köln WuM 1995, 268; OLG Düsseldorf NZM 1998, 1020), es sei denn, diese können aufgrund ihres Alters und ihrer Größe nicht mehr umgepflanzt werden. Bauliche Veränderungen, die der Wiederherstellung oder Verbesserung der Mieträume selbst dienten, also auf Dauer damit verbunden bleiben sollten, etwa Zwischendecken und -wände, Strom- und Wasserleitungen, zählen in der Regel nicht dazu.

Angemessene Entschädigung

Bei der für dauerhafte Einbauten oder zur Abwendung einer Wegnahme zu zahlenden Entschädigung orientiert man sich meist am Zeitwert, zieht also von den Anschaffungs- und Errichtungskosten die durch Abwohnung (siehe S. 240) entstandenen, den durch einen Ausbau entstehenden Wertverlust und die Kosten ab, die die Mieter einsparen, weil sie den früheren Zustand nicht wiederherstellen müssen. Scheitert eine Einigung, können die Mieter einseitig eine angemessene Entschädigung bestimmen. Im Falle einer Klage prüft das Gericht bei einem entsprechenden Einwand des Vermieters, ob diese überhöht ist. Oft wird der Vermieter allerdings, sofern er einen Rückbau verlangen kann, auf einem solchen bestehen. Angesichts der Kostenfolgen werden Mieter dann meist auf eine Entschädigung verzichten. Ansprüche der Mieter auf Wegnahme und Entschädigung verjähren (siehe S. 148) nach nur sechs Monaten nach Wohnungsübergabe (§ 548 Abs. 2 BGB). Ist der Wegnahmeanspruch der Mieter verjährt, kann der Vermieter ihre Einbauten dauerhaft behalten, ohne dafür Nutzungsentgelt oder Schadensersatz zu entrichten (OLG Düsseldorf GE 2004, 813).

Auch wenn sie auf eigene Einbauten verzichten, führen Mieter oft Arbeiten an den Mieträumen aus, reparieren, bessern aus und modernisieren, ohne darüber gegenüber dem Vermieter ein Wort zu verlieren, geschweige denn, mit diesem eine Vergütung zu vereinbaren. Nur in seltenen Fällen können sie dann bei Auszug einen finanziellen Ausgleich verlangen, etwa bei Mieterinvestitionen, die der Mängelbeseitigung dienten (siehe S. 92). Bei anderen Maßnahmen stehen den Mietern Aufwendungsersatzansprüche nur zu, wenn sie dem Vermieter die Arbeiten frühzeitig angezeigt hatten, nicht nur im eigenen, sondern auch im Interesse des Vermieters handelten und zudem davon ausgehen konnten, dass dieser mit der Ausführung der Arbeiten einverstanden ist (§§ 539 Abs. 1, 677 ff. BGB). Solche Ansprüche scheitern meist daran, dass die Mieter die Baumaßnahmen nicht ohne Zustimmung des Vermieters ausführen durften oder ausschließlich zu eigenen Zwecken, weil sie die Mieträume entsprechend den eigenen Vorstellungen ändern wollten. Im Einzelfall können sich trotzdem Ansprüche auf Wertersatz ergeben, vorausgesetzt, dass die Maßnahmen den objektiven Wert der Mieträume gesteigert und dem Vermieter eigene Aufwendungen erspart haben (§§ 812, 684 BGB), etwa beim Austausch eines alten Herds, für den es keine Ersatzteile mehr gab, durch einen neuen Gasherd (BGH NJW 1974, 743; LG Berlin GE 1991, 47) oder wertsteigernden Umbaumaßnahmen (BGH, XII ZR 43/02).

Ersatz von Mieterinvestitionen

14

Für bauliche Maßnahmen und für Einrichtungsgegenstände ohne bauliche Veränderungen, die sie vor dem 3.10.1990 in der ehemaligen DDR an gemieteten Wohnungen oder Einfamilienhäusern durchgeführt bzw. angeschlossen haben, können Mieter vom Vermieter eine angemessene Entschädigung verlangen, soweit dieser dadurch wirtschaftliche Vorteile erlangt (§§ 112 Abs. 3 Satz 1, 113 Abs. 1 Satz 3 ZGB). Maßgeblich ist allein der

Sonderregelungen bei DDR-Altmietverträgen

aus den Maßnahmen resultierende Wertzuwachs des Grundstücks (LG Berlin GE 1997, 863), sodass die Mieter leer ausgehen können, wenn die Maßnahmen nicht fachgerecht erfolgten oder die Nutzungsmöglichkeiten des Grundstücks einschränken. Keinerlei Anspruch besteht, wenn die Mieter zurückbauen und damit den ursprünglichen Zustand wiederherstellen müssen (§ 112 Abs. 3 Satz 2 ZGB; siehe S. 63) oder wenn Vermieter und Mieter Aufwendungsersatzansprüche ausdrücklich oder stillschweigend ausgeschlossen haben (BGH, VIII ZR 387/04).

WANN UND WIE SIE DIE WOHNUNG ZURÜCKGEBEN MÜSSEN

Wann die Wohnung übergeben werden muss

Die Mieträume müssen »nach der Beendigung des Mietverhältnisses« zurückgegeben werden (§ 546 Abs. 1 BGB). Sofern nicht fristlos gekündigt, enden Mietverhältnisse fast immer am letzten Tag eines Monats. Nach herrschender Meinung sind die Räume am letzten Tag der Mietzeit zurückzugeben (LG Düsseldorf WuM 1992, 191; BGH NJW 1989, 451; OLG Düsseldorf NZM 2001, 131). Fällt das Mietende auf einen Samstag, einen Sonn- oder einen gesetzlichen Feiertag, verschiebt sich die Rückgabe – außer bei Mietverträgen über Ferienwohnungen oder Hotelzimmer – auf den Folgetag (§ 193 BGB; OLG Hamm WuM 1981, 41). Im Streitfall müssen die Mieter beweisen, dass die Übergabe rechtzeitig und vollständig erfolgte (LG Gießen ZMR 2013, 630). Der Rückgabeanspruch des Vermieters verjährt (siehe S. 148) nach drei Jahren (§ 195 BGB), sofern er auch Eigentümer der Mieträume ist nach dreißig Jahren (§ 197 Abs. 1 Nr. 2 BGB).

Vorfristige Rückgabe

Vor Ablauf der Mietzeit muss der Vermieter die Räume in der Regel nicht zurücknehmen (KG NZM 2000, 92), jedenfalls nicht ohne Weiteres »auf Zuruf« der Mieter (BGH, VIII ZR 8/11). Ausnahmsweise kann es rechtsmissbräuchlich sein, wenn der Vermieter die Rücknahme einige Tage vor Mietende verweigert und er selbst kein schützenswertes Interesse daran hat (OLG Dresden NZM 2000, 827). Miete sparen die Mieter durch eine vorzeitige Rückgabe ohne entsprechende Vereinbarung nicht (§537 Abs. 1 Satz 1 BGB), es sei denn, der Vermieter kann ihnen die Nutzung der Wohnung nicht mehr ermöglichen (§ 537 Abs. 2 BGB), etwa weil er diese neuen Mietern überlassen hat. Nutzt er die Wohnung lediglich teilweise und für ihn vorteilhaft, etwa durch Sanierungs- oder Renovierungsarbeiten, können die Mieter die Miete entsprechend kürzen (§ 537 Abs. 1 Satz 2 BGB).

Die Wohnung muss dem Vermieter oder einem entsprechend Bevollmächtigten, etwa seiner Hausverwaltung (siehe S. 36) oder seinem mit der Kündigung und Rückabwicklung des Mietverhältnisses beauftragten Rechtsanwalt (LG Mannheim WuM 1982, 298; LG Hannover WuM 1999, 601) übergeben werden. Der Hausmeister bzw. Hauswart ist dazu nur berechtigt, wenn er vom Vermieter dazu bevollmächtigt wurde (KG GE 2001, 1059, LG Berlin GE 2003, 1431). Auch die Übergabe an die Nachmieter reicht nicht aus, sofern mit dem Vermieter nichts anderes vereinbart wurde.

14

Übergabe an den Vermieter oder Bevollmächtigten

Die Mieter müssen die Mieträume erkennbar aufgeben und dem Vermieter die Verfügungsgewalt darüber verschaffen. Dazu zählt vor allem, dass sie alle Schlüssel zurückgeben, die sie vom Vermieter erhalten haben. Aber auch Schlüssel, die Mieter auf eigene Kosten zusätzlich haben nachfertigen lassen, müssen diese dem Vermieter aushändigen (OLG Düsseldorf MDR 1997, 342) oder zumindest die Schlüssel in dessen Gegenwart bzw. der seines Bevollmächtigten vernichten. Beim Übergabetermin selbst müssen zwar noch nicht zwingend alle Schlüssel übergeben werden, aber zumindest müssen die Mieter dem Vermieter die Mieträume so übergeben, dass er jederzeit freien und ungehinderten Zugang dazu hat (LG Braunschweig WuM 1996, 272; OLG Düsseldorf DWW 1987, 129; LG Berlin GE 1987, 683; OLG Hamburg ZMR 1995, 18). Unter Umständen kann dazu die Rückgabe eines einzigen Schlüssels ausreichen (OLG Köln ZMR 2006, 859), jedenfalls aber die Übergabe eines kompletten Schlüsselsatzes, solange der Vermieter nicht alle Schlüssel sofort verlangt (OLG Düsseldorf GE 2009, 1252). In jedem Fall muss erkennbar sein,

Rückgabe aller Schlüssel

dass beide Seiten damit die Wohnungsübergabe vollziehen wollen. Und natürlich sollten die restlichen Schlüssel schnellstmöglich und in nachweisbarer Form übergeben werden.

Durch allgemeine Geschäftsbedingung (siehe S. 29 ff.) kann zwar nicht wirksam vereinbart werden, dass der Vermieter beim Verlust eines Schlüssels auf Mieterkosten die Schließanlage austauschen darf (vgl. LG Berlin GE 2000, 810), wohl aber, dass er die Kosten für den Einbau eines neuen Türschlosses erhält, wenn nicht alle Originalschlüssel zurückgegeben wurden (AG Wedding GE 1987, 885). Ansonsten müssen die Mieter für Schlüssel, die ihnen verloren oder kaputt gegangen sind, nur dann Ersatz leisten, wenn sie dabei fahrlässig oder vorsätzlich gehandelt haben (vgl. KG GE 2008, 599). Bricht ein Schlüssel beim regulären Gebrauch ab, wird in der Regel Materialermüdung vorliegen, für die die Mieter nicht haften (AG Halle GE 2010, 207). Kosten für den Austausch der gesamten Schließanlage kann der Vermieter nur ersetzt verlangen, wenn diese tatsächlich ausgetauscht wurde und eine konkrete Gefahr bestand, dass mit dem verlorenen Schlüssel Missbrauch getrieben wird (BGH, VIII ZR 205/13), etwa weil sich nach dem Verlust Unbefugte ohne Einbruch Zutritt zum Objekt verschafft haben oder der Schlüssel der konkreten Wohnanlage zugeordnet werden kann. Schlüssel sollten daher nie mit Name und Adresse des Besitzers oder anderen Angaben zum zugehörigen Schloss versehen werden.

Tipp

Wollen Mieter nach Auszug noch Arbeiten in der Wohnung, etwa Schönheitsreparaturen oder Rückbauten, ausführen, sollten sie sich mit dem Vermieter darauf verständigen, dass die Wohnung trotz des Einbehalts eines Schlüssels als zurückgegeben gilt. Andernfalls empfiehlt es sich, alle Schlüssel zurückzugeben und mit dem Vermieter zu vereinbaren, dass man sich, falls man Arbeiten durchführt, einen Schlüssel bei ihm bzw. seiner Hausverwaltung holen wird.

Übergabe

Mieter wie Vermieter sind gehalten, die Übergabe vor Ort in den Mieträumen durchzuführen. Dem Vermieter die Wohnungsschlüssel in den Briefkasten zu werfen, reicht dazu nicht aus, es sei denn, dies war ausdrücklich vereinbart (KG Berlin GE 2001, 1059; LG Berlin GE 2003, 1431) oder der Vermieter nimmt diese aktiv entgegen. Eine gemeinsame Wohnungsbesichtigung ist zwar die Regel, aber nicht zwingend notwendig; insbesondere besteht darauf kein Anspruch (LG Berlin MM 2002, 481). Ohne Einverständnis der Mieter kann der Vermieter nicht verlangen, dass auf die Übergabe verzichtet wird und die Schlüssel zu ihm oder zur Hausverwaltung gebracht werden. Der Vermieter muss dann rechtzeitig zur Übergabe in bzw. vor den Mieträumen erscheinen (AG Hamburg WuM 1982, 73). Andernfalls gerät er in Annahmeverzug (§ 293 BGB), ebenso wenn ihm die Mieter bei Mietende anbieten, die vollständig geräumte und ordnungsgemäß zurückgebaute Wohnung zu übergeben und er sich weigert, daran mitzuwirken. Dies gilt auch dann, wenn sich die Mieträume (angeblich) nicht in ordnungsgemäßem Zustand befinden (OLG Düsseldorf GE 2002, 1194; OLG München WuM 2003, 279; LG Berlin GE 2003, 190) oder er die sonst einwandfreie, aber unrenovierte Wohnung nicht annimmt, und zwar unabhängig davon, ob die Mieter zur Renovierung verpflichtet waren oder nicht (BGH NJW 1983, 1049; OLG Düsseldorf WuM 2002, 494 und NZM 2005, 823). Die Rücknahme einer unvollständig geräumten Wohnung kann er allerdings verweigern (siehe S. 335 f.).

Der Annahmeverzug des Vermieters hat vor allem zur Folge, dass er für die Räume keine Nutzungsentschädigung (siehe S. 354) fordern kann. Für Schäden an den Mieträumen haften die Mieter während des Annahmeverzugs des Vermieters nur, wenn sie diese grob fahrlässig oder vorsätzlich verursacht haben (§ 300 Abs. 1 BGB). Beendet wird der Annahmeverzug erst, wenn der Vermieter zum Übergabetermin erscheint und an der Übergabe mitwirkt (OLG Köln WuM 1993, 46).

Tipp

Voraussetzung für den Annahmeverzug ist, dass die Mieter dem Vermieter eine Übergabe konkret angeboten haben (§§ 293, 294 BGB). Im Streitfall müssen sie dies beweisen können. Man sollte also mit dem Vermieter frühzeitig und schriftlich einen Übergabetermin vereinbaren. Wenn die Zeit drängt, kann man sich auch damit behelfen, einen Zeugen beim Vermieter anrufen zu lassen, der im Namen des Mieters einen Übergabetermin verbindlich vereinbart. Lässt sich der Vermieter darauf nicht ein, sollte man ihm spätestens einige Tage vor Mietende einen oder mehrere Übergabetermine anbieten.

Die Rückgabe frühzeitig vorbereiten

Mieter können eine Menge Zeit und Geld sparen, wenn sie sich frühzeitig auf die Wohnungsübergabe vorbereiten. Sprechen Sie Ihren Vermieter möglichst frühzeitig auf die erforderliche Zwischenablesung an (siehe S. 197). Je früher man weiß, welchen Zustand der Mieträume er bei Übergabe wünscht, umso eher kann man sich darüber informieren, ob diese Wünsche hinsichtlich Schönheitsreparaturen (siehe S. 122) und etwaigen Rückbaupflichten der Rechtslage entsprechen, ob man sich auf einen Konflikt einstellen muss oder möglicherweise Verhandlungen aufnimmt.

Meist sinnvoll: die Vorabnahme

Am einfachsten ist es, die notwendigen Informationen vom Vermieter bzw. der ihn vertretenden Hausverwaltung über eine sogenannte Vorabnahme der Wohnung zu erfragen. Gemeint ist damit die gemeinsame Begehung der Mieträume einige Zeit vor Mietende, um die vorher auszuführenden Arbeiten zu erörtern. Weder Vermieter noch Mieter sind zu einer solchen Vorbegehung verpflichtet. Allerdings darf der Vermieter, wenn er die Mieträume nach Mietende erneut vermieten oder veräußern will, diese mit etwaigen Interessenten besichtigen (siehe S. 49). Ein Vorabnahmetermin ist jedoch eher geeignet, Informationen über seine Vorstellungen zu erhalten. Vor allem kann man sich dabei im Detail über den aktuellen Zustand der Wohnung verständigen und diesen durch ein Vorabnahmeprotokoll (siehe S. 351) dokumentieren.

Zeugen hinzuziehen

Beim Vorabnahmetermin sollte möglichst mindestens ein Zeuge dabei sein (siehe 360). Dies weniger, weil konkrete Vereinbarungen bewiesen werden müssen. Denn diese sollten ohnehin schriftlich erfolgen. Wichtiger ist, dass man beweisen kann, wie die Vorabnahme verlaufen ist, wenn es zu Streit kommt oder vermieterseits später wahrheitswidrig behauptet wird, es seien bestimmte Vereinbarungen getroffen worden. Im Übrigen ist die Gruppendynamik oft eine günstigere, wenn mehrere Personen anwesend sind.

Auseinandersetzungen sollte man dabei allerdings meiden. Aufgrund der kurzen Verjährungsfrist, die in der Regel für Arbeiten gilt, die die Mieter bei Ende des Mietverhältnisses auszuführen haben (siehe S. 322, 354), ist es für diese meist günstiger, der Vermieter bemerkt möglichst spät, unter Umständen erst bei Übergabe der Mietsache, woran er ist. Führen Sie Arbeiten, die Sie rechtlich nicht schulden und auch nicht ausführen wollen, einfach nicht aus, aber kündigen Sie dies nicht vorher an. Bei unklarer Rechtslage kann eine solche Erfüllungsverweigerung rechtliche Nachteile nach sich ziehen.

Keinen Streit beginnen!

14

Auch auf die Rückgabe der Wohnräume an den Vermieter sollten Sie sich gut vorbereiten. Im Falle eines Rechtsstreits müssen die Mieter darlegen und beweisen, dass sie die Mieträume rechtzeitig zu Mietende zurückgegeben haben (LG Berlin ZMR 1998, 703). Allein schon deshalb sollte beim Übergabetermin stets mindestens ein Zeuge dabei sein. Dies kann besonders dann wichtig werden, wenn der Vermieter den vereinbarten Rückgabetermin nicht wahrnimmt oder die Übergabe der Räume und Schlüssel verweigert. Achten Sie darauf, dass die Mieter nicht Zeugen in eigener Sache sein können (siehe 360). Insbesondere empfiehlt es sich, die Räume unmittelbar vor dem Übergabetermin eingehend zu besichtigen und ein eigenes Protokoll über den Zustand und die Ausstattung zu erstellen bzw., noch besser, vom Zeugen erstellen zu lassen. Soweit Sie Fotos fertigen, achten Sie darauf, dass diese später konkreten Räumen bzw. Stellen zugeordnet werden können (Fotoliste). Lesen Sie auch vorsorglich bereits vor Ankunft des Vermieters die Zählerstände für Heizung, Kalt- und Warmwasser, Gas und Strom ab und notieren Sie diese bzw. lassen diese notieren. Wenn Sie befürchten, der Vermieter könnte die Rücknahme der Wohnung verweigern, sollten Sie bereits jetzt den Zeugen die einzelnen Schlüssel in den zugehörigen Schlössern ausprobieren und diesen eine Schlüsselliste erstellen lassen. Er sollte die Schlüssel während der Wohnungsübergabe auch behalten, damit er später bezeugen kann, dass dem Vermieter sämtliche Schlüssel angeboten wurden. Die rechtzeitige

Zeugen mitnehmen

und vollständige Rückgabe bzw. Ihr Angebot dazu sind zu wichtig, als dass man hier nachlässig sein sollte.

Vorsicht beim Übergabetermin

Beim Übergabetermin selbst sollten Sie vor allem darauf achten, dass Sie Ruhe bewahren und sich nicht auf unnötigen Streit einlassen. Unterzeichnen Sie nichts, womit Sie nicht einverstanden sind oder was den Tatsachen nicht entspricht, insbesondere keine unzutreffenden Protokolle. Spätestens jetzt sollten die Zählerstände abgelesen werden. Nicht nur der Vermieter, sondern auch die Mieter haben ein Interesse daran, dass dieser Ihre neue Anschrift kennt, weil sonst die Abrechnungsfrist für Betriebskosten (siehe S. 185) nicht beginnt (AG Bad Neuenahr-Ahrweiler NZM 2008, 205) und unter Umständen auch nicht die Verjährungsfrist (siehe S. 148; § 199 Abs. 1 BGB). Daher sollten Sie ihm diese spätestens jetzt mitteilen und dafür sorgen, dass er Ihnen die Kenntnisnahme bestätigt. Lassen Sie sich insbesondere die Schlüsselübergabe quittieren. Darauf haben Sie einen Anspruch (§ 368 BGB). Wird ein Rückgabeprotokoll gefertigt (siehe S. 350), sollten Sie nicht zuletzt darauf achten, dass dort eingetragen wird, dass die Wohnung vollständig geräumt und zusammen mit allen zu den Mieträumen gehörenden Schlüsseln übergeben wurde und wann genau die Übergabe erfolgte. Eine entsprechende Bestätigung kann wie folgt aussehen:

Hiermit bestätige ich, ... (Name des Vermieters), dass mir Herr/Frau ... (Namen der Mieter) heute die Wohnung ... (Adresse und Lage der Wohnung im Haus) vollständig geräumt und besenrein übergeben hat/haben. Dabei habe ich sämtliche den Mietern ausgehändigte Wohnungs-, Haustür-, Keller- und Briefkastenschlüssel zurückbekommen [alternativ: folgende zur Wohnung gehörende Schlüssel erhalten: ... (Aufzählung aller Schlüssel)]. Herr/Frau ... (Namen der Mieter) hat/haben mir als ihre neue Anschrift folgende Adresse genannt: ... (neue Adresse der Mieter).

(Ort, Datum und Unterschrift des Vermieters bzw. seines Vertreters)

Notfalls müssen Sie sich auf Ihren Zeugen verlassen, der sich anhand der vorher gefertigten Schlüsselliste notieren sollte, welche Schlüssel der Vermieter erhalten hat. Die wichtigsten bei der Wohnungsübergabe zu beachtenden Punkte sind im Folgenden zusammengefasst:

Checkliste:

- Vor Ankunft des Vermieters den Wohnungszustand mit dem Zeugen protokollieren.
- Die Zählerstände ablesen.
- Die Übergabe aller Schlüssel quittieren lassen.
- Die Kenntnis der neuen Adresse vom Vermieter bestätigen lassen.
- Ein Übergabeprotokoll nur unterzeichnen, wenn es eindeutig formuliert wurde, den Zustand der Wohnung zutreffend wiedergibt und keine Verpflichtungen der Mieter enthält.
- Bei Streit oder Unklarheiten selbst ein Gedächtnisprotokoll fertigen und den Zeugen veranlassen, dies ebenfalls zu tun.
- Bei Weigerung des Vermieters, die Wohnung abzunehmen, umgehend die Schlüssel in beweisbarer Form zurückgeben.

Bei der Wohnungsübergabe, oft auch vor dieser anlässlich einer Vorbegehung, teilweise auch »Vorabnahme« (siehe S. 346) genannt, werden häufig Protokolle über den aktuellen Zustand der Wohnung erstellt. Wird ein solches beidseitig von Mietern wie Vermietern bzw. deren Vertretern unterzeichnet, ist der darin beschriebene Zustand der Mieträume bei späteren Auseinandersetzungen verbindlich festgeschrieben. Das gilt insbesondere für deren Renovierungsbedürftigkeit, noch vorhandene Einbauten und für Schäden an der Mietsache. Sinn und Zweck eines Protokolls bestehen darin, späteren Streit darüber, ob und wenn ja, welche Schäden die Mieträume bei Übergabe aufwiesen, zu vermeiden (vgl. BGHZ 85, 267). Ein solches Protokoll dient also nur dazu, den Zustand der Wohnung festzuhalten. Daher werden Vereinbarungen in einem einseitig vom Vermieter vorgefertigten Protokoll, die den Mietern über den Mietvertrag hinausgehend Verpflichtungen auferlegen, fast immer unwirksam sein, weil es sich um allgemeine Geschäftsbedingungen (siehe S. 29) handelt, die überraschend und damit unwirksam sind (§ 305 c BGB). Dennoch sollten Mieter darauf achten, dass sich Vorabnahme-

Protokolle bei Wohnungsübergabe und Vorabnahme

und Rückgabeprotokolle darauf beschränken, den Zustand der Räume zu beschreiben, aber keine Verpflichtungen enthalten, etwa durch Formulierungen wie »Die Mieter verpflichten sich, die vorstehend genannten Mängel zu beseitigen«.

Anerkenntnis- und Ausschlusswirkung von Protokollen

Meist gehen die Gerichte davon aus, dass es sich bei einem Übergabeprotokoll um ein sogenanntes deklaratorisches Anerkenntnis, also einen Vertrag, handelt, wenn es von beiden Seiten, Mietern und Vermietern, unterzeichnet ist. Ein solches Anerkenntnis setzt voraus, dass die Vertragsparteien das Schuldverhältnis ganz oder teilweise dem Streit oder der Ungewissheit der Parteien entziehen wollen und sich dahin gehend einigen (BGH, VII ZR 165/05). Ausgeschlossen werden also lediglich Einwände, die die Beteiligten bei Unterzeichnung kannten oder mit denen sie rechnen mussten (BGH WuM 1983, 685; VIII ZR 94/05; VIII ZR 52/06), sodass Einwände, die ihnen bekannt oder die ihnen infolge grober Fahrlässigkeit unbekannt geblieben waren, unberücksichtigt bleiben. Mieter, die ein solches Protokoll unterschreiben, können also nicht nachträglich einwenden, die darin festgehaltenen Schäden hätten nicht bestanden (LG Berlin GE 2006, 1615). Auf der anderen Seite kann der Vermieter nach Auszug Mängel, die im Übergabeprotokoll nicht vermerkt sind, in der Regel nicht mehr beanstanden (KG GE 2003, 524; OLG Düsseldorf GE 2004, 813; vgl. BGH NJW 1983, 446), also von den Mietern weder deren Beseitigung noch Schadensersatz dafür verlangen und entsprechende Forderungen auch nicht mit der Mietsicherheit verrechnen. Diese Ausschlusswirkung greift insbesondere, wenn der Vermieter darin bestätigt, dass sich die Wohnung in »vertragsgemäßem«, »ordnungsgemäßem« oder »ordentlichem« Zustand befindet (vgl. LG Kassel WuM 1974, 235; AG Münster WuM 1990, 201). Sofern dem Protokoll nichts anderes zu entnehmen ist, ist es abschließend (LG Braunschweig WuM 1997, 470). Dies gilt nicht nur für Mängel, die offen zutage lagen, sondern auch für solche, die der Vermieter hätte wahrnehmen können (KG GE 2003, 524). Auf einen Irrtum kann er sich im Nachhinein also normalerweise nicht berufen (vgl. LG Mannheim WuM 1975, 118; OLG Düsseldorf GE 2004, 813). Allenfalls bei verborgenen

Mängeln, die man auch bei sorgfältiger Untersuchung nicht hätte feststellen können, kann sich dies anders verhalten.

Ein von beiden Seiten unterschriebenes Vorabnahmeprotokoll hat in der Regel die gleichen rechtlichen Wirkungen wie ein Übergabeprotokoll. Allerdings bezieht es sich nicht auf den Zeitpunkt der Übergabe der Wohnung, sondern auf den der Vorabnahme (siehe S. 346). Beide Seiten können also hinsichtlich der Ausschlusswirkung gegebenenfalls einwenden, dass der Zustand bei Übergabe nicht dem der Vorabnahme entspricht.

Vorabnahmeprotokoll

14

Lassen Sie sich keinesfalls unter Druck setzen. Weisen Sie notfalls höflich darauf hin, dass Sie zur Unterzeichnung nicht verpflichtet sind. Weder Vermieter noch Mieter können vom jeweils anderen verlangen, an einem gemeinsamen Übergabeprotokoll mitzuwirken (LG Frankenthal/Pfalz WuM 2006, 700). Folglich verletzen die Mieter keine Pflichten, wenn sie sich bei Rückgabe der Wohnung weigern, ein Abnahmeprotokoll zu unterzeichnen (LG Wuppertal WuM 1996, 614). Bei unbedachter Unterzeichnung besteht unter Umständen ein Widerrufsrecht, und zwar unter denselben Voraussetzungen wie bei einer Mieterhöhung (siehe S. 158 f.).

Kann man sich über bestimmte Details nicht einigen, sollte man auf beiden Protokollexemplaren detailliert festhalten, in welchen Punkten keine Einigkeit bestand, am besten durch eine entsprechende Notiz am Ende des Protokolls (aber über den Unterschriften),

Tipp

Vor Unterzeichnung eines Protokolls sollten Sie unbedingt Folgendes beachten:

- Lesen Sie das Protokoll sorgfältig und in Ruhe.
- Unterschreiben Sie keine Formulierungen, die Ihnen unklar erscheinen, auch wenn Ihnen der Vermieter beruhigend erläutert, was diese aus seiner Sicht bedeuten.
- Unterschreiben Sie nur Erklärungen, mit denen Sie einverstanden sind.
- Unterschreiben Sie nur, wenn die im Protokoll geschilderten Tatsachen zutreffen.
- Das Protokoll sollte nur den Zustand der Mieträume beschreiben und für Sie keine Verpflichtungen enthalten.
- Unterschreiben Sie nur, wenn Sie sichergestellt haben, dass Sie ein vom Vermieter unterzeichnetes Exemplar des Protokolls sofort erhalten.
- Auch wenn man sich hinsichtlich anderer Details nicht verständigen kann, ist es sinnvoll, dass im Protokoll die Zählerstände (Gas, Strom, Wasser, Heizung) und Ihre neue Adresse vermerkt sind.
- Sie sind nicht verpflichtet, ein Protokoll zu unterzeichnen.

notfalls auch durch einen Hinweis an der Stelle, an der der betreffende Mangel vermerkt ist. Bei nachträglichen Einfügungen empfiehlt es sich, dass beide Seiten diese an der Stelle der Einfügung mit Datum unterschreiben. Wenn Sie nicht unterschreiben wollen oder eine entsprechende Überlegungsfrist benötigen, können Sie einem Konflikt unter Umständen die Spitze nehmen, indem Sie den Vermieter bitten, Ihnen die Protokollexemplare auszuhändigen, und zusichern, eines davon nach kurzer Überlegungsfrist, gegebenenfalls unterschrieben zuzusenden.

Ausschlusswirkung ohne Protokolle

Teilweise geht die Rechtsprechung von einer Ausschlusswirkung auch bei Abnahmen ohne Protokoll aus, etwa dann, wenn der Vermieter bei der Übergabe lediglich kleinere Mängel beanstandet, im Übrigen aber ausdrücklich bestätigt hat, dass die Wohnung »in Ordnung« sei (LG Berlin GE 1999, 1053) oder er den Zustand der Wohnung einschränkungslos als mangelfrei akzeptiert hat (KG GE 2003, 524). Das dürfte jedenfalls dann richtig sein, wenn Mieter und Vermieter gemeinsam die Wohnung zur Feststellung des Zustands besichtigt oder wenigstens vor oder während der Wohnungsübergabe über den Zustand der Wohnung gesprochen haben. Auch unmittelbar nach der Begehung gewechselte Schreiben zwischen Vermieter und Mieter können die gleiche Wirkung wie ein gemeinsam unterzeichnetes Übergabeprotokoll entfalten (OLG Düsseldorf GE 2004, 813), sofern sie inhaltlich übereinstimmen.

Wenn der Vermieter die Rücknahme verweigert

Insbesondere wenn der Vermieter die Rücknahme der Wohnung verweigert, sind präzise Erinnerungen wichtig. Zunächst sollte man ein eigenes Gedächtnisprotokoll darüber verfassen, wie der Termin abgelaufen ist und den Zeugen bitten, das Gleiche zu tun. Sofern dies noch nicht geschehen ist, sollte man spätestens jetzt den Zeugen eine Schlüsselliste verfassen lassen (siehe oben). In der Regel empfiehlt es sich in solchen Fällen, dem Vermieter die Schlüssel zusammen mit einem kurzen Anschreiben möglichst umgehend in beweisbarer Form zugehen zu lassen. Ein entsprechendes Schreiben sollte etwa wie folgt lauten:

(Name und neue Anschrift(en) aller im Mietvertrag als Mieter aufgeführten Personen)

Per Einschreiben/Rückschein!/Per Boten

An (Vermieter bzw. Hausverwaltung Name und Anschrift) (Ort, Datum)

Rückgabe der Schlüssel zur Mietwohnung ... (Adresse der Wohnung und Lage im Haus)

Sehr geehrte(r) Herr/Frau .../Damen und Herren,

leider haben Sie unberechtigterweise die Rücknahme der zur Wohnung gehörenden Schlüssel verweigert, sodass ich/wir Ihnen diese anliegend übersende/n. Sollten Sie einen weiteren Übergabetermin für erforderlich halten, dann teilen Sie uns/mir dies bitte mit. Meine/Unsere neue Adresse entnehmen Sie bitte dem Briefkopf.

Mit freundlichen Grüßen
(Unterschriften aller Mieter)

ANSPRÜCHE DES VERMIETERS BEI UNZUREICHENDER ODER VERSPÄTETER RÜCKGABE

Wurden die Mieträume nicht oder nicht rechtzeitig ordnungsgemäß geräumt zurückgegeben, hat der Vermieter unter Umständen Ersatzansprüche gegen die Mieter. Schadensersatz kann er zum einen dafür verlangen, dass er die von den Mietern versäumten Renovierungsarbeiten (siehe Kapitel 4), Rückbauten oder Reparaturen (siehe S. 109) selbst vornehmen lassen musste. In Betracht kommen aber auch Ansprüche, weil er die Wohnung während der Arbeiten nicht weitervermieten konnte. Auch Miete, die ihm nach einer von ihm zu Recht ausgesprochenen fristlosen Kündigung entgeht, kann der Vermieter vom Grundsatz her als Schadensersatz bis zu dem Zeitpunkt verlangen, zu dem die nächstmögliche ordentliche Kündigung wirksam geworden wäre.

Alle diese Schadensersatzforderungen sind von der Nutzungsentschädigung zu unterscheiden, die dem Vermieter zusteht,

Schadensersatz oder Nutzungsentschädigung

solange ihm die Mieträume vorenthalten werden. Nutzungsentgelt kann aber nur bis zu dem Tag verlangt werden, an dem die Wohnräume übergeben wurden (KG GE 2003, 253; BGH, VIII ZR 57/05). Zur besseren Orientierung mag man folgende Faustregel nutzen: Nach Mietende schulden die Mieter bis zur Rückgabe der ordnungsgemäß zurückgebauten und geräumten Wohnung Nutzungsentgelt. Nach der Rückgabe müssen Mietausfälle als Schaden nur ersetzt werden, wenn die Wohnung hätte weitervermietet werden können. Nutzungsersatzansprüche des Vermieters verjähren (siehe S. 148) mit der regelmäßigen Verjährungsfrist von drei Jahren (§ 195 BGB), während seine Schadensersatzansprüche wegen Veränderungen oder Verschlechterungen der Mietsache sowie deshalb entgangener Mieteinnahmen sechs Monate nach Rückgabe der Mieträume verjähren (§ 548 Abs. 1 BGB).

NUTZUNGSENTSCHÄDIGUNG WEGEN VORENTHALTUNG DER MIETSACHE

Nach Mietende müssen die Mieter keine Miete mehr zahlen. Danach kann der Vermieter Nutzungsentschädigung verlangen, solange ihm die Mieter die Mieträume vorenthalten (§ 546 a Abs. 1 BGB), ihm die Wohnung also nicht geräumt übergeben wurde (siehe S. 328 ff.). Dies gilt in den Fällen, in denen die Mieter

- die Mieträume nach Mietende gegen den Willen des Vermieters nicht zurückgeben oder
- der Vermieter die Rücknahme berechtigterweise verweigert (siehe S. 336).

Vorenthalten der Mieträume

Vorenthalten können Mieter die Mieträume nur, wenn der Vermieter auch bereit ist, diese entgegenzunehmen (BGH NJW 1983, 112). Daher kann der Vermieter keine Nutzungsentschädigung verlangen, wenn er die Mieträume unberechtigterweise nicht zurücknimmt, etwa weil er

- den vereinbarten Rückgabetermin nicht einhält (LG Berlin GE 1999, 1129),
- der Auffassung der Mieter widerspricht, der Mietvertrag sei beendet (LG Berlin MM 2002, 141),
- über mehrere Monate hinweg nie die Schlüssel von den Mietern verlangt oder andere Versuche unternimmt, in den Besitz der Mieträume zu gelangen (OLG Düsseldorf GE 2004, 858),
- einverstanden ist, dass Mieter Wohnungsschlüssel sogar auf seine Aufforderung hin behalten (LG Berlin MM 2000, 85).

14

Letzteres gilt insbesondere in den Fällen, in denen die Mieter auf Wunsch des Vermieters in der Wohnung Mängelbeseitigungsarbeiten ausführen (BGH, VIII ZR 326/09) oder mit dessen Einverständnis mietvertraglich geschuldete Schönheitsreparaturen nach Ende der Mietzeit durchführen (KG WuM 2006, 436/437) und deshalb einen oder mehrere Schlüssel behalten dürfen (OLG Hamburg WuM 1990, 75; KG RE WuM 2001, 437; OLG Düsseldorf GE 2003, 1080). Da der Vermieter eine unrenovierte Wohnung auch zurücknehmen muss, wenn die Mieter von ihnen geschuldete Schönheitsreparaturen nicht ausgeführt haben (siehe S. 336), müssen diese auch in diesen Fällen kein Nutzungsentgelt entrichten (LG Berlin ZMR 96, VI, 324) – möglicherweise aber Schadensersatz. Gleiches gilt für den Fall, dass der Vermieter sein Vermieterpfandrecht (siehe S. 337) geltend macht und die Mieter deshalb ihr Inventar nicht mitnehmen (OLG Düsseldorf, DWW 2006, 158; OLG Rostock WuM 2007, 509). Solange der Vermieter allerdings die Rücknahme der Wohnung verweigern kann, weil Einrichtungen der Mieter nicht zurückgebaut wurden oder sich noch erhebliches Inventar in der Wohnung befindet (siehe S. 336), steht ihm ein Nutzungsentgelt zu. Da eine Teilrückgabe unzulässig ist (§ 266 BGB), kann er dies auch verlangen, wenn ihm die Räume nur teilweise geräumt, aber insgesamt übergeben wurden, solange dieser Zustand nicht beseitigt wird (BGH WuM 1988, 270). Nutzungsentgelt erhält der Vermieter auch dann, wenn gerichtlich eine Räumungsfrist oder Vollstreckungsschutz angeordnet oder mit den Mietern eine Räumungsfrist vereinbart wurde.

Beseitigung von Mängeln, Durchführung von Schönheitsreparaturen

Höhe des Nutzungs-
entgelts

Die Höhe des Nutzungsentgelts richtet sich in erster Linie nach der bisherigen Miete, und zwar einschließlich der Betriebskostenvorauszahlungen. Doch kann der Vermieter ohne Weiteres auch die ortsübliche Vergleichsmiete (siehe S. 159) geltend machen (§ 546 a Abs. 1 BGB), wenn diese die vor Mietende geschuldete Miete überschreitet (BGH NJW 1999, 2808). Allerdings reduzieren während der Mietzeit entstandene Mängel (siehe S. 84) auch die Nutzungsentschädigung entsprechend, solange sie fortbestehen (BGH WuM 1990, 246). Nach Ende der Mietzeit entstandene Mängel reduzieren dagegen das Nutzungsentgelt nicht (OLG Düsseldorf ZMR 1992, 191; BGH, XII ZR 66/13). Denn der Vermieter muss nach Vertragsende nicht mehr den vertragsgemäßen Zustand der Mieträume gewährleisten.

SCHADENSERSATZ WEGEN MIETAUSFÄLLEN DES VERMIETERS

Nach Rückgabe der Mieträume kann der Vermieter kein Nutzungsentgelt mehr verlangen, sondern allenfalls noch Schadensersatz. Das ist deshalb so wichtig, weil Mieträume häufig erst zum nächsten Monatsbeginn weitervermietet werden können. Für einen Schadensersatzanspruch wegen entgangener Miete muss der Vermieter nachweisen, dass er die Mieträume bei rechtzeitiger Rückgabe hätte weitervermieten können (BGH, VIII ZR 326/09; KG WuM 2006, 436). Stehen im Gebäude Wohnungen leer, sind die Anforderungen besonders hoch (LG Berlin MM 2002, 481). Im Streitfall muss der Vermieter zudem darlegen und beweisen, für welchen Preis er die Mieträume hätte weitervermieten können, wenn ihm diese rechtzeitig bzw. in dem geschuldeten Zustand übergeben worden wären (BGH, VIII ZR 326/09). Die Mieter können sich unter Umständen damit entlasten, dass sie verspätete Rückgabe nicht verschuldet, also vorsätzlich oder fahrlässig gehandelt haben (§ 280 Abs. 1 BGB), etwa wegen einer schweren Erkrankung.

Werden Mietausfälle ersetzt verlangt, weil die Mieter nicht (rechtzeitig) renoviert haben, muss der Vermieter konkrete Vermietungsbemühungen nachweisen, deren Erfolg allein am unrenovierten Zustand der Wohnung oder daran gescheitert ist, dass diese wegen der Renovierung nach Mietende nicht rechtzeitig zur Verfügung stand. Zudem muss er eigene Renovierungen möglichst schnell durchführen, um etwaige Schäden möglichst gering zu halten (§ 254 Abs. 2 BGB), andernfalls haften die Mieter nicht oder nicht in voller Höhe (LG Berlin GE 1999, 1131). Anders als bei der Nutzungsentschädigung sind auch Mängel, die nach Mietende auftreten und die Miete gemindert hätten (§ 536 a BGB), zu berücksichtigen (OLG Düsseldorf GE 2007, 514).

Vermieter muss Vermietungsbemühungen nachweisen

14

MIETSCHULDENFREIHEITSBESTÄTIGUNG

Nicht selten fordern Vermieter, dass Mieter bei ihrer Bewerbung – neben anderen Angaben und Bescheinigungen – eine Bestätigung ihres bisherigen Vermieters vorlegen, dass bei diesem keine Mietschulden bestehen. Vermieter sind jedoch nicht verpflichtet, solche Mietschuldenfreiheitsbestätigungen auszustellen (BGH, VIII ZR 238/08). Sollte der neue Vermieter auf einer solchen Bestätigung bestehen, sollte man darauf verweisen und notfalls, wenn man zur Anmietung wild entschlossen ist, anhand der letzten Mieterhöhung(en) und von Kontoauszügen die Mietzahlungen nachweisen. Bei Streit mit dem Vorvermieter, etwa über Minderungen, bleibt ohnehin nur, die eigene Bonität durch andere Nachweise zu belegen.

DEN MIETPROZESS VORBEREITEN: BEWEISE RECHTZEITIG SICHERN

Leider lassen sich nicht alle mietrechtlichen Streitigkeiten zwischen Vermieter und Mieter einvernehmlich regeln. Unter Umständen kommt es dann zu einer gerichtlichen Auseinandersetzung. Wie Sie sich dann eine gute Rechtslage verschaffen, wer was im Einzelfall beweisen muss, wie Sie Beweis führen und wie Sie Schreiben und Erklärungen beweissicher zugehen lassen können, erfahren Sie in diesem Kapitel.

KURZ & BÜNDIG

- **Beweise sichern:** Achten Sie darauf, dass Sie im Vorfeld einer möglichen gerichtlichen Auseinandersetzung Beweise sichern.

- **Zeugen:** Zeuge kann im Mietprozess nur sein, wer nicht selbst Vertragspartei, also weder Mieter noch Vermieter ist. Potenzielle Zeugen sollten ein möglichst präzises Gedächtnisprotokoll fertigen.

- **Schriftliche Erklärungen abgeben:** Geben Sie wichtige Erklärungen gegenüber dem Vermieter nur schriftlich ab und achten Sie darauf, dass diese von allen Mietern gegenüber allen Vermietern des Mietverhältnisses ausgesprochen werden.

- **Beweis des Zugangs von Schreiben und Erklärungen:** Es ist wichtig, beweisen zu können, dass eine bestimmte Erklärung oder Mitteilung dem Vermieter zugegangen ist. Achten Sie deshalb darauf, dass Sie gegebenenfalls den Zugang der Erklärung beim Vermieter beweisen können.

- **Beweislast:** Grundsätzlich muss jede Partei die ihr günstigen Tatsachen beweisen. Macht also eine Partei einen bestimmten Anspruch geltend (z. B. Mietminderung wegen eines Wohnungsmangels), dann muss sie im Regelfall beweisen, dass der Tatbestand für diesen Anspruch gegeben ist.

- **Beweismittel:** Beweise können insbesondere durch Zeugenaussagen, Sachverständigengutachten, Vorlage von Urkunden, richterliche Inaugenscheinnahme oder, in gewissen Grenzen, durch Vernehmung der Parteien selbst erhoben werden.

Ob Sie Ihren Rechtsstreit gewinnen, wird oft nicht allein davon abhängen, welche Rechte Ihnen zustehen, sondern auch davon, welche Tatsachen das Gericht seiner Entscheidung zugrunde legt. Nicht selten ist zwischen Vermieter und Mietern bereits streitig, was im Einzelnen vereinbart worden oder geschehen ist. Schon im Vorfeld des Prozesses können Sie Ihre Erfolgsaussichten deutlich steigern, wenn Sie sich rechtzeitig die wesentlichen Tatsachen notieren und Beweise sichern.

Checkliste

Es ist schon viel gewonnen, wenn Sie vier Regeln beachten:
- Auf die richtigen Zeugen achten!
- Wichtige Vereinbarungen stets als Ergänzung zum Mietvertrag aufnehmen lassen!
- Wichtige Schreiben so zusenden, dass Sie deren Zugang beweisen können!
- Die relevanten Details beizeiten sorgfältig notieren!

WER ZUM ZEUGEN TAUGT

Auf die richtigen Zeugen achten!

Zeuge kann im Mietprozess nur sein, wer nicht selbst Vertragspartei, also weder Mieter noch Vermieter des jeweiligen Mietvertrags ist. In Betracht kommen also, sofern diese nicht selbst Mieter der betreffenden Mietwohnung sind, Partnerinnen und Partner sowie sonstige Mitbewohner, darüber hinaus Freunde, Bekannte, Handwerker und Nachbarn. Wenn Sie zwischen verschiedenen Zeugen wählen können, so achten Sie möglichst auf Folgendes: Ihrer Partnerin wie Ihrem Partner, Verwandten sowie engen Freundinnen und Freunden wird manchmal Befangenheit unterstellt. Andererseits können sich diese schon aufgrund ihres emotionalen Interesses häufig besonders gut und präzise erinnern. Handwerker, Nachbarn oder Hausmeister haben oft den Nachteil, dass sie dem Vermieter durch eigene Abhängigkeiten, Interessen, Sympathien und Antipathien oder Streitigkeiten verbunden sind. Nicht selten

15

wirkt sich das nachteilig auf ihren Erinnerungswillen oder ihre Glaubwürdigkeit vor Gericht aus. Rechnen Sie auch mit der Vorurteilsbereitschaft des Gerichts: Ungepflegte Menschen, lässig Gekleidete, Freaks und soziale Außenseiter werden nicht selten für unglaubwürdiger gehalten als »normal« wirkende Durchschnittsmenschen aus der Mittelschicht. Meist sind zwei Zeugen besser als einer. Zeugen erkranken, sterben, sie ziehen um, werden zu Feinden oder sind dem Gericht unsympathisch. Mehr als zwei Zeugen steigern das Risiko, dass ihre subjektiven Erinnerungen voneinander abweichen und sie sich widersprechen. Natürlich muss man nicht alle Zeugen im Prozess benennen.

Nicht zu Unrecht gelten Zeugen als das schwächste Beweismittel. Wir alle vergessen Details meist sehr schnell. Vor Gericht sind jedoch genaue und präzise Erinnerungen gefordert. Achten Sie deshalb in wichtigen Dingen darauf, dass die potenziellen Zeugen möglichst präzise Gedächtnisprotokolle fertigen. Bei Bautagebüchern wegen Baulärms (siehe S. 113 ff.) ist es hilfreich, wenn die Zeugen an der entsprechenden Stelle unterschreiben, wenn die Eintragungen sich mit Ihrer eigenen Wahrnehmung decken.

> Zeugen gelten als schwächstes Beweismittel

Den Zugang eines Schreibens kann nur bezeugen, wer dieses selbst gelesen hat und aus eigener Wahrnehmung bestätigen kann, dass genau dieses Schreiben übergeben, abgegeben oder in den Vermieterbriefkasten geworfen worden ist. Empfehlenswert ist ein entsprechendes kurzes Gedächtnisprotokoll auf der Rückseite der Kopie des Schreibens, die der Zeuge möglichst selbst vom Original gefertigt oder mit diesem verglichen hat. Der Text eines solchen Protokolls kann etwa wie folgt lauten:

Das Original des umseitig abgedruckten Schreibens habe ich heute persönlich in einen an Frau/Herrn ... adressierten Briefumschlag gesteckt, diesen verschlossen und um ... Uhr gemeinsam mit Frau/Herrn ... in den Briefkasten von ... in der ...-straße in ... eingeworfen.

Bezeugen kann man nur, was man selbst wahrgenommen hat. Für Ihr Telefonat mit Ihrem Vermieter nutzen Zeugen in der Regel aber nichts. Denn die Rechtsprechung geht davon aus, dass das heimliche Mithören gegen das allgemeine Persönlichkeitsrecht verstößt und deshalb im Gerichtsverfahren nicht verwertet werden darf. Man kann sich aber oft damit behelfen, dass man den Zeugen selbst als Vertreter das Telefonat führen lässt.

WIE MAN SCHREIBEN UND ERKLÄRUNGEN BEWEISSICHER ZUGEHEN LÄSST

Fertigen Sie Kopien an!

Mündliche Erklärungen unter Anwesenden können Sie durch Zeugenbeweis belegen, sofern sich die Zeugen ausreichend erinnern. Wichtige Erklärungen sollten Sie aber stets schriftlich abgeben, zumal die Schriftlichkeit und Ihre Unterschrift in manchen Fällen sogar Voraussetzung für die rechtliche Wirksamkeit ist. Vor allem achten Sie bei wichtigen Erklärungen bitte stets darauf, dass diese von allen Mietern gegenüber allen Vermietern des Mietverhältnisses ausgesprochen werden (und umgekehrt). Auch sollten Sie sich zur Gewohnheit machen, von Ihren Schreiben eine Kopie zu fertigen.

Antwortschreiben als Beweis

Für den Ausgang Ihres Prozesses kann entscheidend sein, ob Sie beweisen können, dass eine bestimmte Erklärung oder Mitteilung Ihrem Vermieter zugegangen ist. Denn für das Gericht ist nicht von Belang, ob Sie eine Mängelanzeige, Ihre Zustimmung zur Mieterhöhung, Ihre Einwände gegen die Betriebskostenabrechnung oder die fristlose Kündigung geschrieben und zur Post gegeben haben. Für alle rechtsgeschäftlichen Erklärungen ist entscheidend, dass sie dem Empfänger auch zugegangen sind. Das Antwortschreiben des Empfängers, sofern dieses ausdrücklich auf Ihr Schreiben Bezug nimmt, ist oft der beste Beleg. Bei wichtigen Schreiben sollten Sie sich jedoch davon nicht abhängig machen. Achten Sie deshalb auf Folgendes:

Den Zugang eines einfachen, per Post übersandten Schreibens können Sie nicht beweisen. Wenn der Empfänger behauptet, er habe das Schreiben nicht empfangen, sind Sie machtlos. Gleiches gilt nach Ansicht der meisten Gerichte für das Einwurf-Einschreiben. Oft behelfen sich Mieter mit Faxschreiben, weil sie annehmen, durch das Faxprotokoll den Zugang des Schreibens zuverlässig beweisen zu können. Doch kann der o.k.-Vermerk für den Zugang allenfalls den Beweis des ersten Anscheins liefern (OLG München MDR 1999, 286), also einen Beweis, der durch schlüssige Erklärungen des Empfängers leicht widerlegt werden kann. Bislang gehen die meisten Gerichte jedoch davon aus, dass der Sendebericht den Zugang nicht beweist, weil er problemlos gefälscht werden kann. Zudem kann den meisten Sendeberichten nicht entnommen werden, was gesendet worden ist. Nicht wenige Anwälte raten zu Faxschreiben, weil sie gewohnt sind, dass Sendeberichte ihres Schriftverkehrs mit Gerichten beweiskräftig sind. Auf den gewöhnlichen Rechtsverkehr ist diese Rechtsprechung jedoch nicht anwendbar. Natürlich spricht nichts dagegen, unwichtigere Schreiben und einige Mitteilungen ergänzend vorab per Fax zu senden. Und besser als ein mit einfacher Post übersandtes Schreiben ist ein Fax in vielen Fällen schon deshalb, weil der Gegner wegen des Faxprotokolls die Lüge scheut, dass das Schreiben nicht eingegangen sei. Allerdings wird durch ein Fax nicht die manchmal, insbesondere bei Kündigungen erforderliche gesetzliche Schriftform (siehe S. 97 f.), gewahrt.

Vier Möglichkeiten gibt es, um den Zugang eines Schreibens einigermaßen sicher beweisen zu können:

- **Die Zustellung per Gerichtsvollzieher:** Dieser bestätigt den Zugang dieses Schreibens durch eine öffentliche Urkunde, die besonders hohe Beweiskraft hat. Wenn Sie diese Möglichkeit nutzen wollen, gehen Sie wie folgt vor: Lassen Sie sich bei dem Amtsgericht, in dessen Bezirk die Adresse des Empfängers liegt, mit der Gerichtsvollzieherverteilerstelle verbinden und fragen Sie nach dem für die Anschrift zuständigen Gerichtsvollzieher. Diesem senden Sie dann das

Einwurf-Einschreiben

15

Fax

Schriftstück mit einem kurzen Begleitschreiben, in dem sie ihn um Zustellung bitten. Die Gebühren dafür liegen zurzeit bei etwa 15 Euro.

- **Persönliche Übergabe:** Besonders bei Hausverwaltungen bietet es sich an, das Schreiben persönlich in den Geschäftsräumen abzugeben und sich den Zugang durch Stempel und Unterschrift sowie den Vermerk »Original dieses Schreibens am ... erhalten« quittieren zu lassen.

- **Einwurf in den Briefkasten:** Den Einwurf in den Briefkasten des Empfängers oder die persönliche Übergabe des Schreibens an ihn kann man natürlich auch durch Zeugen beweisen. Wie man dabei vorgeht, wurde bereits geschildert (siehe S. 361 ff.). Beachten Sie, dass ein Schreiben, sofern man es nicht dem Empfänger persönlich in die Hand drückt, erst dann zugegangen ist, wenn dieser unter gewöhnlichen Umständen davon Kenntnis nehmen konnte. Dies ist in der Regel die Zeit, an dem üblicherweise die Post zugeht. Haben Sie also den Brief erst am späten Nachmittag eingeworfen, so müssen Sie von einem Zugang am Folgetag ausgehen. Bei Einwurf an einem Feiertag ist nicht damit zu rechnen, dass nach der Post gesehen wird, sodass der Zugang normalerweise erst am folgenden Werktag stattfindet. Dies ist insbesondere bei Kündigungen und anderen Erklärungen, bei denen eine Frist läuft, zu beachten.

- **Einschreiben:** Vergleichsweise zuverlässig, aber auch mit einigem Aufwand verbunden sind das Einschreiben mit Rückschein und das Übergabeeinschreiben. Mit beiden Einschreiben kann man recht gut beweisen, dass dem Empfänger zu einem bestimmten Zeitpunkt eine Briefsendung zugegangen ist. Beim Einschreiben mit Rückschein erhält man einen Beleg, sofern die Post nicht nachlässig arbeitet, direkt in Händen, beim Übergabeeinschreiben kann man auf Anforderung einen Ausdruck der eingescannten Bestätigung erhalten. Mit beiden Belegen kann man jedoch, ähnlich wie beim Faxprotokoll, nicht beweisen, welchen Inhalt das Schreiben hatte. Der Empfänger kann behaupten, das eingegangene Kuvert sei leer gewesen oder habe etwas anderes enthalten. Wenn

15

Sie das Schreiben wie bei der direkten Zustellung durch Zeugen von diesen lesen, in dem Briefumschlag stecken und zur Post geben lassen, können Sie die Beweiskraft dieser Versendungsformen erheblich verbessern, weil Sie so zusammen mit Einlieferungsbeleg und Rückschein bzw. Postbeleg eine recht sichere Beweiskette präsentieren können. Auch hier sollten die Zeugen den Vorgang auf der Rückseite der Kopie oder anderweitig kurz protokollieren. Beide Einschreiben haben einen entscheidenden Nachteil: Wenn weder der Empfänger noch eine empfangsberechtigte Person beim Zustellversuch der Post anwesend sind, ist das Schreiben nicht zugegangen. Erst wenn das Rückscheineinschreiben vom Empfänger von der Post abgeholt wurde, ist es auch zugegangen. Bei fristgebundenen Schreiben kann es dann zu spät sein. Nur ausnahmsweise, nämlich dann, wenn der Empfänger mit dem Schreiben, etwa einer Kündigung, rechnen musste, wird der Zugang in diesen Fällen von der Rechtsprechung fingiert. Der Empfänger muss sich nach Treu und Glauben so behandeln lassen, als hätte er das Schreiben zum Zeitpunkt des Zustellversuchs erhalten (BGH, XII ZR 164/03). Dennoch sollten Sie bei engen Fristen auf diese Form der Zustellung verzichten, weil sich die Post stets auch verzögern kann und Einschreibesendungen erfahrungsgemäß gar nicht so selten abhanden kommen.

Nachteil

WER MUSS WAS BEWEISEN? – DIE BEWEIS- UND DARLEGUNGSLAST

Weshalb es so wichtig ist, die den Streit betreffenden Fakten so präzise wie möglich zu schildern und zur Not auch beweisen zu können, wird deutlich, wenn man sich einige grundlegende Funktionsmechanismen von Mietrechtsstreitigkeiten vor Augen führt: Im Zivilprozess gehen die Gerichte im Wesentlichen von den Fakten aus, die die Parteien vorgetragen haben. Zunächst einmal müssen die Parteien dem Gericht also vor allem die Tatsachen schildern, die für sie günstig sind. Juristen sprechen von Darlegungslast. Wer klagt, hat die Fakten vorzutragen, die nach

Darlegungslast

dem Gesetz vorliegen müssen, damit die geltend gemachte Forderung, z.B. ein Anspruch auf Mietzahlung, besteht. In unserem Beispiel müsste der Vermieter also vortragen, dass mit dem Mieter ein Mietvertrag besteht und er dem Mieter die Wohnung übergeben hat, wie hoch die derzeit zu zahlende Miete ist und welche Monatsmieten der Mieter nicht bezahlt hat. Der Mieter könnte zur Verteidigung Fakten vortragen, die der Forderung des Vermieters entgegenstehen, also z.B. dass der Mietvertrag schon längst gekündigt und die Wohnung geräumt wurde oder dass die Wohnung erhebliche, dem Vermieter angezeigte Mängel hat (denn dadurch mindert sich die Miete). Tatsachen, die eine Partei vorträgt und die die andere nicht bestreitet, gelten als zugestanden. Sie macht das Gericht zur Grundlage seiner Entscheidung. Beweis muss es nur über solche Behauptungen erheben, welche die Gegenseite bestritten hat.

Bestritten ist eine Tatsachenbehauptung allerdings nur dann, wenn der Gegner diese mit gleicher Präzision bestreitet. Trägt also der Kläger/Vermieter vor, der Mietvertrag sei zustande gekommen, weil er dem Beklagten am 1.6.2016 schriftlich angeboten habe, die Wohnung für monatlich 260 Euro zu mieten und dieser dann eingezogen sei und den Betrag jeden Monat entrichtet habe, kann sich der Beklagte nicht mit der Behauptung, es sei nie ein Mietvertrag zustande gekommen, aus der Affäre ziehen. Er muss auf die Behauptungen im Detail eingehen, etwa indem er vorträgt, das Schreiben sei an seine Frau gerichtet gewesen, diese habe die Zahlungen geleistet und er sei erst später in die Wohnung eingezogen. Wurde nicht mit gleicher Präzision bestritten – Juristen sprechen hier von Substantiierung –, dann gilt die Behauptung des Gegners als unbestritten und somit zugestanden, wird also zur Tatsachengrundlage der richterlichen Entscheidung. Im Prozess kommt es daher häufig zu einem mehrfachen Austausch von Behauptungen, die, um vom Gericht als relevant akzeptiert zu werden, immer präziser werden. Dazu benötigen Anwälte die erforderlichen Details. Mit präzisen Darlegungen werden Prozesse gewonnen. Pauschale Behauptungen, wie etwa die Wohnung sei nicht ordnungsgemäß übergeben worden, be-

---

Detailangaben können prozessentscheidend sein

rücksichtigen die Gerichte unter Umständen auch dann nicht, wenn sie gar nicht bestritten wurden. Deshalb ist es von so immens großer Bedeutung, Schriftwechsel sorgsam aufzuheben, von eigenen Schreiben Kopien anzufertigen und über Geschehensabläufe, etwa Lärmbeeinträchtigungen oder die Entwicklung von Feuchtigkeitsschäden, sorgfältig Protokoll zu führen.

Tipp

Dies ändert aber nichts daran, dass die Gerichte das Ausmaß der Gebrauchsbeeinträchtigung ermitteln müssen, um zu einer angemessenen Minderungsquote zu gelangen. Wichtig bleibt deshalb weiterhin, dass nicht nur Zeugen, sondern auch die Betroffenen ihre Wahrnehmungen genau notieren. Protokolle bleiben nützlich. Erfahrungsgemäß erinnert man sich schon nach kurzer Zeit nur noch schlecht mit der vor Gericht nötigen Genauigkeit an Details.

Mieter, die Gewährleistungsrechte wegen Mängeln geltend machen oder mindern, müssen im Prozess zunächst nur den konkreten Sachmangel schildern, nicht aber das Maß der Gebrauchsbeeinträchtigung oder eine bestimmte Minderungsquote (BGH, VIII ZR 125/11; VIII ZR 155/11). Bei wiederkehrenden Beeinträchtigungen genügt hinsichtlich der Minderung eine Beschreibung aus der sich ergibt, um welche Art von Beeinträchtigungen (Partygeräusche, Musik, Lärm durch Putzkolonnen, Bellen o.Ä.) es geht, zu welchen Tageszeiten, über welche Zeitdauer und in welcher Frequenz diese ungefähr auftreten (BGH, VIII ZR 155/11; VIII ZR 268/11). Protokolle sollen nicht erforderlich sein.

Haben beide Seiten mit gleicher Präzision Gegensätzliches behauptet, dann sind die behaupteten Tatsachen streitig. Das Gericht muss dann Beweis erheben. Dies geschieht durch Zeugenaussagen, Sachverständigengutachten, Vorlage von Urkunden, richterliche Inaugenscheinnahme oder auch, in gewissen Grenzen, durch Vernehmung der Parteien selbst. Dabei folgt das Gericht den Beweisangeboten der Parteien. Gibt es keinen Beweis, dann muss die Partei, die die Beweislast für die betreffende Behauptung trägt, hinnehmen, dass das Gericht so entscheidet, als sei ihre Behauptung nicht wahr. Grundsätzlich gilt für die Beweislast, dass jede Partei die ihr günstigen Tatsachen beweisen muss. Meist wird genauso gewichtet wie bei der Darlegungslast (siehe S. 365). Berufen sich Mieter auf eine Mietminderung, so haben

Beweislast

sie zu beweisen, welche Mängel vorhanden sind und in welcher Zeit und in welchem Ausmaß diese vorhanden waren. Verlangt der Vermieter Schadensersatz, muss er in der Regel beweisen, dass die Schäden von den Mietern oder ihren Erfüllungsgehilfen, etwa Besuchern oder Untermietern, verursacht wurden. Manchmal bestimmen die Gesetze oder die Rechtsprechung eine abweichende Beweislast. So müssen Vermieter nicht beweisen, dass die Mieter den Schlagschaden im Waschbecken verursacht haben, wenn ihm der Nachweis gelingt oder nicht bestritten wird, dass die Wanne bei Einzug intakt und bei Auszug beschädigt war. Die Rechtsprechung geht davon aus, dass Schädigungen während der Mietzeit typischerweise in der Sphäre des Mieters entstanden sind und dieser somit, um Schadensersatzansprüche abzuwehren, darlegen und im Bestreitsfalle auch beweisen muss, dass er den Schaden nicht oder wenigstens nicht schuldhaft verursacht hat. Nur wenn ein Mangel erkennbar nicht oder nicht nur auf den bloßen Gebrauch der Mietsache zurückgeführt werden kann, etwa bei häufiger Unterbrechung der Gaszufuhr, ist dies anders. Dann muss der Vermieter beweisen, dass die Ursachen aus der Mietersphäre kommen und Ursachen aus seinem eigenen Verantwortungsbereich, zu denen auch der gewöhnliche Verschleiß zählt, ausgeschlossen sind (KG MM 2004, 409).

Wenn der Beweis das Gericht überzeugt und damit gelingt, dann wird die zunächst streitige und nun bewiesene Tatsache zur Grundlage der gerichtlichen Entscheidung. Wenn das Gericht davon ausgeht, dass eine Tatsache nicht bewiesen worden ist, dann entscheidet wiederum die Beweislast. Die Partei, welche die Beweislast trägt, verliert dann den Prozess.

Frühzeitig Beweise sichern

Aus diesem Grund sollten Sie bei allen Handlungen, die im Konfliktfall von Bedeutung sein können, z.B. dem Vertragsschluss, Erklärungen, Reparaturen und Schreiben, darauf bedacht sein, frühzeitig Beweise zu sichern und Einzelheiten genau zu notieren. Wichtige Vereinbarungen sollten möglichst unter Hinweis auf den abgeschlossenen Mietvertrag schriftlich dokumentiert und von allen Mietern und allen Vermietern unterzeichnet werden.

Schriftstücke sollten Sie aufbewahren, und zwar mindestens bis zu vier Jahre nach Ende des Mietverhältnisses und Rückgabe der Mieträume, weil Sie dann in der Regel davon ausgehen können, dass etwaige Ansprüche des Vermieters verjährt sind. Dies gilt insbesondere für Quittungen, Kontoauszüge und Einzahlungsbelege, da Banken in der Regel nur fünf Jahre zurückreichend die Daten des Zahlungsverkehrs speichern.

15

WENN ES KOMPLIZIERTER WIRD: DAS SACHVERSTÄNDIGENGUTACHTEN

Beweise über komplexere Zusammenhänge, etwa bauliche Mängel, Geräusch-, Schadstoff- und Geruchsimmissionen oder Schimmelbelastung, können Sie nicht oder nur sehr unvollkommen durch gewöhnliche Zeugen sichern. Sie können sich aber dazu eines Sachverständigen bedienen, der möglichst öffentlich bestellt und vereidigt sein sollte. Zwar gilt ein solches Privatgutachten nicht unmittelbar als Beweis, sondern nur als Ihr Vortrag als Prozesspartei. Aber der Gutachter kann zu seinen Feststellungen als sachverständiger Zeuge aussagen. Zudem muss Ihr Gegner Ihrem – durch das Privatgutachten besonders präzisen – Vortrag ebenso prägnant erwidern. Allerdings müssen Sie das Privatgutachten selbst finanzieren. Bei Mietmängeln können Sie die Kosten als Schadensersatz fordern, wenn sich der Vermieter mit der Mängelbeseitigung in Verzug befand, als Sie den Auftrag erteilt haben.

Öffentlich bestellter Sachverständiger

Gerichtsverwertbar lassen sich Beweise über den Zustand einer Person, einer Sache oder deren Wert, Schadensursachen und den Aufwand der Schadensbeseitigung durch das selbstständige Beweisverfahren (§§ 485 ff. Zivilprozessordnung) sichern, das schon vor einem Prozess bei Gericht beantragt werden kann. Einigen sich die Parteien danach nicht, muss der Antragsteller, will er die Verfahrenskosten nicht tragen, den Gegner verklagen. Da das Verfahren jedoch oft lange dauert, ist es, wenn Eile besteht, problematisch, zumal Verjährungsfristen dadurch gehemmt werden (§ 204 Abs. 1 Nr. 7 BGB).

Selbstständiges Beweisverfahren

16

ANHANG

Wer hilft bei Mietrechtsproblemen, unverständlichen Betriebskostenabrechnungen oder gravierenden Fehlern in der Heizkostenabrechnung weiter? Der Deutsche Mieterbund (DMB) und die ihm angeschlossenen 320 örtlichen Mietervereine bieten Mieterinnen und Mietern kompetente Rechtsberatung, persönlich, online oder über Telefon.

RECHTSBERATUNG IM DEUTSCHEN MIETERBUND

PERSÖNLICHE BERATUNG

Ausführliche und konkrete Rechtsberatung in einem persönlichen Gespräch erhalten Sie bei einem der 320 Mietervereine an mehr als 500 Standorten in Deutschland. Die Mitgliedschaft in einem örtlichen Mieterverein kostet etwa 40 bis 80 Euro im Jahr. Den nächstgelegenen DMB Mieterverein finden Sie im Internet unter www.mieterbund.de oder auch über den jeweiligen Landesverband:

DMB Landesverband Baden-Württemberg e.V.
Tel. 07 11/23 60 60-0, Fax 07 11/23 60 60-2
www.mieterbund-bw.de
info@mieterbund-bw.de

DMB Landesverband Bayern e.V.
Tel. 0 89/8 90 57 38-0, Fax 0 89/8 90 57 38-11
www.mieterbund-bayern.de
info@mieterbund-bayern.org

Berliner Mieterverein e.V., Landesverband im DMB
Tel. 0 30/2 26 26-0, Fax 0 30/2 26 26-161
www.berliner-mieterverein.de
bmv@berliner-mieterverein.de

DMB Mieterbund Land Brandenburg e.V.
Tel. 03 31/27 97 60 50, Fax 03 31/27 97 60 59
www.mieterbund-brandenburg.de
info@mieterbund-brandenburg.de

Mieterverein zu Hamburg von 1890 e.V.
Landesverband im DMB
Tel. 0 40/8 79 79-0, Fax 0 40/8 79 79-110
www.mieterverein-hamburg.de
info@mieterverein-hamburg.de

16

DMB Landesverband Hessen e.V.
Tel. 06 11/4 11 40 50, Fax 06 11/41 14 05 29
www.dmb-hessen.de
info@mieterbund-hessen.de

DMB Landesverband Mecklenburg-Vorpommern e.V.
Tel. 03 81/3 75 29 20, Fax 03 81/3 75 29 29
www.mieterbund-mvp.de
post@mieterbund-mvp.de

DMB Landesverband Niedersachsen-Bremen e.V.
Tel. 05 11/1 21 06-0, Fax 05 11/1 21 06-16
www.dmb-niedersachsen-bremen.de
info@dmb-niedersachsen-bremen.de

Deutscher Mieterbund Nordrhein-Westfalen e.V.
Tel. 02 11/58 60 09-0, Fax 02 11/58 60 09-29
www.mieterbund-nrw.de
mieter@dmb-nrw.de

DMB Landesverband Rheinland-Pfalz e.V.
Tel. 02 61/1 76 09, Fax 02 61/1 76 73
www.mieterbund-rhpl.de
dmb-rhpl@gmx.de

DMB Landesverband Saarland e.V.
Tel. 06 81/9 47 67-0, Fax 06 81/94 76 72 81
www.mietrecht-saar.de
info@mieterbund-sb.de

DMB Landesverband Sachsen e.V.
Tel. 03 51/8 66 45-66, Fax 03 51/8 66 45-11
www.mieterbund-sachsen.de
landesverband-sachsen@mieterbund.de

DMB Landesverband Sachsen-Anhalt e.V.
Tel. 03 45/2 02 14 67, Fax 03 45/2 02 14 68
www.mieterbund-sachsen-anhalt.de
info@mieterbund-sachsen-anhalt.de

DMB Landesverband Schleswig-Holstein e.V.
Tel. 04 31/9 79 19-0, Fax 04 31/9 79 19-31
www.mieterbund-schleswig-holstein.de
info@mieterbund-schleswig-holstein.de

DMB Landesverband Thüringen e.V.
Tel. 03 61/5 98 05-0, Fax 03 61/5 98 05-20
www.mieterbund-thueringen.de
info@mieterbund-thueringen.de

TELEFON-HOTLINE

16

Täglich von 10 bis 20 Uhr bietet der Deutsche Mieterbund eine telefonische Erst- oder Kurzberatung auch für Nichtmitglieder unter Tel. Nr.: 09 00/1-20 00 12 an (2 Euro pro Minute aus dem deutschen Festnetz; ab der zweiten Minute wird sekundengenau abgerechnet). Über Mobilfunknetze oder regionale Anbieter ist die Hotline nicht erreichbar.

MIETERBUND24 – DIE DMB ONLINE-BERATUNG

Unter www.mieterbund24.de findet man eine schnelle Online-hilfe des Deutschen Mieterbundes bei allen Mietrechtsfragen. Die Antwort kostet 25 Euro und kommt innerhalb von sechs Stunden. Vorausgesetzt, die Anfrage wird montags bis freitags zwischen 8 und 14 Uhr gestellt. Später eingehende oder Anfragen am Wochenende werden bis 14 Uhr des nächsten Werktags beantwortet.

GESETZLICHE GRUNDLAGEN: LINK-LISTE

Betriebskostenverordnung:
www.bundesrecht.juris.de/betrkv

Bürgerliches Gesetzbuch:
www.bundesrecht.juris.de/bgb

Heizkostenverordnung:
www. bundesrecht.juris.de/heizkostenv

Wohnflächenverordnung:
www.bundesrecht.juris.de/woflv

ADRESSEN DER VERBRAUCHERZENTRALEN

Verbraucherzentrale Baden-Württemberg e. V.
Paulinenstraße 47, 70178 Stuttgart
Telefon: 07 11/66 91-10
Fax: 07 11/66 91-50
www.vz-bawue.de

Verbraucherzentrale Bayern e. V.
Mozartstraße 9, 80336 München
Telefon: 0 89/5 39 87-0
Fax: 0 89/53 75 53
www.vz-bayern.de

Verbraucherzentrale Berlin e. V.
Hardenbergplatz 2, 10623 Berlin
Telefon: 0 30/2 14 85-0
Fax: 0 30/2 11 72 01
www.vz-berlin.de

Verbraucherzentrale Brandenburg e. V.
Babelsberger Straße 12, 14473 Potsdam
Telefon: 03 31/2 98 71-0
Fax: 03 31/2 98 71-77
www.vzb.de

Verbraucherzentrale Bremen e. V.
Altenweg 4, 28195 Bremen
Telefon: 04 21/1 60 77-7
Fax: 04 21/1 60 77-80
www.verbraucherzentrale-bremen.de

Verbraucherzentrale Hamburg e. V.
Kirchenallee 22, 20099 Hamburg
Telefon: 0 40/2 48 32-0
Fax: 0 40/2 48 32-290
www.vzhh.de

Verbraucherzentrale Hessen e. V.
Große Friedberger Straße 13–17, 60313 Frankfurt/Main
Telefon: 0 69/97 20 10-900
Fax: 0 69/97 20 10-40
www.verbraucher.de

Verbraucherzentrale Mecklenburg-Vorpommern e. V.
Strandstraße 98, 18055 Rostock
Telefon: 03 81/2 08 70-50
Fax: 03 81/2 08 70-30
www.nvzmv.de

Verbraucherzentrale Niedersachsen e. V.
Herrenstraße 14, 30159 Hannover
Telefon: 05 11/9 11 96-0
Fax: 05 11/9 11 96-10
www.vz-niedersachsen.de

Verbraucherzentrale Nordrhein-Westfalen e. V.
Mintropstraße 27, 40215 Düsseldorf
Telefon: 02 11/38 09-0
Fax: 02 11/38 09-216
www.vz-nrw.de

Verbraucherzentrale Rheinland-Pfalz e. V.
Seppel-Glückert-Passage 10, 55116 Mainz
Telefon: 0 61 31/28 48-0
Fax: 0 61 31/28 48-66
www.vz-rlp.de

Verbraucherzentrale des Saarlandes e. V.
Trierer Straße 22, 66111 Saarbrücken
Telefon: 06 81/5 00 89-0
Fax: 06 81/5 00 89-22
www.vz-saar.de

Verbraucherzentrale Sachsen e. V.
Katharinenstraße 17, 04109 Leipzig
Telefon: 03 41/69 62 90
Fax: 03 41/6 89 28 26
www.vzs.de

Verbraucherzentrale Sachsen-Anhalt e. V.
Steinbockgasse 1, 06108 Halle
Telefon: 03 45/2 98 03-29
Fax: 03 45/2 98 03-26
www.vzsa.de

Verbraucherzentrale Schleswig-Holstein e. V.
Andreas-Gayk-Straße 15, 24103 Kiel
Telefon: 04 31/5 90 99-0
Fax: 04 31/5 90 99-77
www.vzsh.de

Verbraucherzentrale Thüringen e. V.
Eugen-Richter-Straße 45, 99085 Erfurt
Telefon: 03 61/5 55 14-0
Fax: 03 61/5 55 14-40
www.vzth.de

Verbraucherzentrale Bundesverband e. V.
Markgrafenstraße 66
10969 Berlin
Telefon: 0 30/2 58 00-0
Fax: 0 30/2 58 00-518
www.vzbv.de

STICHWORTVERZEICHNIS

06

06

IMPRESSUM

Herausgeber

Verbraucherzentrale Nordrhein-Westfalen e.V.
Mintropstraße 27, 40215 Düsseldorf
Telefon: 02 11/38 09-555
Telefax: 02 11/38 09-235
Internet: www.verbraucherzentrale.nrw
E-Mail: ratgeber@verbraucherzentrale.de

DMB-Verlag – Verlags- und Verwertungsgesellschaft des
Deutschen Mieterbundes mbH
Littenstraße 10, 10179 Berlin
Telefon: 0 30/2 23 23-0
Telefax: 0 30/2 23 23-100
Internet: www.mieterbund.de
E-Mail: info@mieterbund.de

Autor:	Rechtsanwalt Dr. Dilip Maitra, Berlin
Koordination:	Wolfgang Starke
Lektorat:	Dr. Mechthild Winkelmann, Dortmund
Produktion:	bretzinger : media.production, Baden-Baden
Satz:	typografie&layout, Evelyn Haller, Gaggenau
Gestaltungskonzept:	Ute Lübbeke, Köln, www.LNT-design.de
Umschlaggestaltung:	Ute Lübbeke, Köln, www.LNT-design.de
Umschlagfoto:	© plainpicture/mia takahara
Druck/Bindung:	CPI books GmbH, Leck
	Gedruckt auf 100 Prozent Recyclingpapier

Mietnebenkosten

Immer weiter steigende Nebenkosten sind zur „zweiten Miete" geworden. Dabei ist nach Einschätzung der örtlichen Mietervereine jede zweite Abrechnung falsch, unvollständig oder nicht nachzuvollziehen. Und immer wieder kommt es zu Konflikten, wenn zum Beispiel Fristen nicht eingehalten werden oder Modernisierungskosten auf die Mieter umgelegt werden sollen. Mit Musterabrechnungen, Checklisten zur Prüfung und Musterbriefen!

In Zusammenarbeit mit dem DMB – Deutscher Mieterbund.

3. Auflage 2014
224 Seiten
ISBN 978-3-86336-616-2
11,90 Euro

Auch als E-Book

Erhältlich bei den Verbraucherzentralen und im Buchhandel

www.vz-ratgeber.de

Mietminderung bei Wohnungsmängeln

Ob Lärm aus der Nachbarwohnung die Nachtruhe stört, die Heizung dauernd streikt oder Feuchtigkeit und Schimmel Einzug halten – Wohnungsmängel sorgen nicht nur für Ärger, sondern können schlimmstenfalls sogar Gesundheitsschäden verursachen. Doch in welchen Fällen kann die Miete gemindert werden, weil die mangelhafte Wohnung nur eingeschränkt oder gar nicht zu nutzen ist? Welche Rechte haben Mieter, wenn der Vermieter sich querstellt und die Mängel nicht beheben will? Der Ratgeber erklärt, wie Sie als Mieter vorgehen müssen, um Wohnungsmängel korrekt anzuzeigen und auf Abhilfe zu pochen.

1. Auflage 2012
208 Seiten
ISBN 978-3-940580-67-2
11,90 Euro

Erhältlich bei den Verbraucherzentralen und im Buchhandel

www.vz-ratgeber.de

Meine Rechte als Nachbar

Haben Sie sich auch schon mal über die Bäume im Garten des Nachbarn geärgert? Oder ist die Garage der Stein des Anstoßes? Streitigkeiten mit Nachbarn kosten nicht nur Zeit und Nerven, sondern können auch teuer werden. Wir zeigen anhand vieler Beispiele aus der Praxis, wie sich solche Streitigkeiten beilegen lassen.

1. Auflage 2016
224 Seiten
ISBN 978-3-86336-631-5
14,90 Euro

Auch als E-Book

Erhältlich bei den Verbraucherzentralen und im Buchhandel

www.vz-ratgeber.de

Mein Recht auf Geld vom Staat

Für unterschiedliche Lebenssituationen stehen öffentliche Mittel bereit, und fast jeder kann von diesen Leistungen profitieren. Denn fast 700 Milliarden Euro fließen jährlich in den Sozialbereich. Dabei sind die unterschiedlichen Sozialansprüche und die verwirrende Zuständigkeit der verschiedenen Behörden nur schwer zu durchschauen. Dieser Ratgeber bringt auf den Punkt, wem welche Sozialleistung zusteht, je nach Lebenssituation: Elternschaft, Ausbildung und Studium, Berufstätigkeit, Arbeitslosigkeit, Vermögensbildung und Altersvorsorge, Wohnen, Krankheit, Unfall, Pflegebedürftigkeit.

1. Auflage 2015
256 Seiten
ISBN 978-3-86336-624-7
12,90 Euro

Erhältlich bei den Verbraucherzentralen und im Buchhandel

www.vz-ratgeber.de